국민이 설계하는 새로운 **민주국가**

대한 규제혁신 민국

안 종 일

도서
출판 **삼일**

대한규제혁신민국
국민이 설계하는 새로운 민주국가

서문
- 『대한규제혁신민국』의 길

1. 문제 제기: 긴박한 국가 위기 상황

2025년 현재, 대한민국은 국가 위기의 벼랑 끝에 서 있다. 출산율은 0.7명으로 세계 최저이며, 자살률은 OECD 1위, 고령화는 일본보다 더 가파른 속도로 진행되고 있다. 인구절벽, 지방소멸, 사회적 신뢰의 붕괴 현상은 이제 예외적 사건이 아니라 일상적 지표가 되었다. 기존 정책의 전제가 무너지고 있음을 보여주는 구조적 병리는 통계적 사실로 전환되었다.

2022년 골드만삭스는 한국의 국가경쟁력이 2050년경 15위권 밖으로 밀려날 것이라 경고한 바 있다. 이어 2025년 5월, KDI는 한국 경제가 잠재성장률 0%대에 진입했으며, 이대로라면 2040년대에는 마이너스 성장으로 전환될 수 있다는 충격적인 시나리오를 발표했다. 이것은 이미 현실로 다가온 역성장을 바탕으로 한 분석이며, 국가 시스템의 근본적 재설계를 요구하는 절박한 구조신호다. 같은 달, 서울대 보건대학원의 여론조사에서는 국민 절반 이상이 '울화통'을 호소했고, 70%는 우리 사회를 '불공정하다'고 평가했다. 이는 단순한 통계가 아니라, 심장 박동이 멈춰가는 우리 사회의 심전도이자, 미풍양속이 마모된 공동체의 자화상이다.

대한규제혁신민국
국민이 설계하는 새로운 민주국가

이러한 국내외 주요 보고서들은 공통점이 있다. 오늘날 대한민국이 직면한 위기의 핵심 원인 중 하나로 **'제도의 경직성'**을 지목하며, 중심에 **'규제'**라는 구조적 병목이 놓여 있음을 강조한다.

지금 우리는 위기에도 반응하지 않고, 방향을 잃은 채 떠도는 공동체의 실루엣을 마주하고 있다. 그리고 그 실루엣은, 내부가 뒤틀린 채 멀쩡한 척 작동하는 통치 구조의 기형적 형상이다. 『대한규제혁신민국』은 이러한 상태를 **'사회적 고혈압 국가'**라는 개념으로 진단한다. 고혈압은 평소에는 증상이 드러나지 않지만, 누적되면 심장마비나 뇌출혈처럼 치명적 결과를 초래하므로 **'침묵의 살인자'**라고 불리는 질환이다.

규제도 마찬가지다. 정치·행정·사법의 거버넌스, 시장경제, 시민사회의 전 영역에 걸쳐 누적된 규제의 비효율과 권력 왜곡은 지금, 이 순간에도 국가 시스템의 정밀한 기능을 마비시키고 있다. 지금, 대한민국을 조용히 무너뜨리는 것은 전염병도, 전쟁도 아닌 바로 이 규제의 구조다.

현실은 더욱 참담하다. 제21대 국회 기준, 의원입법은 전체 법률안 발의의 96.7%, 총 25,027건에 달한다. 22대 국회 역시 2025년 5월 5일 기준, 불과 1년도 지나지 않은 시점에서 의원입법만 9,736건이 발의되었다. 규제는 줄어들지 않고, 해마다 기하급수적으로 누적되고 있다.

입법 과잉, 제도 남발, 책임 부재 — 이런 삼중 구조 속에서 정치는 위기를 해결하기는커녕, 오히려 그 원인을 증폭시키는 규제를 계속 재생산하고 있다. 누구도 책임지지 않고, 누구도 구조를 근본적으로 바꾸려 하지 않는다.

그 결과, 한국 사회는 규제라는 고압의 풍선 속에 갇혀 있다. 국가 시스템은 지금 임계점에 도달했으며, 더 이상의 압력은 구조적 붕괴를 초래할 수 있다.

규제는 통제되지 않은 풍선처럼 부풀고, 국가는 고혈압처럼 조용히 위기의 한계치를 향해 치닫고 있다. 겉으로는 유지되는 듯하지만, 내부는 이미 폭발 직전의 압력에 반응하며 구조적 경고음을 울리고 있다.

2. 기존 해법의 한계: 반복된 실패의 누적

세계 규제정책의 역사에서 '실패'로 기록된 사례들은 뚜렷한 교훈을 남긴다.
1865년 영국이 자동차 도입 초기 제정한 「붉은 깃발법(Red Flag Act)」은 대표적 사례다. 당시 마차 산업을 보호하기 위해 자동차 앞에서 사람이 붉은 깃발을 들고 걸어가게 하는 조항을 도입했는데, 이는 30년 이상 영국의 자동차 산업을 마비시키고, 독일과 프랑스에 주도권을 내주는 결정적 계기가 되었다.
한국은 「산아제한정책」을 1960년대부터 30여 년간 강력히 추진했다. 이 정책은 저출산 고령화에 대비하기보다는 단기적 경제성장을 하려고 출산을 억제하는 데 초점을 맞췄다. "덮어놓고 낳다 보면 거지꼴을 못 면한다"라는 슬로건까지 동원되며 국가 주도의 피임과 낙태가 장려되었고, 결과적으로 한국사회는 2024년 기준 합계출산율 0.7명이라는 인구 붕괴의 위기를 맞고 있다.
이처럼 정치적·관료적 동기에 따라 추진된 규제정책은 단기 목표를 달성했을지 몰라도, 장기적으로는 회복 불가능한 부작용을 엄청나게 남겼다. 오늘날 대한민국의 규제개혁 실패 또한 이와 유사한 궤적을 반복해 왔다.
정권이 바뀔 때마다 규제개혁은 홍보성 구호로 반복되었고, 수많은 정책 보고서와 세미나가 양산되었다. 그러나 결과는 늘 미미했다. 왜 이렇게 실패했을까?
첫째, 기존 해법은 개별 규제 하나하나를 손보는 데 그쳐, 규제시스템 전반의 구조적 병리와 통치 구조 내 권력 분포의 왜곡을 간과했다. 규제는 단순한 법령 정비가 아니라, 권력의 작동과 배분을 제도화하는 통치 장치다. 시스템 기반의 감시와 통제 없이 접근한다면, 근본 개혁이 될 수 없다.
둘째, 정치권은 정파적 이해관계에 따라 규제를 '신설 퍼포먼스'의 도구로 삼았다. 입법은 책임 없는 정쟁의 수단이 되었고, 입법권은 규제를 남발하는 방식으로 남용되었다. 이러한 정치의 규제포퓰리즘은 개혁의 일관성을 해치고, 규제 총량을 통제할 수 없는 구조로 만들었다.

셋째, 행정부는 스스로 규제개혁의 범위를 과도하게 좁혔다. 대표적으로 현행 「행정규제기본법」은 조세, 과징금, 행정벌, 형벌 등을 규제에서 제외하고 있다. 그러나 실질적으로 국민의 권리·의무에 영향을 미치는 이들 영역이 규제의 핵심 축인 점을 고려할 때, 이러한 제외 조항은 규제개혁의 실효성을 근본적으로 제약하는 구조적 한계다.

넷째, 규제가 있어야 할 곳에는 없고, 없어야 할 곳에는 도리어 남아 있는 기형적 구조가 방치되었다. 정부는 보호되어야 할 소비자 안전, 환경, 플랫폼 책임에는 무기력하거나 방관적이지만, 민간의 창의적 실험이나 신산업 도전에는 불필요하게 개입했다. 정부가 있어야 할 곳에는 없고, 없어야 할 곳에만 등장하는 '행정의 위치 착오'가 규제시스템 전반에 투영되어 있다.

다섯째, 외국에는 존재하지 않는 낡은 규제가 한국에는 관행처럼 남아 있는 이른바 '갈라파고스 규제'도 심각하다. OECD 회원국 다수가 폐지했거나 자동화한 절차들이 여전히 한국에서는 인허가, 등록, 승인 등의 명목으로 국민과 기업을 옥죄고 있다. 디지털 시대의 흐름과 단절된 이 갈라파고스 규제 체계는 기술 발전을 가로막고, 국제 경쟁력 확보를 저해하는 결정적 원인이다.

여섯째, 학술 담론과 정책 프레임은 관료주의의 틀에 갇혀 현장의 역동성을 제대로 담아내지 못했다. 문제의식은 있었지만, 실천 전략은 추상적이었고, 개선 방안은 선언적 수준에 머물렀다.

이처럼 기존의 규제개혁 접근은 지나치게 형식적이거나 단기적이었다. 기존 정책과 학계 담론은 유효한 해법을 제시하지 못했다. 행정학계는 규제를 통제하거나 성과관리로 평가할 수 있다고 믿었지만, 실제 제도 변화로 이어지지 않았다. 경제학계는 규제를 거래비용의 산물로 보았으나, 그것이 정치권력과 어떻게 얽혀 구조화되는지 설명하지 못했다. 법학계는 규제를 정당화할

서문

법적 기반을 제공했으나, 거꾸로 규제의 남용을 견제하는 헌법적 장치를 거의 마련하지 못했다. 무엇보다 규제를 단순한 정책 도구로만 인식하고, 그것이 헌정질서의 일환이자 통치의 규범적 구조라는 본질적 성찰은 빠져 있었다.

정리하자면, 입법·행정·사법 전반의 구조적 문제를 규제민주주의의 관점에서 통합적으로 접근한 시도는 없었다. 그 결과, 국민은 반복되는 홍보성 선언에 피로를 느끼고, 실질적 변화를 체감하지 못한 채 국가 시스템 전반에 대한 불신을 키워왔다.

그렇다면 이러한 근본적인 문제를 넘어설 수 있는 새로운 설계는 가능한가?

3. 이 책의 제안: 규제를 헌정질서로 재설계

대한민국의 규제 체계는 더 이상 개별 제도의 단편적 정비로는 해결할 수 없는 단계에 도달했다. 규제는 단순한 행정 기술이 아니라, 통치 권력의 작동 방식이며 국민 기본권과 직결된 헌정적 구조물이다. 따라서 **'규제혁신'**은 기존 제도의 수선이나 행정 효율 개선 수준을 넘어, 입법·행정·사법의 권력 구조 전반을 재설계하는 헌정 차원의 개혁으로 다뤄져야 한다.

그러나 지금까지의 규제개혁은 선언적 담론에 머물렀다. 관료조직은 자율성과 책임성을 상실한 채 '규제의 관리자'로 전락했고, 정치는 퍼포먼스 중심의 과잉 입법에 매몰되었다. 지난 10년간 국회를 통과한 법률 중 70% 이상이 규제를 신설하거나 강화했지만, 국민은 정작 설계 과정에서 철저히 배제되었다. 국민의 동의 없이 설계된 규제는 **'주인에게 묻지 않는 머슴'**의 폭주와 다를 바 없다. 이것이 바로 지금 대한민국 규제국가의 실상이다. 『대한규제혁신민국』은 이러한 한계를 넘어서기 위하여 **'한국판 페레스트로이카'**를 제안한다. 이러한

대한규제혁신민국
국민이 설계하는 새로운 민주국가

개혁은 행정 외곽만을 부분적으로 다듬는 개선이 아니라, 국가 운영의 전체 구조를 전면 재설계하는 혁명적 접근이며, 규제개혁 2.0 시대의 헌정적 전환을 의미한다.

이 책은 규제를 국가 운영 구조의 핵심 요소로 인식하며, 기존 헌정질서의 한계를 넘어서는 방향에서 정당성과 투명성, 책임성을 제도화하려는 전략적 접근을 하고 있다. 『대한규제혁신민국』은 다국적기업에서의 글로벌 정책 기획과 정부 조직에서의 입법 설계 및 규제혁신 실무 경험을 바탕으로, 규제를 정치와 헌정질서의 중심축으로 재정의하고, 다음 세 가지 분석 틀을 제시한다.

① 법철학적 접근: 규제는 권력과 권리의 경계선에 존재하는 구조물이다. 한스 켈젠의 법실증주의와 칼 슈미트의 결단주의, 그리고 루소의 '사회계약론', 예링의 '권리를 위한 투쟁', 하버마스의 '담론윤리', 롤스의 '정의론', 라드브루흐의 법철학, 로장발롱과 프레이저의 현대정치이론 등을 비판적으로 경유하며, 규제를 단순한 법령이 아니라 국가 질서를 규정하는 헌정 구조로 재구성한다. 『대한규제혁신민국』은 이를 바탕으로 국민주권과 공론장을 중심으로 한 새로운 규제 헌정 체계를 설계한다.

② 제도 설계 이론: 규제 거버넌스는 특정 기구나 절차의 개선을 넘어서야 한다. 정치, 행정, 사법, 시민사회로 이어지는 권한 위임의 전체 구조 속에서 균형과 책임의 원칙을 재구축해야 한다. 이를 위해 규제의 헌법적 위상 정립과 기능 간 정합성에 기반한 제도 생태계의 통합적 설계가 필요하다. 『대한규제혁신민국』은 이를 통해 규제를 개별 기구의 기능적 대상으로 한정하지 않고, 국가 구조 설계의 핵심으로 재정립한다.

③ 참여민주주의 모델: 규제는 단순한 국가 권한의 위임이 아니라, 주권이 구체적으로 작동하는 방식에 대한 사회적 합의이다. 따라서 규제의 형성과 집행

서문

> 과정은 일방적 통제가 아닌, 국민이 직접 참여하고 구성하는 과정이어야 한다. '국민규제제안권', '국민규제배심제', '현장규제실험실' 등의 참여형 제도는 국민을 감시자의 위치에 머무르게 하지 않고, 규범 설계와 질서 창출의 실질적 주체로 전환하는 장치다. 「대한규제혁신민국」은 이러한 구조를 바탕으로, 절차적 민주주의를 실질적 참여민주주의로 비약하는 제도적 전환을 추구한다.

이러한 철학과 분석체계를 바탕으로 「대한규제혁신민국」은 다음의 5대 혁신 축을 중심으로 구체적 개혁 방향을 제안한다.

> ① 국민 참여형 규제 거버넌스로의 전환
> - 정책 방향: 위임과 책임의 균형 회복, 국민이 실질적 규제 통제권을 갖는 구조 설계
> - 실천 장치: 「국민규제참여기본법」 제정, 규제제안권 법제화, 시민배심제·규제실험실 도입 등
>
> ② 정치와 관료조직의 책임성과 투명성 강화
> - 정책 방향: 규제 입법과 집행의 품질 통제, 권한 위임에 대한 입법·행정 책임성 강화
> - 실천 장치: 입법 품질 책임제, 데이터 기반 입법 시스템, RIA(규제영향평가)의 입법단계 적용
>
> ③ 갈등 조정과 시민 협력의 제도화
> - 정책 방향: 중립적 조정 기능과 사회적 합의 메커니즘의 제도화
> - 실천 장치: 이해관계자 조정제도, 시민사회 협의 플랫폼, 독립된 갈등조정 기구(예: 「규제갈등조정중재원」) 설치 등

④ 시민사회 기반 규제 감시체계의 구축과 확산
- 정책 방향: 규제감시와 설계에 시민사회의 참여를 제도화하고 전국적 네트워크로 확산
- 실천 장치: 「국민규제옴부즈만」제도 도입, 규제감시 국민 네트워크, 디지털 규제지도, 실시간 피드백 시스템, 읍면동 규제 동아리방 구축 행정 지원 등

⑤ 복지국가와 규제국가의 통합적 재설계
- 정책 방향: 조세·복지·규제의 통합 설계로 사회적 형평성과 지속가능성 확보
- 실천 장치: 사회경제적 영향평가 제도화, 연금 개혁 및 조세 정의 프레임 도입, 복지 사각지대 해소 로드맵 구축

『대한규제혁신민국』은 규제혁신을 단순한 행정개혁이 아닌, 민주주의 국가 시스템 재구성의 핵심 축으로 제시하며, 국민 참여와 위임 제도가 균형 있게 작동하는 새로운 헌정질서를 제안한다.

규제는 단순한 통치의 도구가 아니라, 국민주권과 국가 운영 질서를 규정하는 헌정적 요소다. 주권자인 국민은 감시자의 위치를 넘어, 정책의 설계자이자 시스템의 공동 통제자로 나서야 하며, 정치와 행정은 각각 조정자와 촉진자의 역할로 재정렬되어야 한다.

글로벌 스탠더드에 부합하는 규제 체계는 이제 국가경쟁력의 기본 언어다. 대한민국은 더 이상 '규제 후진국'의 오명을 뒤집어쓰고 있을 수 없다. **『대한규제혁신민국』**은 이러한 현실의 위기와 시대적 요청에 응답하여, 국민주권과 규제 정의를 중심에 둔 새로운 국가 설계의 출발점이며, 구조적 난제를 정면으로 돌파하기 위한 실천적 초석이 되고자 한다.

4. 책의 전체 구성 요약: 여섯 개의 부로 정리된 전략 설계도

이 책은 여섯 개의 부분으로 구성되어 있다.

제1부는 대한민국 규제구조의 기원과 형성 과정을 역사적으로 분석한다. 식민지 관료주의, 군사정부 통제 시스템, 1990년대 관치모델 등 과거의 정치·행정 유산이 어떻게 현재의 규제구조로 이어졌는지를 추적하며, 오늘날 규제개혁의 제도적 기반과 문화적 장벽을 드러낸다.

제2부는 산업과 사회 전반에 걸쳐 규제가 작동하는 방식을 실증적으로 점검한다. 중소기업, 스타트업, 노동, 복지 등 다양한 분야에서 규제가 기회 형성과 사회 신뢰를 어떻게 차단하고 있는지를 분석하여, 규제의 현실적 피해를 입증하고 문제 구조를 입체적으로 해부한다.

제3부는 주요 선진국들의 규제혁신 사례를 비교 분석한다. 미국, 독일, 영국, 프랑스, 북유럽, 일본, 싱가포르 등 각국의 성공과 실패 경로를 검토하고, 한국 사회에 적용할 수 있는 시사점과 전략적 함의를 도출한다.

제4부는 대한민국 규제개혁의 2.0 전략을 제안한다. 국민 참여형 제도 설계, 국회의 입법 책임성 강화, 관료제도 개혁, 갈등 조정과 사회 통합기능 회복, 복지국가와 규제국가의 통합 전략 등을 통해 규제개혁을 국가적 전환의 계기로 삼고자 한다.

제5부는 규제의 헌정 질서적 위상을 재정립한다. 규제를 단순한 법령이나 행정 수단이 아닌 헌법 통제 대상의 핵심 개념으로 격상시키며, 국민 참여와

대한규제혁신민국
국민이 설계하는 새로운 민주국가

직접민주주의의 정당성을 보장할 수 있는 철학적 기반과 헌법개정 전략을 제시한다. 아울러 법조 관료국가에서 시민참여 법치국가를 지향하는 차원에서 사법개혁과 규제감시기구의 설치 방안도 내놓았다.

제6부는 헌법개정의 시간과 긴박한 현실 사이에서, 즉시 실행할 수 있는 규제혁신 체계를 설계한다. 헌법개정은 대한민국의 규제 체계를 근본적으로 바꾸기 위한 궁극의 방안이지만, 개헌에는 정치적 합의, 국민투표 등 상당한 시간이 요구된다. 아울러 개헌 후속 법령의 제·개정 작업도 수반되어야 한다. 반면 대한민국은 지금 백척간두에 선 절체절명의 순간이기에, 규제로 억눌린 경제·사회 시스템은 지체 없는 처방이 필요하다. 이에 따라 제6부는 헌법개정 이전에도 실현 가능한 추진체계와 정책 전략을 중심으로, 지금 당장 실행할 수 있는 제도 설계도를 종합적으로 담았다. 특히 '규제혁신부' 신설, 디지털 입법관리시스템 구축, 20대 분야 2,000개 과제에 대한 세부 로드맵 수립, 5개년 추진계획 마련 등을 통해, 즉시 착수할 수 있는 제도적 기반과 실천적 방법론을 구체적으로 제시한다.

특히, 이 책의 정점이자 실천적 정수를 이루는 부분은 20대 핵심 규제혁신 분야에서 도출한 2,000개 과제에 있다. 독자의 부담을 줄이고자 디지털 파일을 만들어 저자의 인터넷 블로그를 통해 별책 부록으로 제공한다. 이것은 단순한 나열이 아닌, 국가 생존을 위한 **'위기 대응 매뉴얼'**이다. 「**대한규제혁신민국**」은 ① **인구 소멸**, ② **경제 침체**, ③ **사회 양극화**, ④ **제도 경직**, ⑤ **국제질서 불안정** 등 대한민국이 당면한 5대 국가 위기를 종합하여 정밀 진단한 후, ① **국가적 긴급성**, ② **경제적 파급력**, ③ **국민 체감도**, ④ **글로벌 비교**라는 네 가지 기준을 바탕으로 20대 핵심 분야를 엄선하였다. 이러한 20대 분야는

서문

정책실행의 우선순위, 기술·산업 간 연계성, 국가 존립과 확장, 국민 신뢰 회복 가능성을 고려하여 ① **국가 존립 위기 대응**, ② **미래 역량 기반 구축**, ③ **산업 기술 대전환**, ④ **안보·문화 복원력 확보**라는 네 개의 전략 클러스터로 분류하였다. 이를 통해 『**대한규제혁신민국**』은 추상적 개혁 담론을 넘어, 구체적 실행 전략으로 연결되는 구조적 설계를 제시한다. 이러한 현장 밀착형 구조적 접근은 곧 우리 국민 모두 추진해야 할 '**실천의 지도**'이며, 복합 위기를 직시한 '**전략적 해법**'이자, 대안이 실종된 시대에 내놓는 가장 정교하고 즉각적인 '**정책적 응답**'이다.

더 나아가 이 책은 '규제혁신=규제철폐'라는 단순 논리를 넘어서, 완화와 강화의 전략적 균형이라는 원칙을 명확히 한다. 신산업·신기술 분야는 선허용-후규제 원칙에 따라 창조적 실험을 열어주되, 국민 생명·안전·환경 분야는 과학 기반의 강화 또는 재설계로 실효성을 확보한다. 불공정 유발 규제는 과감히 철폐하고, 진입장벽은 서둘러 허문다. 모든 규제는 데이터 기반의 성과 중심 평가 체계를 통해 주기적으로 재점검된다.

『**대한규제혁신민국**』이 부록으로 제시한 20대 분야, 2,000개 과제는 오늘날 국가 위기를 실질적으로 돌파할 수 있는 규제개혁의 실행 로드맵이다. 동시에, 국민주권에 기반해 새롭게 설계된 민주국가를 향한 집단적 기획서다.

이 책은 단순한 정책 제안서를 넘어선다. 『**대한규제혁신민국**』은 위기에 직면한 국가에 필요한 구체적 개혁 전략이며, 국민이 스스로 통치의 원리를 설계하고 실천할 수 있도록 이끄는 '**공공 거버넌스 매뉴얼**'이다.

5. 독자에 대한 호소: 골든타임은 바로 지금이다

　대한민국은 지금, 선택의 문 앞에 서 있다.
　대한민국은 지금, 단순한 위기가 아닌 존재의 전환점에 서 있다.
　인구절벽, 사회 양극화, 제도 경직, 글로벌 질서의 격변—이 모든 위기의 본질은 '규제를 누가, 어떻게 설계할 것인가'라는 물음으로 귀결된다. 이러한 맥락에서 규제개혁은 절대로 행정 기술이 아니다. 이제 규제는 생존의 윤리이며, 주권의 설계 문제이며, 민주주의의 마지막 실천 영역이다.
　진정한 주권은 법전에 적힌 문구가 아니라, 문구를 만들고 고칠 수 있는 힘에 있다. 그 힘은 헌법과 법령을 설계하고, 권력을 통제하며, 공공질서를 재구성할 수 있는 권한과 책임을 지닌 국민에게 있다. 지금까지 규제는 정치가 독점하고, 관료가 설계하며, 국민은 통보받는 구조였다.

　그러나 이제, 규제 설계권은 주권자인 국민의 손으로 당연히 돌아와야 한다. 국민은 규제를 설계할 권리뿐 아니라, 권리를 쟁취하고 지켜낼 의무 또한 함께 가진다. 법철학자 루돌프 폰 예링(Rudolf von Jhering)은 "법의 목적은 평화이지만, 평화를 얻는 수단은 투쟁"이라고 말했다. 자유도, 권리도, 주권도 스스로 되찾고 매일 실천하지 않으면 점차 퇴행한다. 규제도 마찬가지다. 권리 위에 잠자는 자를, 규제는 절대로 보호하지 않는다. 「대한규제혁신민국」이 제안하는 '규제참여권'은 단순한 청원이 아니다. 그것은 공동체의 정의와 민주주의를 실현하기 위한 국민의 권리이자, 실천적 의무로서 반드시 쟁취해야 하는 것이다.
　위임과 책임의 균형이 무너진 곳에 민주주의는 없다. 사회계약의 본질은, 주권자인 국민이 정치인과 관료에게 통치를 위임했다는 데 있으며, 그런 관계

서문

는 언제나 '주인과 대리인'의 위계로 유지되어야 한다. 그러나 침묵은 공범이고, 방관은 위임구조의 타락을 정당화한다. 국민의 무관심은 정치의 무책임을 낳고, 관료의 무능을 묵인하게 만든다.

이처럼 지속된 구조적 방임은 위임받은 권력이 본래의 주권자인 국민 위에 군림하게 만들고, 전도된 질서를 고착시킨다. 주인과 대리인의 권리와 의무가 뒤바뀌는 순간, 민주주의는 기만으로 전락하고, 국가는 주권자의 뜻을 배반하게 된다. 감시받지 않는 권력은 주인을 잊는다. 나라의 주인인 국민이 침묵할 때, 위임된 권력은 주권을 탈취하고, 민주주의는 명분만 남긴 채 무력화된다.

이제 국민은 깨어나야 한다. 깨어 있는 규제 설계자가 되어야 한다. 설계하지 않으면, 설계 당할 것이다. 국민이 설계자일 때, 비로소 진짜 민주주의가 시작된다.

『대한규제혁신민국』은 단순한 선언이 아니다. 이 책은 생각을 여는 철학이며, 길을 밝히는 지도이고, 행동을 촉구하는 초대장이다. 우리는 절대로 입법기술자와 정책 엘리트에게 국가의 모든 설계를 위임할 수 없다. 이제는 누구나 문제를 제기하고, 현장을 점검하고, 대안을 설계하고, 집행을 감시할 수 있어야 한다.

규제는 곧 삶이며, 삶을 설계할 권리는 모든 국민에게 있다.

『대한규제혁신민국』은 첫 장을 열었을 뿐이다.

나머지 장은 당신의 손으로 완성되어야 한다. 당신이 바로 **'새로운 민주국가'**를 설계할 첫 번째 국민이다. 설계는 바로 지금, 여기서 시작된다.

2025년 7월, 국립세종도서관에서 **안종일 씀**

목차
- 대한규제혁신민국

서문 『대한규제혁신민국』의 길 • 3

1부 규제의 나라, 대한민국 • 21
1. 규제 공화국의 탄생 ··· 23
2. 식민지 유산과 군사정부의 통제 문화 ··············· 27
3. 의원입법 폭증, 관료제와 규제의 카르텔 ··········· 29
4. 규제 이중성에 기반한 국민과의 거리 ··············· 43

2부 규제, 어떻게 경제를 가로막는가? • 47
1. 기업가정신의 퇴화 ··· 49
2. 중소기업과 스타트업의 규제 장벽 ··················· 55
3. 플랫폼 경제와 시대착오적 갈라파고스 규제 ······ 58
4. 노동시장과 복지 규제의 이중 잣대 ·················· 66
5. '공정'을 빙자한 사다리 걷어차기 ····················· 72

3부 세계는 어떻게 규제를 혁신했는가? • 79
1. 미국: 규제 완화와 시장친화적 조정 ················· 81
2. 독일: 규제와 사회적 합의의 균형 ···················· 90
3. 프랑스: '국가의 손'에서 '사회적 조정'으로 ······· 98
4. 영국: '규제는 최소로, 책임은 명확하게' ·········· 107
5. 북유럽: 규제를 통한 신뢰 기반 사회 구축 ······· 114
6. 일본: 장기침체와 규제개혁의 교훈 ················· 117
7. 싱가포르: 초국가적 민첩성을 가진 전략형 규제 ··· 122
8. 글로벌 스탠다드와 한국의 위치 ····················· 126

4부 대한민국 규제혁신의 방향과 2.0 전략 • 133

1. 규제개혁 1.0 : 지금까지의 노력에 대한 반성과 한계 ················ 136
2. 규제개혁 2.0 : 규제 패러다임을 국민 주도 혁신으로 재설계 ············· 138
   (1) 규제 패러다임의 전환 ·· 138
   (2) 규제개혁을 위한 정치의 역할 ·· 144
   (3) 투명성과 책임성 강화를 위한 관료제 개혁 ························ 151
   (4) 시민사회와 규제감시 네트워크 ·· 174
   (5) 규제혁신이 만드는 지속 가능한 사회 ································ 176
3. 이해집단 갈등 조정의 제도화 ··· 185
4. 복지국가와 규제국가의 통합적 재구성 ····································· 195
   (1) 규제국가의 한계와 복지국가의 재설계 ······························ 195
   (2) 조세 정의와 규제 정의의 연계 ·· 196
   (3) 연금 개혁과 복지 규범의 재정립 ······································ 200
   (4) 공공 재정의 구조개혁과 규제개혁의 연동 전략 ·················· 205
   (5) 복지 사각지대 해소를 위한 규제시스템 혁신 ···················· 212

5부 『대한규제혁신민국』 실현을 위한 헌정 전략 • 219

1. 법의 존재 이유와 규제철학적 사고의 전환 ······························ 221
   (1) 법실증주의의 한계와 규제국가의 실패 ······························ 221
   (2) 『대한규제혁신민국』이 지향하는 법철학 ····························· 227
   (3) 규제 입법의 윤리와 실질적 정당성 ··································· 227
2. 헌법은 규제를 말하지 않는다 – 규제 공백 헌정의 위기 ··········· 228
   (1) 1987년 헌법 체제의 시대적 유효성 상실 ·························· 228
   (2) 규제와 헌법 사이의 단절: 입법권 과잉, 행정입법 남용, 사법의 침묵 ······ 229
   (3) 규제의 입헌적 정립이 필요한 이유 ··································· 230

목차
- 대한규제혁신민국

3. 헌정질서의 개편 – 국민이 설계하는 민주국가의 새로운 틀 ·············· 231
  (1) 규제 기본권과 규제 통제권의 헌법 명문화 ······················· 231
  (2) 사법개혁: 법조 관료국가에서 시민참여 법치국가로 ··············· 235
  (3) 국민 규제제안권, 시민 규제배심제, 규제영향평가의 헌법적 승격 ······· 238
  (4) 규제감시의 독립 기구화 : 국회·행정부와 분리된 규제감사원 설치 ····· 239
  (5) 개헌 사례 국제 비교와 대한민국형 개정 헌법 조문 예시 ············ 240

6부 『대한규제혁신민국』을 위한 현실적 대안 • 247

1. 규제혁신 실행 체계의 재설계 방안 ································ 249
  (1) 규제혁신기관의 재편 : 규제혁신부 또는 국민규제위원회 ············ 249
  (2) 책임통제형 실행 거버넌스 : 규제입법 절차법, 규제영향평가법 마련 ······· 251
  (3) 디지털 플랫폼 : 규제지도, 실시간 모니터링 시스템 ················ 252
2. 20大 분야 2,000개 과제 실행을 위한 로드맵과 주체별 역할 ·············· 254
  (1) 실행 로드맵 ······································· 254
  (2) 주체별 역할 정립 ··································· 257

에필로그: 규제 혁명을 통한 새로운 헌정질서의 약속 • 261

부록 • 269

1. 한국 주요 규제 연혁 ·· 271
2. 국제 규제 지표 비교 ·· 273
3. 규제개혁 관련 대표적 현행 법령 및 제도 ·························· 274
4. 법령제안 ·· 276
5. 20大 분야 2,000개 과제 예시 ································· 297

[안내] 부록 5: 20대 분야 2,000개 세부 과제 다운로드 안내

『대한규제혁신민국』의 서비스 부록 5에 해당하는
〈20대 분야별 2,000개 규제혁신 세부 과제〉는
저자의 인터넷 블로그를 통해 제공됩니다.

[□독자 혜택 안내] 독자의 비용 부담과 휴대 편의를 고려, 저자의 블로그에서 PDF 파일을 직접 내려받으실 수 있도록 하였습니다
https://blog.naver.com/jiahn68/223930458810

※ 이 과제들은 『대한규제혁신민국』이 제안하는 하나의 정책 예시이며,
일부는 출간 시점에 따라 이미 변경·시행 중일 수도 있습니다.
최신성을 반영하기 위해 지속해서 수정·보완 예정이며,
여러분의 건설적 제안과 정책적 참여를 기다립니다.

"규제개혁은 한 명의 저자가 쓰는 글이 아니라,
모두가 함께 설계해 가는 공동의 과제입니다."

대한규제혁신민국

국민이 설계하는
새로운 민주국가

1부

규제의 나라, 대한민국

"규제는 정부의 그림자다. 그림자가 클수록,
바로 아래는 빛이 닿지 않는다."
- 『대한규제혁신민국』

규제 공화국의 탄생

한국은 세계적으로 유례없는 산업화와 정보화의 이중 궤적을 단기간에 실현해 낸 나라다. 1960년대 이후 눈부신 경제성장을 거쳐 세계 10위권의 무역 국가로 도약했고, 첨단 신산업으로 전환, AI, 반도체, 모빌리티, 바이오 등 핵심 분야에서 글로벌 선도권을 확보하고 있다. 한국은 세계에서 가장 역동적인 산업 성장과 더불어 디지털 전환을 이룬 나라 중 하나가 되었다. 그러나 이처럼 역동적인 성장 서사 뒤에는 늘 '규제 공화국'[1]이라는 불명예스러운 별칭이 그림자처럼 따라붙는다.

[표 1] 현행 법률 통계 (2025년 5월 1일 현재)[2]

구분	헌법	법령		자치법규	
세부 통계	헌법	법률	1,677건	조례	123,255건
		대통령령	1,951건		
		총리령	79건	규칙	27,289건
		부령	1,399건		
		기타(국회규칙 등)	377건	기타(훈령 등)	1,467건
소계	1건	5,483건		152,011건	
합계		157,495건			

1) 국민일보, 2024년 1월 31일 보도, "한국은 규제 공화국"… 과잉 입법 日·英 100배 https://www.kmib.co.kr/article/view.asp?arcid=0924342175
2) 자료출처: 법제처 국가법령정보센터에 수록된 법령 중 유효기간이 지난 연혁법령과 시행 예정 법령을 제외하고 2025년 5월 1일 현재 시행되고 있는 법령만을 기준으로 집계한 통계임. https://www.law.go.kr/lawStatistics.do?menuId=13&subMenuId=557

존엄한 인간의 자유와 권리에 따라 창의성과 혁신이 자연스럽게 싹터야 할 영역에는 무수한 인허가 절차, 위원회 심의, 복잡한 기술 기준과 행정 지침이 버티고 서 있다. 이러한 공식적 규제 외에도 적당 편의, 탁상행정, 복지부동과 같은 관행적 행정문화가 비공식적 규제, 이른바 '그림자 규제'를 누적시키고 있다. 이는 단지 국민과 기업의 비용 부담을 높이거나 절차를 복잡하게 만드는 문제를 넘어, 한국 사회에서 정치와 행정 권력이 작동하는 방식, 그리고 정부와 시장 간의 근본적인 관계 설정을 반영하는 구조적 현상이다.

한국이 '규제 공화국'으로 불리게 된 이유는 단순히 규제의 숫자나 분량이 많아졌기 때문만은 아니다. 물론, 규제의 수와 양은 최근 30여 년 사이에 기하급수적으로 증가했고, 그러한 구성은 점점 더 세분되고 복잡해졌다. 자치법규도 민선 자치가 시작된 1995년 46,551건 대비 약 3배 이상 규모로 증가하였다. 동시에 규제를 입법하고 집행하는 제도가 경제 활동과 사회적 창의성, 기술 혁신을 억제하는 방식으로 작동해 왔다. 규제의 존재 목적이 시장 실패를 보완하거나 공공이익을 증진하는 데 있는 것이 아니라, 행정조직의 재량권 확대, 이해집단의 입김, 정치적 타협의 결과로 기능해 온 측면이 강하다.

[표 2] 연도별 유효 법령 건수 증가 현황 (2025년 5월 1일 현재)[3]

연도 구분	법률		대통령령		총리령·부령		합계	
	법령수	증감	법령수	증감	법령수	증감	법령수	전년증감
2024	1,681	41	1,972	58	1,491	39	5,144	138
2023	1,640	46	1,914	21	1,452	15	5,006	82
2022	1,594	14	1,893	42	1,437	27	4,924	83
2021	1,580	56	1,851	61	1,410	55	4,841	172
2020	1,524	40	1,790	68	1,355	29	4,669	137
1995	931	35	1,305	-15	1,106	20	3,342	40

---

[3] 자료 출처: 법제처 홈페이지, 이 통계는 법령 공포대장을 기준으로 집계한 통계로서 2025년 5월 1일 현재, 유효 기간이 지난 법령도 명시적으로 폐지 절차를 밟지 않는 한 현황에 포함되어 있으므로 위 국가법령정보센터에 수록된 현재 유효한 법령을 기준으로 집계한 통계와 다름.
https://www.moleg.go.kr/esusr/mpbStaSts/stastsList.es?srch_yr=&S=&M=&mid=a10109040100&act=&currentPage=1&sta_sts_seq=0&srch_csf_cd=120001

[표 3] 연도별 유효 자치법규 건수 증가 현황 (2024년 12월 31일 현재)[4]

연도 구분	조례 법규수	조례 증감	규칙 법규수	규칙 증감	지자체 평균 법규수	지자체 평균 증감	합계 법규수	합계 전년증감
2024	118,828	6,921	27,117	154	600	29	145,945	7,075
2023	111,907	7,785	26,963	131	571	32	138,870	7,916
2022	104,122	5,189	26,832	869	539	25	130,954	6,058
2021	98,933	7,833	25,963	878	514	28	124,896	8,711
2020	91,100	5,863	25,085	488	486	27	116,185	6,351

실제로 세계경제포럼(World Economic Forum, WEF)이 발표한 『세계경쟁력보고서(Global Competitiveness Report) 2019』에 따르면, 한국은 기업이 체감하는 규제 부담 수준에서 조사 대상 141개국 중 87위를 기록하였다.[5] 이와 같은 하위권 순위는 단순한 평가 지표를 넘어, 규제 환경이 기업 활동의 예측 가능성과 효율성을 크게 저해하고 있음을 시사한다. 이러한 환경 속에서 국내 기업들은 새로운 사업 기회보다는 규제 회피 전략에 자원을 투입하게 되며, 일부는 아예 해외로 본사를 이전하거나 주요 생산기지를 옮기는 선택을 한다. 동시에 **외국인직접투자**(Foreign Direct Investment, FDI) 유입은 정체 또는 감소세를 보인다.

---

4) 자료출처: 행정안전부 홈페이지. 공개된 선거의회자치법규과의 연도별 자치법규 통계자료를 저자가 추출 집계.

5) World Economic Forum, The Global Competitiveness Report 2019, Geneva(8 October 2019) https://www.weforum.org/reports/how-to-end-a-decade-of-lost-productivity-growth

[그림 1] 외국인직접투자(FDI) 상세 동향[6]

(단위: 억 달러)

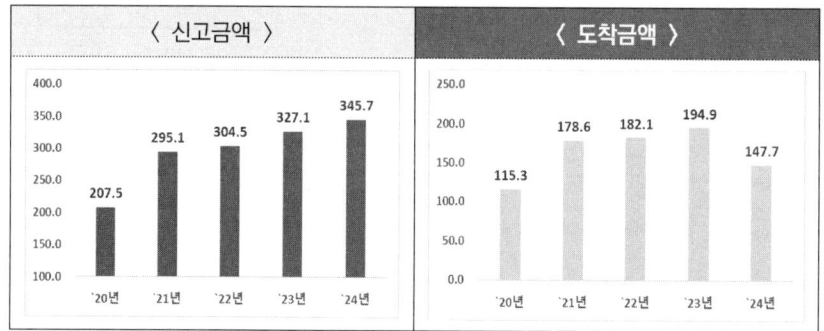

한국경영자총협회가 외국인 투자기업을 대상으로 벌인 2021년 실태조사에 따르면, 응답 기업의 상당수가 한국 시장 진입 및 사업 운영 시 '한국 특유의 리스크'를 경험한다고 응답했으며, 주된 요인으로 '불투명한 입법 규제 남발'과 '일관성 없고 예측 불가능한 행정규제'를 꼽았다.[7] 이는 단지 외국계 기업의 일시적인 불만이 아니라, 한국의 규제 체계 전반에 대한 구조적 신뢰 저하를 반영하고 있다.

중소기업과 스타트업들 역시 "처음부터 불공정한 게임판 위에 올라선 느낌"이라며, 규제의 비대칭성과 절차의 불투명성을 반복적으로 지적하고 있다. 유력 경제단체의 보고서나 주요 언론에서는 "대한민국에서 기업을 운영하는 것은 교도소 담장 위를 걷는 것과 같다."[8]는 표현도 자주 거론하는데, 기업활동이 감시와 처벌의 위험 속에서 이루어진다는 한국 국민의 인식을 드러낸다.

---

[6] 2025년 1월 7일 산업통상자원부 보도자료에서 발췌 인용. 2024년 FDI가 신고 기준으로 345억 7천만달러로, 전년보다 5.7% 증가했다. 하지만, 실제 집행된 투자 금액인 도착 금액은 전년보다 24.2% 감소한 147억 7천만 달러로 집계됐다. 외국인 투자의 실현에 대한 성과는 미리 하는 '신고'가 아니라 실제 입금 기준인 '도착'으로 판단해야 한다.

[7] 중앙일보, 2021년 11월 18일 보도, 외국인투자기업, "한국엔 특유의 리스크 있다…예측불가 규제" https://www.joongang.co.kr/article/25024843

[8] 매일경제, 2022년 7월 30일 보도, "대한민국 기업인은 언제까지 교도소 담장 위를 걸어야 하나" https://www.mk.co.kr/news/business/10405435

이러한 규제 환경의 현실은 한국 현대사의 구조적 특징이며, 국가 운영상 드러난 관료제 중심의 거버넌스 모델, 정당·관료·이익집단 간의 제도적 상호작용, 정치적 리스크 회피 전략 등이 복합적으로 작동한 결과다. 즉, '규제 공화국'의 탄생은 행정 실수나 과잉 대응의 결과가 아니라, 권력 배분과 정책 결정 구조에 뿌리를 둔 필연적 귀결이었던 셈이다. 이를 제대로 진단하고 해소하지 않으면, 한국은 글로벌 혁신 경쟁에서 계속 뒤처지고, 사회적 신뢰 기반 역시 무너진다.

2 식민지 유산과 군사정부의 통제 문화

한국의 규제시스템은 해방 이후 새로 만들어진 것이 아니다. 일제강점기와 군사정권을 거치며 누적된 통제의 관성을 계승·변형한 결과물이다. 겉으로는 해방 이후 민주주의 제도를 채택하고 시장경제를 도입한 듯 보이지만, 실제로 규제 운영의 근간은 여전히 식민지 시절의 '관이 주도하고 허가로 통제하는' 방식에 머물러 있다.

일제는 식민지 조선을 다스리기 위해 경제와 사회를 철저히 국가 권력 안에 묶어두었다. 특히 산업 자원을 효율적으로 수탈하기 위해 면허제도, 사전 승인 절차, 제한된 영업 허가 같은 강력한 인허가 장치를 만들었다. 민간이 자율적으로 활동할 수 있는 여지는 예외적·한정적으로만 허용되었다. 이때 등장한 '허가제'와 '면허제'는 단지 기술적 행정 장치가 아니라, 식민지 권력의 핵심 도구였다.[9] 일제는 산업과 사회를 규제하면서 자원 착취와 사람들의 생활까지 통제했다.

---

9) 일제강점기 조선총독부의 산업통제법령 및 각종 영업면허 규정에서 유래. 일제는 식민지 자원의 효율적 착취와 사회 통제를 위해 허가제와 면허제를 남용함. 「회사령」(1910년), 「어업령」(1911년), 「은행령」(1912년), 「주세령」(1916년), 「안마술·침술·구술 영업취체규칙」(1914년), 「청량음료수 및 빙설영업취체규칙」(1924년) 등.

이러한 통제방식은 해방 이후에도 제도적 검토 없이 대부분 존속되었다. 행정 실무를 이어받은 관료조직은 식민지 규제 체계를 다시 설계하지 않았다. 질서유지를 이유로 기존 제도를 재활용한 결과, 통제방식은 외형만 달라졌을 뿐, 본질은 제도 속에 그대로 뿌리내렸다.

해방 후 혼란기와 6·25 전쟁, 그리고 1961년 군사쿠데타로 이어지는 격동의 시기는 규제 체계의 전면적인 재구성보다는 기존 통제 시스템의 강화로 이어졌다. 질서유지와 체제 안정을 명분으로 한 강력한 국가 개입은, 국가가 경제개발의 전면에 나서는 방식으로 구조화되었다. 당시 한국은 자본과 기술, 제도적 기반이 모두 부족한 상황이었고, 민간 시장은 분화되지 않았으며, 사회적 신뢰 기반 역시 취약했다. 이때 정부는 필연적으로 산업화의 주체가 되었고, 자원 배분, 사업 허가, 시장 진입장벽 등 핵심 요소들을 중앙 권력의 직접 통제하에 두었다.

박정희 정권 아래에서 본격화된 경제개발 5개년 계획은 국가 계획경제의 전형을 보여준다. 당시의 규제는 단지 부작용을 방지하거나 소비자를 보호하는 수단이 아니라, 성장 자체를 설계하고 유도하는 기능을 맡았다. 정부는 은행을 통해 자금을 할당하고, 특정 업종에 세제·금융·토지 인센티브를 몰아주었으며, 기업의 설립과 운영조차 사전 승인 절차를 통해 철저히 관리했다. 이러한 방식은 일정 기간 눈부신 산업화를 가능케 했지만, 동시에 '관치경제'라는 말이 상징하듯, 민간의 자율성과 혁신 동력을 구조적으로 억제하는 결과를 낳았다.

더 큰 문제는 이러한 통제 체계가 정부 개입 고도성장의 시대가 종언을 고한 이후에도 구조적 자기 반복을 멈추지 않았다는 점이다. 1990년대 중반까지 이어진 국가 주도 성장 전략은 1997년 외환위기를 계기로 일시적인 전환을 겪었지만, 이는 제도적 반성이라기보다 외부 충격에 대한 대응의 성격이 강했다. 외환위기 이후 '신자유주의' 개혁이 일부 도입되었지만, 규제의 구조와 작동 방식에는 근본적인 변화가 일어나지 않았다. 규제의 주체는 여전히 중앙정부이고, 규제철학은 여전히 '사전적 허가'에 기반하며, 절차는 여전히

'불분명한 기준과 해석'을 통해 자의적 운영을 허용하였다.

결과적으로, 오늘날 한국의 규제 체계는 산업화의 드라이버이었던 국가 개입의 흔적을 지우지 못한 채, 시대에 뒤떨어진 형식적 통제의 옷을 입고 남아 있다. '허가 없이는 아무것도 시작할 수 없는' 구조, '기준이 아니라 관행으로 결정되는' 해석, 그리고 '책임회피를 위한 사전 통제'가 여전히 주요 정책 결정과 경제 활동의 기본 틀이 되어 있다. 이는 단순한 행정적 불편함의 문제가 아니라, 창의적 사회로의 이행을 가로막는 제도적 병목이자, 민주주의의 실질적 작동을 저해하는 구조적 한계다.

3 의원입법 폭증, 관료제와 규제의 카르텔 : 규제는 권력이다

한국에서 규제는 단지 행정적 장치가 아니다. 그것은 권력이다. 입법부에서 법률의 제정 및 개정으로 시작된 규제를 설계하고 집행하는 주체는 행정 각 부처와 관료 집단이며, 이들은 규제를 통해 예산, 인사, 정책 방향까지 영향력을 행사한다. 기업의 처지에서는 규제를 준수하는 것이 아니라, '관리'하고 '관계'를 맺어야 하는 대상으로 인식하게 된다. 힘없는 소상공인들과 일반 개인의 입장에서 새로운 법률이 생겼을 때, 그에 따른 권리 보장보다는 의무의 확산만 증가하는 실정이다.

1960~80년대의 고도성장기 동안 규제는 국가 주도의 산업화 전략에서 핵심 도구로 기능했다. 정부는 특정 산업(건설, 철강, 조선, 자동차, 석유화학 등)을 전략적으로 지정하고, 이들에게 자금, 토지, 세제, 인허가 등 각종 자원을 집중적으로 배분하였다. 이때 규제는 공정한 규칙이 아니라, '성장 연합'에 속한 기업에 특혜를 제공하는 선택적 도구로 사용되었다.

이는 규제가 일관성과 예측 가능성을 갖추기보다는 권력의 도구로 기능하는 문화를 낳았고, 이후에도 정치권력과 관료 집단의 영향력 아래에 규제는 끊임없이 생성, 변형, 악용되었다. 이렇게 규제는 관료제의 권한 확대 수단이 되기도 한다. '정책'이라는 이름으로 출발한 사업들은 시간이 흐르면서 여러 위원회와 승인 절차를 낳고, 국회의원과 관료들은 규제를 통해 자기 영향력을 재생산한다. 그런 과정에서 정당성은 약화하고, 절차는 비대해진다. 예외 규정과 유권 해석이 많아질수록, 정작 '법의 정신'은 후퇴한다.

대한민국의 규제 체제는 형식적으로는 법률과 명령에 따라 움직이는 듯 보이지만, 실질적으로는 여러 층위의 비공식 규제와 관행, 해석의 권력이 작동하는 '3단 구조'로 이루어져 있다. 이 구조는 법률에 근거한 형식적 규제에서 시작하여, 하위 행정규칙을 거쳐, 비공식적 지시와 관행이라는 비문서적 권력에 이르기까지 점층적으로 내려가는 피라미드 형태로 조직되어 있다. 대한민국 규제 체제의 구조는 다음과 같이 도식화할 수 있다.

[표 4] 규제 권력의 3단 구조

구분	규제 형식	내용	특징
1단계	법률 및 대통령령·총리령·부령 + 조례 등	국회에서 제정한 법률 및 정부 명령으로 규정된 공식 규제	공식적, 문서화, 국회·정부, 지자체 통제 가능
2단계	고시, 훈령, 예규 등 하위 행정규칙 및 유권해석	각 부처에서 자체적으로 정한 집행 기준, 해석 지침 등	법률에는 없지만 사실상 강제력 존재, 공무원의 재량 및 해석에 좌우
3단계	구두지시, 전화, 내부 지침 등 비공식 규제	문서로 만들어지지 않은 비형식적 지시 및 관행 (그림자 규제)	투명성 없음, 법률적 책임 없음, 실제 영향력 매우 큼

※ 하위로 갈수록 실제 통제력은 강해지나, 법적 책임과 투명성은 낮아진다.

1987년 민주화 이후, 제도적 틀은 상당히 바뀌었지만, 규제의 구조적 성격은 크게 달라지지 않았다. 특히 제17대 국회(2004~2008년) 이후 지난 20년간 시민사회단체의 의정 평가가 활성화되면서 행정입법보다 의원입법이 폭발적으로 증가했다. 14대 국회(1992~1996년)에서 321건에 불과했던 의원발의 법률안은 21대 국회(2020~2024년)에서 2만 5천 27건으로 78배가 늘었다. 최종 법률에 반영된 의원발의 법안도 급증해 의원입법 비중이 14대 23%에서

21대는 95%(총 반영법안 9,063건 중 의원발의 법안 8,576건)에 달했다. 이처럼 '품질관리'가 미흡한 의원입법 급증이 과잉규제의 중요한 원인이 되었다.

[표 5] 주체별(정부/국회) 법률안 발의 및 가결 현황 10)

국회 구분	정부입법		의원입법				전체	
	발의 건수	가결 건수	발의		가결		발의 건수	가결 건수
			건수	비율(%)	건수	비율(%)		
14대	581	561	321	35.6	167	22.9	902	728
15대	807	737	1,144	58.6	687	48.2	1,951	1,424
16대	595	551	1,912	76.3	1,028	65.1	2,507	1,579
17대	1,102	880	6,387	85.3	2,886	76.6	7,489	3,766
18대	1,693	1,288	12,220	87.8	4,890	79.1	13,913	6,178
19대	1,093	803	16,729	93.9	6,626	89.2	17,822	7,429
20대	1,094	738	23,047	95.5	8,061	91.6	24,141	8,799
21대	831	487	25,027	96.7	8,576	94.5	25,858	9,063
22대	379	129	9,736	96.2	1,513	92.1	10,115	1,642

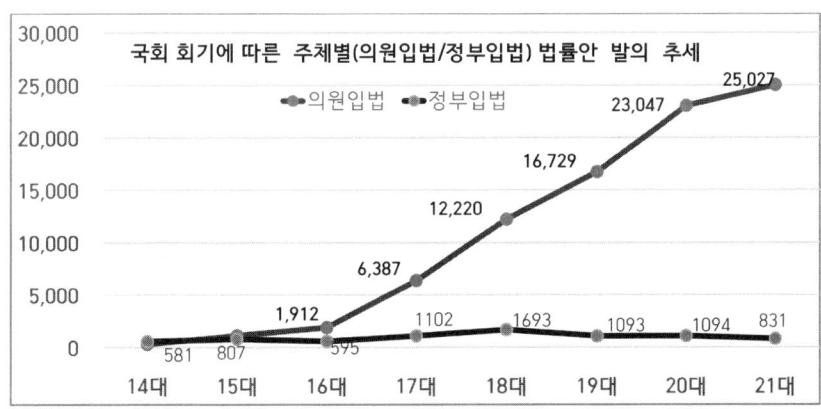

10) 대한민국 국회 의안정보시스템 통계자료
https://likms.assembly.go.kr/bill/stat/statFinishBillSearch.do
가결된 건수는 본회의에서 가결된 법률안, 본회의에 부의되지 않았으나 위원회에서 제안한 대안에 반영된 법률안 등 국회에서 법률안을 심의한 결과 최종적으로 법률에 반영된 법률안 등을 모두 반영하였음. **22대 국회 자료는 2024년 5월 30일부터 2025년 5월 5일 현재까지의 1년 미만 자료임에 유의.**

이러한 의원입법의 급증은 규제의 수를 엄청나게 증가시키고, 부처 간 칸막이 행정과 이해관계자의 정치적 압력 속에서 규제의 일관성과 투명성을 악화시키는 요인으로 작용하고 있다.[11] 규제는 점차 권력의 도구로 전락하고 있으며, 이는 기업활동과 시민의 삶에 부정적인 영향을 미치고 있다.

1987년 민주화 이후 제도적 민주주의는 뿌리를 내렸지만, 국회 내에서 반복되는 졸속입법의 문제는 여전히 해소되지 않고 있다. 특히 의원 발의 법안의 수적 폭증에도 불구하고, 질적 수준이 제고되지 못하는 이유는 몇 가지 구조적 원인에 기인한다.

첫째, 민주적 입법 절차에 대한 인식 부족이다. 공청회, 전문가 의견 청취, 입법예고 등 국민의 다양한 목소리를 수렴하는 절차는 입법의 정당성과 수용성을 높이는 핵심 장치이다. 그러나 일부 국회의원들은 입법의 정치적 목적이나 성과에 치중한 나머지, 숙의와 검토를 생략하거나 형식적으로 처리하는 경향을 보인다. 민주적 입법 절차의 중요성을 경시하는 경향이 있다. 이는 입법 절차의 정당성을 확보하지 못한 채 사회적 논란과 혼선을 초래하는 부실입법으로 이어진다. 입법의 정당성에 대한 확신이 있다면, 절차적 정당성을 소홀히 해서는 안 된다.

둘째, 입법 역량의 구조적 한계다. 국회의원 전원이 법률전문가일 수는 없지만, 입법의 실질적 설계와 검토를 책임지는 의원 본인과 보좌진의 전문성이 현저히 부족한 경우가 많다. 그런 결과 법안은 기술적으로 미흡하거나 기존 법체계와의 정합성이 떨어지고, 이해관계자나 민원인의 요구를 바탕으로 한 '청원형 입법'이 상당수를 차지하고 있으며, 법률안의 실효성, 집행 가능성, 규제 영향 등에 대한 충분한 검토 없이 발의되는 경우가 많고 사회적 파급효과에 대한 사전 검토도 미비한 상태로 발의되는 경우가 빈번하다.

셋째, 입법을 정치적 전략의 수단으로 간주하는 태도다. 국회에서 일부 법안은 정쟁적 동기와 정치적 계산, 언론 노출, 특정 집단에 대한 정치적 메시

---

11) 참여와혁신, 2024년 12월 9일 보도, '20년 만에 10배', 폭증한 법안에서 민심이 사라진다. https://www.laborplus.co.kr/news/articleView.html?idxno=34803

지 전달 등의 목적을 우선시하여, 여론을 의식한 단기적 대응 차원에서 졸속 처리되는 경향이 있다. 이 과정에서 입법의 실효성, 현실성, 규제의 부작용 등은 뒷전으로 밀려나 부차적으로 취급되며, 그로 인해 정책의 지속가능성과 사회적 신뢰는 심각한 타격을 입는다.

이러한 의원입법의 질적 문제는 단순한 기술적 한계가 아니라, 입법을 권력 행사의 수단으로 활용하는 정치문화의 산물이다. 그러한 결과, 졸속입법이 반복되고, 이에 따라 집행 부처의 과도한 행정부령 위임, 유권해석 남용, 또는 시행 지연 등 다양한 행정적 부작용이 뒤따른다. 따라서 이를 개선하기 위해서는 법안 발의 단계에서의 전문성 제고, 숙의 기반의 절차 강화, 규제영향평가[12]의 내실화 등 제도적 장치를 강화함과 동시에, 정치권 전반의 책무성과 공익 지향성을 재정립하는 노력이 반드시 병행되어야 한다.

[표 6] 주요국 현황 (2020년 6월 기준) [13]

국가	기간	정부입법 발의 건수	정부입법 가결 건수	의원입법 발의 건수	의원입법 발의 비율(%)	의원입법 가결 건수	의원입법 가결 비율(%)	전체 발의 건수	전체 가결 건수
미국	2016~2019	-		23,221	100	748	100	23,221	748
프랑스	2016~2019	238	145	1,475	86.1	47	24.5	1,713	192
독일	18대 국회 (2013~2017)	530	488	258	32.7	62	11.3	788	550
일본	2016~2019	300	280	617	67.3	88	23.9	917	368
한국	20대 국회 (2016.5.30 -2020.5.29.)	1,094	738	23,047	95.5	8,061	91.6	24,141	8,799

---

[12] 학계 일부에서는 국회의 자율적 입법에 대한 사전영향검토제도를 "입법영향평가(Legislative Impact Assessment)"로 표현하기도 하나, 대한민국 법률 체계 및 행정 실무에서는 국제기준에 따라 Regulatory Impact Assessment(RIA)를 "규제영향평가"로 통일하여 사용하고 있다.

[13] 미국 상원 공식홈페이지(www.senate.gov). Congressional Record-Daily Digest, Resume of Congressional Activity 연도별 자료.

정부는 '규제개혁위원회'14) 등의 기구를 설치하고, 여러 차례 규제개혁을 천명했지만, 이는 근본적인 권한 분산이나 관료조직의 책무성 개혁으로 이어지지 않았다. 대부분은 일시적이고 이벤트성 개혁에 머물렀다. 규제를 만드는 시스템은 그대로 둔 채, 규제 몇 개를 '정리'하는 방식은 실질적 개혁이라 보기 어려웠다.

현재 우리나라의 규제개혁 추진체계는 그간의 여러 가지 노력에도 불구하고 이렇듯 아쉬운 점이 많다. 입법부와 행정부 내에 개방형직위 채용 등을 통한 10년 정도 고용안정보장 등 인사 혁신이 제대로 이루어지지 아니하여 극히 한두 명을 제외하고는 꾸준하게 일해 온 규제개혁 전문 관료 집단이 거의 없다시피 하다 보니 이에 대한 노하우가 쌓이기 힘들고, 규제개혁에 필요한 시스템도 분산되어 효율적이지 아니하게 운영 중이다.15) [표 5]에서와 같이, 최근 20년 사이에 폭증된 법률안의 입법 기능 주체가 국회와 행정부로 이원화되어 합리적 규제를 더욱 세심하게 따져보는 것보다 규제 형성에 대한 우회적 대체경로를 제공함으로써 손쉽게 규제를 만드는 왜곡된 구조를 만들고 있기도 하다.

---

14) 최초 설치는 1998년 김대중 정부, 「행정규제기본법」에 근거. 이후 실적 중심의 양적 개혁 위주로 흐름이 굳어짐.

15) 국무총리 직할 국무조정실에 규제조정실(규제개혁 업무총괄 3국 15과), 부총리가 장관인 기획재정부에 기업환경과(경제분야 규제완화 협의·조정), 행정안전부에 지방규제혁신과(지자체 규제개혁 업무지원) 등을 운영 중이고, 중앙행정부처와 지방자치단체에 규제개혁법무담당관실 등을 두고 있으나, 대부분 일반직 공무원으로서 책임부서장은 1년 이상 근무 후엔 다른 업무로 인사 발령되고 있는 것이 현실이며 민관합동 규제개혁추진체가 일부 있으나 대한상공회의소에 설치된 조직이 그나마 명맥을 유지하고 있고 다른 곳은 국민 앞에 공개된 성과 보도자료를 찾기 어려움.

[표 7] 한국의 법률안 발의 절차와 소요 시간 비교

정부 입법		의원 입법
입법계획 수립	전년도 11월 30일까지	입법 준비
⇩		⇩
법률안 입안	30~60일	법률안 입안
⇩		⇩
관계기관 협의	10일 이상	국회사무처 법제실 검토(요청 시)
⇩		⇩
사전영향평가	15~30일	예산정책처 비용추계 (예산수반 법률 한정)
⇩		⇩
입법예고	40~60일	특별한 사전절차 없음
⇩		
규제심사(규제개혁위)	15~20일	
⇩		
법제처 심사	20~30일	
⇩		
차관회의 심의	7~10일	
⇩		
국무회의 심의	5일	
⇩		⇩
대통령 재가 및 국회 제출	7~10일	법률안 발의
⇒ 규정상 약 5~8개월 소요		⇒ 필수 소요기간 無

헌법 제52조의 규정16)에 따라, 국회와 정부 모두 법률안을 발의할 수 있다. 그러나, [표 7]에서 보는 것처럼, 국회는 행정부와 달리 규제에 대하여 사전 검토 절차가 없다. **정부 입법**의 경우는 법령안 입안(부처 협의) → 당정 협의 → 입법 예고 → 규제개혁위원회 규제심사17) → 법제처 심사 → 국무회의 심의 → 대통령 재가 → 국회 제출의 순서를 반드시 거쳐야 하지만, **의원 입법**의 경우는 국회의원 10인 이상의 찬성만 있으면 법안을 즉시 발의 가능하다.

이러한 현실에서 17대 국회부터 의원입법 발의 건수가 대폭 증가하여 21대 국회는 전체 발의 법률안의 96.7%를 차지하게 되었다. 한국유권자운동연합, 경제정의실천시민연합, 국감모니터연대 등 시민사회단체가 16대 국회의원 의정활동 평가 지표로 의안 발의 건수를 활용한 이후, 의원입법 발의가 급증하는 일이 발생하게 되었다.18) 이에 따라 의원입법안 가결 건수도 지속해서 증가하여 21대 국회 제정법률(9,063건)의 94.5%를 차지하게 된다. 여기에는 전체적인 의원입법 증가와 함께 규제의 신설·강화를 규정하는 의원발의 규제 입법도 급증하였다. 의원발의 규제 입법은 정당성 부족, 부작용·현실성 등이 고려되지 않아 규제 품질이 매우 낮은 법안이라는 지적이 계속 제기되었다.19)

---

16) 헌법 제52조 국회의원과 정부는 법률안을 제출할 수 있다.
17) 규제신설·강화 내용 법률안 제·개정 시 규제영향평가 심사 실시.
18) 이현출(2018), 의정평가 기준에 관한 시론, 건국대학교 법학연구소, 479p 참고
http://ils.konkuk.ac.kr/board_common/file_download.asp?Board_Key=66&File_Key=427&flag=3
19) * 2013년 한국규제학회 분석에 따르면, 474건 의원발의 규제법안 중 초선의원은 평균 3.09점, 재선 이상은 3.01점으로, 의정 경험이 입법 품질에 긍정적 영향을 미치지 못한 것으로 나타났다. 문화일보, 2013년 6월 12일 보도, https://www.munhwa.com/article/10848862
   * 한국경제, 2024년 8월 28일 보도, 뒷일 생각없이 법안 남발…"사전에 영향 평가를"
   조선일보, 2022년 12월 22일 보도, "국회, 하루 3건씩 규제 법안… 후진적 입법 놔두면 경제 암담"
   서울경제, 2022년 6월 28일 보도, 의원 발의 늘었지만 과잉·부실 심각…"법률안 심의 제도 도입해야"
   매일경제, 2021년 11월 10일 보도, 검증 없는 졸속 의원입법에…한국, 과잉규제 늪에 빠지다

[그림 2] 부풀어 오르는 한국의 규제 풍선[20]

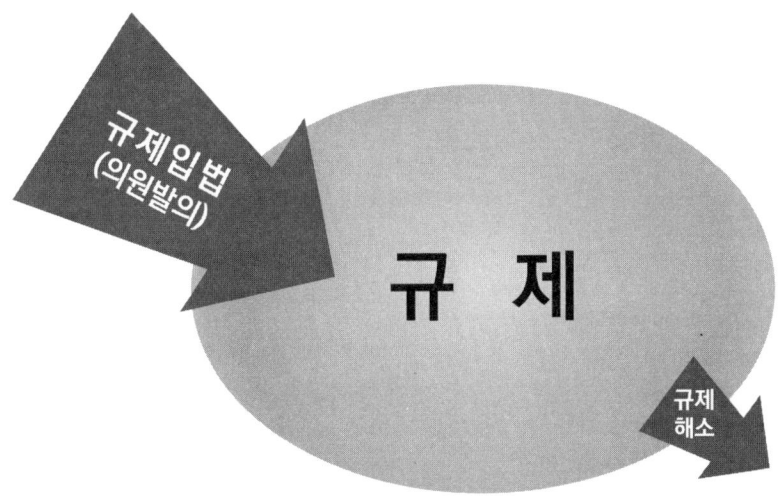

　법률안 발의 단계에서 규제영향분석·평가 등 사전심사가 빠져 있으니 의원 규제 입법이 규제집행 과정 및 규제집행 이후의 영향에 대해 경제·사회적 비용 분석 없이 정치적 고려가 우선시 되는 경향을 보이는 것도 문제이다. 최근 의원발의 법률안 수가 급증하는 점을 고려할 때, 정부 입법안에 대한 규제심사만으로는 통제에 한계가 있음을 [그림 2]로 표현하여 보았다. [표 6] 주요국 현황에서 주요국 의원입법 비중('16~'19년)을 보더라도 프랑스 24%, 독일 11%, 일본 24%에 비해, 한국은 90% 이상으로 의원발의 입법 비중이 압도적으로 높다. 이에 따라, 2017년 OECD는 한국 정부에 의원발의 법안에 대한 규제영향평가(RIA, Regulatory Impact Assessment)를 실시하고 국회 내 규제 품질관리를 위한 상설기구를 설치할 것을 권고했다. 특히, 전체 입법의 90%

---

[20] 행정부에서 총리실의 규제조정실이나 기획재정부의 기업환경과 또는 행정 각 부처에서 아무리 규제 해소 노력을 할들, 국회에서 의원입법으로 규제를 대폭 양산하는 현 상황에서는 규제 풍선이 커져 사회적 고혈압의 수치는 점점 올라가는 형국이 되고 있다. 현재 저 풍선은 언제 터질지 모르는 모양새이다.

이상을 차지하는 의원입법이 아무런 규제심사 없이 이뤄지면서 정부의 규제 개혁 노력을 무색하게 한다는 지적이 OECD의 권고 배경이었다.[21] 하지만, 4년 주기로 발간되는 OECD의 「규제정책전망보고서」가 2017년에 이어 2021년과 2025년에 같은 지적이 세 번이나 연거푸 나오도록 우리 국회의 개선 움직임은 전혀 없었다. 이들은 이상하게도 사람은 바뀌지 않은 채, ①정당 창당 ➡ ②다수당이 됨➡ ③건방져짐➡ ④못된 짓 함➡ ⑤국민의 심판➡ ⑥무릎 꿇고 사죄➡ ⑦당 해체➡ ⑧신당 창당이라는 악순환만을 몇 번이고 되풀이하는 일을 하고 있다. 정치인들이 모인 우리 국회를 바라보는 국민의 생각은 다음과 같은 자료에서 잘 나타난다.

[그림 3] 국가기관 신뢰도[22]

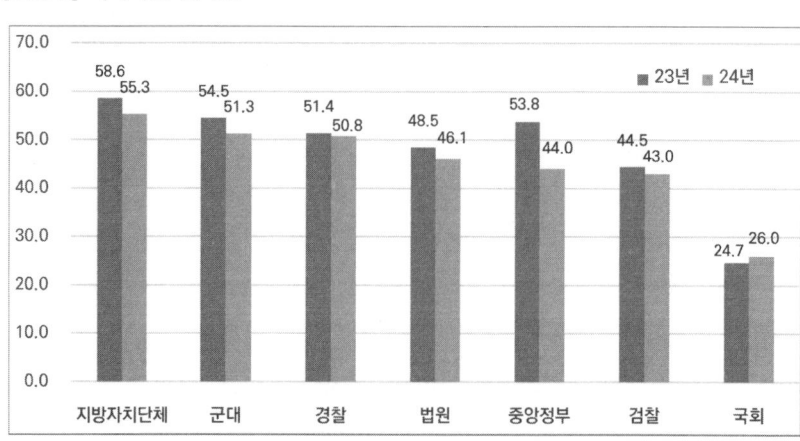

자료: 한국행정연구원, 「사회통합실태조사」
주: 각 기관이 맡은 일을 잘 수행하고 있다고 믿는지 '약간 믿는다'와 '매우 믿는다'라는 응답자의 비율임.

---

21) 헤럴드경제, 2022년 4월 22일 보도, "발의수 중심 의정활동평가 바뀌어야"…OECD도 경고 https://biz.heraldcorp.com/article/2846957
22) 통계청 보도자료(2025년3월25일), 2024 한국의 사회지표, P.29에서 표 인용

2025년 3월 통계청이 한국행정연구원의 설문조사 자료를 바탕으로 발표한 2024년 국민이 신뢰하는 국가기관은 지방자치단체(55.3%), 군대(51.3%), 경찰(50.8%), 법원(46.1%), 중앙정부(44%), 검찰(43%)의 순서에 이어 국회는 겨우 26%로서 맨 꼴찌를 차지하고 있다.

대한민국 국회의 현재 기능과 성과는 외부에서뿐 아니라 내부에서도 한계가 적나라하게 드러나고 있다. 국회미래연구원이 2023년 11월 말 국회의원 보좌진을 대상으로 벌인 인식 조사에 따르면, 제21대 국회의 의정활동에 대한 내부 평가는 평균 5.1점(10점 만점)으로 나타났다.[23] 이는 의회 구성원 가까이에서 실무를 수행하는 핵심 인력조차 국회의 성과를 절반 이하의 수준으로 평가하고 있다는 점에서 주목할 만하다. 더불어민주당과 국민의힘 등 주요 정당의 상대방 의정활동에 대한 평가 점수는 약 3점 이하로서 국회 전체 평균보다도 훨씬 낮았다. 특히, 반수 이상의 보좌진은 국회가 본연의 입법과 감시 기능을 제대로 수행하지 못한 주요 원인으로 정치 양극화의 심화를 지목하였다. 이를 해결하는 방안으로는 정당 구조의 근본적인 개혁이 필요하다는 응답이 주를 이뤘다.

정당이 협의와 타협의 정치를 주도하지 못하고, 당내 경쟁 구도나 당리당략 중심의 의제 설정을 반복하면서 실질적 논의보다는 갈등만을 증폭시키고 있다는 인식이 팽배함을 보여준다. 보좌진들이 매긴 5.1점이라는 의정활동 평가는 결코, 높은 점수는 아니지만, 그럼에도 국민 전체의 시선과 비교할 때, 상대적으로 관대한 수치로 보인다. 실제로 2023년 국회미래연구원의 박현석 등 연구자들의 조사에 따르면, 국회(정치인)는 모든 정부 기관 중 국민 신뢰도 최하위를 기록했다.[24] 이러한 수치상의 괴리는 국민과 국회 내부 구

---

[23] 300명의 국회의원들은 각각 4급 보좌관 2명, 5급 선임비서관 2명, 6급·7급·8급·9급 비서관 각 1명 등 총 8명의 보좌직원과 인턴 1명을 의정활동 보좌인력으로 선발하여 활용 중이며, 인턴까지 모두 채용되어 있을 경우 총 2,700명의 보좌 인력이 국회에 근무 중인데 이들 중 531명이 설문에 응답하였다. 응답자의 구성을 살펴보면 정당별 분포는 더불어민주당이 59.7%, 국민의힘이 34.5%로 국회의 의석 비율과 유사하게 배분되었다.(출처: 국회미래연구원, 「국회의원 보좌진이 바라본 제21대 국회의 문제점과 개선방안」, 2024.4.11.국가미래전략 Insight 92호, pp 1~15)

[24] 박현석·박상훈·윤광일·이재묵, 정치 양극화의 실태와 개선방안(국회미래연구원, 2023, 연구

성원 사이의 인식 격차를 시사하지만, '국회의 실패'가 외부의 비판만이 아닌 내부 구성원들조차 공통으로 인정하는 구조적 위기임을 드러낸다.

이뿐인가? 의원입법은 규제사전영향평가(RIA)를 전혀 거치지 않아 규제 신설·강화 시 행정부의 규제심사 우회 수단으로 악용하는 경우까지도 발견되었다. 대표적인 사례 중의 하나가 「금융회사지배구조법」('18년) 인데, 금융위원회는 '금융회사 최대 주주 적격성 심사 대상 확대'를 위한 정부입법 법률안 발의가 규제개혁위원회 권고로 실패하자 여당의 의원입법으로 추진하였다.[25] 현재 한국에서는 규제 사전영향평가가 정부 제출 법률안에만 적용되고, 국회의원 발의 법안에는 적용되지 않는다. 이처럼 규제심사 대상이 법안의 내용이 아니라 누가 제출했는지에 따라 결정되는 구조는 매우 불합리하다.

입법 심의 시 규제심사가 미흡하다는 지적에 대해 국회 내부적으로도 고충은 있어 보인다. 입법 지원 전문인력이 부족하고 의안 처리 절차 비효율성 등으로 내실 있는 규제 입법 심사가 곤란하다는 점이다. 특히, 비효율성의 주요 원인으로 지역 민원성 법률안의 대폭 증가, 법률안 심사가 특정 시기(9월 정기국회)에 집중, 법률안 경중과 무관하게 일률적인 입법 절차 적용 등을 들 수 있는데, 대다수의 법률안은 위원회 상정 후 평균 2~3개월 이내에 가결되어 상임위·본회의 규제 입법에 대한 충분한 심의가 모자라는 문제점을 지적하지 않을 수 없다.

그러함에도 불구하고, 입법과정에서 규제의 적절성에 대한 의견수렴·소통 자체가 부족하다는 비판은 피할 수 없다. 법률 제정자·집행자·국민 간의 충분한 여론 수렴은 민주주의 사회에서 반드시 해야만 하는 필수적 소통 과정임에도 불구하고 이를 슬그머니 생략해서는 아니 된다. 폭넓은 이해관계자들의 활발한 공론화 제도가 없다면 규제 법률이 특정 관계자의 이익을 위해 제정될 우려가 있기 때문이다. 홈페이지에 입법 예고하고 기간 내에 의견 없으면

보고서 23-12호), 58쪽
25) 한겨레신문, 2018년 7월 11일 보도, 금융사 대주주 자격심사 확대 규제개혁위가 '제동' https://www.hani.co.kr/arti/economy/finance/852925.html

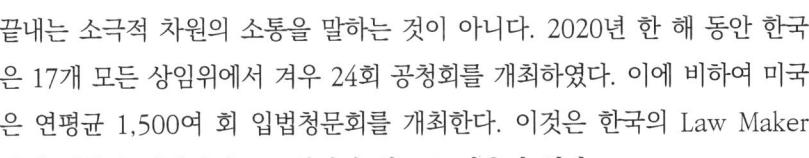

끝내는 소극적 차원의 소통을 말하는 것이 아니다. 2020년 한 해 동안 한국은 17개 모든 상임위에서 겨우 24회 공청회를 개최하였다. 이에 비하여 미국은 연평균 1,500여 회 입법청문회를 개최한다. 이것은 한국의 Law Maker들이 서둘러 타산지석으로 삼아야 하고도 남음이 있다.

이와 같은 지적들은 2021년과 2025년에 발간된 OECD의 「규제정책전망보고서」에서도 고스란히 담겨 있다.

[표 8] OECD 「규제정책전망보고서」 발간 현황[26]

항목	2021 보고서 내용	2025 보고서 내용
규제영향분석 (RIA)	행정부 발의 규제에 RIA 적용, 중요도 비례 분석, 대안 비교 시행	비용-편익 분석은 의무, 간접적, 재정적, 거시경제적 영향 분석 강화 필요성 언급, 국회 발의 법률에는 여전히 미적용
이해관계자 분석	전자 플랫폼 기반 후기 의견 수렴 체계(e-입법센터 등)	후기 참여 중심 구조 유지, 입법단계 참여 미흡, 초기 단계 참여, 확대 및 제도화 필요성 강조
사후평가	모든 행정부 규제에 대해 계획수립, 일부는 품질관리 대상	정책 목표 달성 여부, 국제 기준 정합성 포함 권고, 평가 공개 및 참여 연계 필요
감독 체계 및 제도 운영	규제개혁위원회-국무조정실 중심 제도적 기반 확립	전략적 예측 및 부처 간 조정 부족 지적, 복합리스트 역량 강화 필요

한국은 이제 경제와 문화에서 세계가 인정하는 선진국 반열에 올라섰다. 국민은 이미 글로벌 기준에 부합하는 감각과 경험으로 미래를 선도하고 있다. 그런데 왜 정치만은 여전히 낡은 틀에 갇혀 있는가? 그 핵심 원인은 분명

---

26) OECD, Regulatory Policy Outlook 2025 (2025.4.9.),
https://www.oecd.org/en/publications/oecd-regulatory-policy-outlook-2025_56b60e39-en.html
코리아스타트업포럼, CODIT, 「2025 OECD 규제정책전망」 분석과 한국의 대응방안, 2025년 4월 22일 발간 자료에서 표 발췌 인용.
https://blog.thecodit.com/2025/04/21/oecd_regulatory_policy_outlook/

하다. 입법의 타당성, 정책의 지속성, 규제의 일관성을 담보할 합리적인 규제 관리 체계가 국회는 물론, 행정부와 법원 어디에도 제대로 구축되어 있지 않기 때문이다. 입법의 남발, 졸속 법안, 행정과 입법의 충돌은 모두 그 결과다.

정책은 정권마다 오락가락하고, 이해집단과 정치·관료 간의 규제 밀착 구조는 상황을 더욱 악화시킨다. 무엇보다 심각한 문제는, 이런 구조적 결함이 정권 교체 때마다 되풀이된다는 점이다. 평가도, 교훈도 없이 과거 정부의 규제개혁은 소멸하고, 새로운 정부는 다시 '처음부터 시작하는 척'을 한다. "국민을 위한 규제개혁"이라는 구호는 반복되지만, 실상은 매번 정권의 정치적 도구로 전락해 왔다.

얼마나 어리석은 국가적 낭비의 반복인가? 역대 대통령들의 말을 떠올려 보라. 김대중은 "규제개혁 없이는 경쟁력도 없다." 했고, 노무현은 "자율과 책임"을 원칙으로 삼았다. 이명박은 "규제개혁이 곧 일자리"라 했고, 박근혜는 "손톱 밑 가시"를 제거하겠다고 선언했다. 문재인은 "4차 산업혁명은 규제혁신 없이는 불가능하다"라고 강조했으며, 윤석열은 "규제는 이권 카르텔"이라며 해체를 공언했다.

이처럼 정권마다 외침은 있었지만, 그 '말'들은 하나둘 흩어졌고, 제도와 시스템으로 정착되지 못했다. 정권 초기에는 개혁의 열망이 넘쳤지만, 말기에는 늘 무기력과 관성이 자리했다. 그렇다면 여기서 이렇게 물어야 한다.

왜 우리는 개혁의 언어는 기억하면서, 그 결과물은 목격하지 못하는가?
왜 국회의 입법 남용과 관료제의 자기보존 구조는 무한 반복되는가?
왜 규제를 입법·행정·사법이 함께 다뤄야 할 국가 운영의 핵심과제로 인식하지 못하고, 정쟁과 권력 소비의 수단으로만 전락시키는가?

그리고 무엇보다, 왜 우리는 아직도 '규제 후진국'이라는 오명을 벗지 못하고 있는가? 그 마지막 질문에 답할 사람은 바로, 이 책을 읽고 있는 당신이다.

규제 이중성에 기반한 국민과의 거리

    규제 문제는 단순히 양적 팽창이나 질적 저하의 차원에만 머물지 않는다. 그것은 본질에서 사회적 불평등과 깊이 연동되어 있다. 규제를 설계하고 집행하는 입법자와 공무원은 자신이 만든 규제의 직접적 영향을 크게 받지 않는다. 대기업은 막강한 로비력과 법무 조직을 통해 규제를 유리하게 조정하거나 우회할 수 있다. 반면, 중소기업과 창업가, 소상공인, 일반 시민은 복잡한 규제의 '현장'에서 불이익을 고스란히 감당해야 한다. 재벌 대기업 중심의 규제 완화 요구는 오히려 중소기업과 소비자 보호를 약화하는 때도 생긴다.

    이처럼 규제가 계층에 따라 다르게 작동하는 현실은 법의 공정성과 사회적 신뢰를 심각하게 훼손한다. '유전무죄, 무전유죄'라는 말이 절대 과장이 아니다. 정부는 규제를 쏟아내면서도 정작 범죄자 처벌에는 무기력하다. 화이트칼라 범죄자인 고위층과 재벌은 화려한 변호인단을 앞세워 처벌을 회피하지만, 서민의 사소한 위반은 엄정하게 다뤄진다. 강한 규제와 약한 처벌의 조합은 규제의 본래 기능을 왜곡시키는 전형적 이중성이다.

    우리나라는 자타가 공인하는 '규제 강국'이다. 금융, 조세, 환경, 공정거래 등 거의 모든 경제·사회 영역에서 정부 규제의 수준은 세계 최고에 달하지만, 정작 위법 행위는 흔하게 벌어진다. 성실하게 살아가는 기업과 시민은 규제의 족쇄에 묶이고, 이를 교묘히 피하는 이들이 오히려 시장에서 득세하는 이중성을 보여서는 아니 된다.

    많은 규제는 사회적 예방이나 행정 효율성보다는 정치적 명분에 의해 만들어진다. 비현실적인 기준에 형사처벌까지 연계되면서, 법을 지키려는 이들조차 법망에 걸릴 수밖에 없는 구조가 형성된다. '털어서 먼지 안 나는 사람 없다'라는 식의 접근은 결국 모든 국민을 잠재적 범죄자로 만들고, 사정기관의 조사만으로도 위축되고 불안하게 만든다. 이는 규제가 법치가 아닌 '공포의 도구'로 변질한 모습이다.

이러한 환경에서는 준법보다 '걸릴 확률'을 따지는 계산이 더 합리적인 선택이 된다. 위법과 합법 사이를 오가며 이익을 극대화하고, 적발되면 자본으로 빠져나가는 전략이 통용된다. 검찰개혁이나 강한 처벌을 외쳐도 이런 구조 속에서는 실효성을 갖기 어렵다. 규제는 결과적으로 '불공정의 경제학'을 부추기는 도구가 되고 있는지도 모른다.

그런데도, 규제에 대한 시민사회의 감시나 논의는 매우 미진하다. 규제는 전문적이고 기술적인 사안으로 간주하여, 그것이 실제로 개인의 삶을 어떻게 제한하고 있는지에 대한 인식이 부족하다. 이에 따라 규제의 공정성, 실효성, 타당성에 대한 논의는 소수 전문가와 정책 결정권자의 폐쇄된 영역에 갇혀 있다.

규제는 본래 공공의 이익을 보호하고 시장 실패를 보완하는 수단이어야 한다. 그러나 한국에서는 이러한 본질적 목적이 종종 무시되거나, 오히려 기득권을 유지하거나 특정 세력을 보호하는 수단으로 전락한 경우가 많았다. 택시 업계와의 이해 충돌 끝에 결국 '타다' 서비스가 금지된 사례,[27] 핀테크 업체들이 금융당국의 불확실한 태도 속에 혁신을 보류해야 했던 현실[28]은 모두 규제가 혁신을 억압한 단적인 예다.

여기에 더해, 규제의 이중성을 강화하는 결정적인 구조가 존재한다. 바로 '진흥'을 표방하는 법률들이다. 이른바 '○○진흥법'이라는 명칭을 가진 수많은 법률은 겉으로는 특정 산업의 육성과 지원을 내세우지만, 실제 조문을 들여다보면 진입규제, 자격 요건, 인증 절차, 과징금 부과 등 각종 행정적 통제 수단을 내포하고 있다. 국회입법조사처와 한국법제연구원의 분석에 따르면 산업진흥을 표방하는 88개의 법률 중 70% 이상이 행정규제를 포함하고 있는 것으로 나타났으며, 한국행정연구원 역시 진흥법의 상당수가 중복규제 또는

---

27) 타다(TADA)는 운전기사가 포함된 렌터카 서비스를 기반으로 사업을 전개했으나, 기존 택시 업계와 정치권의 반발로 결국 '타다금지법'(여객자동차운수사업법 개정안)이 2020년 3월 6일 국회에서 통과되며 시장에서 퇴출당함. 이는 산업 간 이해 충돌을 국가가 합리적으로 조정하지 못한 대표 사례임.

28) 국내 핀테크 기업들은 금융보안, 개인정보 보호 등 중첩 규제로 인해 해외 진출은 가능하나 국내 서비스 런칭은 제한되는 아이러니를 겪음. 2020년 기준, 한국 핀테크 기업의 약 30%가 '비현실적 규제'를 가장 큰 애로사항으로 꼽음 (금융위원회 간담회 자료).

그림자 규제를 내재하고 있다고 지적한다.29)

예컨대 「관광진흥법」은 관광산업 육성을 내세우면서도 사업자 등록 요건과 자격 제한, 행정처분 조항이 강하게 포함돼 있으며, 「건설기술진흥법」이나 「소프트웨어진흥법」도 마찬가지로 기술자 등급, 사업자 신고, 유지관리 의무 등으로 규제의 성격이 매우 뚜렷하다. '진흥'이라는 이름 아래 규제가 은폐되거나 정치적 수사로 합리화되고 있다. 법률의 제명에 '진흥' 뿐만이 아니라, '촉진', '발전', '육성', '지원'이라는 명칭이 포함된 총 375개의 법률로 확대하여 본다면 점입가경이다. 이는 법령명과 실질 내용의 괴리를 낳고, 규제를 받는 국민과 기업은 불일치 속에서 불신과 피로를 경험하게 된다.

혁신을 시도하면 "불법일 수도 있다."라는 경고부터 받는 사회, 이것이 바로 규제 공화국, 대한민국의 민낯이다. 이런 말을 언제까지 들어야 할까?

제1부의 논의 ✔ '규제 공화국'이라는 진단은 단순한 비판이 아니다. 그것은 우리가 어떤 방향으로 나아가야 할지를 결정하는 출발점이다. 규제의 본래 목적을 회복하고, 규제의 구조 자체를 민주화하는 것, 이것이 진정한 규제혁신의 출발점이 되어야 한다. 그래서 규제의 진짜 목적을 묻는다. 규제는 필요하다. 모든 시장은 공정하지 않으며, 모든 기업은 선의로 움직이지 않는다. 그러나 규제는 최소한의 개입으로 최대의 공공가치를 지향해야 한다. 현재 한국의 규제는 공공성을 명분으로 내세우지만, 실제로는 정치적, 행정적 이해관계에 얽힌 경우가 많다.
그래서 진짜 질문은 이렇다. 이 규제가 누구를 위한 것인가? 누구에게 이익을 주고, 누구를 배제하는가? 그리고 이 규제는 여전히 유효한가?
⇨ 의원발의 규제 입법의 양적 증가에도 그에 걸맞은 점검·평가심사 부재로 불합리한 규제가 대량 양산되는 문제 발생 → 국내외 사례분석 등을 통해 의원발의 및 정부 규제 입법의 심사·통제 방안 모색 필요

---

29) 국회입법조사처, 「산업진흥법제의 규제영향 및 개선방안(2012)」와 한국법제연구원 「산업진흥법제의 규제혁신을 위한 법제연구(2021)」 해당 모든 보고서에 따르면 산업진흥을 목적으로 제정된 88개 법률 중 65개(73.9%)가 「행정규제기본법」상 규제등록 사무를 포함하고 있다고 발표했다. 또한 한국행정연구원은 2025년 발간한 「AI 기반 규제현황 분석 시스템 구축 연구」에서 산업진흥법 다수가 '중복규제' 또는 '그림자 규제'를 내포하고 있으며, 명칭과 달리 실질적으로는 통제·제한 기능을 수행하고 있다고 분석한 바 있다.

대한규제혁신민국

국민이 설계하는
새로운 민주국가

2부

규제, 어떻게 경제를 가로막는가?

"강한 규제가 정의로운 사회를 만드는 게 아니다.
합리적인 규제와 공정한 집행이 국민을 믿게 만든다."
― 『대한규제혁신민국』

기업가정신의 퇴화

한국 경제는 지금, 단순한 경기침체를 넘어 구조적 성장 기반의 붕괴 위기에 직면하고 있다. 미국의 투자은행 골드만삭스는 2022년 12월 발표한 「2075년 글로벌 경제전망」보고서30)에서, 한국 경제가 세계 12위권의 위치에서 2050년경에는 15위권 밖으로 밀려날 것이라는 경고를 내놓았다. 세계 최저 수준의 출산율과 급속한 고령화는 이와 같은 전망의 주된 근거였다. 이 보고서는 "인구가 증가하고 있는 신흥국들이 적절한 경제정책을 채택할 경우, 글로벌 경제의 새로운 중심축이 될 수 있다"라며, 나이지리아, 파키스탄, 이집트 등의 부상을 예견하였다. 반면, 인구 감소와 구조개혁 지체로 인해 한국의 경제 역동성은 급격히 둔화할 것이라는 암시였다.

이와 유사한 진단은 국내 주요 연구기관에서도 최근 반복되고 있다. 2025년 5월, 한국개발연구원(KDI)은 「잠재성장률 전망과 정책적 시사점」보고서31)를 통해 충격적인 예측을 제시하였다. 현재 1.8% 수준으로 추정되는 한국의 잠재성장률이 향후 5년 이내에 1%대 초반으로 하락하고, 2030년대에는 0%대에 진입한 뒤 2040년대 초반부터는 마이너스로 추락할 수 있다는 전망이 나왔다. 이 보고서는 한국이 이제 더 이상 높은 성장률을 전제로 한 경제정책을 지속할 수 없는 구조적인 위기의 시대에 진입했음을 강력하게 경고하고 있다.

---

30) Goldman Sachs Research, 『The Path to 2075 — Slower Global Growth, But Convergence Remains Intact』, December 8, 2022.
https://www.goldmansachs.com/insights/goldman-sachs-research/the-path-to-2075-slower-global-growth-but-convergence-remains-intact
한국경제신문, 2022년 12월 12일 보도, 한국 경제, 2050년엔 나이지리아에 밀린다…
https://www.hankyung.com/article/2022121292521
31) 한국개발연구원, KDI 현안분석 『잠재성장률 전망과 정책적 시사점』, 2025.5.8.

KDI는 이와 같은 잠재성장률의 급락을, 규제혁신 등 경제 구조 개혁의 지연과 함께 저출생·고령화로 인한 노동 투입의 감소, 총요소생산성 둔화, 그리고 자본 수익성 하락이라는 복합적 요인에서 비롯된 결과로 분석하였다. 특히, 생산성 향상의 열쇠인 젊은 인구의 감소는 기술 수용성과 노동시장 유연성에 악영향을 미치며, 이는 자연스럽게 기업가정신의 확산과 혁신 창출에 제약으로 작용하고 있다. 실제로 1997년 외환위기 직전 평균 8%를 웃돌던 한국의 잠재성장률은 2008년 4%, 2018년 2.9%, 그리고 2024년에는 1.8%까지 떨어졌다. IMF와 한국 정부가 불과 수년 전까지도 2030년대에 진입할 것이라던 1%대 시대는 2020년대 중반이 오기도 전에 이미 도달하였고 2025년 5월엔 0%대에 진입하였다.

그러나, 2025년 7월에 나온 통계는 참담한 현실이 되었다. 지금이 2040년대 초반도 아닌데 마이너스 성장률이 현실로 나오게 된 것이다. 그것도 대한민국의 경제 성장률만 주요 선진국 중 유일하게 역성장했다. 2025년 1분기까지 1년간 누적 성장률은 −0.3%(OECD 평균 1.8%)로 집계되었으며, 내수는 −0.5%포인트, 수출은 −0.3%포인트 감소했다. 가계 소비지출은 2016년 수준에 머물렀고, 세계 수출 시장 내 점유율은 2025년 2월 기준 2.66%까지 추락했다.[32]

---

[32] 자료 일부 요약 인용 : 최배근(2025.7.17.), 소상공인이 웃는 '진짜 대한민국'으로, [K-공감] 814호, 14-15.
https://gonggam.korea.kr/ 최근까지 불과 3년 사이에, 한국 사회는 정치적 무능, 행정적 실종, 경제적 침몰이라는 삼중 추락에 직면했다. 국민경제는 실제로 후퇴했고, 정책은 멈췄으며, 제도는 무력화되었다. 이처럼 민생과 한국 경제를 폐허로 만든 핵심 요인 중 하나가 정부와 민주주의의 실종이라는 주장도 있다. 세계 179개국 중 한국의 민주주의 지수 순위는 2021년 17위(1등급)에서 2024년 41위(3등급)로 급락했다. 이는 단지 '순위 하락'이 아니라, 공공 통치 역량의 구조적 붕괴를 상징한다.

[그림 3] 한국경제신문의 KDI 보고서 관련 언론 보도 그래픽[33]

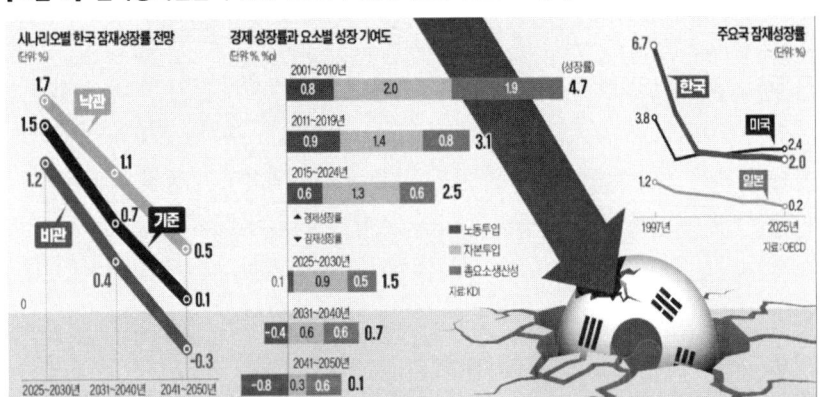

문제는 이러한 성장 잠재력의 쇠퇴가 단기 경기순환의 일시적 현상이 아니라는 점이다. 총요소생산성과 노동력, 자본 투입이라는 세 가지 성장의 축이 모두 구조적 한계에 봉착한 상태이며, 이는 시장 내부의 자생적 회복력만으로는 되돌릴 수 없는 경로 의존적 추락을 암시한다.

특히 노동 투입의 경우, 통계청의 자료에 따르면 생산가능인구(15~64세)는 2019년 3,763만 명에서 2050년까지 1,290만 명이 줄어들어 전체 인구 대비 비중이 70%에서 51.95%로 감소할 것으로 전망된다. 이로 인한 잠재성장률 감소 폭만 해도 0.8%포인트에 이를 것으로 분석된다. 생산성도 고령화의 직격탄을 피하지 못한다. 젊은 세대의 비중 감소는 새로운 기술을 개발하고 흡수하는 사회적 역량 자체를 위축시킨다. 기술 변화에 능동적으로 적응하는 인적 자원의 감소는 기업가정신의 쇠퇴와 직결된다. 또한, 연공서열 중심의 임금체계, 비정규직 대비 정규직 근로자 과보호, 노동시간 규제 등 경직된 노동시장 구조는 유연한 자원 배분을 막고 있으며, 이는 생산성을 저하하는 직접적인 요인으로 작용하고 있다.

---

33) 한국경제신문, 2025년 5월 8일 보도, "한국, 5년만 지나면… 충격적인 시나리오 나왔다."에서 자료 발췌 인용.
https://www.hankyung.com/article/2025050808891

KDI는 이러한 악순환을 반전시키기 위한 핵심 대책으로 시장 실패를 완화하고 경제적 왜곡을 초래하는 제도를 개선하는 데 역량을 집중할 필요가 있다면서 '**규제 완화 등 구조개혁**'을 명시적으로 강조하였다. 진입장벽을 완화해 생산성이 높은 혁신기업이 시장에 진입할 수 있도록 하고, 경쟁을 제한하는 각종 규제를 철폐함으로써 자원 배분의 효율성과 생산성 향상의 유인을 높여야 한다고 보았다. 특히, 성과에 따라 보상이 이루어지는 인센티브 시스템, 노동시장의 유연화, 여성의 경제 활동 참여 확대, 고령층 재고용 기반 구축, 외국인 인력 유입 등은 인구구조변화의 충격을 완화하고, 기업활동의 동력을 회복시키는 필수적 요소로 제시되었다.

[그림4] 국가채무 규모 및 GDP 대비 비율 전망[34]

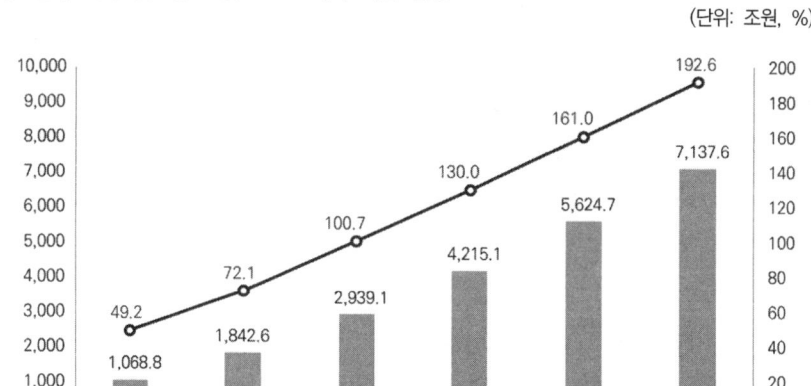

---

34) 국회예산정책처(NABO), 「2022~2070년 NABO 장기 재정전망」, 2022년 8월 11일 발간 자료 65면에서 발췌 인용. 본 보고서는 우리나라의 인구구조 변화가 미치는 경제적·재정적 영향을 고려하여 재정총량을 전망한 결과를 제시함으로써 국회의 예산안 및 국가재정 관련 법률안 심의를 지원하기 위한 목적으로 발간.

아울러, 이러한 성장 잠재력 저하가 초래할 재정·통화 정책상의 제약 또한 매우 심각하다. 실질중립금리 하락은 통화 정책의 유연성을 훼손하며, 잠재성장률 하락은 정부의 세입 기반을 약화해 재정건전성 악화로 이어진다. 2040년에는 국가채무가 2,939조 원으로 GDP 규모를 초과하며, 2070년에는 국민 1인당 채무가 2억 원에 육박할 것이라는 국회예산정책처의 전망은, 경기부양 일변도의 재정 운용이 더 이상 지속 가능하지 않음을 방증한다.

따라서 한국 경제는 총요소생산성을 제고할 수 있는 규제혁신과 노동시장 개혁을 통해 민간의 역동성을 복원하고, 기업가정신이 되살아나는 생태계를 서둘러 복원하는 데 가용한 국가적 역량을 집중해야 한다.

결국, 지금 한국이 처한 위기의 본질은 단순한 경제성장의 둔화가 아니라, 기업가정신이 뿌리째 흔들리는 제도적, 구조적 병목 상태이다. 이는 곧 혁신의 정체이자 사회 전반의 역동성 상실로 연결된다. 따라서 **규제개혁은 선택의 문제가 아니라 생존의 문제**이며, **「대한규제혁신민국」**으로의 전환은 미래를 지키기 위한 실질적 대응 전략이어야 한다.

한국의 기업 생태계는 오랫동안 규제와의 사투 속에서 숨 가쁜 생존전을 벌여왔다. 특히 새로운 시장을 개척하고 창조적 혁신을 시도하려는 기업가정신은 복잡하고 경직된 규제 체계 앞에서 번번이 좌절된다. 창업을 위한 각종 인허가, 시설 기준, 세무와 노동 관련 규제, 산업별 진입 조건 등은 창의적 시도를 가로막는 걸림돌이 된다. 정부의 유사 중복규제와 모호한 법 해석은 기업가에게 불확실성과 리스크를 더하며, "이것은 안 됩니다."라는 행정의 벽 앞에 많은 기업가가 무력해진다. 결국, 혁신을 장려하기보다는 위축시키는 구조가 형성되어, 도전보다는 안정, 창의보다는 순응의 문화가 기업환경을 지배하게 된다.

설상가상으로 또 다른 문제점이 있다. 행정규제에 관한 기본적인 사항을 규정하여 불필요한 행정규제를 폐지하고 비효율적인 행정규제의 신설을 억제함으로써 사회·경제 활동의 자율과 창의를 촉진하여 국민 삶의 질을 높이고 국가경쟁력이 지속해서 향상되도록 함을 목적으로 하여 제정된 『행정규제기본법』의 제3조(적용 범위)에 규정된 내용을 보면, 규제에 대한 범위적 접근은 극히 제한적이라는 사실을 확인하고 기업가정신은 또다시 절망하게 된다.

『행정규제기본법』 제3조(적용 범위) ② 다음 각호의 어느 하나에 해당하는 사항에 대하여는 이 법을 적용하지 아니한다.
1. 국회, 법원, 헌법재판소, 선거관리위원회 및 감사원이 하는 사무
2. 형사(刑事), 행형(行刑) 및 보안처분에 관한 사무
2의2. 과징금, 과태료의 부과 및 징수에 관한 사항
3. 「국가정보원법」에 따른 정보·보안 업무에 관한 사항
4. 「병역법」, 「대체역의 편입 및 복무 등에 관한 법률」, 「통합방위법」, 「예비군법」, 「민방위기본법」, 「비상대비에 관한 법률」, 「재난 및 안전관리기본법」 및 「재난관리자원의 관리 등에 관한 법률」에 규정된 징집·소집·동원·훈련에 관한 사항
5. 군사시설, 군사기밀 보호 및 방위사업에 관한 사항
6. 조세(租稅)의 종목·세율·부과 및 징수에 관한 사항

『행정규제기본법』의 규정에 따라, 민생경제에 직접적인 영향을 미치는 과징금, 과태료, 조세[35]에 관한 부분은 정부가 추진하는 규제혁신의 적용 범위에서 제외되어 있다. 그러면 그와 관련된 문제는 무엇으로 해결해야 한단 말인가? 특정 문제의 발생에 따라, 소관 정부 당국에 요청하는 민원이나 청원으로 처리할 수밖에 없는 것이 된다. 실제로 『대한규제혁신민국』의 저자가 경제단체장들과 대통령, 국무총리 또는 경제부총리 주재 기업인 간담회를 여러 차례 추진하거나 참석하여 제도개선을 주도면밀하게 전개해 본 경험에 의하면 예산지원이나 과징금, 과태료, 조세에 관한 애로사항을 토로하면서 부담을 시급히 덜어 달라고 요구하는 현장 민원이 가장 많았다.

---

[35] 「세제발전심의위원회」는 1984년 이래 세법령의 제·개정 및 세제개편과 관련한 부총리의 자문·심의 기구로 경제계·학계·노동계·시민단체 등 각 분야의 다양한 의견을 수렴해 왔다고는 하지만, 일반 국민의 참여는 극히 제한적이다.

2 중소기업과 스타트업의 규제 장벽

　한국의 규제 체계는 기업 규모나 산업 특성을 세심하게 고려하지 않은 일률적 구조를 띠고 있으며, 이는 특히 중소기업과 스타트업에게 구조적 불이익으로 작용한다. 대기업은 규제 대응을 위한 별도의 전담 인력과 자원을 충분히 확보할 수 있지만, 중소기업과 스타트업은 제한된 인력과 예산 속에서 규제 해석, 행정 대응, 인증 취득, 법률 자문 등을 스스로 감당해야 한다. 이에 따라 동일한 규제라도 기업 규모에 따라 실제 체감 강도는 현저히 달라질 수밖에 없다. 규제는 중소기업에 단순한 불편을 넘어 '진입장벽' 그 자체가 되고 있다.

　특히 신산업 분야에서는 이러한 문제가 더욱 심각하게 나타난다. 인공지능(AI), 데이터 기반 서비스, 디지털 헬스케어, 미래차, 바이오, 핀테크, 에너지 전환 분야 등은 세계적으로 빠르게 성장하고 있는 분야이지만, 한국에서는 낡은 법 제도와 관행에 가로막혀 민간의 창의적 시도가 번번이 좌절되고 있다. 산업 구조는 혁신을 요구하는데, 법 제도는 산업화를 전제로 한 과거의 '허가-면허-승인' 중심 체계에 머물러 있다.

　예컨대, 디지털 헬스케어 기업 A사는 웨어러블 기기를 활용한 건강 모니터링 서비스를 기획했으나, 의료기기 인증 기준이 1990년대 아날로그 기기 중심으로 설계되어 있어 핵심 기능의 다수가 '의료기기'로 인정되지 않았다. 과학 기술적 근거와는 무관하게 '허가된 적 없는 형식'이라는 이유만으로 사업 진행이 수개월 이상 지연되었다. 결국, A사는 규제샌드박스를 통해 제한된 범위 내 실증을 허용받았지만, 샌드박스는 일회성 특례에 불과해 사업 확장성은 제한적일 수밖에 없었다.

　핀테크 기업 B사는 금융 API를 활용한 신용평가 서비스를 개발하였으나, 기존 「신용정보의 이용 및 보호에 관한 법률」이 '개인정보 제공 동의 방식'을 획일적으로 규정하고 있어 비식별 정보를 기반으로 한 혁신적 모델은 법적 회색지대에 놓였다. 금융당국과 여러 차례 협의를 거쳤지만, 실질적 결론을 얻지 못한 채 시간과 인력이 소진되었고 결국 해외시장으로 방향을 틀 수밖에 없었다.

더욱 심각한 것은 지역별 규제 차이로 인해 같은 사업모델이 지역에 따라 전혀 다른 결과를 낳는 경우이다. 예를 들어, 청년 창업자들이 공유 주방 형태로 요식업 창업을 시도하는 경우, 일부 지자체에서는 위생법상 주방 공동 사용이 불가하다는 이유로 사업 자체가 불허되지만, 타 지자체에서는 적극적으로 허가하고 인허 과정을 지원해 주기도 한다. 이는 같은 창업 아이디어가 어디서 시작되느냐에 따라 생존 가능성이 달라지는 구조적 불공정으로 이어진다.

대한민국의 규제 체계는 기업의 규모, 생애주기, 기술 분야에 대한 감수성이 현저히 낮다. 법률과 시행령, 고시 및 행정 지침까지 지켜야 하는 규제는 대부분 산업화 시대의 제조업을 전제로 만들어졌으며, 디지털 경제·서비스 산업·플랫폼 산업이라는 전혀 다른 경제 질서에 대한 적응력이 거의 없다. 이는 곧 대규모 자본과 규제 대응 인프라를 갖춘 대기업에 유리한 '기득권 친화적 규제 구조'로 작동하며, 반대로 중소기업과 스타트업에게는 생존 자체를 위협하는 '제도적 역진성'을 유발한다.

현재 시행되고 있는 산업 관련 법률 다수는 20년 이상 된 법률이거나, 기술 중립적이지 않고 특정 산업 구조에 종속되어 있다. 예컨대,「전기통신사업법」은 플랫폼 산업의 출현 이전에 만들어졌으며,「의료법」은 디지털 진단기기나 비대면 진료와 같은 신기술의 존재를 전제하지 않는다. 법률의 기본 구조 자체가 신산업을 불법의 그늘에 먼저 위치시키고, 이후 예외로서 특례를 부여하는 구조다. 이에 따라 '규제샌드박스'라는 우회적 장치가 양산되고 있으며, 이는 결국 정상적인 사업이 일시적인 예외 허가로 연명하는 구조적 기형을 낳는다.

다수의 규제는 법령 그 자체보다 행정해석과 지침, 내부규정에 따라 실질적으로 작동하고 있다. 특히 창업 초기 기업이나 신산업 기업의 경우, 해당

산업에 정통한 변호사나 전관 출신 자문가 없이는 해석의 실체에 접근조차 어렵다. 이러한 불투명성은 창업자에게 법적 리스크의 예측 가능성 자체를 차단하며, 기업활동의 위축을 초래한다. 나아가 같은 내용이더라도 지자체별 인허가 기준이 달라 '지역 격차'까지 구조화되고 있다.

한국의 규제는 '법률-시행령-시행규칙-고시-지침-행정해석'으로 이어지는 다층적 구조로 인해 전체 체계를 철저히 파악하고 있지 않으면 대응하기가 사실상 불가능한 수준이다. 특정 규제가 폐지되어도 하위 규정에 살아남거나, 다른 법률의 유사 규제로 다시 등장하는 식의 **규제 귀환(regulatory return)** 현상도 다수 발생한다. 이에 따라 실제 규제 총량은 감소한 적이 없으며, 오히려 디지털·환경·안전 등의 이름 아래 신규 규제의 순증이 지속되고 있다.

이뿐만 아니라, 정부는 스타트업과 중소기업 지원을 명목으로 다양한 정책 금융과 보조금 제도를 운영하고 있으나, 이 역시 '관행의 규제'라는 새로운 장벽에 가로막혀 있다. 실제로는 서류 경쟁과 불투명한 심사 기준, 전시 행정 중심의 평가 체계가 이들을 옥죄고 있다. 예를 들어, 정부 R&D 과제나 창업경진대회는 행정 문서의 완결성, 기존 프레임 부합도, 형식적 요건 충족 여부를 중심으로 심사되며, 오히려 혁신적이고 파격적인 아이디어는 탈락하는 구조적 편향성을 낳고 있다. 정책자금 심사 기준은 여전히 서류의 완결성과 과거 실적 중심이며, 심사 과정은 비공개적이고 정량 지표 중심이다. 그 결과, 사업성이 높지만, 혁신적이어서 기존 평가모델과 맞지 않는 스타트업은 탈락하는 반면, 기존 프레임에 맞춘 '평범한 아이디어'가 채택되는 일이 비일비재하다. 창의성과 위험 감수보다 행정적 완결성과 문서 경쟁력이 우선시되는 역전된 구조가 혁신의 싹을 자르고 있다. 이에 따라 스타트업은 시장 중심 경쟁이 아니라 정부 기준 적응 경쟁에 자원을 낭비하고 있다.

또한, 규제 책임 구조의 실종으로 어느 하나의 규제 사안에 대해 누가 책임을 지는지를 명확히 할 수 없는 경우가 많다. 규제 권한이 중앙부처와 지자체, 유관 공공기관 사이에 분산되어 있어, 창업 기업은 규제의 '사각지대'가 아니라 '맹목지대'에 빠지는 경우가 많다. 이 같은 규제 책임 불분명은 행정 대응의 지연, 사업 일정의 파행, 자금 소진 등의 문제로 직결된다.

이처럼 중소기업과 스타트업에 집중된 규제 부담은 단지 특정 산업의 생존 문제가 아니라, 대한민국 경제의 미래 경쟁력 자체와 직결된 구조적 위협이다. 20세기의 법 제도와 21세기의 산업 현실 간의 틈새는 점점 벌어지고 있으며, 규제를 통해 얻을 수 있는 사회적 명분조차 실제 경제적 효용을 침식하고 있는 것이 현실이다.

결국, 이 모든 구조는 중소기업과 스타트업이 '규제의 장벽'을 넘는 데 들어가는 초기 진입 비용을 지나치게 높이고, 이는 곧 전체 경제의 혁신 잠재력을 억제하는 결과로 이어진다. 규제는 단지 특정 산업의 성장을 막는 것이 아니라, 우리 사회 전반의 역동성을 약화하는 메커니즘으로 작용하고 있다. 이제 규제 체계를 대기업 중심의 과거 산업 구조에서 벗어나, 다양성과 실험이 존중되는 미래지향적 생태계로 전환하는 것이 절실하다.

이러한 문제들에 대한 해법은 『대한규제혁신민국』의 제4부와 제5부에서 법제 개편 방향과 규제 체계 혁신의 원칙으로, 제6부에서는 정책과제 및 제도 설계 수준의 구체적 제언으로 이어진다.

3 플랫폼 경제와 시대착오적 갈라파고스 규제

플랫폼 경제는 새로운 연결의 질서를 만들어 내고 있다. 산업 간 경계를 넘나드는 서비스, 데이터 기반의 개인 맞춤형 공급, 그리고 알고리즘이 결정하는 시장의 질서는 이제 우리 경제의 일상에 깊숙이 스며들고 있다. 이 흐름은 단순한 기술 진보가 아니다. 그것은 전통 산업 구조 자체를 다시 짜는 '경제 질서의 재편'이며, 공급 방식, 유통구조, 노동 형태, 소비 패턴까지도 함께 바꾸어 놓고 있다.

2부. 규제, 어떻게 경제를 가로막는가?

플랫폼 경제는 산업과 산업 사이의 경계를 허물고, 생산자와 소비자, 노동자와 사용자, 공급자와 수요자의 위계를 재구성하면서 완전히 새로운 경제 생태계를 만들어 가고 있다. 데이터 기반 연결성과 알고리즘 자동화는 전통 산업의 작동 원리를 근본부터 재정의하며, 생산과 소비의 패턴은 물론 자산과 노동의 개념까지 변화시키고 있다. 이처럼 플랫폼 산업은 본질에서 융합적이며 탈경계적이다. 즉, 기존 산업 구분과 법적 분류를 전제로 한 규제 틀은 더 이상, 이 새로운 경제 모델을 설명할 수도, 관리할 수도 없다.

그러나 한국의 규제 체계는 여전히 산업별로 구획된 법령, 부처 간 경직된 관할 구분, 이해집단 중심의 조정 메커니즘을 중심으로 작동한다. 플랫폼 산업의 공통점은 '융합'과 '탈경계성'이지만, 한국의 규제 체계는 융합을 받아들이기보다는 "어느 법에 걸리느냐?"를 따지는 데 급급하다.

[그림 5] 덩어리 규제의 모습 예시[36]

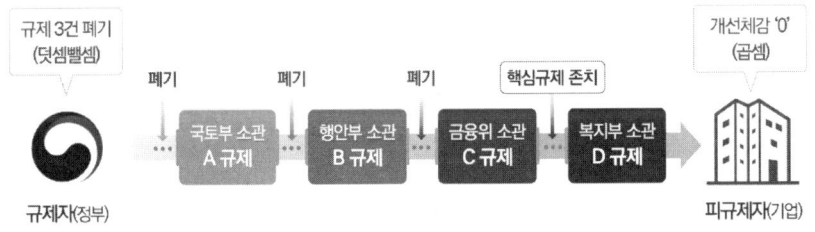

[그림 5]는 피규제자인 기업과 국민의 관점에서 전체를 살피지 아니하고 규제자인 정부의 생각에서 규제를 볼 경우의 현실을 잘 보여주고 있다. 이처럼 여러 부처의 법령이 얽혀 있는 경우 하나의 규제만 남더라도 무용지물이 된다. 이것을 대한상공회의소는 '규제의 곱셈 법칙'이라 부르고 있다. 그림과 같은

---

[36] 대한상공회의소, 신산업 규제트리와 산업별 규제사례 보고서(2019년 12월 9일), 3 Page에서 그림 발췌 인용.
https://www.korcham.net/nCham/Service/Economy/appl/KcciReportDetail.asp?SEQ_NO_C010=20120932452&CHAM_CD=B001

예를 들어, 국토부, 행안부, 금융위, 복지부 등 각 부처는 자신에게 속한 규제 권한을 놓지 않으려 하므로, 플랫폼 기업은 각 부처를 돌아다니며 마치 '규제 허가 투어'를 해야 하는 현실에 직면한다. 그 결과, 혁신은 '규제 사각지대'가 아니라 '규제 겹침 지대'에 갇히며, 하나의 서비스가 여러 법률을 동시에 위반할 위험에 놓인다. 이처럼 다부처 관련된 덩어리 규제에 있어서, 설령 '규제 허가 투어' 등의 온갖 노력을 통해 대부분 난관이 해결되어도 다른 연관규제가 단 하나라도 남아 있다면 핵심 걸림돌이 되어 사업을 할 수 없도록 제약한다. 한마디로 덧셈과 뺄셈에서 시작된 한국의 덩어리 규제는 곱셈하면 제로가 되어 원점이 되는 아픈 현실이 되고 만다. 새로운 기술이 등장해도 규제 당국은 "현행법상 불가"라는 말로 손을 놓고, 갈등을 적극 조정해야 할 국회는 정치적 부담을 회피하며 책임 있는 입법 논의를 미룬다. 이해관계자 집단은 오히려 이 같은 낡은 규제를 적극적으로 활용해 기득권을 방어하고, 새로운 경쟁자를 시장에서 밀어낸다.

결국, 플랫폼 산업은 '혁신할 수 있는가?'가 아니라, '얼마나 빨리 규제에 걸릴 것인가'를 고민해야 하는 역선택의 구조 속에 놓인다. 정책과 제도의 역할은 변화의 방향을 열어주는 것이 아니라, 과거 질서를 고수하려는 벽으로 작동한다. 이러한 구조는 마침내 '역수입형 기술 생태계'를 낳는다. 플랫폼 기업은 해외에서 먼저 사업모델을 실현하고, 국내에서는 뒤늦게 허용받는다. 그 사이 기술의 주도권은 외국에 넘어가고, 국내 시장은 규제 때문에 '늦게 시작해 따라가는 위치'에 머무른다. 이처럼 플랫폼 경제에 대한 한국의 대응은 새로운 기술에 대한 대응이라기보다는 새로운 기술을 통해 위협받는 기존 질서를 방어하는 반응에 더 가깝다.

신산업의 발전을 가로막은 시대착오적 규제로서 「붉은 깃발법」(Red Flag Act)이 1865년 영국에서 제정되어 잘못된 규제의 대표 사례가 된 이래, 바로 이 지점에서 다음과 같은 사례들은 한국 플랫폼 산업이 어떻게 규제의 장벽에 가로막히고 있는지를 여실히 보여준다.

> **사례 1** 타다: 법이 막은 새로운 모빌리티 질서

차량 호출 서비스 '타다'는 2018년 등장 당시 국내 모빌리티 산업에 신선한 충격을 주었다. 렌터카와 운전기사를 결합한 새로운 방식은 기존 택시 면허 규제를 회피하면서도 이용자에게는 훨씬 나은 서비스를 제공했고, 기존 모빌리티 시장에 경쟁과 혁신을 불러왔다. 하지만 택시 업계의 격렬한 반발이 일어나자, 정치권은 이를 조율하기보다는 규제 강화 움직임 속에서 결국 타다는 2020년 형사 재판을 겪고, 대폭 사업을 축소했으며, 혁신적 실험은 짧은 시간 안에 좌초됐다.

이 사건은 플랫폼 기업이 법의 회색지대에서 사업모델을 실험할 수 없고, 곧바로 '불법 vs 합법'의 도식으로 내몰리는 한국 규제 환경을 바로 보여준다. 당시 국회는 「타다금지법」(여객자동차운수사업법 개정안)을 통과시켜, 사실상 법률로 특정 플랫폼을 직접 겨냥하는 입법이라는 비판을 자초했다. 이 사건은 새로운 서비스가 법의 회색지대에서 실험조차 허용되지 않는 현실, 그리고 이해집단이 규제를 무기로 삼아 시장 진입을 차단하는 구조를 적나라하게 보여준다.

> **사례 2** 에어비앤비: 공유 숙박이 아닌 불법 민박?

숙박 공유 플랫폼 에어비앤비는 외국에서는 합법이지만, 한국에서 대부분은 '불법 민박' 취급을 받는다. 현행 「관광진흥법」과 「공중위생관리법」 등은 일반 주택에서의 상시 숙박 영업을 허용하지 않거나, 허가 요건이 까다로워 실질적 진입을 차단한다. 그 결과, 대부분 숙소는 '불법'으로 간주하며, 공유경제의 핵심 정신인 자산 활용의 효율화와 지역 경제 활성화는 시작도 하기 어렵다. 공유 숙박은 제도권 내에 들어오지 못한 채 음지에서 운영되고 있으며[37], 소비자 선택권은 제한되고, 지역과의 협력 기반도 형성되지 못하고 있다.

특히 서울과 같은 대도시에서는 관광객은 넘쳐나고 있지만, 공유 숙박을 제도화하지 못한 탓에 소비자 선택권은 제약되고, 지역 주민과의 협력적 생태계도 형성되지 못한다. 서울시의 경우, 2024년 기준으로 등록된 외국인관광 도시민박업 숙소는 5,000여 개에 불과하지만, 에어비앤비에 등록된 서울 내 숙소는 1만 6,000여 개에 달한다. 이는 약 70% 이상의 숙소가 미등록 상태로 운영되고 있음을 의미한다. 법이 현실을 따라가지 못하고 규제가 만든 전형적인 '유령 산업'의 대표 사례다.

---

[37] 세계일보, 2024년 11월 11일 보도, "지인 집인 척하세요"… 만연한 불법 공유숙박 도마 위에 https://www.segye.com/newsView/20241111515242

사례 3 디지털 헬스케어: 37년째 시범사업만 하는 비대면 진료

코로나19 팬데믹은 비대면 진료와 디지털 헬스케어의 필요성을 전 세계에 증명한 계기였다. 미국, 유럽, 일본, 중국 등은 코로나19 훨씬 이전부터 플랫폼 기반 디지털 헬스케어를 통하여 원격의료를 시행해 오고 있었고 팬데믹을 계기로 더욱 제도화함은 물론 건강보험 시스템과 연계하여 의료접근성을 높이는 데 엄청난 속도를 냈다. 반면 한국은 「의료법」에 철저히 막혀 있다. 한국은 원격의료 도입을 위한 논의와 시범사업만 37년간 있었을 뿐, 전혀 진척을 보이지 않았다. 코로나19로 인해 「감염병예방법」 개정으로 2020년 2월 전화상담과 비대면 진료가 한시적으로 허용됐다가 2023년 6월부터는 시범사업 형태로 전환되고 말았다.

[그림 6] 기로에 선 비대면진료, 한국경제신문 보도자료[38]

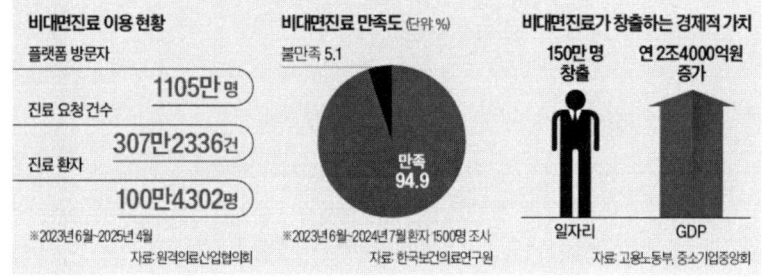

플랫폼 기반 헬스케어 기업들은 개인 건강정보, 인공지능, 클라우드 등을 활용해 의료의 효율성과 접근성을 획기적으로 개선할 수 있음에도 불구하고, 제도권 내에 편입 못 하고 있다. 정부는 비대면 진료 시범사업을 통해 제도화를 모색하고 있으나, 의사협회의 반발에 따른 정치적 부담이 맞물려 사회적 합의 부족으로 인해 본격적인 제도화는 지연되고 있다. 2025년 5월 기준 경제개발협력기구(OECD) 회원국 중 비대면진료를 법제화하지 않은 나라로 한국만 홀로 남았다. 이에 따라 한국의 대부분 기업은 「의료법」상의 규제 미비로 국내에서 서비스를 제대로 제공하지 못하고 해외 시장에서 비대면 진료 플랫폼 사업을 진행 중이다.

---

38) 한국경제신문, 2025년 5월 14일 보도. '손안의 의사' 비대면진료 2년새 1천만 돌파 제하의 기사에서 그림 발췌인용. https://www.hankyung.com/article/2025051304601

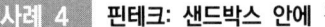

사례 4 핀테크: 샌드박스 안에 갇힌 혁신

핀테크 산업은 기존 금융 체계의 한계를 디지털 기술로 보완하며 세계적으로 금융 서비스 혁신의 핵심으로 자리 잡고 있다. 특히 한국은 세계 최고 수준의 ICT 인프라와 금융소비자의 높은 디지털 수용성이 결합하여, 핀테크 산업 성장에 유리한 환경을 갖추고 있음에도 불구하고, 제도적 기반은 여전히 제약적이며 단기적 유예에 그치는 규제 접근을 고수하고 있다.

2019년부터 시행된 「금융혁신지원특별법」에 근거한 규제샌드박스 제도는, 혁신금융서비스 지정을 통해 기존 규제를 일정 기간 유예하거나 적용 제외함으로써 기업의 실증적 시험(testbed)을 허용하고자 한 제도이다. 이는 금융당국이 '선허용-후규제' 접근 방식을 채택하려는 시도로 평가되며, 분명 일정 부분에서는 긍정적 효과를 창출하였다. 그러나 이러한 샌드박스 제도는 본질적으로 '일시적 예외'에 불과하며, 기간이 만료되면 다시 기존 규제 체계로의 회귀를 강제함으로써 근본적인 제도화를 유보하는 구조적 한계를 갖는다.

실제로 샌드박스에 진입한 다수의 핀테크 기업들은 서비스 상용화 이후 규제 재적용에 따른 불확실성, 복잡한 연장심사 절차, 영업 모델의 지속가능성 문제 등을 호소하고 있으며, 이는 '규제 예외'가 아닌 '제도 내 편입'을 요구하는 목소리로 이어지고 있다. 또한, 규제 유예 기간에도 금융감독원, 금융위원회 등 복수의 감독 기관 간 이견이나 해석 차이로 인해 서비스 구현이 지연되는 사례도 빈번하게 발생하고 있다.

결과적으로 한국의 핀테크 산업은 제도화의 지체 속에서 기술과 수요는 앞서 있으나, 규제는 이를 따라가지 못하는 '역동성-정체성 간 괴리' 상태에 놓여 있다. 이는 혁신이 실험 단계에서 멈춘 채, 본격적인 산업화로 진입하지 못하게 만드는 주요 요인으로 작용하며, 일부 기업은 더욱더 개방적인 규제 환경을 지닌 해외시장으로 진출하거나 법인을 이전하는 전략을 선택하고 있다.

핀테크 산업은 기술 특성상 기존 금융 산업 분야별 구분(예: 은행, 보험, 증권 등)의 경계를 넘나들고 융합적 속성을 전제로 한다는 점에서, 단순한 규제 예외로는 혁신의 제도화가 실현될 수 없다. 따라서 개별 법령의 일시적 유예를 넘어, 규제의 패러다임 전환과 규제기관 간 통합적 접근을 위한 제도 재설계가 필수적이다. 혁신의 제도화, 즉 '규제를 통한 포섭'이 실현되지 않는 한, 한국의 핀테크는 샌드박스 안의 잠정적 기술에 머무르게 될 뿐이다.

이상의 사례들은 단지 개별 규제의 문제를 보여주는 것이 아니다. 그것은 법과 제도, 정치와 행정, 이해관계와 권력 구조가 어떻게 혁신의 길목을 틀어 막는지에 대한 구조적 진단이다. 플랫폼 산업은 융합적이고 유연한 시스템을 전제로 하지만, 한국의 법령 체계는 여전히 산업별 틀에 갇혀 있다. 각 부처는 관할권을 놓지 않으려 하고, 국회는 정치적 이해관계를 고려해 입법을 지연하며, 이해집단은 변화를 '위협'으로 간주하고 조직적으로 반대한다.

정부는 플랫폼 산업의 발전을 이야기하지만, 정작 기반이 되는 제도적 환경은 불신, 불확실성, 불연속성의 3중 장벽으로 둘러싸여 있다. 새로운 사업은 허용이 아니라 예외로 시작되고, 규제 완화는 원칙이 아닌 특례로서만 존재한다. 이 같은 상황에서 플랫폼 기업들은 국내보다 해외에서 먼저 서비스를 실현하고, 한국에는 이를 '역수입'하는 방식으로 돌아오는 악순환을 반복한다.

이제는 산업 구조가 아닌 기능과 영향 중심으로 규제를 설계해야 한다. 법령 체계는 산업 구분에 따라 칸막이식으로 나누는 것이 아니라, 실질적인 사회적 효과와 위험을 기준으로 통합적 접근이 이루어져야 한다. '무엇이 가능한가?'를 먼저 묻고, '왜 막아야 하는가?'를 그다음에 고민하는 사고의 전환이 절실하다.

이를 위해 다음과 같은 변화가 필요하다.

① **부처 간 협업 구조 강화:** 플랫폼 산업에 대해 공동 심의와 조정이 가능한 통합 행정 시스템 마련이 시급하다.
② **규제 프레임워크의 전면 재구성:** 업종 중심에서 기능 중심, 설립 주체 중심에서 서비스 영향 중심으로 프레임을 전면 재배치해야 한다.
③ **규제샌드박스를 제도화로 확장:** 실험 결과가 즉각 법령 개정으로 이어질 수 있는 유기적 구조를 설계하고 정착시켜야 하며, 이를 통해 제도 혁신이 한 걸음 더 나아갈 수 있도록 해야 한다.

> ④ **이해집단 협의 과정의 투명화:** 규제 결정 과정에 시민, 소비자, 신산업 주체가 참여할 수 있도록 투명하게 개방하여야 한다.
> ⑤ **국회와 행정부의 책임성 강화:** 정치가 갈등 조정자로서 역할을 회피하지 않고, 제도 개선에 주도적으로 나서야 한다.

이와 같은 변화의 요구 내용은 강성 규범인 법령에, 연성 규범인 컴플라이언스 등에 담아서 언제나 국민의 입장으로 실천해야 한다.

디지털 기반 플랫폼 산업은 고속 성장하며 세계 경제를 재편하고 있으나, 한국은 여전히 산업별 법령 체계에 갇혀 있다. 산업 구조가 근본적으로 바뀌고 있는데, 규제는 여전히 과거 산업의 지도를 들고 미래를 통제하려 든다.

플랫폼 경제는 단지 기술의 문제가 아니라, 제도와 사회 전체가 새롭게 배워야 하는 질문이다. 그 질문에 한국 사회가 지금껏 제대로 답하지 못한 이유는 기술이 부족해서가 아니라, 법과 정치가 과거의 질서를 놓지 않으려 하기 때문이다. 이제 우리는 물어야 한다. 과연 이 규제는 누구를 위한 것인가? 그리고 우리는 어떤 미래를 선택할 것인가?

4 노동시장과 복지 규제의 이중 잣대

　노동과 복지는 사회적 신뢰와 지속 가능한 경제성장의 기반이다. 그러나 한국의 규제 체계는 노동시장과 복지 부문 모두에서 상반된 잣대를 적용함으로써 이중 구조와 정책 비효율을 심화시키고 있다. 정규직 중심의 과도한 보호와 비정규직에 대한 방치는 노동시장의 이중화를 심화·고착시키며, 공공복지와 사회적 경제 영역은 지나치게 경직된 규정과 획일적인 절차로 인해 자율적 혁신이 불가능한 구조에 빠져 있다.

　노동시장에서는 고용 안정성과 유연성 사이의 균형이 무너진 지 오래다. 정규직 해고가 지나치게 어렵고, 근로 시간 규제는 일률적으로 적용되며, 연공서열 기반의 임금체계는 직무 중심 전환을 가로막고 있다. 여기에 「중대재해처벌법」 등은 기업의 예방 조치와 관계없이 '사후 책임'만을 과도하게 부과함으로써, 산업현장의 실질적인 안전 개선보다는 법적 리스크 회피만을 유도하는 경향이 강해지고 있다. 반면 플랫폼 노동자, 프리랜서, 특수형태근로자 등 비정형 고용에 대해서는 최저임금, 산재보상, 사회보험 적용 등 최소한의 안전망조차 미비하다. 결과적으로 노동시장은 '정규직은 부담, 비정규직은 방치'라는 왜곡된 구조 속에서 양극화를 더욱 심화시키고 있다.

　복지 규제에서도 유사한 이중성이 발견된다. 정부는 사회적기업, 복지법인, 비영리단체에 대하여 공익성과 투명성을 강조하며 다양한 공적 기준을 요구하지만, 동시에 과도한 행정적 통제를 통해 사업의 유연성과 창의성을 억제하고 있다. 회계기준, 성과 보고, 보조금 집행 기준 등이 민간 부문과 전혀 다른 방식으로 작동하며, 복지 현장에서 발생하는 예외적이고 다양한 상황에 대한 자율적 판단은 불가능하게 된다. 이에 따라 복지서비스 제공자는 행정 보고에 에너지를 소모하고, 시민의 삶을 바꾸는 일은 뒷전으로 밀려난다.

　이러한 현실은 다음과 같은 구체적 사례를 통해 더 분명하게 드러난다.

사례 1   정규직 해고 요건의 경직성

한국의 정규직 근로자 해고 요건은 OECD 국가 중 가장 엄격한 편에 속한다. 해고가 정당화되기 위해서는 "경영상 필요성", "해고 회피 노력", "공정한 해고 기준" 등을 모두 충족해야 하며, 절차상 흠결이 있으면 부당해고로 간주한다. 이에 따라 기업은 인건비 부담이 증가함에도 인력 구조조정이 불가능해, 신규 고용을 꺼리고 자동화나 외주화로 대체하는 경우가 빈번하다. 특히 스타트업이나 중소기업은 구조조정의 유연성이 없다는 이유로 정규직 채용을 회피하는 경향이 강하다.

사례 2   플랫폼 노동자의 법적 공백

배달앱 라이더, 대리운전 기사, 프리랜서 디자이너 등 플랫폼 기반 종사자들은 사실상 생계를 위한 '상시적 종속노동'을 수행함에도 근로기준법의 보호를 받지 못한다. 4대 보험에서조차 법적 사각지대에 놓여 있으며, 플랫폼 기업은 이들을 '노무 제공자'로만 간주하여 고용주의 책임을 회피한다. 정부는 "노동자성 판단"에 신중을 기하며 제도화에 소극적인 태도를 보여, 사회안전망으로의 포섭은 여전히 지체되고 있다.

사례 3   주 52시간제의 경직성과 중소기업의 부담

주 52시간 근로 시간 제한은 노동자 삶의 질 향상이라는 명분에도 불구하고, 중소기업과 프로젝트 기반 산업에서 현실과 괴리를 드러냈다. R&D, 게임, 영상 제작, 건설 등 시간 집약적 산업에서는 유연근무가 필수적이나, 일률적인 시간 규제로 인해 업무 공정이 왜곡되고, 생산성 확보가 어려워진다. 법정 초과근로 한도를 넘기면 형사 처벌의 위험까지 존재하여, 기업은 법 위반을 피하기 위한 '꼼수 운영'에 몰리게 된다.

사례 4   사회적기업의 과도한 행정규제

사회적기업인증을 받은 단체는 공공의 신뢰를 바탕으로 다양한 지원을 받지만, 동시에 각종 감사, 실적평가, 회계 관리 등의 보고 의무를 이행해야 한다. 특히 정부 지원금 수령을 위한 정산 과정은 지나치게 경직적이고 복잡하여, 본래 목적이었던 공익적 서비스 개발보다는 서류 중심의 사후 행정 처리에 많은 자원이 소모된다. 이는 민간 부문에서는 이미 폐기된 방식의 '계획 경제적 관리'가 복지영역에서 반복되고 있음을 보여주는 사례다.

> **사례 5**　복지법인의 회계감사 및 정산 기준

「사회복지사업법」과 「보조금관리법」에 따라 복지법인은 철저한 회계 관리와 정산 의무를 지니며, 복지관·요양시설 운영자들은 매년 여러 차례의 감사와 평가에 시달린다. 과정에서 불가피한 예산 사용의 유연성은 인정되지 않고, 항목 간 이월이나 재배정이 제한된다. 예컨대 겨울철 난방비를 추가로 집행하더라도 사전 계획에 없었다면 부정 집행으로 간주한다. 결과적으로 현장의 창의성과 자율적 대응 역량은 저하되고, '문서 행정'만이 강화된다.

> **사례 6**　인천국제공항공사 : 정규직화가 만든 노노(勞勞) 갈등

2017년 5월 12일, 당시 대통령은 취임 직후 첫 외부 일정으로 인천국제공항을 방문하여 "공공부문부터 임기 내 비정규직 제로 시대를 열겠다"라고 선언하였다. 이에 따라 인천국제공항공사는 약 1만 명에 달하는 비정규직 근로자의 정규직화를 추진하였다. 이 과정에서 보안검색요원 등 약 2,143명을 직접 고용하기로 하였으며, 나머지 인원은 자회사를 통해 정규직으로 전환하였다. 그러나, 실제 집행 과정에서 노동시장 내 새로운 갈등과 구조적 긴장을 초래했다.[39]

그러나 이러한 정규직화 방안은 '기회의 공정성 훼손' 논란을 일으켰다. 정규직 노조는 공사가 2년 반에 걸쳐 합의한 정규직 전환 방안을 무시하고 일방적으로 정규직화를 추진했다며 반발하였다. 일부 정규직 직원들은 '시험과 경쟁을 통해 입사한 공채 출신'과 '무경쟁으로 정규직이 되는 비정규직' 간의 형평성 측면에서, '공정한 경쟁 없이 정규직이 되는 것이 정의로운가?'라는 문제를 제기하며 집단 반발에 나섰고, 서울에서 항의 시위를 벌이기도 하였다.

정규직화 이후에는 압도적으로 많은 숫자의 비정규직 출신 직원들이 새로운 정규직 노동조직의 중심으로 부상하면서 기존 노조 위원장을 바꾸려는 시도 등의 권력 재편도 발생하였다. 이는 단순한 고용 형태 전환이 조직 내 위계와 이해관계, 심리적 경계선에 어떤 영향을 미치는지를 극명하게 보여준다. 무엇보다 정규직화가 불평등 해소가 아닌 노노 간의 갈등 격화로 이어졌다는 점에서, 일률적 고용정책의 규제적 한계와 후유증을 드러낸 대표적 사례로 지적된다.

---

39) 연합뉴스, 2017년 12월 26일 보도, '비정규직 제로' 첫 모델 7달만에 성과…노노갈등·비용 등 숙제
　　https://www.yna.co.kr/view/AKR20171226132300004

대한민국은 세계적으로 보기 드물게 노동의 가치에 대한 규제 이중성을 제도화해 온 국가다. 겉으로는 헌법 제33조에서 노동 삼권(단결권·단체교섭권·단체행동권)을 보장하지만, 실질적 권리는 제한적이며, 노동자의 이익참여권 ― 즉 자본주의의 생산 결과에 대한 분배 참여 ― 는 오랫동안 제도적 사각지대에 방치되어 있다. 특히 대기업 정규직 중심의 권리 보호와 중소기업·비정규직의 권리 박탈 간의 격차는 노동시장 규제의 이중 잣대를 구조화해 왔다.

이 같은 구조는 단순한 정책 미비나 행정 실패가 아니라, 헌법적 질서의 단절에서 비롯된 문제다. 한국은 1948년 제헌 당시에는 진보적인 경제 민주주의적 원칙을 채택해, 사기업 이익의 균점 권리를 헌법에 명시했던 나라였다. 그러나 1961년 군사정권 이후 이루어진 5차 개헌에서 이 권리는 헌법에서 아예 삭제되었다. 아래의 내용에서 그 헌정사적 단절의 구체적 사례를 소개한다.

★ 헌법에서 사라진 노동자의 권리 : 이익 균점권은 왜 삭제되었는가?

> 📖 [대한민국 제헌헌법 제18조 (1948.07.17. 제정)] "근로자의 단결, 단체교섭과 단체행동의 자유는 법률의 범위 내에서 보장된다. **영리를 목적으로 하는 사기업에 있어서는 근로자는 법률이 정하는 바에 의하여 이익의 분배에 균점할 권리가 있다.**"

이 조항은 대한민국 최초의 헌법인 제헌헌법에서 노동자에게 보장된 강력한 권리였다. 단순한 단결권만이 아니라, 사기업의 이익을 분배받을 수 있는 경제적 참여권까지 헌법에 명시함으로써, 한국은 당시 세계적으로도 매우 진보적인 노동권 체계를 설계하려 했다. 노동자는 자본의 비용 항목이 아니라, 이윤 창출의 주체로 인정받았다.

> 그러나 이 조항은 1961년 5·16군사정변 이후 등장한 박정희 정권하에서, 1963년 12월 17일 공포된 제5차 개헌헌법에서 전면 삭제되었다. "국가 주도형 자본축적"과 "산업화에 필요한 노동 통제"가 우선시되면서, 노동자의 이익참여권은 헌정 체계에서 배제되었고, 이후 1987년 9차 개헌에 이르기까지 복원되지 않았다. 이는 단지 조항 하나의 삭제가 아니라, 한국 자본주의가 '협력적 경제'에서 '통제적 개발 체제'로 전환된 분기점이었다.
>
> 반면, 미국·유럽의 다국적기업들은 오늘날까지도 Profit Sharing System(성과분배), 스톡옵션, 성과급 제도를 통해 종업원과 이익을 공유한다. 오히려 자본주의가 발달한 나라일수록 노동자에 대한 분배 메커니즘이 더 정교하게 운영되고 있다는 사실은 역설적이다. 한국은 '자유민주주의'라는 이름 아래, 오히려 노동자의 헌법적 권리를 삭제한 국가로 기록되었다.
>
> 만약 이익 균점권이 헌법적 질서로 복원된다면, 노사 대립의 악순환은 협력적 분배 구조로 전환될 수 있다. 노동은 비용이 아니라 파트너이고, 경영은 배제가 아니라 참여로 완성되어야 한다.
> "노동자에게 이익을 나누는 것은 특혜가 아니라, 헌법적 권리였던 시대가 있었다."
>
> **[31] 헌정사 참고**
> - 제헌헌법 제18조(1948.07.17 공포): 이익 균점권 명시
> - 제5차 개헌헌법 (1963.12.17 공포): 해당 조항 전면 삭제
> - 제9차 개헌헌법 (1987.10.29 공포): 노동3권 강화, But 이익균점권 미복원

이러한 헌법적 단절은 단지 법조문의 삭제에 그치지 않았다. 현장의 현실로 이어져, 오늘날 한국 노동시장은 노동자의 권리가 실질적으로 무력화된 구조로 고착되었다. 특히 '임금체불'이라는 문제는 단순한 노사 간 갈등이 아니라, 노동자의 생존권조차 보장하지 못하는 제도와 사회문화의 총체적 실패를 보여주는 상징적 사례다. 다음의 사례는, 법적 권리의 공백이 어떻게 일상의 착취로 이어지는지를 바로 보여준다.

★ '임금 떼먹기 쉬운 나라' 대한민국: 규제가 실종된 노동 현장의 민낯

2024년, 대한민국의 임금체불액은 2조 원을 돌파했고, 2025년 4월 기준으로도 벌써 8,000억 원을 넘어 사상 최고치를 경신할 전망이다.

노동인구가 2배인 일본보다 22배, 미국보다 7배 많은 체불액은 단순한 경기침체로는 설명되지 않는다.

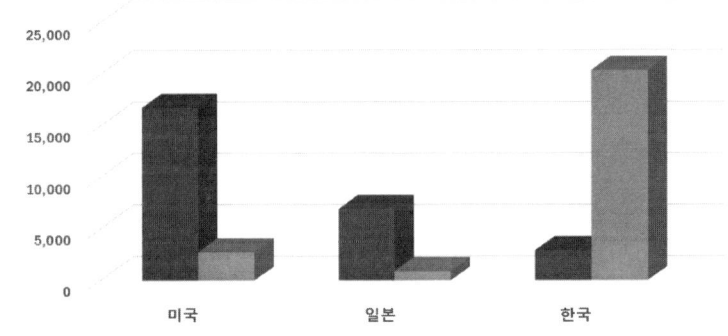

〈 2024년 기준 미국 일본 한국 체불임금 현황 〉

* 출처: 미국 노동부, 일본 후생노동청, 한국 고용노동부

문제는 이러한 체불이 제도의 허점 속에서 구조화되고, 사회문화적으로 용인되며, 심지어는 노동자가 피해를 외면당하는 분위기 속에서 굳어진다는 데 있다. 많은 피해자가 퇴사 후에야 임금체불을 신고하는 이유는 명백하다. 신고한 자가 조직에서 배척받고, '민폐 끼치는 사람'으로 낙인이 찍히기 때문이다.

이런 문화 속에서 "임금을 못 받는 노동자"가 아니라 "임금을 미룬 사업주"가 보호받는 사회가 되었고, 그것이 바로 대한민국의 현실이다. 실제로 전문가들은 한국 내 다수의 악덕 사업주가 '내가 시혜를 베푼다'라는 인식으로 임금 지급을 선택적으로 미루고, 「근로기준법」상 임금채권의 우선변제 조항은 선언적 조항에 그쳐 실제 구제율이 낮다는 점을 비판한다.

심지어 국가가 먼저 지급하는 '대지급금 제도'조차 지원 한도와 범위가 제한적이어서 생계 보장을 위한 실효적 역할을 하지 못한다.

이러한 사례40)는 대한민국이 얼마나 노동권 보장에 실패했는지, 그리고 규제가 부재하거나 형식적인 수준에 머물렀을 때 어떤 비참한 결과가 발생하는지를 적나라하게 보여준다.

 임금체불을 가볍게 여기는 사회는, 노동자의 생존을 가볍게 여기는 사회다. 규제란 억제가 아니라, 사회 정의와 계약 윤리를 지키기 위한 최소한의 기초 설계여야 한다.

 그렇지 않다면 '복지국가'를 자임하는 말 자체가 허위가 된다.

5 '공정'을 빙자한 사다리 걷어차기

 공정성은 자유시장 질서 속에서 형평성과 신뢰를 유지하기 위한 제도적 토대이다. 그러나 대한민국에서는 '공정'을 앞세운 규제가 때로는 혁신의 싹을 자르거나, 새로운 경제 주체의 성장 사다리를 걷어차는 역기능을 낳고 있다. 특히 대·중소기업 간의 거래 구조, 산업 간 경계의 융합, 기술 기반 신사업의 확장과정에서 '공정'이라는 원칙이 현실에서는 고정된 이해관계를 유지하기 위한 수단으로 왜곡되는 사례가 적지 않다.

 대기업이 혁신적인 유통·플랫폼 시장에 진입하면 '골목상권 침해'라는 프레임이 씌워지고, 대기업-스타트업 간 협업 모델은 '갑을관계의 불공정 거래'로 의심받는다. 이와 같은 프레임은 본래 약자 보호를 위한 규범적 장치였으나, 점차 기존 질서유지를 위한 정치적 언어로 전락해 가고 있다. '공정거래'의 이름 아래 대기업의 신사업 진출과 스타트업 투자·인수는 구조적으로 억제되며, 이에 따라 자본·인력·인프라 측면에서 협력이 필요한 벤처 생태계는 성장의 선

---

40) '일본의 22배' 임금 떼 먹기 쉬운 나라 韓…"지금은 퇴사 후에나 신고, 바꾸려면" [임금체불추적기]
 ⑤ 출처 : 아시아경제, 2025년 6월 28일 보도
 https://www.asiae.co.kr/article/2025061215573334649

순환 구조를 형성하지 못한다. 시장은 새로운 경쟁자 유입을 막는 규제의 울타리 안에서 경직화되고, 결과의 평준화를 '공정'이라는 이름으로 강요하게 된다.

이는 '기회의 평등'이 아닌 '결과의 평준화'를 중시하는 규범적 왜곡이며, 성장을 추구하는 시장의 자생적 역동성을 무력화시키는 규제적 함정이라 할 수 있다. 결국, 공정이라는 가치가 실제로는 구조개혁을 지연시키고, 새로운 경쟁자를 배제하며, 역동적인 시장 진입의 사다리를 걷어차는 명분으로 악용되고 있다. 다음과 같은 몇 가지 사례들을 통해 그러한 내용을 살펴볼 필요가 있다.

□ 서민의 피눈물에 기생하는 금융 귀족 임금 체제를 전면 혁파하라

오늘날 대한민국의 금융 시스템은 절대 생산적 자본 중개자가 아니다. 그것은 자본의 흐름을 원활히 조정하는 공공적 장치가 아니라, 서민의 피와 눈물을 착취하는 자동화된 수탈 기계로 전락했다. 은행, 카드사, 캐피탈사로 구성된 한국의 금융권은 기술 혁신의 이익을 내부 고소득 계층에 집중시키며, 외려 국민 다수를 수탈하는 구조로 기능하고 있다. 과거에는 수기 장부를 정리하고, 창구에서 서류를 다루며, 현장에서 고객을 상대하던 고강도 노동이 금융의 일상이었다. 그러나 오늘날의 금융 업무는 대부분 전산 시스템, 모바일 앱, AI 기반 알고리즘으로 자동화되었으며, **노동 강도는 현저히 감소**했다. 그럼에도 불구하고 금융권의 연봉은 줄지 않았다. 오히려 주요 시중은행의 평균 연봉은 8천만 원을 넘어 1억 원에 이르고, 일부 제2금융권 종사자조차 공공기관을 상회하는 고액 보수를 해마다 증액하여 받고 있다.[41]

그렇다면 이들의 엄청난 보수 잔치는 어떻게 가능한 일이 되었을까? 이유는 아주 간단하다. 이들의 고소득은 고객이 감당하는 고금리 대출, 저금리 예금, 과도한 수수료

---

[41] 아시아경제(2025.6.2. 보도) 은행직원들 평균 연봉 1억·퇴직금 3억
https://www.asiae.co.kr/visual-news/article/2025060214495025896
연합뉴스(2025.03.30. 보도) 최대 이익에…은행 희망 퇴직금 최대 7억원대·평균연봉 1.2억
https://www.yna.co.kr/view/AKR20250329055800002
아시아경제(2025.3.21. 보도), "은행원 부럽지 않겠네"… '1억5000만원' 금융권 연봉 톱 가져간 업계 어디
https://www.asiae.co.kr/article/2025032016154794067
한국경제(2025.1.13. 보도) '연봉 1억' 은행원 "격려금 1000만원 달라"…또 '돈 잔치'
https://www.hankyung.com/article/202501131451i

구조 위에 만들어진다. 국민 고객 대부분 예금금리는 0~2%대에 머무는 반면, 신용대출은 5~9%에 이르고, 연체 시에는 법정 최고금리에 가까운 가산이자를 감내한다. 이 차액은 고스란히 금융권의 고액 연봉과 내부 성과급과 보너스의 재원이 된다. 결국, 금융 귀족의 노동 대비 고임금은 서민의 이자 고통과 수수료 부담 위에서 형성된 사적 축재의 산물이다.

더 심각한 것은 이러한 기형 구조가 '시장 자율'이라는 규제 완화의 허울로 정당화된다는 점이다. 금융당국은 "민간 기업의 인사와 급여에 개입할 수 없다"라고 항변하겠지만, 과연 은행은 진정한 민간 기업인가? 금융기관은 고객의 예금, 국가의 인허가, 공적 자금에 기반하여 운영된다. 예금자 보호장치와 공공 기금이 결합한 특권 시스템임에도, 내부는 철저한 사익 극대화 논리에 따라 운영되고 있다. 국민의 돈을 기반으로 하면서도 결과물은 금융권 내부의 고임금 카르텔로 귀속된다. 이는 시장경제가 아니라, 공공의 가면을 쓴 고급 이익집단의 전횡이다. 『대한규제혁신민국』은 이러한 기형적 규제완화구조를 고발하며, 다음과 같은 금융권 개혁을 규제 강화의 측면에서 요구한다.

지금 대한민국은 전면적인 금융권 구조조정을 단행해야 한다. 단지 '관행의 수정'이 아니라, 금융의 공공성 회복과 국민 참여적 공정한 통제를 바탕으로 한 구조적 재설계가 요구된다. 핵심은 다음과 같다. 첫째, 금융위원회는 금융회사의 직군별 급여와 보수를 의무 공시하도록 관련 법령을 개정하고, 완전한 직무급제 도입을 촉진해야 한다. 둘째, 예대마진 기반 성과급을 제한하고, 초과 이익의 일정 비율을 '금융소비자 환원 기금'으로 강제 편입하는 새로운 입법이 필요하다. 셋째, 제2금융권과 카드·캐피탈사 중심의 고금리 기반 수익 모델은 금융감독원의 주도로 구조 자체를 철저히 점검하고, 고금리 이자율 기준 강도 높은 상한제를 도입해야 한다. 넷째, 한국은행, 산업은행, 수출입은행, 기업은행, 농협, 수협, 산림조합 등 공공적 성격을 지닌 금융기관은 필요한 입법과 제도의 준용 기준에 따라 인건비 가이드라인을 직급과 경력별로 설정하고 세밀하게 관리해야 한다. 다섯째, 정치인과 고위 관료의 금융권 낙하산 임원을 법적으로 철저히 금지하고, 기획재정부·금융위원회 소관 과장 1인과 국민 추천 외부 인사 1인 이상이 해당 금융기관의 무보수 당연직 복수 감사를 의무 겸직하도록 하여 이중으로 세밀한 공공감시 체계를 구축한다. 마지막으로, 금융위원회 내에 '금융소비자위원회'와 '보수감시위원회'를 국민 참여형으로 대폭 확대 운영하여 국민에 의한 실질적 통제를 추진하고, 모든 보수 결정과 정책 변동 사항을 공정하고도 투명하게 공개해야 한다.

금융은 기술적으로 이젠 권력이 되었다. 지금의 금융권은 자동화로 비용을 절감하면서도, 이익을 고객과 공정하게 나누지 않고 임직원이 독점한다. 이는 혁신이 아니라 기만이며, 공공성이 아니라 탐욕이다. 국민은 예금과 대출 이자 및 수수료를 내는 고객

> 이면서도, 구조적 착취의 희생자이기도 하다. 『**대한규제혁신민국**』은 선언한다. 이 **고리대금 흡혈 금융 구조를, 국민의 이름으로 무너뜨려야 한다. 지금은 금융 귀족이 아니라, 국민이 직접 금융을 설계해야 할 때다. 국민의 피눈물을, 더는 탐욕의 드라큘라 백작에게 맡길 수 없다.**

이처럼 금융권의 고임금 체계는, 공정이라는 이름 아래 사다리를 걷어찬 대표적 서민 착취구조를 보여준다. 규제는 특권을 제도화하는 가장 은밀한 방식이다. 규제의 이름으로 기회를 통제하고, 제도의 이름으로 구조를 독점할 때, 공정은 구호가 아니라 조롱이 된다. 『**대한규제혁신민국**』은 썩어빠진 불공정 구조를 신속히 뜯어내고, 새로운 사다리를 국민과 함께 설계하고자 한다. 사실, 이러한 문제는 금융권에만 국한되지 않는다. 유통, 스타트업, 자영업, 창업지원 등 여러 분야에서도 '공정'을 명분으로 새로운 진입자를 막고 사다리를 걷어차는 현상이 반복되고 있다. 다음의 사례들은 규제가 어떻게 '공정'이라는 이름 아래 기회의 평등을 왜곡하고 있는지를 보여준다.

> **사례 1** **스타트업 M&A에 대한 규제 프레임: '공정거래'로 포장된 차단선**
>
> 대기업이 기술 기반 스타트업을 인수하려 할 경우, 공정위의 기업결합 심사 기준은 까다롭고 불확실하다. 시장지배력 확대에 대한 과도한 우려, 혹은 "불공정 거래 가능성"이라는 잠재적 프레임이 전제되어 있어, 대기업은 신중하거나 아예 M&A를 포기하게 된다. 이로 인해 스타트업은 자금 회수(exit)의 통로를 확보하지 못하고, 투자유치도 어렵게 된다. M&A가 막히면 창업 생태계 전체의 역동성은 크게 약화한다. 대표적으로 국내 핀테크 기업들이 '해외 기업에 매각되는 것만이 살길'이라며 실리콘밸리로 이전하거나, 싱가포르 법인을 통해 우회 상장을 모색하는 사례가 늘고 있다.
>
> **사례 2** **대기업의 골목상권 진입 제한: 혁신 유통모델의 확장 봉쇄**
>
> 대형 유통기업이 동네 식당과 협업해 공유 주방을 운영하거나, 오프라인 상권에서 무인 스마트 편의점을 도입하려는 시도가 "골목상권 침해"로 규정되며 지방자치단체와 소상공인 단체의 반발에 부딪힌 사례기 있다. CJ, 롯데, 쿠팡 등의 유통기업은 혁신적

물류 인프라를 기반으로 지역 상권과 상생 모델을 구축하려 했으나, 정치적 민감성으로 인해 사업이 좌초되거나 지연되었다. '혁신을 통한 상생'이 아닌 '정체를 통한 보호'가 우선시되는 구조는 장기적으로 소상공인의 경쟁력을 오히려 악화시킨다.

사례 3 중소기업적합업종제도: 진입 제한이 낳은 성장의 역차별

중소기업적합업종 제도는 대기업의 시장 진입을 막음으로써 중소기업의 자생적 경쟁력을 유지하겠다는 취지다. 그러나 이 제도는 결과적으로 해당 업종의 생산성 혁신을 더디게 만들었고, 소비자 선택권의 제약, 품질·가격 경쟁력 저하라는 부작용을 낳았다. 대표적으로 제과, 두부, 김치, 막걸리 등 분야에서는 신기술이나 브랜드 혁신이 정체되었고, 수출 기반도 취약해졌다. 이는 '사다리 걷어차기'가 아니라 '사다리를 낡게 만드는 규제'라고 할 수 있다.

사례 4 플랫폼-자영업 협업의 금지 프레임: 공유경제의 저해

플랫폼 기반 사업자(예: 배달앱, 숙박공유, 택시 중개 등)가 지역 상권과의 협업을 시도할 경우, 공정위나 국토부는 공정거래법, 하도급법 등의 기준을 들어 자영업자 보호를 명분으로 한 사업 제한 조치를 내린 바 있다. 그러나 이러한 구조는 플랫폼 기술을 통해 생산성과 수익성을 높일 기회를 스스로 봉쇄하는 결과를 낳는다. 자영업자는 보호받지만 성장하지 못하고, 플랫폼은 제도 밖에서만 살아남는 '그림자 사업모델'로 퇴보하게 된다.

사례 5 창업지원금의 역차별 구조: '공정한 출발선'이라는 기만[42]

정부의 창업지원 제도는 '청년'과 '사회적 약자' 중심으로 설계되어 있다. 반면, 일정 규모 이상의 기술 기반 창업자나 50~60대 전문인력, 중견기업 출신 예비창업자는

---

42) 경험과 네트워크, 자본력이 뒷받침되는 중장년층의 창업은 실제로 성공률이 높고, 정부 지원금 회수율도 빠르다. 그런데도 이들을 일괄 배제하는 현재의 정책 설계는 실증적 근거에도 반하고, 세금을 가장 많이 낸 세대에게 정작 공적 혜택은 돌아가지 않는 비상식적 구조를 고착화한다. 이는 곧 '공정'이라는 이름으로 설계된 제도가 가장 불공정한 결과를 낳고 있는 셈이다. Ben Cohen(2025, Feb 7), The Investor Betting on People In Their 50s and 60s—Because Older Is Better, 「The Wall Street Journal」 Web Site https://www.wsj.com/business/entrepreneurship/the-investor-betting-on-people-in-their-50s-and-60sbecause-older-is-better-f19fd19b

> 애초에 대상에서 배제된다. 이는 '공정한 출발선'이라는 구호 아래 정책 설계에서 특정 집단을 원천적으로 제외한 구조적 차별이며, 기회의 평등이 아니라 '기회의 독점'에 가까운 왜곡된 행정 판단이다. 따라서 혁신의 파급력이 클 수 있는 '중년 창업'과 '시니어 리스타트'는 여전히 정책의 사각지대다. 지금 필요한 것은 결과의 평준화가 아니라, 진입의 공정이다. 지금 필요한 것은 결과를 억지로 비슷하게 만드는 것이 아니라, 누구나 출발선에 설 수 있도록 기회를 공정하게 여는 것이다. 세금을 더 많이 내고 국가재정을 떠받쳐 온 세대가 정작 똑같은 출발선에조차 서지 못하는 구조—이것이 과연 '공정'인가?

상기와 같은 사례들을 통해 '공정'이라는 규범적 가치가 어떻게 현실에서는 도리어 새로운 진입자에게 사다리를 걷어차는 도구로 작동하는지를 비판적으로 조명하며, 규제정책이 진정한 기회의 평등을 보장하려면 '공정의 정치화'가 아닌 '공정의 규범화'로 방향 전환이 필요하다는 점을 강조하고자 한다.

> **제2부의 논의** ✔ 대한민국의 규제는 창의와 효율, 그리고 산업 경쟁력 전반을 가로막는 구조적 병목이자 장애 요인으로 작용하고 있다. 규제를 완화해야 할 것과 규제를 강화해야 할 것을 국가적 구조조정의 차원에서 철저히 분석해야만 한다. 이러한 총체적 노력을 바탕으로 추진해야 할 규제개혁은 단순한 법령 정비를 넘어, 공정한 시장 질서 확립, 기업가정신 회복과 미래 산업 전략 촉진, 일자리 창출을 위한 국가적 핵심과제가 되어야 한다. 그래야만 기업 생태계와 산업 혁신의 측면에서 규제가 만든 경제의 구조적 경직성을 해결할 수 있다.

ByKumar Mehta.(2022. Aug 23). Older Entrepreneurs Outperform Younger Founders—Shattering Ageism. Forbes Web Site.
https://www.forbes.com/sites/kmehta/2022/08/23/older-entrepreneurs-outperform-younger-foundersshattering-ageism/

대한규제혁신민국

국민이 설계하는
새로운 민주국가

3부

세계는 어떻게 규제를 혁신했는가?

1. 미국: 규제 완화와 시장친화적 조정[43]

미국은 20세기 중반 이후 규제와 규제 완화를 반복하며 경제와 사회의 균형을 모색해 왔다. 특히 1970년대 이후, 규제의 효율성과 시장친화적 조정을 위한 다양한 제도와 법률이 도입되었다. 이러한 노력은 경제성장과 소비자 보호 간의 균형을 유지하려는 목적에서 비롯되었다.

사실, 미국의 규제정책은 세계적으로 가장 급진적인 '시장 중심 규제모델'로 평가된다. 20세기 초 뉴딜정책 이후 연방정부가 각종 경제 영역에 깊숙이 개입했으나, 1970년대 말 스태그플레이션과 산업 비효율성에 대한 반성 속에서 본격적인 규제완화(deregulation) 기조가 형성되었다.[44] 이 흐름은 1980년대 로널드 레이건 정부 시기를 기점으로 제도화되며, "정부는 문제의 해답이 아니라, 문제 그 자체다"라는 슬로건 아래 규제 비용 분석과 민간 참여 확대, 시장 기반 규율을 강조했다. 당시 관료적 규제 대신 시장 자율과 민간 경쟁을 촉진하는 방향으로 규제구조를 재설계하였다. 오늘날에도 미국은 '선허용-후규제' 방식, 샌드박스 제도, 민간 자율규제를 강조하며 신산업 발전과 공정 시장 유지의 균형을 추구하고 있다. 규제개혁 사무국(OIRA)과 같은 독립기구를 통해 정량적 규제 비용 평가, 사전영향분석 제도도 지속해서 강화하고 있다.

---

[43] "Less is More"는 시장을 신뢰한 규제국가의 실험이라는 측면에서 1980년대 미국의 신자유주의적 규제개혁 기조를 상징적으로 표현한 문구로, 규제를 줄이는 것이 오히려 시장 효율성과 공공복리를 증진한다는 믿음을 담고 있다. 이는 특히 레이건 정부 시기의 '시장친화적 규제 완화 전략'을 압축적으로 설명하며, '작은 정부, 큰 시장'이라는 미국식 규제국가 실험의 핵심 철학을 드러낸다.

[44] 카터 행정부는 이 무렵, 항공, 철도, 통신 등에서 경쟁을 유도하고 진입장벽을 제거하며 민간의 자율성과 혁신을 촉진하는 방향으로 정책을 전환했다.

(1) 미국 규제개혁의 주요 특징

1) 민간 중심 원칙의 확립: 규제는 불필요한 진입장벽이 되어선 안 되며, 시장 실패를 최소화할 때만 개입한다는 '최소 개입(Minimal Intervention)' 원칙 확립하고 있다.

2) 독립 규제기구의 강화: 정치적 독립성을 가진 기관(예: 연방통신위원회 FCC, 증권거래위원회 SEC)이 규제의 전문성과 안정성을 담보하고 있다.

3) 사전 영향평가 의무화(OMB 체계)[45]: 미국 연방정부의 모든 규제안은 사전에 영향평가를 수행해야 하며, 이는 대통령 직속의 「행정관리예산처(OMB, Office of Management and Budget)」 산하, 정보규제국(OIRA, Office of Information and Regulatory Affairs)의 요구에 따라, 비용-편익 분석(Benefit-Cost Analysis, BCA)[46]을 필수적으로 포함해야 한다.

4) 경쟁 촉진형 규제 설계: 규제를 시장 진입자 보호가 아닌 경쟁 활성화 수단으로 활용 중이다. 항공, 통신, 에너지 시장의 단계적 자유화 등이 예이다.

5) 규제 일몰제(Sunset Clause): 일정 기간 후 규제가 자동 폐기되도록 설계하고, 규제 지속 필요성에 대한 주기적 검토를 유도하고 있다.

6) 정치의 책임성과 견제 구조 확보: 행정부 규제 행위에 대해 의회의 청문회 및 예산 통제 등을 통해 상호 견제 시스템을 운영 중이다.

---

[45] OMB(Office of Management and Budget)는 연방정부의 예산 편성, 규제조정, 성과평가, 정보 정책 등을 총괄하는 핵심 기구다.
[46] "비용-편익 분석(Benefit-Cost Analysis, BCA)"이란 정책이나 사업을 평가할 때, 기대되는 모든 편익 B(이득, Benefit)을 금액으로 환산하고 필요한 총비용 C(Cost)와 비교해 효율성을 판단하는 체계적인 방법론이다.

(2) 주요 규제혁신 법률 및 제도

1) 행정절차법(Administrative Procedure Act, 1946) : 행정절차법은 연방 행정기관의 규제 제정 절차를 규율하는 기본법률로, 규제의 투명성과 공정성을 확보하기 위한 절차적 기준을 마련하였다.

미국 Regulatory Cap 제도

☐ **(의의) 부처별로 연간 규제비용 절감목표**(Regulatory Cap) 설정, 이후 달성 여부 확인하여 **규제를 질적으로 관리***하는 제도
  * 미국은 2 for 1 rule로 양적 관리 병행하나, 우리 나라(국조실)은 '15년 이후 양적 관리시 파급 가능성 작은 규제 위주 개선 등 부작용 고려하여 질적 관리만 운영

☐ **(절차) 미국**에서는 **매년** 다음과 같은 절차 통해 수행

① 부처-규제총괄기관 간 매년 협의하여, 부처별로 **연간 규제비용 절감목표**를 **구체적 수치로 설정**
② 부처는 목표달성 여부 제출 → 목표달성 실패 시, 미달 이유·미달 규모, 향후 달성 계획 추가 제출
③ 부처별 할당된 **연간 규제비용 초과** 시, 당해 연도에 부처는 규제 신설 불가하게 하는 벌칙 부과
④ 국민, 국회에 부처별 실적 등 **규제개혁 결과 공표**

2) 규제유연성법(Regulatory Flexibility Act, 1980) : 이 법은 중소기업에 대한 규제의 영향을 최소화하기 위해 연방 기관이 규제 제정 시 중소기업에 미치는 영향을 분석하고, 필요시 대안을 고려하도록 요구한다.

3) 행정분쟁해결법(Administrative Dispute Resolution Act, 1990) : 이 법은 연방 기관이 행정절차에서 발생하는 갈등과 분쟁을 해결하기 위해 중재,

조정 등 대체적 분쟁 해결(ADR, Alternative Dispute Resolution)기법을 활용할 수 있도록 제도화되어 있다. Administrative Conference of the United States(ACUS)라는 대통령 직속 독립 자문기구를 두고 연방정부의 규제 관련 행정절차 개선 및 갈등 조정 자문을 추진 중이다. 이 기관은 규제 시행 시 민원, 소송 등에서 발생하는 갈등 사례를 체계적으로 분석하고, 이를 기반으로 "절차개선 권고"를 내리고 있다. 다수의 시민참여 실험 사례가 축적되어 있으며 최근엔 FCC(연방통신위원회)의 새로운 규제 도입 시 ACUS 자문을 통해 갈등 조정과 사전 타당성 검토를 병행한 사례가 있다. 또한, 연방조정및중재위원회(Federal Mediation and Conciliation Service)라는 기관은 노동 분쟁 등 다양한 분야에서 갈등 조정을 지원한다.

4) 도드-프랭크법(Dodd-Frank Wall Street Reform and Consumer Protection Act, 2010) : 2008년 금융위기 이후 도입된 이 법은 금융 시스템의 안정성과 소비자 보호를 강화하기 위한 규제 체계를 마련하였다.

미국 의회 : 상임위·입법지원기관 역할 강화, 입법과정 공개

❶ 법률안 제출권은 의회가 독점(美헌법 제1조)하고 있어 **모든 법률안은 의원 입법으로 발의**

- '16~'19년 입법현황 : 법률안 발의 **23,221건 → 가결 748건**
- 입법지원기관 등에 의한 **다층적 심의과정을 통해 다양하고 체계적으로** 법안 분석

❷ **상임위원회는** 의회에 제출된 법률안 중 위원회 및 본회의 심사를 받을 만한 **안건을 취사선택***

  * 110대 의회 : 11,506건 발의 → 9,094건이 상임위에서 폐기(폐기율 86%)

- 상임위원회보고서*는 법안의 **본회의 상정·최종가결** 여부에 절대적
  → 상임위원회 심사 과정에서 대부분의 **불합리한 입법안이 폐기**

    * 의회감사원은 제출된 법안의 필요성 및 타당성 검토하여 상임위에 제출

❸ 의회內 **입법지원기관***은 입법의 모든 과정에 참여하여 **법안의 규제 효과** 등에 대해 **전문적·객관적 심의**를 수행

    * 입법지원기관은 객관적 분석을 위해 정치적·조직적으로 독립되어 있음

> ※ 美 입법지원기관
>
> · **의회법제국** : 100여명의 변호사로 구성(상하원배치), 법안 초안 검토
> · **의회조사처(CRS)** : 법안 작성에 필요한 종합적인 조사·분석 및 정보 제공
>   (의회도서관 소속)
>   (600여명) → 법률안에 대한 상하원 의견 불일치 해소를 위해 다른 방안 제시 기능
> · **의회예산처** : 예산·세출이 필요한 법률의 정책수단의 효과성, 성과의 적절성에
>   (240여명) 대한 평가 및 파급 효과 분석
> · **의회감사원** : 상임위에서 제출된 법안의 필요성 및 타당성을 검토 후 보고서
>   제출

❹ **입법과정 공개를 확대***하여 진행법안의 타당성, 효율성, 민주성을 높이기 위해 **이해당사자, 관련 전문가 등 폭넓은 참여** 보장

- 위원회 활동은 원칙적 공개하며, 사실관계 확인 및 정보수집을 위해 **입법청문회***를 수시로 **개최**(청문회는 일반적으로 공개)

    * 청문회는 입법·감독·조사·인준 4종류로 입법청문회는 우리나라 공청회와 유사
    * 2011~2012 동안 하원 2,005건, 상원 908건 등 총 2,913건의 입법청문회 개최

(3) 대표적 개혁 사례

항공산업 자유화(1978 Airline Deregulation Act): 노선 배정과 요금 통제를 폐지해 항공료 하락, 서비스 다양화, 신규 항공사 등장을 유도하였다.
통신산업 재편(Telecommunications Act of 1996): 유선/무선 통신과 방송 간 교차 진입 허용으로 기술 융합 및 경쟁을 촉진하였다.
에너지 규제 완화: 천연가스·전력 분야의 민영화 및 가격 자유화로 소비자 선택권을 확대하였다.
금융 규제의 진자운동: 1999년 글래스-스티걸법 폐지(Gramm-Leach-Bliley Act)로 통합 금융 허용, 2008년 금융위기 후 도드-프랭크법(Dodd-Frank Act)으로 시스템적 리스크에 효율적으로 대응하였다.

(4) 미국 규제혁신의 제도적 과제와 교훈

① 과도한 자율화의 위험성 : 미국은 시장 중심의 규제 완화 전략을 통해 기업의 혁신과 효율성을 추구해 왔으나, 2008년 글로벌 금융위기는 규제 공백이 소비자 보호 및 시스템적 안정성에 심각한 리스크를 초래할 수 있음을 보여주는 대표적 사례 국가가 되었다. 금융 파생상품의 감독 미비, 부실한 신용평가 시스템, 그리고 자율규제에 대한 과도한 신뢰가 복합적으로 작용하면서, 대규모 금융 붕괴로 이어졌다.

② 노동시장 불균형과 사회적 양극화 : 신자유주의적 규제정책은 노동시장 유연성을 강화하였으나, 반작용으로 임금 격차의 확대, 고용 안전망의 약화, 비정규직 증가 등의 사회적 문제가 누적되었다. 특히 플랫폼 노동·프리랜서 고용 확산과 같은 변화에 대해 제도적 대응이 미흡하면서, 부익부 빈익빈 같은 노동시장의 이중 구조 심화 문제가 지적된다.

③ **규제 포획(Regulatory Capture) 우려** : 미국은 규제기관의 독립성과 전문성을 제도적으로 보장하고자 노력해 왔으나, 일부 분야에서는 대규모 기업 로비나 회전문 인사(Revolving Door)를 통한 민간의 영향력이 규제기관에 과도하게 미치는 구조적 문제가 반복됐다. 이는 시민 신뢰 저하와 규제의 공공성 약화로 이어질 수 있는 잠재적 위험 요소로 지적되고 있다.

(5) 한국에의 시사점

미국식 규제모델은 "규제는 예외, 자유는 원칙"이라는 법치주의 기반 위에서 작동하며, 명확한 절차와 책임성 있는 통제를 전제로 한다. 한국이 미국식 시장 친화 규제를 도입하려면 명문화된 규제 절차와 평가 시스템, 독립 규제기구 설립, 규제일몰제 도입 등이 필요하다. 단, 자율 확대가 곧 공익 훼손으로 이어질 수 있다는 점에서 사회적 안전장치 병행 및 투명한 감시체계 구축이 전제되어야 한다.

> ★ **민물과 짠물의 갈등을 넘어 : '기업가적 정부'로의 전환과 규제혁신**
>
> 20세기 후반 미국의 규제정책은 단순한 절차 개편이나 정책 도구의 조정이 아니라, "정부는 시장과 어떤 관계를 맺어야 하는가?"라는 철학적 대립에서 출발했다. 이 대립은 미국 경제학계의 민물경제학(Freshwater Economics)과 짠물경제학(Saltwater Economics)[47] 간 갈등으로 가장 선명하게 드러난다. 시카고·미네소타 등 내륙 대학을 중심으로 한 민물경제학은 시장 자율성과 정부 축소를 주장하며, 규제를 비효율과 낭비의 원천으로 간주했다. 대표적으로 루카스, 프리드먼, 프레스콧이 이러한 입장을 견지했다. 반면, MIT, 하버드 등 해안 대학에서 출발한 짠물경제학은 시장실패의 현실성과 정부 개입의 필요성을 강조했다. 불완전 경쟁, 정보 비대칭, 외부효과와 같은 구조적 문제는 시장이 전혀 완전하지 않다는 증거이며, 공공성이 요구되는 영역에서는 정부의 조정과 규제가 정당하다는 인식이 뿌리 깊었다. 크루그먼, 스티글리츠, 블랑샤르가 대표적인 인물이다. 두 학파의 대립은 단지 이론 차원이 아니라, 규제를 국가 운영 철학의 표현으로 이해하는 관점 충돌로 이어졌다.
>
> | 구분 | 민물경제학 (Freshwater Economics) | 짠물경제학 (Saltwater Economics) |
> |---|---|---|
> | 주요 학파 | 시카고, 미네소타, 카네기멜론大 중심 | MIT, 하버드, 프린스턴, 예일大 중심 |
> | 핵심 인물 | 프리드먼, 루카스, 프레스콧 | 스티글리츠, 크루그먼, 블랑샤르 |
> | 관점 | 시장 자율성 중시, 정부 개입 최소화 | 시장 실패 인식, 정부 개입 정당화 |
> | 규제 인식 | 규제는 비효율과 왜곡 유발 | 공공성 확보를 위한 불가피한 수단 |

---

[47] 짠물경제학(Saltwater economics)과 민물경제학(Freshwater economics)이라는 용어는 경제학의 정식 학파 구분이라기보다는, 미국 내 경제학계의 학문적 경향과 정책 태도를 설명하기 위한 비공식적 구분이다. 이 용어는 주로 1970년대 후반~1980년대 초, 학문적 패러다임 전환 속에서 자연스럽게 형성되었다. 1970년대 이후 케인즈주의의 예측 실패(스태그플레이션 등)를 계기로, 미국내륙의 오대호 주변 대학인 시카고대·미네소타대 중심의 신고전학파(New Classical Economics)가 급부상하면서 이들은 기존의 케인즈주의를 "비과학적이며 규범적"이라고 비판하고, 엄격한 수학적 모델과 합리적 기대 이론을 주장하게 된다. 이에 따라 동부와 서부 해안의 대학들(하버드, MIT, 프린스턴 등)은 이를 반박하며, 새로운 케인즈주의(New Keynesian Economics)를 발전시키게 되었다. 민물경제학은 규제 완화를 통한 시장의 자율 회복력을 강조하고, 짠물경제학은 정부 규제를 통한 사회적 균형 회복을 중시한다. 이 둘의 균형은 위기 국면에서의 정책 유연성, 그리고 정치철학의 차이를 반영하며, 규제 개혁 논쟁의 핵심 축을 형성하고 있다. 미국의 경제정책은 순수한 민물/짠물 구분이 아니라, 정권과 위기 상황에 따라 혼합적으로 적용되어왔다. 예컨대, 1970~80년대 레이건 정부는

이처럼 학문적 분열이 뚜렷해지던 1990년대 초, 미국 사회는 "정부는 무엇을 해야 하며, 어떻게 작동해야 하는가?"라는 실용적 질문에 직면하게 된다. 이 물음에 응답한 것이 바로 오스본과 게이블러가 1992년에 발표한 『Reinventing Government』[48] 였다. 이 책은 민물·짠물이라는 이념적 구도를 넘어, "정부도 민간처럼 유연하고 성과 중심적으로 운영될 수 없는가?"라는 실천적 문제의식에서 출발했다. 정부는 '노를 젓는(rowing)' 존재가 아니라 '방향을 조정하는(steering)' 존재가 되어야 한다고 저자들은 주장했고, 성과 중심 행정, 고객 지향 서비스, 권한 분산, 경쟁 유도, 민간 역량 활용 등을 핵심으로 하는 '기업가적 정부' 모델을 제시했다.

이 이론은 곧 클린턴 행정부의 행정개혁에 수용되었다. 1993년 제정된 「정부성과결과법(GPRA)」[49]은 모든 연방정부 기관에 대해 중장기 목표 설정, 성과 측정 및 보고를 의무화했고, 성과정보를 바탕으로 한 「성과기반예산제도(Performance-based Budgeting)」를 도입해 정책 효과 중심의 자원 배분 체계로 전환하는 계기를 마련했다. 정부 조직이 성과를 중심으로 작동하도록 구조화된 대표 사례다. 이어서 클린턴 대통령과 앨 고어 부통령이 주도한 「국가성과검토(NPR, National Performance Review)」는 『Reinventing Government』의 원칙을 실행 전략으로 구체화하였다. NPR은 약 1,200건의 개혁 권고를 통해 공공부문에 성과주의, 디지털화, 고객지향 행정, 절차 간소화를 도입했으며, 이는 단순한 규제의 감축이 아니라 정부 운영 방식의 구조 자체를 전환하려는 실험이었다.

NPR은 단기적으로 행정비용 절감, 공무원 감축, 민간 위탁 확대 등의 성과를 거두었고, 이후 주정부와 지방정부의 개혁에도 영향을 미쳤다. 그러나 동시에 몇 가지 한계도 분명했다. 성과 집착은 수치화할 수 있는 과업만을 부각했고, 시민을 '고객'으로 환원하면서 공공성·정치 참여·민주적 책임성의 측면이 희석되었다. 또한 법·제도나 예산구조와 연계되지 않은 상태에서 추진된 일부 개혁은 지속가능성 확보에 실패했다.

민물경제학적 탈규제를 추진했고, 2008년 금융위기 이후 오바마 행정부는 짠물경제학적 금융규제를 도입하였다. 연방준비제도(Fed)는 경기 안정화를 위해 통화긴축 중심의 고전파 원칙과 총수요 진작을 위한 유동성 공급이라는 케인즈적 접근 사이를 조율하며, 위기국면에 따른 상황 대응적 정책혼합조합을 구사해 왔다.

48) David Osborne & Ted Gaebler, Reinventing Government: How the Entrepreneurial Spirit is Transforming the Public Sector, Addison-Wesley, 1992.

49) Government Performance and Results Act of 1993, Pub.L. 103-62, enacted August 3, 1993.

그러함에도 불구하고 『Reinventing Government』와 NPR은 여전히 "정부는 왜 존재하며, 규제는 무엇을 위해 존재하는가?"라고 유효한 질문을 던진다. 미국 사례는 규제가 정책의 도구가 아니라, 국가 철학과 정부 운영방식의 표현이라는 점을 명확히 보여준다. 규제혁신은 단순히 개별 규제를 없애거나 줄이는 기술적 정비의 문제가 아니라, 규제가 어떤 목표로 설계되어야 하며, 어떤 효과를 창출했는지를 측정·평가하고, 이에 따라 정책, 예산, 조직을 조정하는 시스템 자체를 재설계하는 일인 것을 말이다.

한국 역시 규제개혁을 단순히 '정비'하는 수준을 넘어, 국가 시스템을 전면적으로 '재설계'하는 접근으로 나아가야 한다. 미국의 경험은 규제혁신이 지속 가능하여지려면 정부 철학의 전환과 행정 시스템의 구조 개편이 함께 이루어져야 한다는 결정적 교훈을 제공한다. 『대한규제혁신민국』 제4부 이하에서 제안하는 시민참여형 규제 시스템, 성과 기반 규제평가, 현장 자율실험제도는 단순한 제도 개선책이 아니라, 규제를 둘러싼 권한 구조, 작동 방식, 평가 체계를 총체적으로 재구성하는 전략적 프로젝트다. 이러한 실천 전략은, 대한민국이 처한 복합 위기를 돌파할 국가 시스템 혁신의 출발점이 되도록 설계되었다.

2 독일: 규제와 사회적 합의의 균형

독일의 규제시스템은 단지 위로부터의 지시에 의해 결정되는 것이 아니라, 사회 각 계층 간의 협의와 절충을 바탕으로 설계된다. 이는 독일의 정치 문화 전반에 스며든 협의주의(Korporatismus) 전통과 깊은 연관이 있다. 독일은 규제를 단순한 행정 명령이 아닌 사회적 합의의 산물로 간주한다. 이는 '합의를 통한 질서(Ordnung durch Konsens)'라는 독일식 규제철학의 핵심으로, 규제를 시장과 국가, 그리고 시민사회 간의 대화와 절충을 통해 형성해 가는 민주적 과정으로 이해한다. 합의를 통한 질서는 규제 체계에도 이렇듯 동일하게 적용된다.

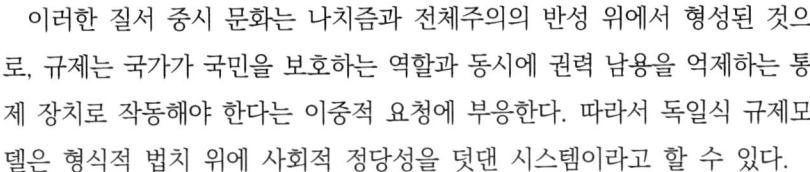

이러한 질서 중시 문화는 나치즘과 전체주의의 반성 위에서 형성된 것으로, 규제는 국가가 국민을 보호하는 역할과 동시에 권력 남용을 억제하는 통제 장치로 작동해야 한다는 이중적 요청에 부응한다. 따라서 독일식 규제모델은 형식적 법치 위에 사회적 정당성을 덧댄 시스템이라고 할 수 있다.

독일은 '규범이 강한 사회'(Regelgesellschaft)[50]로, 법률과 규정의 정합성과 예측 가능성을 중시하는 규제 문화를 발전시켜 왔다. 그러나 이는 단순한 행정통제 방식이 아니라, 노사정 삼자 협의와 사회적 합의에 기초한 제도적 조정 메커니즘을 통해 규제의 정당성과 수용성을 담보해 온 것이 특징이다.

(1) 독일 규제개혁의 주요 특징

1) **삼자주의(Tripartism)**: 정부, 기업, 노동조합이 참여하는 코퍼라티즘 방식으로 규제를 설계하고 개혁을 진행한다. 결론적으로, 독일의 삼자주의는 정부, 노동조합, 고용주 단체 간의 협력적 관계를 통해 사회경제적 문제를 해결하는 데 중요한 역할을 한다. 삼자주의는 사회적 안정과 경제성장, 복지 수준 향상에 이바지하며, 독일의 성공적인 경제체제의 중요한 요소 중 하나로서 자리 잡았다.

2) **정책 안정성과 예측 가능성**: 규제의 일관성과 장기적 예측 가능성 확보로 하든 챔피언 육성 기반을 마련하고 있다.

3) **연방주의와 자율규제 병행**: 중앙은 기준 제시, 지방과 산업은 구체적 실행을 추진하는 방향으로 규제의 탄력성을 확보하고 있다.

---

[50] 'Regelgesellschaft'란 용어는 독일 사회에서 규칙과 절차의 준수가 일상화된 문화를 상징적으로 지칭하는 개념이다. 이 표현은 막스 베버(Max Weber)의 법사회학에서 출발하여, 독일 행정법과 정책학 전통에서 발전되었다. 독일 연방정부는 법령 입안 시 반드시 Gesetzesfolgenabschätzung(규제영향평가)을 수행해야 하며, 이에 대한 감시는 독립기구 Normenkontrollrat(NKR)가 담당한다. OECD는 이를 두고 "독일은 규범이 지배하는 국가(Regelstaatlichkeit)이며, 규제 운영 전반이 정합성과 합의에 근거한다"고 평가한 바 있다 (OECD, 2010).

4) 규제영향평가 및 사후평가 의무화: 입법 전후 영향평가로 실효성을 확보하여, 정책의 실패를 방지하는 노력을 전개 중이다.

5) 디지털 전환에 따른 적응형 규제: AI·산업 디지털화에 대응해 민간과 협업해 윤리적 가이드라인 및 유연한 규제를 설계 중이다.

(2) 주요 규제혁신 법률 및 제도

1) 국가규범통제위원회(Nationaler Normenkontrollrat, 이하 NKR)

2006년 「규범통제위원회법(NKRG)」에 따라 신설된 기구로, 연방 총리실 직속의 독립 자문·감독 위원회이다. 모든 신규 법령과 하위 규정에 대해 규제비용 추계의 적절성과 행정부담의 정당성을 사전에 심사하며, 각 부처가 제출한 영향분석 보고서의 품질을 독립적으로 검토한다. 위원회는 법률, 행정, 산업 분야의 외부 전문가 10인으로 구성되며, 위원 임기는 5년이다. 2023년부터는 입법 초기 단계에서 디지털 전환 가능성을 검토하는 '디지털 체크(Digital Check)' 기능이 도입되어, 규제안의 디지털 적합성 여부도 평가 대상에 포함되었다. NKR은 규제 설계 단계에서부터 비용·편익, 디지털 적합성, 행정부담의 투명성을 확보하는 독일의 대표적 제도 장치로 기능하고 있다.

2) 사회적 합의 시스템: 협의 주의적 조정 모델

① 사회적 대화 (Sozialer Dialog) - 노사정 3자 협의제도[51]

독일은 전통적으로 노사정 3자(Tripartism) 협의 체계가 강력하다. 노동시장 규제, 고용 보험, 산업안전, 직업훈련 등은 대부분 노사단체와 정부 간의 합의를 거쳐 입법화된다. 독일은 노동시장, 고용보험, 산업안전, 직업교육 등 규제 분야에서 노동자 단체(Bundesverband Deutscher Gewerkschaften,

---

[51] https://www.bmas.de/DE/Service/Gesetze-und-Gesetzesvorhaben/Sozialpartner

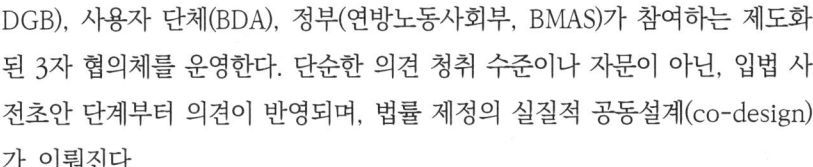

DGB), 사용자 단체(BDA), 정부(연방노동사회부, BMAS)가 참여하는 제도화된 3자 협의체를 운영한다. 단순한 의견 청취 수준이나 자문이 아닌, 입법 사전초안 단계부터 의견이 반영되며, 법률 제정의 실질적 공동설계(co-design)가 이뤄진다.

② 사전 조정절차 (Vorfeldbeteiligung)

연방정부는 규제 입안 전 단계에서부터 이익집단, 시민단체, 경제단체 등과 공식적 의견수렴 구조를 통해 사전 협의를 의무화하고 있다. 이 과정은 온라인 플랫폼을 통해 투명하게 운영되며, 각 이해관계자의 입장은 입법자료에 명기된다.

각 부처는 입법 초안 이전 단계에서 시민사회, 경제단체, 지방정부 등과 의견을 교환하고, 결과를 공식 입법자료에 첨부해야 한다.

③ 규제영향평가 제도(Gesetzesfolgenabschätzung)

독일은 연방정부 차원에서 규제영향평가(RIA)를 엄격하게 실시하고 있다. 이는 정부 **공동업무규정**(Gemeinsame Geschäftsordnung der Bundesministerien, GGO) 제44조[52])에 근거하며, 법률적 타당성, 입법안의 비용-편익 분석, 중소기업에 대한 영향, 환경·사회적 파급효과 등을 사전에 엄격히 평가한다. 이러한 평가는 각 부처가 수행하며, **국가규범통제위원회**(Nationaler Normenkontrollrat, NKR)가 독립적으로 검토하고 공개 보고서를 통해 감시한다. 특히, 중소기업 부담 최소화와 국민 참여의 증진을 중점으로 두고 있으며, 평가의 질을 높이기 위해 학계·이해관계자 자문 시스템도 병행되고 있다.

---

52) https://www.bmi.bund.de/DE/themen/moderne-verwaltung/verwaltungsmodernisierung/geschaeftsordnung-bundesministerien/geschaeftsordnung-bundesministerien-node.html

> ### 독일 : 의회 법률안 심의 절차 체계화
>
> ❶ 법률안 발의권은 **연방정부*와 연방의회**(제적 5% 찬성)에 배분
>   - '16~'19년 법률안 가결/발의 현황(건) : (정부) 488/530, **(의회)** 62/258
>   - 연방정부가 입안·제출한 법률안이 의회 심의 과정에서 **수정·폐기 되는 경우가 적어 정부입법 수가 압도적인 상황**
>
> ❷ **정부부처는** 국민과 기업 및 정부에 미치는 **입법영향을 평가***하고 **법안 제출** 시에 이를 첨부토록 **명시**
>   * 국가규범통제위원회('06)는 법률 제·개정으로 유발되는 이행 비용 측정 평가
>   - **의원입법안**은 연방의원 제적 5%의 찬성으로 제출
>
> ❸ 연방의회에 제출된 법률안은 **법률안 3회독*** 심의제도를 통해 **꼼꼼한 법안 심사**가 이루어짐
>   * (1회독) 법률안 전반적인 사항 논의, 상임위 회부 여부 결정 → (2회독) 상임위에서 축조심의 원칙으로 법률안 상세 검토 → (3회독) 본회의에서 법률안 토론, 표결
>
> ❹ 철저한 사전심사로 **의회에 제출되는 법률안이 적고*** 의회內 법안 심사절차가 체계화되어 있어 **충분한 입법 심의 가능**
>   * 獨18대 국회('13~'17년) 전체 법률안 가결수 /발의건수 : 550/788(가결률 70%)
>   韓 20대 국회('16~20년) 전체 법률안 가결수 /발의건수 : 3,195 /24,141(가결률 13%)

(3) 대표적 개혁 사례

1) "중재위원회"(Vermittlungsausschuss)를 통한 이원적 입법 구조 갈등 조정

독일은 **상원(Bundesrat)과 하원(Bundestag)**이 공동으로 입법에 관여하는 이원적 구조를 가진다. 두 입법기관 간에 규제안을 놓고 충돌이 발생할 경우, **중재위원회(Vermittlungsausschuss)**가 설치되어 정당 간·주정부 간 합의를

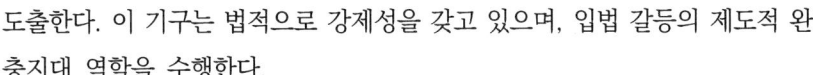
3부. 세계는 어떻게 규제를 혁신했는가?

도출한다. 이 기구는 법적으로 강제성을 갖고 있으며, 입법 갈등의 제도적 완충지대 역할을 수행한다.

2) 환경분쟁 및 인프라 개발 갈등 조정

독일은 대규모 인프라 프로젝트(공항, 철도, 송전선 등)에서 발생하는 지역사회와의 갈등에 대해 **"계획수립 사전 조정"**(Raumordnungsverfahren) 제도를 운용한다. 이는 지방정부, 주민, 전문가, 환경단체 등이 초기부터 참여하는 사전 조율 메커니즘으로, 갈등 발생 자체를 예방하는 예방적 절차로 설계되어 있다.

3) 행정 간소화를 통한 관료주의 축소

독일은 행정의 디지털화를 통해 관료주의를 줄이고 기업의 행정부담을 경감하도록 지속해서 노력해 왔다. 핵심적 제도 중 하나가 2023년 연방정부가 추진한 「관료주의 감축법 IV(Bürokratieentlastungsgesetz IV, BEG IV)」이다. 이 법은 고용계약의 디지털화, 통지 의무의 간소화, 문서 보관 기한의 단축 등 다수의 절차적 개선안을 포함하며, 특히 고용주와 기업이 문서 제출, 커뮤니케이션 방식, 행정 보고 체계를 보다 효율화할 수 있도록 제도적 장치를 마련하였다. 이를 통해 독일 정부는 연간 수십억 유로에 달하는 기업의 비생산적 행정비용을 절감하고, 민간 경제 전반의 생산성을 높이려는 정책적 방향성을 명확히 하고 있다.

4) 중소기업 친화적 규제시스템: '자가 진단'과 사전 영향평가 제도화

중소기업(Mittelstand)은 독일 경제의 근간으로, 전체 기업의 약 99%를 차지하고 있다. 이에 따라 독일 정부는 규제설계 전 단계에서 중소기업에 대한 부담을 사전에 진단하는 제도(SME Test)를 도입하였다. 이 제도는 신설 또는 개정되는 법률·규제가 중소기업에 미치는 재무적·행정적 영향을 정량적으로 분석하고, 필요시 규제설계를 보완하도록 유도하는 기능을 수행한다. 또한 연방 경제기후보호부(BMWK)는 "Mittelstand-Digital" 및 "Mittelstand 4.0 센터"를 통해, 중소기업이 스마트화, 디지털 전환, 플랫폼 기술 도입에 대응할 수 있도록 컨설팅, 자금 지원, 기술교육 등을 제공하고 있다.

5) 산업 4.0 시대를 위한 규제 프레임워크와 민관 협력 구조

독일은 미래 산업 체제를 규정짓는 핵심 전략으로 Industrie 4.0 프로젝트를 2011년부터 추진해 왔다. 이는 단순한 기술 진흥이 아니라, 표준화된 기술 규제 프레임워크를 민관 협력 구조를 통해 공동 설계하는 장기 전략이다.

Plattform Industrie 4.0은 독일 연방정부, 산업계, 학계, 노동단체, 중소기업 협의체 등이 함께 참여하는 대표적 거버넌스 모델로, 스마트공장, 사이버-물리 시스템, AI 기반 제조 등 미래 기술의 윤리, 보안, 표준, 규제 체계를 함께 설계하고 있다. 이 과정은 기술 진보와 규제 합리화를 동시에 실현하려는 대표적 모범 사례로 평가받고 있으며, 특히 중소기업이 과도한 규제로 인해 신산업 도입에서 소외되지 않도록 맞춤형 가이드라인과 시범사업을 병행 운영하고 있다.

(4) 독일 규제혁신의 제도적 과제와 교훈

1) 사회적 조정의 구조적 한계 : 독일은 전통적으로 광범위한 이해관계자 조정과 사회적 합의를 중시하는 규제시스템을 운영해 왔다. 이러한 모델은 제도의 정당성과 지속가능성을 높이는 데 이바지했지만, 사회적 합의에 지나치게 의존하는 구조는 때로 결정 지연과 제도 경직성을 초래한다. 특히 디지털 전환, 기후 위기 대응 등과 같이 속도감 있는 정책 결단이 필요한 영역에서는 지나친 조정 의존이 제도 전환의 지연 요인으로 작용하기도 했다.

2) 중소기업 반영의 구조적 취약성 : 강력한 노사정 협의 체계가 규제설계와 집행에서 핵심 역할을 담당해 왔으나, 대기업 중심으로 형성되면서 상대적으로 중소기업이나 자영업자의 입장이 충분히 반영되지 못했다는 점은 지속적인 제도 개선 요구를 낳고 있다. 이에 따라 독일 정부는 중소기업 옴부즈맨 제도 및 중소기업 **영향평가**(KMU-Test)를 강화하여 구조적 균형을 회복하려는 노력을 이어가고 있다.

(5) 한국에의 시사점

1) **제도 이전에 '문화'가 있다**: 규제는 법률 이전에 "합의의 문화" 위에서 작동할 수 있어야 한다. 독일은 규제혁신이란 절차적 단순화가 아니라 공적 합의의 진화임을 보여준다.

2) **독립된 사전 심사기구의 존재**: 한국의 규제개혁위원회와 달리, 독일의 NKR은 실제로 입법에 실질적 제동을 걸 수 있는 독립성과 권한을 갖는다.

3) **갈등을 통합하는 입법 구조**: 독일의 중재위원회와 이원적 입법 시스템은 규제 갈등을 제도 안에서 통합하는 구조적 해법을 제시한다.

4) **시민참여의 제도화**: 독일은 규제 사전 조정절차에서 시민사회 참여를 형식이 아닌 정책 설계의 본질적 조건으로 끌어올렸다. 이렇듯 독일의 규제개혁은 시민사회의 신뢰, 행정의 일관성, 장기적 산업 전략과 연결되며 제도적 안정성을 제공한다.

3 프랑스: '국가의 손'에서 '사회적 조정'으로[53]

프랑스는 세계 4위의 경제 대국으로서 농업과 관광을 주요 성장 동력으로 삼고 있으며, 강력한 중앙집권적 행정 체제를 기반으로 국가 발전을 도모해 왔다. 이러한 국가 모델은 나폴레옹 시대에 확립된 규제 국가의 전형이었다. 프랑스는 전통적으로 강력한 중앙집권 행정과 포괄적 규제시스템을 통해 사회를 조직해 왔다. 나폴레옹식 관료제의 유산과 공익 중심의 법·제도 체계는 프랑스를 오랫동안 '행정국가'로 남게 했다. 그러나 1990년대 이후 저성장, 고령화, 세계화 등 구조적 도전에 직면하면서, 프랑스 정부는 경쟁 촉진형 시장환경 조성, 법제의 정비, 시장개방, 행정개혁 등을 통해 국가 운영 모델의 재설계를 시도하게 되었다. 유럽 통합과 세계화의 흐름 속에서 프랑스 역시 규제개혁의 압력을 받기 시작한 것이다.

프랑스식 규제혁신은 단순한 규제 완화가 아니라 국가와 시민사회, 전문가 집단 간의 책임의 재배분을 중심에 둔다. "행정의 신뢰 회복"을 목표로, 규제 프로세스의 민주화와 행정 개입 최소화를 동시에 추구하였다. 최근에는 사회적 대화와 협의를 통한 규제개혁으로 전환하고 있다. 이러한 변화는 노동시장 유연화, 디지털 전환, 중소기업 지원 등 다양한 분야에서 나타나고 있다.

(1) 프랑스 규제개혁의 주요 특징

1) 사회적 대화 중심의 규제설계

프랑스는 전통적으로 국가 주도의 규제 체계를 유지해 왔으나, 최근에는

---

[53] "République Régulée, Société Responsabilisée"(규율된 공화국, 책임지는 사회)는 프랑스가 전통적으로 강조해온 국가 중심 규율 체계에서 벗어나, 시민사회와 이해당사자 간의 협의와 책임 분담을 통해 규제의 정당성과 실효성을 높이려는 새로운 규제 거버넌스 모델을 상징한다. 이는 국가가 모든 규제의 주체가 아닌, 사회적 균형의 중재자이자 촉진자로 변화하는 과정을 담고 있으며, 특히 노동·환경·디지털 영역에서 '참여적 규제'를 제도화하려는 시도와 연결된다.

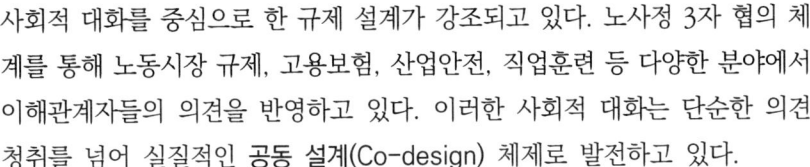

사회적 대화를 중심으로 한 규제 설계가 강조되고 있다. 노사정 3자 협의 체계를 통해 노동시장 규제, 고용보험, 산업안전, 직업훈련 등 다양한 분야에서 이해관계자들의 의견을 반영하고 있다. 이러한 사회적 대화는 단순한 의견 청취를 넘어 실질적인 공동 설계(Co-design) 체제로 발전하고 있다.

2) 규제영향평가(RIA) 제도의 강화

프랑스는 모든 주요 법률 초안과 주요 하위 규제에 대해 규제영향평가(RIA)를 의무화하고 있다. 이러한 평가 결과는 Legifrance 플랫폼을 통해 공개되며, 규제의 투명성과 책임성을 강화하는 데 기여하고 있다. 또한, 새로운 하위 규제를 도입할 경우 기존 규제를 두 개 폐지하는 '1 in 2 out' 원칙을 적용하여 규제 총량을 관리하고 있다.

3) 디지털 전환과 규제 간소화

프랑스는 디지털 전환을 통해 행정절차를 간소화하고 규제 부담을 줄이기 위한 다양한 정책을 시행하고 있습니다. 예를 들어, 2021년 11월에 채택된 '디지털 및 생태 전환을 위한 로드맵'은 공공행정의 디지털화를 촉진하고, 친환경적인 디지털 전환을 지원하는 것을 목표로 하고 있습니다.

(2) 주요 규제혁신 법률 및 제도

1) 엘 콤리 법(Loi El Khomri, 2016): 2016년 8월 8일에 제정된 El Khomri 법은 노동시장의 유연성을 높이고, 사회적 대화를 강화하는 것을 목표로 한 법률이다. 이 법은 기업 수준에서의 협상 권한을 확대하고, 노동시간 조정 등의 유연성을 도입하였다. 노동법 현대화를 목표로 하여, 기업 수준의 단체협약 우선 적용, 해고 절차의 명확화, 근로시간 조정 등의 내용을 포함하였다.

2) 노동법 개혁(2017): 마크롱 정부는 노동법 개혁을 통해 기업 내 협상 권한을 강화하고, 해고 보상금 상한제 도입, 직원 대표기구 통합 등을 추진하였다.

3) 사회적 대화 강화 법안(2015): 직원 대표기구의 통합과 기업 수준의 협상 강화 등을 통해 사회적 대화를 활성화하였다.

4) 사회경제위원회(Comité Social et Économique, CSE) 도입: 기존의 직원 대표기구를 통합하여, 기업 내 사회적 대화의 효율성을 높였다.

5) 디지털 공공행정 강화: 디지털 공공행정 로드맵

프랑스 정부는 2021년 11월에 '디지털 공공행정 로드맵'을 채택하여, 공공행정의 디지털화를 촉진하고, 친환경적인 디지털 전환을 지원하는 정책을 추진하고 있다. 이 로드맵은 오픈 소스 소프트웨어의 활용을 확대하고, 디지털 인재 유치를 위한 전략을 포함하고 있다.

6) 중소기업 지원 정책: France Numérique

프랑스 정부는 중소기업의 디지털 전환을 지원하기 위해 2018년에 'France Numérique' 이니셔티브를 도입하였다. 이 프로그램은 온라인 교육, 금융 지원, 디지털 도구 제공 등을 통해 중소기업의 경쟁력을 강화하는 것을 목표로 하고 있다.

프랑스 : 규제는 행정입법 사항 → 규제영향평가제도 도입

❶ **법률안 제출권**은 **정부와 의회**가 공유하며, '08년 헌법개정을 통해 **의회입법사항과 행정입법사항**이 **분리***

* 헌법에 기본적 인권, 선거·공무원제도, 국방, 지방제도 등 의회입법사항 규정

- '16~'19년 법률안 가결/발의 현황(건) : (정부) 145/238, **(의회) 47/1,475**

- 프랑스 혁명이후 **의회주권주의*** 만연으로 의회가 절대적 권력을 누리자 **집행권 약화 및 정부불안정이 야기**됨에 따라 이에 대한 반발

    * 의회는 국민의 대표로 국민주권은 의회에서 발휘되며 법률이 잘못 제정될 수 없다고 생각

⇒ 국민 **일반생활과 직결**된 구체사항은 **행정 입법**으로 정하는 등 **행정부**가 의회에 대해 **우월한 지위**

❷ 정부입법안의 **증가 추세**에 따라 **입법 수준 저하 위기** → '08년 헌법개정을 통해 **규제영향평가제도 도입**

- 정부는 법률안 제출시 **입법영향분석서***(**국사원**** 심사) **첨부** 의무 부과

    * ① 국내법 및 EU법과의 정합성 여부 ② 입법의 시의성 및 경과조치의 적절성
    ② 경제적·사회적·환경적 영향분석(영향은 수치화, 고용에 미치는 영향이 중요) 등 기재

    ** 국사원(Conseil d'Etat) : 행정재판의 최종심을 담당하는 최고행정법원

- 의회는 정부가 제출한 입법평가서에 대해 **하원의장단 회의와 공공정책 통제위원회가 검토** 수행

    * 정부제출 입법영향분석서는 의회 홈페이지에 게시, 일반 국민은 이에 대해 의견 개진 가능

❸ 의원입법은 **입법사항이 제한**되고 **상하원합의**에 의한 법률안 **가결**, 법률안 **사전 위헌심사제도*** 등으로 **가결률이 낮음**

    * 프랑스 헌재가 법률안 사전위헌심사 담당, 특히 조직법률은 사전 적헌성 심사 의무화

(3) 대표적 개혁 사례

- Débat Public 제도: 대규모 공공사업 시행 전 시민·전문가와 공청회를 통해 규제·정책의 정당성을 확보.
- Conseil d'État의 행정법적 통제: 무리한 규제 또는 불투명한 입법에 대한 사법적 견제 역할 강화.
- 목표지향형 규제 도입: 에너지·디지털·환경 분야에서 성과 중심 규제로 전환
- 행정 간소화 프로젝트(Simplification Plan): 기업 민원 및 신고 절차 간소화, 허가제 폐지 또는 온라인화 추진.

1) 사회적 대화의 제도화

프랑스는 노동시장 규제와 관련하여 사회적 대화를 제도화하였다. 노사정 3자 협의 체계를 통해 노동시장 규제, 고용 보험, 산업안전, 직업훈련 등 다양한 분야에서 이해관계자들의 의견을 반영하고 있다. 이러한 사회적 대화는 단순한 의견 청취를 넘어 실질적인 공동 설계(Co-design) 체제로 발전하고 있다.

2) 디지털 전환을 통한 행정 효율성 제고

프랑스 정부는 디지털 전환을 통해 행정절차를 간소화하고 규제 부담을 줄이기 위한 다양한 정책을 시행하고 있다. 예를 들어, 2021년 11월에 채택된 '디지털 공공행정 로드맵'은 공공행정의 디지털화를 촉진하고, 친환경적인 디지털 전환을 지원하는 것을 목표로 하고 있다.

3) 중소기업 지원을 위한 정책 강화

프랑스 정부는 중소기업의 디지털 전환을 지원하기 위해 2018년에 'France Numérique' 이니셔티브를 도입하였다. 이 프로그램은 온라인 교육, 금융 지원, 디지털 도구 제공 등을 통해 중소기업의 경쟁력을 강화하는 것을 목표로 하고 있다.

★ OECD 규제개혁 보고서: 프랑스가 직면한 도전과 규제개혁의 성과 및 방향 54)

1. 규제관리시스템 개혁: 중앙통제에서 분권적 품질관리로

프랑스는 1980년대 OECD 국가 중 가장 낮은 성장률을 기록했으나, 유로 화폐 통합과 적자재정 확대, 저금리 정책 등을 통해 거시경제 기반을 강화하였다. 특히 1995년 이후 금융 시장 규제개혁은 민간 투자 유인을 창출하고 경제 회복에 결정적 계기를 제공하였다.

그러나 규제 품질을 총괄하는 독립적 규제 관리기구의 부재, 과도한 입법·행정 문서량, 형식적 규제영향평가(RIA) 운영 등은 여전히 구조적 한계로 작용한다. 예컨대 프랑스에는 8천 개의 법률과 40만 건 이상의 하위 규정이 존재하며, 해마다 35%씩 입법이 증가하는 법률 팽창 현상이 규제 혼잡성을 심화시키고 있다. OECD는 이에 대응해 다음과 같은 제도적 권고를 제시하였다: 규제영향평가의 실질화, 규제 만료조항 도입, 행정절차 간소화, 분권화를 통한 책임 명확화, 독립 규제기구의 전문화 등이다.

2. 경쟁정책: 공기업 지배구조 개혁과 민간 경쟁 촉진

프랑스는 역사적으로 통신·운송·전력 등 네트워크 산업의 국유화를 통해 국가 주도의 산업정책을 추진해 왔다. 그러나 민영화 바람은 통신(1996년 이후), 항공(에어프랑스 구조조정), 전력(Electricité de France의 점진적 민영화) 등에서 점차 확산하였고, 경쟁 촉진과 서비스 효율화라는 측면에서 성과를 거두었다.

그러나 최고행정재판소의 규제영향평가가 실질적인 정책 결정에 반영되지 못하고, 경쟁 관련 부처 간 기능 중복과 관점 불일치가 제도적 마찰을 일으킨다. 또한 공공부문과 민간 부문 간 기능의 구분이 여전히 모호한 가운데, 정부의 과도한 시장 개입은 구조적 개혁을 지연시키는 요인으로 작용하고 있다.

---

54) https://eiec.kdi.re.kr/publish/columnView.do?cidx=5134&ccode=&pp=20&pg=114&sel_year=2006&sel_month=01

3. 시장개방과 전자정부: 정보기술을 통한 규제 완화의 촉진

프랑스는 OECD의 권고에 따라 전자정부 구현을 통해 행정 간소화와 시장개방을 시도하였다. 2,600여 개의 행정 서류를 583개로 줄인 사례, 원스톱 행정서비스의 도입, 정부 홈페이지를 통한 정책 포럼 운영은 정부-국민 간의 거리 축소에 이바지하였다.

그러나 아직도 통신, 항공, 전력 등 전략산업에서는 국가의 영향력이 크며, 시장개방의 원칙(비차별, 국제 조화, 적합성 평가 절차 간소화 등)이 전면적으로 적용되기에는 한계가 있다. 특히 무역 제한 조치, 복잡한 통관절차, 예측 불가능한 규제집행은 외국인 투자자들의 신뢰를 저해하는 요인으로 지적된다.

(4) 프랑스 규제혁신의 제도적 과제와 교훈

프랑스의 규제혁신은 다음과 같은 제도적 과제와 교훈을 제공한다.

1) **사회적 대화의 한계**: 사회적 대화에 지나치게 의존할 경우, 이해관계자 간의 이견으로 인해 정책 결정이 지연되거나 경직될 수 있다.

2) **중소기업의 참여 부족**: 사회적 대화 구조가 대기업 중심으로 형성되어, 중소기업이나 자영업자의 의견이 충분히 반영되지 않는 문제가 있다.

3) **정책의 지속가능성**: 정권 교체나 정치적 변화에 따라 규제개혁의 방향성이 흔들릴 수 있어, 정책의 일관성과 지속가능성을 확보하는 것이 과제로 남아 있다.

4) **중앙집권적 구조의 한계**: 중앙집권적 구조는 규제개혁 추진에 있어 유연성을 저해할 수 있으므로, 분권화를 통한 유연한 규제 체계 구축이 필요하다.

5) **규제영향평가의 실효성 확보**: RIA의 실효성을 확보하기 위해 평가의 질적 향상과 평가 결과의 정책 반영이 중요하다.

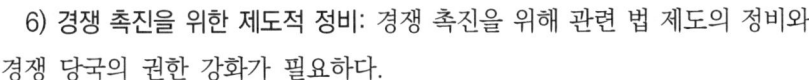

6) 경쟁 촉진을 위한 제도적 정비: 경쟁 촉진을 위해 관련 법 제도의 정비와 경쟁 당국의 권한 강화가 필요하다.

(5) 한국에의 시사점

프랑스의 규제개혁 경험은 한국이 규제개혁을 추진하는 데 사회적 대화의 중요성과 규제의 유연성, 예측 가능성 확보의 필요성을 시사한다. 또한, 중소기업의 참여 확대와 정책의 지속가능성 확보를 위한 제도적 장치 마련이 중요하다는 교훈을 제공한다. 프랑스 사례는 다음과 같은 교훈을 한국 사회에 제공한다.

1) 사회적 대화의 제도화 필요성: 한국도 규제개혁 과정에서 정부, 노동계, 경영계 등 사회적 파트너 간의 협의를 제도화하여, 정책의 정당성과 수용성을 높일 필요가 있다.

2) 규제의 유연성과 예측 가능성 강화: 급변하는 경제 환경에 대응하기 위해, 규제의 유연성을 제고하고, 기업과 국민이 규제의 방향성을 예측할 수 있도록 해야 한다.

3) 규제영향평가의 강화: 프랑스처럼 모든 주요 법률 초안과 주요 하위 규제에 대해 규제영향평가를 의무화하고, 결과를 공개하는 시스템은 한국의 규제 투명성과 책임성을 강화하는 데에도 도움이 될 수 있다.

4) 디지털 전환을 통한 행정 효율성 제고: 프랑스의 디지털 공공행정 로드맵과 같은 정책은 한국의 행정절차 간소화와 디지털 전환에 대한 전략 수립에 참고할 수 있다.

5) 중소기업의 참여 확대: 규제개혁 과정에서 중소기업의 의견이 충분히 반영될 수 있도록, 참여 구조를 개선하고 지원 체계를 마련해야 한다.

6) 정책의 일관성과 지속가능성 확보: 정권 교체나 정치적 변화와 관계없이 규제개혁이 지속될 수 있도록, 법적·제도적 기반을 강화해야 한다.

7) 경쟁정책의 정합성 제고와 법제 간소화: 경쟁 당국 간 기능통합, 정책 조율, 그리고 법령의 질적 제고 없이는 규제개혁은 단순한 양적 감축에 그칠 수 있다. 규제의 질적 향상을 위하여 규제의 양적 축소보다는 질적 향상을 통해 실질적인 규제개혁을 추진해야 한다.

8) 분권화를 통한 유연한 규제 체계 구축: 중앙집권적 구조의 한계를 극복하기 위해 분권화를 통한 유연한 규제 체계를 구축해야 한다.

이러한 프랑스의 경험은 규제혁신이 단지 완화가 아니라, 사회적 신뢰와 책임의 분산을 통해 제도적 지속가능성을 높이는 과정임을 보여준다. 한국이 배워야 할 점은 '국가 주도'에서 '공공적 조정'으로의 규제 거버넌스 전환이며, 이는 시민사회와의 신뢰 회복 없이는 불가능하다.

4　영국: '규제는 최소로, 책임은 명확하게'[55]

영국은 규제를 국가경쟁력의 핵심 요소로 간주하며, '스마트 규제(Smart Regulation)'와 '책임성(Accountability)'을 원칙으로 규제 체계를 지속적으로 정비해 왔다. 특히 1980년대 대처 정부 이래, 과잉규제 제거와 민간 자율성 확대를 중심으로 한 규제개혁이 본격화되었다.

하지만 2008년 금융위기 이후, 영국은 단순한 규제 완화의 한계를 인식하고 '적절한 규제(right-touch regulation)' 전략을 강화하였다. 이는 규제의 필요성을 부인하지 않되, 위험 기반 접근(Risk-based Approach)과 책임소재 명확화를 통해 효율성과 신뢰를 동시에 추구하며, 규제의 필요성을 부인하지 않고, 효율성을 높이는 방법을 제시한다.

(1) 영국 규제개혁의 주요 특징

영국의 규제개혁은 전통적으로 '규제는 최소로'라는 원칙에 따라 이루어졌다. 이는 규제의 부담을 최소화하고 민간 부문의 자유를 확대하려는 의도에서 비롯된 것으로, 특히 대처 정부하에서 강력히 추진되었다. 그러나 2008년 금융위기 이후, 영국은 단순히 규제를 완화하는 데서 그치지 않고, '적절한 규제'를 지향하는 방향으로 개혁을 진전시켰다. 이를 통해 '스마트 규제'라는 새로운 패러다임을 제시하였다. 스마트 규제는 최소한의 개입으로 최대의 효과를 도출하려는 접근법으로, 위험을 기반으로 한 규제 접근(Risk-based Approach)과 규제의 효과성을 강조한다.

---

55) "Smart Regulation, Accountable State"("똑똑한 규제, 책임지는 국가")

영국은 또한 규제의 명확성과 책임을 중요시하며, 규제의 실행과 관련된 각기 다른 이해당사자들의 책임을 명확하게 규정하였다. 이는 규제의 신뢰성을 높이고, 각 주체가 책임을 다하도록 유도하는 중요한 전략이었다.

(2) 주요 규제혁신 법률 및 제도

영국은 규제혁신을 위해 여러 중요한 법률과 제도를 도입했다. 그 중 대표적인 법률로는 「규제관리 법령」(Regulatory Reform Act, 2001)이 있다. 이 법령은 정부 부처가 과잉규제를 없애고, 규제를 더욱 효율적으로 관리하도록 요구하였다. 또한 '규제 영향 평가(Regulatory Impact Assessment, RIA)' 제도를 도입하여, 모든 신규 규제의 경제적, 사회적 영향을 평가하고 이를 제정하는 과정을 투명하게 공개하였다. RIA는 규제의 필요성뿐 아니라 효과성을 평가하며, 규제의 효율성을 높이는 중요한 도구로 자리 잡았다.

또한, 「공공서비스 혁신 및 효율성법」(Public Services (Social Value) Act, 2012)은 공공부문에서의 효율성을 높이고, 정부의 규제 부담을 줄이는 것을 목표로 하였다. 이 법은 공공부문 계약에서 사회적 가치를 고려한 규제 모델을 제시하며, 공공서비스 제공 시 민간 부문과의 협력을 더욱 강화하는 효과를 가져왔다.

(3) 대표적 개혁 사례

영국의 규제개혁 중 대표적인 사례로는 '금융서비스 규제개혁'을 들 수 있다. 2008년 금융위기 이후, 영국은 금융서비스 분야에서의 규제를 강화하는 동시에, '적절한 규제(right-touch regulation)'를 도입하였다. 이는 금융 부문에 대해 지나치게 세부적인 규제 대신, 전반적인 규제 환경을 단순화하고 금융기관의 자율성을 확대하는 방향으로 나아갔다. 또한, 이와 함께 도입된

'규제샌드박스(Regulatory Sandbox)'56)는 영국이 세계 최초로 도입한 혁신적인 규제개혁으로, 금융 기업들이 새로운 제품과 서비스를 실제 시장에서 시험할 수 있도록 안전한 실험 환경을 제공하는 제도였다. 2016년 금융행위감독청(FCA)은 이 제도를 통해 혁신적인 금융 기술이 규제 환경 속에서 실험하고 발전할 수 있도록 도왔으며, 이는 다른 국가들에서도 유사한 시스템을 도입하게 되는 계기가 되었다.

또한, '규제 완화 장기 전략(Regulatory Simplification Strategy, 2013)'은 정부의 규제 부담을 줄이기 위한 정책으로, 영국 정부는 규제를 간소화하고 불필요한 규제는 철폐하는 방향으로 나아갔다. 이는 정부 부처 간의 협력과 규제의 상호작용을 강화하는 동시에, 민간 부문의 창의성과 자율성을 촉진하는데 기여하였다. 이러한 개혁들은 영국의 규제 체계에서 과잉 규제 문제를 해결하고, 금융 및 기타 산업에서의 혁신을 촉진하는 중요한 전환점을 마련하였다.

■ 영국의 규제혁신 제도 요약

- One-in, One-out → Two-out → Three-out 제도 : 영국은 2010년부터 규제 신설 시 기존 규제를 제거하도록 의무화하는 규제 총량 관리제도를 단계적으로 도입하였다.

시기	정책 명칭	내용 요약
2010~2012	One-in, One-out	신설 규제 1건당 기존 규제 1건 제거
2013~2015	One-in, Two-out	신설 규제 1건당 기존 규제 2건 제거

---

56) https://www.fca.org.uk/firms/innovation/regulatory-sandbox
영국은 세계 최초로 금융 분야에서 규제 샌드박스를 도입한 국가로 인정받고 있다. 영국 금융행위감독청(Financial Conduct Authority, FCA)은 2016년 5월, 혁신적인 금융 기술이 기존 규제 환경에서 실험할 수 있는 '안전한 공간'을 제공하는 규제 샌드박스를 도입했다. 이러한 접근은 기업들이 새로운 제품과 서비스를 실제 시장에서 소비자 보호를 유지하면서 테스트할 수 있도록 하여 혁신을 촉진하고 있다. FCA의 규제 샌드박스는 'Project Innovate'의 일환으로 시작되었으며, 이는 금융 서비스 분야의 혁신을 지원하고 경쟁을 촉진하기 위한 정부의 전략적 이니셔티브이다. 이러한 모델은 이후 전 세계적으로 확산되어, 현재 50개 이상의 국가에서 유사한 샌드박스 프로그램이 운영되고 있다.

시기	정책 명칭	내용 요약
2016~2019	One-in, Three-out	신설 규제 1건당 기존 규제 3건 제거
2020~현재	폐지 or 완화	총량제보다 질 중심 접근 전환

- 베터 레귤레이션(Better Regulation) 프로그램 : 2006년부터 이 정책을 통해 불필요한 규제를 감축하고, 디지털 기반의 행정절차를 간소화하는 한편, 규제비용의 계량화와 사전 영향평가(Impact Assessment)를 제도화하였다. 특히 OECD 권고에 따라 규제 신설 시 발생하는 기업 부담을 정량적으로 측정하기 위한 규제 비용 계산 시스템(Business Cost Calculator, BCC)을 도입하였으며, 이를 바탕으로 전 부처의 규제안을 통합적이고 일관되게 조정하는 체계를 마련하였다.

- Better Regulation Executive(BRE) : 영국 내각 산하 규제조정 전담조직(BRE)은 전 부처 규제를 사전·사후 평가하고, 주요 규제안에 대해 사전 영향평가(Impact Assessment)를 의무화한다. 규제의 정당성과 필요성에 대한 내부 검증 기능을 수행한다.

- Regulatory Policy Committee(RPC) : RPC는 재무부 및 기업혁신부(BEIS) 소관의 독립 자문기구로, 모든 주요 규제안의 비용-편익 분석(BCA)과 사전 영향평가(IA)를 질과 타당성을 심의·검토한다. 부처 간 로비와 정치적 왜곡을 방지하는 임무를 수행하며, 그 심사 결과는 대외 공개된다.

- Red Tape Challenge(2011~2014) : 국민과 기업이 불필요하거나 낡은 규제를 직접 제안하고 폐지를 요청할 수 있도록 한 온라인 상시 참여형 규제혁신 플랫폼. 국민과 기업의 실시간 제안을 반영한 대표적인 하향식+상향식 혼합형 규제 정비 모델로 평가받는다.

- Principles-based Regulation : 특히 금융, 보건의료, 교육 등 복잡하고 변화가 빠른 영역에서 세부적 규정 중심의 접근을 지양하고, 자율성과 책임을 전제로 한 '원칙 기반 규제 방식'을 채택하고 있다. 이는 최소 규제·성과 책임 중심의 거버넌스로 작동하며, 한국형 규제 신설 시 참고할 수 있는 유연한 제도 디자인의 대표 사례다.

(4) 영국 규제혁신의 제도적 과제와 교훈

영국의 규제혁신에서 중요한 교훈은 단순한 규제 완화가 아니라 '적절한 규제(right-touch regulation)'가 필요하다는 점이다. 2008년 금융위기 이후, 금융 분야에서의 과잉 규제와 규제 공백 문제를 동시에 해결해야 했기 때문에, 규제의 질적 향상과 함께 이를 어떻게 관리할 것인가에 대한 문제의식이 깊어졌다. '적절한 규제'를 도입하면서 영국은 규제의 효율성과 효과성을 동시에 고려하였다. 이는 과잉규제를 없애면서도 필요한 규제는 반드시 지켜야 한다는 원칙을 확립하는 데 중요한 역할을 했다.

또한, 규제의 책임 소재를 명확히 하는 것이 중요하다는 교훈을 얻었다. 규제의 목적과 실행을 담당하는 주체들의 책임을 명확하게 하여, 각 주체가 자율적으로 관리하고 책임지도록 유도하는 방식은 규제의 신뢰성을 높이고, 효율성을 높이는 데 이바지했다.

📕 「붉은 깃발법」, 실패한 규제의 부끄러운 아이콘

「붉은 깃발법」(Red Flag Act)[57]은 1865년 영국에서 제정된 도로교통 규제로, 당시 자동차와 같은 신기술의 등장에 따른 마차업자들의 반발로 촉발된 사회적 갈등을 해소하기 위해 만들어졌다. 이 법은 자동차의 속도를 4마일(약 6.4km)로 제한하고, 붉은 깃발을 든 사람이 앞서가도록 요구했다. 이는 오히려 도로교통 흐름을 방해하고, 산업 혁신을 저해하는 과도한 규제로 작용했다.

법이 제정될 당시 자동차는 막 발명되었고, 영국은 당시 자동차 산업에서 우위를 점하고 있었지만, 마차 업자들의 이해관계로 인한 강력한 반발로 정부는 갈등 조정에

[57) 붉은 깃발법(Red Flag Act)의 공식 영문 명칭은 「Locomotives Act 1865」이다. 이는 1865년 7월 5일 영국 의회에서 제정된 법률로, 28 & 29 Vict. c. 83이라는 법령 번호를 가진다. 이 법은 당시 자동차와 같은 자기 추진식 차량의 도로 주행을 규제하기 위해 도입되었으며, "붉은 깃발을 든 사람이 도로를 앞서가야 한다."라는 조항으로 널리 알려져 있다.

> 대한 사회적 합의 도출 노력이나 미래에 대한 전략 없이 급하게 규제를 도입하였다. 이 규제는 기술 발전에 대한 이해 부족과 산업 혁신을 억제하는 대표적인 예로, 영국이 자동차 산업에서 선도적 위치를 놓치게 했다. 이 법이 비난받는 이유는, 영국의 자동차 산업이 세계적으로 성장할 절호의 기회를 만들지 못하도록 하였기 때문이다. 독일, 프랑스, 미국 등 후발 주자들은 더 개방적인 규제 환경을 바탕으로 자동차 산업의 성장을 이끌었다. 그러는 사이에 영국은 결과적으로 세계 시장에서 더 뒤처지게 되었으며, 이는 자동차 산업의 커다란 사업 기회를 놓친 국가적 실패[58]로 기록된다.
>
> 비록 「붉은 깃발법」이 과도한 규제의 대표적인 실패로 평가되지만, 현대 도로교통법의 발전에 중요한 역할을 하였고, 교통안전을 위한 법적 틀을 마련하는 데 기여했다는 평가도 있다. 이는 규제혁신이 경제적 발전과 산업 성장을 촉진할 수 있는 중요한 요소임을 일깨워 주는 역사적 교훈을 제공하며, 과도한 규제가 산업 발전을 저해하거나 산업의 존속 자체를 위협할 수 있다는 점을 잘 보여준다.

(5) 한국에의 시사점

영국의 규제개혁에서 얻을 수 있는 시사점은 첫째, 규제 완화와 동시에 '적절한 규제'라는 새로운 접근 방식을 채택해야 한다는 점이다. 한국 역시 과잉규제와 비효율적인 규제 문제를 안고 있으므로, 규제를 최소화하는 것뿐만 아니라, 규제의 효율성과 효과성을 동시에 고려하는 방식으로 개혁을 추진해야 한다.

둘째, 규제의 책임 소재를 명확히 하고, 각 규제 주체의 역할을 분명히 해

---

58) 한국의 대표적 규제 실패 사례: 1970~90년대 '하나만 낳아 잘 기르자' 가족계획 정책은 인구 억제 목표 달성에는 성공했으나, 강제 피임시술과 낙태 권장 등 사회 구조와 가족 가치를 왜곡했다. 결과적으로 2024년 기준 합계출산율은 0.75명까지 추락하며 현재 세계 최저 수준의 돌이킬 수 없는 인구절벽 위기라는 재앙을 초래했다. 국가가 생명과 가족의 영역에 개입한 이 실패한 규제는, 한 세대 뒤 대한민국 존립 기반을 허문 '붉은 깃발'이었다. 국제기구는 이를 '규제의 역설'이라 지칭한다.

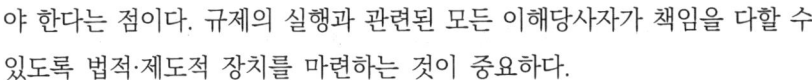

야 한다는 점이다. 규제의 실행과 관련된 모든 이해당사자가 책임을 다할 수 있도록 법적·제도적 장치를 마련하는 것이 중요하다.

셋째, 규제 영향 평가(RIA) 제도를 도입하여, 규제의 필요성과 효과성을 평가하는 시스템을 강화할 필요가 있다. 이를 통해 모든 신규 규제의 사회적·경제적 영향을 충분히 분석하고, 결과에 따른 정책을 수립하는 것이 중요하다.

결론적으로, 영국의 규제개혁은 단순한 규제 완화에서 벗어나, '적절한 규제'와 '책임성'을 원칙으로 한 규제 체계의 혁신을 목표로 한다. 한국은 이를 참고하여 규제개혁을 추진하고, 규제의 최소화와 동시에 그 효율성과 책임성을 동시에 고려하는 방향으로 나아가야 한다.

영국의 규제정책은 "국가가 모든 것을 통제하려 해선 안 되며, 필요한 경우에만 최소한의 개입을 한다"라는 철학에 기반한다. 중심에는 "국가의 신뢰는 과잉 규제가 아니라 책임 있는 규제 설계에서 온다"라는 공감대가 있다. 한국이 영국 사례에서 배울 점은 다음과 같다. ①규제 도입 시 사전 검증과 사후평가의 구조화, ②이해당사자 중심의 규제 설계 참여 확대, ③정부와 국회 내 독립 규제심사 및 조정 기구의 전문성 확보, ④'법에 없는 건 못한다'라는 사고에서 '위험을 관리하되 창의를 보장한다'라는 방향으로의 전환 등이다.

이러한 영국의 경험은 단순한 규제 축소가 아니라, 책임성과 투명성을 전제로 한 '규제의 스마트화'가 미래지향적 제도개혁의 핵심임을 일깨운다.

5 북유럽: 규제를 통한 신뢰 기반 사회 구축

덴마크, 스웨덴, 핀란드 등 북유럽 국가들은 규제를 단순한 통제 수단이 아닌 '신뢰의 기반'으로 활용한다. 이들 국가는 사회 전체의 이해관계자가 규제 설계 과정에 깊숙이 참여하고, 규제의 예측 가능성과 투명성을 제도적으로 보장함으로써 기업과 시민 모두가 규제를 공동의 사회계약으로 받아들이게 한다. 덴마크의 '비즈니스 임팩트 평가(Business Impact Assessment)', 스웨덴의 '합리적 규제(Rational Regulation)' 원칙 등은 정부의 일방적 규제가 아니라, 신뢰와 협력을 바탕으로 하는 규제정책의 모범이다. 특히, 북유럽은 디지털 전환, 친환경 전환 등 신산업 육성에서도 규제를 장벽이 아닌 동반자적 도구로 사용하여 선도적 위치를 점하고 있다.

(1) 북유럽 규제개혁의 주요 특징

북유럽 국가들의 규제개혁은 '신뢰 구축'이라는 핵심 가치를 중심으로 이루어졌다. 이들 국가는 규제를 기업과 시민들 간의 신뢰를 형성하는 중요한 도구로 보고 있으며, 이를 통해 사회적 합의와 협력의 기틀을 마련하고 있다. 특히, 북유럽 국가들은 규제의 투명성과 예측 가능성을 보장하기 위해 다양한 방식으로 이해관계자의 참여를 유도한다. 이러한 접근은 규제의 효율성을 높이는 한편, 공공의 신뢰를 얻는 데 중요한 역할을 한다. 또한, 규제의 설계 과정에서 사회적 합의가 이루어지므로, 일방적인 규제 강화보다는 협력적인 접근이 강조된다.

(2) 주요 규제혁신 법률 및 제도

북유럽 국가들은 규제의 효율성과 공정성을 높이기 위해 여러 혁신적인 법률과 제도를 도입하였다. 대표적인 예로는 덴마크의 '비즈니스 임팩트 평가(Business Impact Assessment)' 제도를 들 수 있다. 이 제도는 모든 신규 규제를 도입할 때, 규제가 비즈니스 환경에 미치는 영향을 체계적으로 평가하도록 요구한다. 이를 통해 규제의 실효성을 높이고, 비즈니스에 미치는 부정적인 영향을 최소화하는 방향으로 규제를 설계한다.

스웨덴은 '합리적 규제(Rational Regulation)' 원칙을 채택하여, 규제의 필요성과 효율성을 균형 있게 평가하고 있다. 이 원칙은 규제의 목적이 명확하고, 규제가 사회적 비용을 초과하는 이익을 창출할 수 있어야 한다는 점을 강조한다. 또한 핀란드는 '규제평가 및 감축 법령(Regulatory Evaluation and Reduction Act)'을 통해 규제의 과잉을 줄이고, 모든 규제의 실효성을 정기적으로 평가하는 시스템을 도입하였다. 이를 통해 규제의 효율성을 높이고, 민간 부문과의 협력을 강화하였다.

(3) 대표적 개혁 사례

북유럽 국가들은 규제를 단순한 통제 수단이 아니라, 협력과 신뢰의 기반으로 삼는 방식으로 여러 혁신적인 개혁을 이루어 냈다. 예를 들어, 덴마크는 '비즈니스 임팩트 평가(Business Impact Assessment)'를 통해 기업들이 새로운 규제의 영향을 예측할 수 있도록 하여, 불필요한 규제 장벽을 사전에 제거하는 시스템을 구축했다. 덴마크 정부는 모든 주요 규제에 대해 기업과의 협의를 통해 규제의 영향을 분석하고, 결과에 따라 규제를 조정하는 방식으로, 정부와 기업 간의 협력적인 관계를 강화했다.

스웨덴의 '합리적 규제(Rational Regulation)' 접근법도 주목할 만하다. 이 원칙은 각 규제가 실제로 필요한지를 평가하고, 필요한 규제는 최소한으로 설정하는 방식이다. 스웨덴은 규제의 효과를 최대화하면서도 사회적 비용을 최소화하는 방안을 도입하였다. 또한 핀란드의 규제평가 및 감축 법령은 모든 새로운 규제를 도입하기 전에 규제가 실제로 필요하고, 사회적, 경제적 효과를 고려하는 시스템을 마련했다.

(4) 북유럽 규제혁신의 제도적 과제와 교훈

북유럽의 규제혁신에서 얻을 수 있는 주요 교훈은 '규제는 신뢰를 구축하는 도구'라는 점이다. 기업과 시민들 간의 신뢰를 바탕으로 규제를 설계하고, 이들을 규제 설계 과정에 참여시키는 방식은 규제의 효과성을 높일 수 있다. 그러나 이러한 접근이 성공하기 위해서는 규제 설계 과정에서의 투명성과 예측 가능성 확보가 필수적이다. 또한, 규제의 실효성을 지속해서 평가하고 조정하는 시스템이 필요하다. 북유럽 국가들은 규제의 과잉을 줄이고, 불필요한 규제를 철폐하는 한편, 필요한 규제는 철저히 평가하여 이를 강화하는 방식으로 규제를 효율적으로 관리하고 있다.

또한, 디지털 전환과 친환경 전환 등의 신산업 육성에서도 규제는 장벽이 아닌 동반자적 도구로 사용되어야 한다는 교훈을 얻을 수 있다. 규제는 혁신을 촉진하고, 신산업의 발전을 도울 수 있는 중요한 수단으로 활용될 수 있다.

(5) 한국에의 시사점

북유럽의 규제혁신에서 얻을 수 있는 시사점은 첫째, 규제 설계 과정에서 이해관계자의 참여를 유도하고, 규제의 투명성과 예측 가능성을 보장하는 시스템을 마련해야 한다는 점이다. 한국은 규제의 효율성을 높이기 위해 규제 설계 초기부터 기업과 시민들의 의견을 반영하고, 이를 바탕으로 규제의 실효성을 지속해서 평가할 필요가 있다.

둘째, 규제는 단순한 통제 수단이 아니라, 사회적 신뢰를 구축하는 중요한 도구로 활용되어야 한다는 점이다. 한국도 규제를 기업과 시민 간의 협력적인 관계를 구축하는 데 활용하며, 신뢰를 바탕으로 규제를 운영하는 접근이 필요하다.

셋째, 디지털 전환과 친환경 전환 등 신산업을 육성하는 과정에서 규제를 장벽이 아닌 동반자적 도구로 사용하는 것이 중요하다. 한국 역시 혁신적인 신산업 육성을 위한 규제모델을 도입하여, 규제가 산업 발전의 촉진제가 되도록 할 필요가 있다.

결론적으로, 북유럽 국가들은 규제를 단순한 통제 수단이 아닌, 신뢰를 구축하는 도구로 활용하며, 이를 통해 사회적 협력과 기업의 자율성을 촉진하는 방향으로 나아가고 있다. 한국은 북유럽의 이러한 모델을 참조하여, 규제를 효율적으로 관리하고 혁신을 촉진하는 방안을 모색해야 한다.

6 일본: 장기침체와 규제개혁의 교훈

일본은 1990년대 초반 경제 버블이 붕괴된 이후, 장기적인 경제 침체에 직면하며 규제개혁을 주요 성장 전략으로 채택하였다. 특히, 2000년대에 접어들면서 일본 정부는 규제 완화와 철폐를 통해 경제 활성화를 도모했으며, 이 과정에서 여러 법률과 제도가 도입되었다. 일본의 규제개혁은 '성장 전략'의 일환으로 이루어졌으며, 이는 일본 경제의 국제 경쟁력을 강화하고, 혁신을 촉진하는 중요한 계기가 되었다. 그러나 이러한 개혁은 정치적 리더십과 관료주의적 성향으로 인해 일부 제한적인 성과를 거두었고, 효과는 예기치 않게 나타난 경우가 많았다. 과거 아베 신조 총리는 '성장 전략의 일환으로서의 규제개혁'을 표방하며 국가전략특구와 규제샌드박스 제도를 도입했으나, 이러한 제도가 실제 경제성장으로 이어졌는지에 대한 평가에는 논란이 존재한다.

(1) 일본 규제개혁의 주요 특징

　일본의 규제개혁은 두 가지 주요 특징을 보인다. 첫째, 규제철폐 및 완화에 중점을 두었다. 일본 정부는 1990년대 후반부터 각종 산업에서 규제 완화 및 철폐를 추진하며 경제 활성화를 목표로 했다. 특히, 금융, 유통, 의료, 교육 분야에서 규제를 철폐하거나 완화하는 정책이 이루어졌고, 이는 일본 경제의 재도약을 위한 중요한 전환점을 형성했다. 둘째, 지역 경제 혁신을 위한 특구 제도와 규제샌드박스 제도를 도입하였다. 이는 특정 지역에서 규제를 실험하고 혁신적인 사업모델을 테스트할 기회를 제공하여 지역 경제 발전과 산업 혁신을 촉진하는 중요한 정책이었다.

　그러함에도 불구하고 일본의 규제개혁은 정치적 리더십 부족과 일부 산업 기득권의 보호라는 문제에 직면했다. 특히, 규제 완화가 특정 산업의 기득권을 보호하는 데 그쳤으며, 일관성 없이 진행된 정책이 경제성장에 한계를 가져온 측면도 있었다.

(2) 주요 규제혁신 법률 및 제도

　일본의 규제개혁에서 중요한 법률과 제도는 다음과 같다. '규제개혁위원회(Regulatory Reform Council)'는 1999년 설립되어 일본 정부 내 각종 규제를 점검하고 불필요한 규제를 제거하는 일을 담당하였다. 이 위원회는 정부가 규제개혁을 추진하는 과정에서 중요한 역할을 하였고, 특히 대기업의 기득권을 보호하는 규제를 철폐하는 데 기여했다. 또한, '행정개혁회의(Administrative Reform Council)'는 공공부문 개혁을 위한 정책을 제시하며, 정부의 효율성을 높이기 위해 각종 규제의 정비를 추진하였다.

　2000년대에는 '특구 제도(Special Zone System)'가 도입되어, 특정 지역에서 규제를 완화하고, 새로운 사업모델을 시험할 수 있도록 했다. 예를 들어, 오사카 특구에서는 의료 서비스의 규제를 완화하여 혁신적인 의료기술과

서비스를 실험할 수 있는 환경을 만들었다.

또한, '규제샌드박스(Regulatory Sandbox)' 제도는 2018년 '생산성향상 특별조치법'에 따라 도입되었으며, 이를 통해 기업들이 규제를 일부 면제받고 새로운 기술을 시험할 수 있는 환경을 제공했다. 이 제도는 특히 혁신적인 스타트업과 기업들이 실험을 통해 새로운 서비스를 상용화할 기회를 제공하고자 하는 목적을 가지고 있었다.

일본 : 의원입법 비중이 낮음 → 내각·정당간 역할·조정 명확

❶ 의원내각제를 채택하여 법률안 제출권은 **내각과 의원**(20인)에 배분되어 있으나 **입법과정에서 정부의 역할**이 매우 큼
  - '16~'19년 법률안 가결/발의 현황(건) : (정부) 280/300, **(의회) 88/617**
  - 법률안 가결률, 국정상 중요도에서 **내각제출 법률안**˚이 의원제출 법률안을 **압도**
    * 정부정책(규제 및 규제완화 정책 등)은 대부분 내각입법 형태로 규정

❷ **여당**은 내각과 협의하여 주로 **내각** 명의로 **법률안을 제출**하고 있어 **의원제출법률안은** 주로 **야당의원들이 제출**
  * 정부와 여당 사이에 「의원입법조정팀」이 설치되어 실질적으로 의원입법 심사
  - 의원입법안은 공식적인 입법 절차(의원 20인 이상 찬성) 이외에 **정당 승인을 받도록 하는 기관승인**˚ **관행**이 존재
    * 의원이 법률안 제출시 사전에 당3역(간사장·총무회장·정무조사회장)과 국회대책위원장의 승인을 얻지 못하면 중의원 사무국이 수리하지 않는 것
  - 의회에는 美 의회를 모델로 **입법보조기관을 설치**하고 있으나 법률안 규제검토가 중점이 아닌 **단순 입법적 보좌 역할만** 담당
    * 의원법제국, 위원회조사국, 국립국회도서관 등 설치

❸ 정당내 실질적인 **입법통제**로 의원입법 **가결건수가 저조**하여 의원입법 **규제심사 및 입법평가 필요성 논의가 많지 않음**
  * '16~'19년 의원입법안(88건) 가결률은 전체 가결법률(총368건)의 24%에 불과

(3) 대표적 개혁 사례

일본의 규제개혁에서 대표적인 사례는 '특구 제도'와 '규제샌드박스' 제도이다. 특구 제도는 특정 지역을 지정하여 규제를 완화하고 새로운 사업모델을 실험할 기회를 제공하는 제도였다. 예를 들어, 오사카 특구는 의료와 유통 분야에서 규제를 완화하여, 혁신적인 서비스와 기술을 시험할 수 있는 환경을 만들었으며, 이는 지역 경제의 활성화에 이바지했다.

규제샌드박스 제도는 2018년에 도입되어, 스타트업과 기업들이 새로운 기술을 시험할 수 있도록 일정 기간 기존 규제를 면제하거나 유예하는 방식이다. 이 제도는 특히 핀테크(FinTech) 및 헬스케어 분야에서 큰 주목을 받았으며, 일본의 디지털 혁신을 촉진하는 중요한 요소로 작용했다.

(4) 일본 규제혁신의 제도적 과제와 교훈

일본의 규제개혁에서의 주요 과제는 정치적 리더십의 부재와 관료주의적 접근이다. 일본 정부는 규제개혁을 추진하면서도 정치적 리더십이 부족해 정책의 일관성이 없었고, 규제개혁이 특정 산업의 기득권을 보호하는 데 그쳤다. 예를 들어, 규제 완화가 대기업들의 시장지배력을 강화하는 데만 집중된 결과, 중소기업과 새로운 산업에 대한 지원은 미흡했다.

또한, 규제개혁 과정에서의 정치적 의지 부족은 일본이 규제개혁을 일관되게 추진하지 못하게 한 중요한 원인 중 하나이다. 과거 아베 신조 총리는 규제개혁을 경제성장 전략의 핵심으로 내세웠지만, 규제개혁이 실질적인 경제성장으로 이어지지 않거나 선언적인 성격에 그친 경우가 많았다. 이와 같은 한계는 일본 규제개혁의 성과가 제한적인 이유로 지적되고 있다.

(5) 한국에의 시사점

일본의 규제개혁에서 얻을 수 있는 시사점은 정치적 리더십의 중요성이다. 규제개혁을 성공적으로 추진하려면 정부의 강력한 정치적 의지와 리더십이 필요하다. 한국도 규제개혁을 추진하면서 정치적 리더십을 강화하고, 이를 지속해서 추진할 수 있는 환경을 마련해야 한다.

둘째, 규제의 일관성이 중요하다. 일본은 규제개혁이 일관되지 않게 진행되어 효과가 제한적이었다. 한국은 규제개혁을 추진할 때 일관된 방향을 유지하며, 장기적인 경제성장과 혁신을 촉진할 수 있는 정책을 설계해야 한다.

셋째, 지역 단위의 규제 실험을 통해 혁신적인 모델을 시험하는 것이 중요하다. 일본의 특구 제도처럼, 한국도 특정 지역에서 규제 실험을 통해 지역 경제와 산업을 혁신적으로 발전시킬 기회를 제공할 필요가 있다.

결론적으로, 일본의 규제개혁은 정치적 리더십과 일관성을 강조하며, 장기적인 성장 전략으로서의 규제개혁 추진이 필요하다. 한국은 일본의 경험을 타산지석 함을 바탕으로 정치적 리더십을 강화하고, 규제개혁의 실질적 효과를 높이는 방향으로 나아가야 한다.

7 싱가포르: 초국가적 민첩성을 가진 전략형 규제

(1) 싱가포르 규제개혁의 주요 특징

싱가포르는 단지 행정 효율성을 확보한 국가가 아니다. 이 국가는 '규제를 줄이는 나라'가 아니라 '규제를 설계하는 나라'로 정의될 수 있으며, 이는 규제를 일종의 국가 전략 도구로 간주하는 접근 방식에서 비롯된다. 싱가포르는 1965년 독립 이후부터 철저한 법치주의와 성과 중심 행정을 바탕으로 규제를 단순한 절차가 아닌 경제·산업·사회의 전략적 동인으로 활용해 왔다. 특히 아시아 금융위기 이후, 글로벌 투자유치 경쟁에서 생존하기 위해 정부는 규제의 존재 자체보다 구조와 실행의 민첩성에 집중하였다. 결과적으로 싱가포르는 세계은행의 기업환경 평가(Doing Business Index)에서 2007년부터 2020년까지 13년 연속 세계 1위를 기록하였고, 이는 단순한 행정 편의가 아니라 고도로 설계된 규제 프레임워크의 결과였다.

이러한 민첩성과 전략성의 핵심은 규제의 '선설계-후시행' 시스템에 있다. 규제는 도입 이전에 민관 공동 검토를 거치고, 법제적 실행 가능성과 기술적 수용성, 시장 반응까지 시뮬레이션하여 정교하게 설계된다. 예컨대, 각종 인허가나 기업 설립 절차는 단일 창구(One-Stop Shop) 시스템인 Business.gov.sg에서 처리되며, 평균 법인 설립 소요 시간은 1일, 건축 인허가는 3일 이내에 완료된다. 이러한 시간 단축은 전면적인 디지털화, 규제영향평가 의무화, 부처 간 정보 연계 시스템의 조화를 전제로 한다. 특히 행정 시스템의 API 기반 설계는 민간 서비스와의 통합을 가능케 하여, 규제 절차가 기업의 경영 시스템과 실시간으로 연동되는 구조를 만든다.

중앙정부의 역할 또한 강력하다. 국무총리실 직속의 스마트국가청(Smart Nation and Digital Government Office), 통상산업부(MTI), 정보통신개발청

(IMDA) 등은 각 부처의 규제 신설 및 정비를 수시로 모니터링하며, 필요시 산업별 태스크포스를 구성해 즉각적인 조정과 개선을 시행한다. 이러한 수직적 구조는 부처 간 조율을 장기간 토론이나 정치적 타협에 맡기는 방식과 근본적으로 다르며, 실행 중심의 민첩성을 확보하는 핵심적 요인이 된다.

(2) 싱가포르 주요 규제혁신 법률 및 제도

싱가포르의 규제혁신은 헌법이나 기본법 수준의 제도 설계보다, 실행 중심의 법률과 정책 장치에 초점이 맞춰져 있다. 그중 Business Licensing Act(BLA)는 국가 전반의 인허가 체계를 단일 전자 시스템에 통합한 대표적인 사례다. 이 법에 따라 각 부처는 자율적으로 규제 목록을 작성하고, 주기적으로 갱신 및 삭제 여부를 검토해야 한다. 이에 따라 일몰제와 같은 규제 종료 메커니즘이 제도화되었으며, 불필요한 규제가 자동으로 정리되는 생태계가 구축되었다.

또한 싱가포르는 혁신산업과 미래 기술 분야를 대상으로 Regulatory Sandbox Framework를 운용한다. 이 제도는 핀테크, 인공지능, 유전자 편집, 자율주행 등 고위험-고기회 분야에 대해 규제 유예를 허용하고, 일정 기간 내 기술성과 및 시장 반응을 평가하여 정식 제도화 여부를 결정하는 방식이다. 이는 단순한 규제 유보가 아닌 실험 기반 법제화 체계로, '적응형 규제'(adaptive regulation)의 모범이라 할 수 있다.

이 외에도 Smart Nation and Digital Government Act는 전자정부 기반의 규제행정 전환을 법적으로 제도화한 규범이며, Pro-Enterprise Panel(PEP) 제도는 민간의 규제개선 요청을 제도적으로 수용하는 메커니즘이다. PEP는 민간 기업이 문제를 제기하면 90일 이내에 담당 부처가 답변과 조치 계획을 회신해야 하며, 이러한 제도는 규제 개선의 사후적 정당성을 확보하는 한편, 공공의 책무성을 강화하는 기능을 수행한다.

(3) 싱가포르 대표적 개혁 사례

가장 널리 알려진 개혁 사례는 MAS(싱가포르 금융통화청)가 주도한 '핀테크 규제 샌드박스'이다. 2016년 세계 최초로 도입된 이 제도는 금융서비스 산업의 기술 실험을 제도 바깥에서 허용하고, 위험성과 효과를 평가한 후 정식 금융 규제 체계에 흡수하거나 중단하는 구조로 설계되었다. 이후 수십 건의 파일럿 사업이 이 샌드박스를 통해 통과되었고, 싱가포르는 아시아의 핀테크 허브로 부상하였다.

또 다른 성공 사례로는 'CORENET (Construction and Real Estate Network, Building and Construction Authority 운영)의 건축 인허가 자동화 시스템'이 있다. 이는 설계부터 준공까지의 모든 단계가 BIM(Building Information Modelling)을 통해 디지털화되어, 민간 건축사와 정부 기관 간의 모든 커뮤니케이션이 실시간 온라인으로 이루어지며, 과거 수개월 걸리던 인허가 절차가 몇 주 이내로 단축되었다. 이는 한국의 건축행정정보시스템과 비교해 기술적 진보와 행정통합 측면에서 큰 격차를 보여준다.

또한 '규제 녹색등(Green Lane) 제도'는 정부가 민간기업의 진입을 유도하기 위해 사전규제 가이드라인을 제시하고, 규제 유예 또는 간소화 절차를 자동화하는 방식이다. 자율주행, 스마트 모빌리티, 드론 물류 시스템 등에서 활용되고 있으며, 규제 장벽이 아닌 '규제 안내'가 시장 형성의 도구가 되는 전환적 사례다.

(4) 싱가포르 규제혁신의 제도적 과제와 교훈

그러나 싱가포르 모델은 완전무결하지 않다. 첫째, 규제설계의 투명성 측면에서 일부 문제가 존재한다. 예컨대 공표되지 않은 가이드라인이나 행정지도가 사실상 규제 기능을 수행하는 경우가 있어, 예측 가능성과 법적 확실성의 측면에서 개선이 요구된다. 둘째, 시민참여의 폭이 제한적이다. 국회 권한이 제한된 정치 구조 아래에서 규제 결정이 행정부 내 논의만으로 마무리되며, 공청회나 사회적 대화 장치는 형식적으로 운영되는 경우가 많다. 이는 규제의 사회적 정당성을 확보하는 데 한계를 가진다. 셋째, 지나치게 성과 중심의 접근은 규제가 공공성보다 민간의 단기 효율성에 편중될 수 있다는 문제를 낳는다. 예컨대 일부 기술 규제에서 윤리적 기준이나 사회적 리스크에 대한 고려가 부족하다는 비판이 제기된 바 있으며, 이는 한국처럼 시민사회 기반이 강한 국가에서 그대로 도입되기 어려운 구조다.

(5) 한국에의 시사점

싱가포르 사례는 한국이 당면한 규제개혁의 난점을 해결하는 데 있어 다음과 같은 함의를 제공한다. 첫째, 규제 행정의 디지털 전환은 단순한 전산화가 아니라 정부-민간 간 실시간 정보 연동 구조로 구축되어야 한다. 현재 한국은 행정망과 민간 플랫폼 간 연계가 거의 없으며, API를 활용한 규제정보 통합 시스템도 미비하다. 둘째, 규제 설계 단계에서부터 민관이 공동 시뮬레이션하고 입법 가능성을 판단하는 사전입법평가 체계가 정착되어야 한다. 이는 단순히 규제샌드박스나 네거티브 규제방식이 아닌, 규제의 전 생애주기(Life cycle)를 설계 대상으로 포함하는 시각이 필요함을 뜻한다. 셋째, 규제개혁의 실행력을 높이기 위해서는 총괄 컨트롤타워의 실질적 권한과 조정 기능이 강화돼야 한다. 한국은 규제 입법 및 심사, 입법 평가, 영향 분석이 부처와 총리실, 국회 등으로 분산되어 있어, 정책 간 충돌을 조정하고 중재하여 전략을 통합할 국가적 기구의 부재가 치명적인 한계다. 넷째, 규제 신설·유지 시 발생하는 비용과 편익을 정량화할 수 있는 체계를 개발해야 한다. 싱가포르는 각 규제의 유지 비용과 사회적 기회비용을 수치화하여 평가하며, 이를 규제 유지 여부의 판단 기준으로 활용한다.

마지막으로, 한국은 전략산업에 대한 **'선제적 규제설계 모델'**을 구축해야 한다. 반도체, 바이오, 인공지능, 그린에너지 등 고위험 고수익 산업에 대해서는 규제가 단순한 제약이 아니라 명확한 활동 가이드라인이 되어야 하며, 이를 위해 정부와 산업계 간 상시적 규제설계 협의체가 필요하다. 싱가포르의 규제개혁은 이러한 선제적 설계와 민관 협력의 정밀한 실행을 통해 가능했으며, 이는 한국이 『대한규제혁신민국』으로 나아가기 위한 핵심적 교훈이다.

8 글로벌 스탠다드와 한국의 위치

국제기구 및 주요 글로벌 기관들은 규제의 질을 국가경쟁력의 핵심 요소로 평가하고 있다. OECD, 세계은행(World Bank), 세계경제포럼(WEF) 등은 규제시스템이 국가 경제의 효율성, 기업환경, 혁신 촉진에 어떻게 기여하는지에 대한 중요한 기준을 제시한다. 이들 기관은 규제의 투명성, 예측 가능성, 비례성, 비용 효과성 등을 주요 지표로 삼고 있으며, 한국은 이들 기준에 따라 여전히 개선의 여지가 많은 국가로 평가되고 있다.

(1) OECD 규제정책지수(RPMI) 평가

OECD는 매년 규제정책지수(RPMI)를 통해 회원국들의 규제시스템을 평가한다. 한국은 이 평가에서 규제영향분석의 활용성, 이해관계자 참여, 사후평가 측면에서 낮은 점수를 받았다. 구체적으로, 규제영향분석의 실효성 부족과 이해관계자 참여의 미비가 지적되었으며, 이는 규제의 예측 가능성 및 비례성 측면에서 한국의 경쟁력을 약화시키는 주요 요인으로 평가된다. 규제정책의 투명성이 충분히 확보되지 않거나, 규제의 적절성을 사후적으로 점검하는 체계가 미비하다는 점에서 개선이 필요하다는 지적이 지속해서 제기되고 있다.

(2) 세계은행의 기업환경 평가

세계은행(World Bank)의 기업환경평가(Doing Business Report)는 190여 개국을 대상으로 평가하며, 특히 인허가 소요 시간과 규제의 일관성이 중요한 지표로 활용된다. 한국은 종합 순위에서 Global Top 5로서 상위권에 위치하지만, 인허가 소요 시간과 규제의 일관성에 있어 여전히 개선의 여지가 있다. 인허가 과정에서의 복잡한 절차와 장기화하는 시간은 기업들이 신속하게 사업을 시작하고 확장하는 데 걸림돌이 되고 있다. 또한, 규제의 일관성 부족으로 인해 규제가 자주 변경되거나 일관되지 않게 적용되는 문제가 지속적으로 발생하고 있다. 이는 특히 중소기업과 스타트업들에게 더 큰 부담으로 작용하며, 혁신적인 기업 활동을 저해하는 요소로 작용하고 있다.

[표 9] 10대 지표별 평가결과[59]

부문	세부지표	우리나라 '19	뉴질랜드	미국	독일	일본	중국
	종합순위	5위	1위	6위	22위	29위	31위
❶창업	부문순위	33	1	55	125	106	27
	절차(수)	3	1	6	9	8	4
	시간(일)	8	0.5	4	8	11	9
	비용/1인당 GNI(%)	14.6	0.2	1.0	6.5	7.5	1.1
	최저자본금/1인당 GNI(%)	0.0	0.0	0.0	29.8	0.0	0.0
❷건축인허가	부문순위	12	7	24	30	18	33
	절차(수)	10	11	16	9	12	18
	시간(일)	27.5	93	81	126	108	111
	비용/창고가치(%)	4.4	2.2	0.7	1.1	0.5	2.8
	건축물안전관리 지수(0-15)	12	15.0	12.4	9.5	13.0	15.0
❸전기공급	부문순위	2	48	64	5	14	12
	절차(수)	3	5	5	3	2	2
	시간(일)	13	58	90	28	81	32
	비용/1인당 GNI(%)	34.3	67.9	21.7	37.0	0.0	0.0
	공급 신뢰도 및 요금투명성지수(8점)	8	7	7	8	8	7
❹재산권등록	부문순위	40	2	39	76	43	28
	절차(수)	7	2	4	6	6	4
	시간(일)	5.5	3.5	15	52	13	9
	비용/자산가격(%)	5.1	0.1	2.4	6.6	5.3	4.6
	토지행정 절차 효율성	27.5	26.5	17.6	23.0	25.5	24.0
❺자금조달	부문순위	67	1	4	48	94	80
	법적권리지수(12점)	5	12	11	6	5	4
	신용정보지수(8점)	8	8	8	8	6	8

부문	세부지표	우리나라 '19	뉴질랜드	미국	독일	일본	중국
	종합순위	5위	1위	6위	22위	29위	31위
❻소액투자자보호	부문순위	25	3	36	61	57	28
	이해상충거래규제 지수(10점)	7.3	9.3	8.3	5	7	6.3
	주주보호 지수(10점)	5	5	3.6	5.3	3.7	5.7
❼세금납부	부문순위	21	9	25	46	51	105
	연간 납부횟수	12	7	11	9	19	7
	연간 납부소요시간	174	140	175	218	129	138
	실효세율(%)	33.2	34.6	36.6	48.8	46.7	59.2
	사후정정지수(100점)	93.9	96.9	94.0	97.7	95.2	50.0
❽통관행정	부문순위	36	63	39	42	57	56
	수출 시간(시간)	14	40	4	37	29	30
	수출 비용($)	196	404	235	390	326	330
	수입 시간(시간)	7	26	10	1	43	49
	수입 비용($)	342	447	275	0	422	318
❾법적분쟁해결	부문순위	2	23	17	13	50	5
	시간(일)	290	216	444	499	360	496
	비용/소송가액(%)	12.7	27.2	30.5	14.4	23.4	16.2
	사법절차의 효율성 지수(18점)	14.5	9.5	14.6	12.5	7.5	16.5
❿퇴출	부문순위	11	36	2	4	3	51
	소요시간(년)	1.5	1.3	1.0	1.2	0.6	1.7
	비용/기업자산(%)	3.5	3.5	10.0	8.0	4.2	22.0
	채권 회수율(%)	84.3	79.7	81.0	79.8	92.1	36.9
	도산절차의 합리성(16점)	12.0	8.5	15.0	15.0	13.0	13.5

---

59) 자료출처: 기획재정부 보도자료(2019.10.24.)
　　https://eiec.kdi.re.kr/policy/materialView.do?num=193653

(3) 세계경제포럼(WEF)의 경쟁력 평가

세계경제포럼(WEF)은 매년 경쟁력 보고서를 통해 각국의 경제 경쟁력을 평가하며, 규제의 질을 비즈니스 환경의 핵심 요소로 포함한다. 한국은 WEF의 경쟁력 평가에서 법과 제도의 질과 정부 효율성 측면에서 중상위권을 기록하였다. 하지만 정부의 규제 대응 능력과 공공부문의 효율성에서는 여전히 부족하다는 평가를 받았다. 규제 체계에서 정부의 유연성 부족과 지속 가능한 혁신을 위한 규제 환경 부족이 주요 문제로 지적되었으며, 기업들이 새로운 기술이나 모델을 시도할 때 규제가 과도하게 제약을 두고 있다는 평가를 받았다.

(4) 2025년 한국 규제개혁 현황

2025년 현재, 한국은 국무총리실을 중심으로 다부처가 협력하여 규제개혁을 진행하고 있으며, 특히 디지털 경제와 친환경 산업 등 신산업 육성을 위한 규제혁신이 주요한 과제로 떠오르고 있다. 그러나 규제샌드박스와 특구 제도 등의 신산업 분야 규제 완화 시도가 현실에서 제대로 기능하지 못하는 경우가 많다. 정부의 규제샌드박스는 시범 프로젝트에 그치고, 장기적인 실효성에 대한 검토와 효율성을 측정하는 체계적인 접근이 부족하다는 비판이 있다. 아울러 글로벌 스탠다드와는 다르게 해외에서는 되는데 우리나라에서만 철저히 규제 중인 갈라파고스 법령이나 제도가 있는 것도 사실이다.

(5) 입법 보좌체계의 구조적 문제

규제의 양산과 질적 저하 문제는 국회의 입법 지원 체계와도 연결된다. 현재 국회에는 법제실(78명), 입법조사처(126명), 예산정책처(138명) 등 총 300여 명의 보좌 인력이 존재하나, 규제 입법에 대한 사전적 심사와 사후평가 기능은 체계화되어 있지 않다. 법제실은 주로 의원 요청에 따른 입안 및 검토 기능을 수행하며, 입법조사처는 조사분석 중심, 예산정책처는 재정 분석에 특화되어 있으나, 통합적 규제 영향 분석과 규제 간 충돌 평가, 입법 사전 심사 기능은 사실상 공백 상태다.

대한민국 국회 입법 보좌기관 현황

1. 국회 사무처 법제실

① 조직 및 인원
- 10개과* 구성, 법제실장 포함 **현원 78명**
  * 법제총괄과(10명), 사법법제과(6명), 행정법제과(7명), 교육과학기술문화법제과(8명), 복지여성법제과(8명), 정무환경법제과(8명), 재정법제과(7명), 산업농림해양법제과(7명), 국토교통법제과(7명), 법제연구분석과(7명)

② 주요 기능
- 국회의원·위원회가 요청한 법률안 입안 및 검토
- 대통령·총리령·부령에 대한 분석 평가
- 국내외 법제에 관한 연구
- 그 밖의 국회의원 법제활동에 관한 지원

2. 국회입법조사처*
  * 국회법 제22조3 및 국회입법조사처법에 근거 '07년 설립

① 조직 및 인원
- 3실* 12팀 구성, **정원 126명**
  * 정치행정조사실(4팀), 경제산업조사실(4팀), 사회문화조사실(4팀)

② 주요 기능
- 국회 위원회 또는 국회의원이 요구하는 사항의 조사·분석 및 회답
- 입법 및 정책 관련 조사·연구 및 정보 제공
- 외국의 입법 동향의 분석 및 정보 제공

> 3. 국회예산정책처('03년 설립)
>
> ① 조직 및 인원
> - 2실 1국 17과* 구성, 정원 138명
>   * 예산분석실(7과), 추계세제분석실(6과), 경제분석국(4과)
>
> ② 주요 기능
> - 국회 예산결산·기금 및 재정운용과 관련 사항 연구 분석·평가 및 의정활동 지원

(6) 규제개혁을 위한 시사점

한국은 글로벌 경쟁에서 우위를 점하기 위해서는 규제의 투명성과 예측 가능성을 강화하고, 이해관계자 참여를 통한 상호 합의 기반의 규제개혁을 추진해야 한다. 또한, 규제의 비례성과 비용 효과성을 중시하는 방향으로 나아가야 하며, 이를 통해 경제적 효율성을 극대화하고, 글로벌 경쟁력 있는 비즈니스 환경을 만들어 가는 것이 중요하다. 특히 디지털 경제와 친환경 산업 등 새로운 산업 영역에 맞는 규제개혁이 필수적이며, 이를 위해 산업별 특화된 규제와 장기적인 지속가능성을 고려한 정책이 필요하다.

결론적으로, 한국은 글로벌 스탠다드에 근접하는 방향으로 나아가야 하며, 규제개혁의 실효성을 높이기 위한 제도적 뒷받침과 정책 일관성이 더욱 중요해졌다.

(7) '한국판 페레스트로이카'의 요청과 글로벌 위치의 재정립

지금의 한국은 국민이 혁신의 주체로 나서야만 하는 '정부 실패의 시대'를 통과하고 있다. 반복되는 행정 실패, 시스템 오류, 민관 협력의 부재는 단지 일시적 문제가 아니라 구조적 병리다. 2023년 세계잼버리 운영 실패는 이를

상징적으로 보여주는 사건이며, 이는 정부 시스템 전반의 리셋을 요구하는 국가적 경고음이다. 정부는 더 이상 '노를 젓는 조직'이 아니라 '방향을 설정하는 조정자'가 되어야 하며, 정책 설계와 집행에 있어 주도권은 국민에게 이전되어야 한다. 이는 단순한 참여를 넘어, 규제 설계자, 정책 감시자, 정부 개조자로서의 국민의 역할을 제도화해야 함을 뜻한다. 지금은 '한국판 뉴딜'이 아니라 **'한국판 페레스트로이카'**가 필요한 시점이다. **'한국판 페레스트로이카'**는 이러한 요구의 총합이며, 지금, 이 순간부터 대한민국의 미래 방향성을 재설정하는 새로운 규범적 선언이어야 한다.

제3부의 논의 ✔ 국제 사례는 규제혁신이 단순한 규제 완화나 철폐가 아니라, 사회적 신뢰, 경제적 유연성, 정책의 일관성을 아우르는 종합적 개혁임을 시사한다. 대한민국 역시 이 흐름에 능동적으로 합류해야 한다. 이제는 '규제 선진국'으로 도약하기 위한 **'한국판 페레스트로이카'**로서 전략적 전환이 필요한 시점이다.

국가	개혁 접근법	주요 전략	한국에 주는 시사점
미국	시장 중심 규제 완화	민간 자율, 경쟁 유도	과도한 국가 개입 최소화
독일	사회적 합의 기반 조정	노사·정부 삼자 협의, 규칙의 예측 가능성	제도적 신뢰 구축
프랑스	국가 책임 분산과 공공적 조정	Debat Public, 간접규제, 행정 간소화	규제의 사회적 수용성 확보
영국	책임성과 최소 개입의 조화	스마트규제, 사전·사후 영향평가제도, 샌드박스	규제 설계의 투명성과 책임성 확보
북유럽	신뢰와 투명성 기반	자율규제, 시민참여, 정책실험	시민과 정부 간 신뢰 구축 선행
일본	관료 주도 점진적 개혁	규제샌드박스, 행정의 단계적 유연화	규제개혁의 리더십을 통한 실행력 확보
싱가포르	전략 설계 중심의 민첩한 행정	선제 설계, 전자정부 기반 통합행정, 규제 녹색등, 민관 공동협업 시뮬레이션 체계	디지털 통합 컨트롤타워 기반 선제적 규제개혁 시스템

대한규제혁신민국

국민이 설계하는
새로운 민주국가

4부

대한민국 규제혁신의 방향과 2.0 전략

"국민이 깨어나야 규제가 깨어난다. 국민이 설계자가 될 때,
진짜 민주주의가 시작된다."
- 『대한규제혁신민국』

한국판 페레스트로이카의 시대적 요청
- 정부 실패의 시대, 국민이 혁신의 주체가 되어야 한다.

대한민국은 지금 규제개혁의 패러다임을 전면적으로 재설계해야 하는 구조적 전환의 문턱에 서 있다. 기존의 시혜적·관리형 정부 체계는 반복되는 정책 실패와 신뢰 붕괴로 인해 국민적 정당성을 잃었고, 점증하는 사회 갈등과 복지 불만, 저성장과 고비용 구조 속에서 더 이상 지속 가능하지 않다는 한계를 드러내고 있다.

그동안의 규제개혁 1.0은 사후 규제 정비 중심의 미세조정 접근에 머물렀다. 그러나 그것으로는 규제국가의 본질적 병목을 해결할 수 없으며, 오히려 관료조직의 자율성 상실, 책임성 결여, 국민과의 거리 확대를 심화시켜 왔다. 이제는 행정의 외곽만을 부분적으로 다듬는 '개선'이 아니라, 입법·행정·사법 전반의 중심 구조를 근본적으로 재구성하는 '개조'가 필요한 시점이다. 이는 단순한 정부 개혁을 넘어, 대한민국의 국가와 사회 운영 방식 전반을 재설계하는 '한국판 페레스트로이카'로 나아가는 일이다.

이러한 전환을 실현하기 위해서는 첫째, 국민 참여 기반의 규제 거버넌스 전환, 둘째, 정치와 관료조직의 책임성과 투명성 강화, 셋째, 시민사회와의 조정·협력 메커니즘 제도화, 넷째, 복지국가와 규제국가의 통합적 재설계, 다섯째, 시민사회 기반의 규제 감시체계 구축 및 확산이라는 다섯 축이 함께 구축되어야 한다.

이제 규제개혁은 더 이상 정책 도구가 아니라 헌정질서와 시민권의 재구성 작업이다. 국민은 감시자의 역할을 넘어, 정책의 설계자이자 시스템의 통제자로 나서야 한다. 정치는 충돌의 조정자 역할로 복귀해야 하고, 행정은 수동적 통제자에서 적극적 촉진자로 전환해야 한다. 글로벌 기준에 부합하는 규제는 국가경쟁력의 기본 언어다. 한국은 이제 '규제 후진국'의 낙인을 벗고, 글로벌 스탠다드의 설계자가 되어야 한다.

이러한 시대적 요청 속에서 제4부는 대한민국 규제개혁의 실패를 냉정히 분석하고, '국민 주도형 규제개혁 2.0 전략'의 5대 축을 중심으로 제도적 전환의 청사진을 제시하고자 한다. 여기에는 단기적 규제 완화가 아니라, 국민주권에 기초한 지속 가능한 혁신 구조의 구축이 핵심 과제로 자리한다.

대한규제혁신민국_국민이 설계하는 새로운 민주국가

1 규제개혁 1.0 : 지금까지의 노력에 대한 반성과 한계

지난 수십 년간 대한민국은 '규제개혁'을 정부혁신의 핵심과제로 설정해 왔다. 1998년 김대중 정부의 규제개혁위원회 설치 이후, 역대 정부는 규제 총량 감축, 원샷 규제 정비, 규제 샌드박스, 포괄적 네거티브 규제, 규제입증 책임제, AI·미래산업 규제 개편 등 다양한 접근을 시도해 왔다. 그러나 이러한 1.0형 규제개혁은 지금 근본적인 한계에 직면해 있다.

첫째, 정치적 의지의 불균형이다. 규제개혁은 정권 초기에만 집중되고 이후에는 흐지부지되기 일쑤였다. 둘째, 관료 중심의 개혁 구조가 지속되었다. 규제를 설계·집행하는 주체인 정부 관료조직이 자기혁신의 유인을 갖기 어려웠고, 이는 실질적 개혁의 동력을 약화시켰다. 셋째, 국민 참여의 부재이다. 규제는 국민의 삶과 밀접한 문제이지만, 규제개혁 논의는 소수의 전문가와 행정 엘리트 중심으로 진행되었고, 현장의 다양한 목소리는 반영되지 않았다. 마지막으로, 규제개혁의 성과가 공공성과 형평성의 회복으로 이어지지 못했다는 점에서, 규제개혁 1.0은 실적주의적 접근에 머물렀다는 평가를 피하기 어렵다.

국회의 규제 과잉 입법 폭증, 중앙정부 중심의 수직적 행정 구조, 부처 이기주의, 규제 관료의 소극적 태도는 규제개혁 1.0의 구조적 한계로 작용했다. 또한, 「행정규제기본법」에 규제의 개념과 적용 범위를 너무 좁게 한정하여 국민의 다양한 혁신 요구에 제대로 부응하지 못한 법률적·제도적 한계도 있다.

단순한 규제 숫자 감축이나 등록 건수 축소는 개혁의 목적이 될 수 없으며, 오히려 공익을 해치는 개악의 가능성도 내포하고 있었다. 이제는 규제의 양이 아니라 질, 형식이 아니라 철학, 하향식 개혁이 아니라 국민 주도형 거버넌스로 전환해야 할 시점이다.

[표10] 대한민국 규제 권력 피라미드 구조의 특징 및 문제점

제1단계 – 법령상 규제	← 국회·정부 제정 법률과 명령
제2단계 – 하위 행정규칙	← 고시, 훈령, 예규, 유권해석 등
제3단계 – 비공식 규제	← 전화, 구두, 관행, 내부 지침 등

※ 하위로 갈수록 실제 통제력은 강해지나, 법적 책임과 투명성은 낮아진다.

① 공식 규제보다 비공식 규제가 더 강력하다.
국민과 기업이 실제로 체감하는 규제는 1단계(법령)보다는 2·3단계에서 발생한다. 특히 공무원의 유권해석이나 관행, 구두지시는 사실상 '법 위의 규제'로 작동하며, 이에 대한 공식적 통제 장치는 존재하지 않는다.

② 하위 구조로 내려갈수록 규제 권한은 강화되지만, 책임은 사라진다.
하위로 내려갈수록 문서화되지 않거나 공표되지 않은 방식으로 집행되기 때문에, 규제를 만든 자는 책임을 지지 않으며, 국민은 이의 제기를 할 수단을 갖지 못한다.

③ 입법권과 집행권 사이의 괴리 발생
정부나 국회에서 아무리 규제를 철폐하고 간소화해도, 실제 집행 단계에서 유권해석이나 내부 지침으로 다시 규제가 '부활'하는 구조이다. 이는 규제개혁의 실효성을 저해하는 핵심 요인이다.

정책적 시사점

① 형식적 규제의 개혁만으로는 충분하지 않다. 규제개혁은 법령만을 고치는 수준에서 멈춰서는 안 되며, 하위 행정규칙과 비공식 규제의 실태를 드러내고 개혁의 표적으로 삼아야 한다.

② '그림자 규제' 뿐만이 아니라 '보이지 않는 규제'를 가시화하고 법제화하는 제도 장치가 필요하다. 국민 규제배심제, 현장 규제실험실과 같은 제도를 통해 하위 규제 권력의 실태를 공개하고 검토해야 한다.

③ 규제 권력의 책무성과 책임 구조를 헌법적·제도적으로 명확히 해야 한다. 국민의 권리를 침해하는 비공식적 규제가 헌법적 통제밖에 존재하지 않도록 해야 하며, 이를 위해 규제 권한의 위임 구조와 행정 지침의 법적 효력에 대한 근본적 재검토가 필요하다.

2 규제개혁 2.0 : 규제 패러다임을 국민 주도 혁신으로 재설계

(1) 규제 패러다임의 전환 : 국민 참여 기반의 민주적 규제 거버넌스로의 이행

현대 규제국가는 본질적으로 위임과 대리의 구조 위에 구축된다. 주권자인 국민은 통치 권력을 직접 행사할 수 없기 때문에 정치인을 대표자로 선출하고, 이들이 다시 행정 관료에게 실무 권한을 위임하는 방식으로 국가 운영이 이루어진다. 이로써 형성된 국민-정치인-관료 간 삼중 구조는 외형상 대의민주주의의 질서를 갖추고 있으나, 실제로는 다단계의 본인-대리인(principal-agent) 관계가 연속적으로 중첩된 구조로, 정책 왜곡과 책임회피, 도덕적 해이(moral hazard)의 고위험 지대를 형성한다.

관료제는 원칙적으로 국민의 공공이익을 실현하기 위한 제도다. '공복'(公僕, public servant)이라는 명칭이 상징하듯, 관료는 사적 이익이 아니라 국민의 이익에 봉사해야 할 헌법적 의무를 지닌다. 그러나 현실에서 관료는 국민의 이해와 무관하게 자기 조직의 이익이나 개인적 권한 강화를 우선시할 유인이 존재하며, 이는 정보의 비대칭성과 제도적 무책임 구조에서 비롯된다. 국민은 규제나 정책 결정 과정의 전문 정보에 접근하기 어렵지만, 관료는 이같은 비대칭성을 활용해 자기 이익을 도모하거나 정책 실패의 책임을 회피할 수 있다. 이처럼 정보 독점과 낮은 감시 환경은 관료가 사익 추구를 합리화하도록 유도하며, 이는 전형적인 도덕적 해이로서 제도적 안정성과 정당성에 심각한 균열을 초래한다.

정치인 역시 대리인(agent)의 속성을 공유한다. 명목상으로는 국민의 대의자로서 기능하지만 실제로는 정당의 이해, 선거 전략, 여론 반응 등에 따라 국민의 장기적 이익과는 괴리된 결정을 내릴 수 있다. 동시에 정치인은 행정 관료에 대한 감독자로서 '본인'(principal)의 지위를 병행하므로, 하나의 인물이 본인-대리인의 양면적 역할을 수행하게 되는 위임구조의 왜곡이 발생한다. 이러한 다층 위임구조는 정치와 관료의 이해 연합을 용이하게 만들며, 결과적으로 규제 포획, 정책 사유화, 공동 도덕적 해이(joint moral hazard)를 유발할 수 있는 구조적 기반이 된다.

이러한 구조에서 나타나는 핵심 병리는 다음과 같다. 첫째, 책임의 희석이다. 중첩된 대리인 구조는 책임 소재를 불분명하게 만들고, 정책 실패 시 누구도 책임을 지지 않는 상황을 만든다. 둘째, 규제의 과잉과 품질 저하다. 의원입법이 폭증하는 현실은 규제가 국민의 수요보다는 정치적 동원과 단기 이익에 따라 설계되고 있음을 보여준다. 셋째, 국민의 구조적 배제와 탈 민주화 현상이다. 규제정책의 설계 및 집행 과정에서 국민은 '본인'(principal)으로서 피규제자이자 위임자인데도 실질적으로는 정책 결정에서 소외되며, 정보 접근, 의견 표명, 영향력 행사에서 구조적으로 배제된다.

이는 단순한 제도의 운용상 문제라기보다는, 애초의 위임 설계 자체에 내재된 기본 구조의 치명적인 결함이다. 민주주의 제도는 본인-대리인 간의 이해 차이와 정보 비대칭을 조정하기 위한 체계로 설계되어야 하며, 선거, 감사, 언론, 사법 통제 등의 제도들은 대리인의 행동을 공익적으로 유도하기 위한 장치로 기능해야 한다. 그러나 이러한 제도적 장치들이 무력화되면, 규제국가는 관료와 정치인의 이익 연합을 통해 국민주권의 실질적 박탈로 이어질 수밖에 없다.

「대한규제혁신민국」이 제안하는 국민규제참여기본법, 국민규제제안권, 국민규제배심제, 규제입법절차법, 규제영향평가제도 강화, 디지털 규제지도 및 실시간 감시체계 구축 등은 바로 이와 같은 도덕적 해이와 책임회피의 구조를 교정하기 위한 실천적 장치들이다. 핵심은 대리인에 대한 견제 권한을 국민에게 되돌리는 것, 곧 규제 주권의 회복이다. 규제는 국민으로부터 위임받은 권한이며, 정당성은 국민의 이익을 위한 책임적 위임구조 위에 놓여야 한다.

이와 같은 구조적 통찰은 『대한규제혁신민국』이 지향하는 규제개혁 2.0 전략의 핵심 철학을 형성한다. 규제는 더 이상 행정의 기술 문제가 아니라, 국가의 작동 원리와 권력 위임 체계 전반에 걸친 본질적 문제다. 따라서 규제 거버넌스는 단순한 제도개선이 아니라, 정치-행정-시민 간 권력 구조의 민주적 재설계라는 구조 혁신의 과제로 인식되어야 한다.

이러한 구조적 통찰은 『대한규제혁신민국』이 주장하는 규제개혁 2.0 전략의 사상적 뼈대를 이루며, 규제를 국가 작동 원리 전체의 문제로 인식하고, 근본적인 구조 전환을 요구하는 새로운 규제 거버넌스 패러다임의 출발점이 된다.

한국의 규제개혁이 실효성을 확보하려면, 단순한 규제 정비 수준을 넘어 규제시스템 자체를 전면적으로 재설계하는 접근이 필요하다. 국민과 기업의 낮은 체감도, 신산업 성장을 가로막는 제약, 왜곡된 입법 구조, 그리고 해외 주요국의 전략적 규제혁신 경험 등을 종합적으로 고려할 때, 지금의 규제 체계는 더 이상 유지될 수 없다.

이를 해결하기 위해서는 다음과 같은 종합 전략이 요구된다. 첫째, 기존 규제제도의 작동 방식을 정밀하게 진단·보완하여 체감도 중심의 규제정책으로 전환해야 한다. 둘째, 국민 삶의 질 향상이라는 국가의 책임을 중심에 두고, 신산업과 사회 변화에 부응하는 새로운 규제 프레임워크를 도입해야 하며, 과정에서 의원입법을 포함한 모든 입법 경로에 대해 규제심사를 의무화하는 제도적 장치가 필요하다.

『대한규제혁신민국』이 제안하는 규제혁신 전략은 이러한 패러다임 전환에 바탕을 두고 있으며, 규제 입법의 질적 통제와 규제 환경의 전략적 조정이 유기적으로 작동하는 새로운 국가 운영 모델을 지향한다.

이제 규제개혁 1.0 시대의 압축적 경험을 딛고, 2.0 시대로 전환할 시점이다. 대한민국의 규제 체계는 형식적으로는 네거티브 규제(원칙 허용-예외 금지)를 지향하지만, 실제로는 여전히 포지티브규제(명시된 항목 외에는 모두 금지)의 구조적 잔재가 지배하고 있다. 이러한 규제 구조는 신기술 기반 산업의 성장을 제약하고, 사회문제 해결을 위한 정책적 유연성을 저해하며, 민간의 창의성과 자율적 역량을 억제하는 병목 지점으로 작용하고 있다. 이는 단순히 창의적 경제활동을 가로막는 데 그치지 않고, 사회의 다양성과 실험 가능성까지도 억압하는 폐쇄적 시스템으로 기능하고 있다. 변화의 속도가 빠르고 이해관계가 복잡하게 교차하는 오늘날의 환경에서, 이러한 낡은 틀은 규제의 실효성을 무력화시키고 있다.

이제 '**규제는 정부가 독점적으로 설계하는 것이 아니라, 국민이 제안하고 정부가 조율하며 사회 전체가 함께 책임지는 공공적 시스템**'이라는 인식의 전환이 절실하다. 규제에 대한 국민의 위치는 더 이상 수동적 수신자가 아니라, 능동적 발신자로 바뀌어야 한다. 이는 단순히 규제를 축소하거나 정비하는 차원을 넘어, 규제의 설계-집행-평가 전 과정에 국민 참여를 제도화하는 새로운 패러다임을 의미한다. 이를 구현하기 위해 다음과 같은 제도적 접근이 요구된다.

① **국민 규제제안권 도입:** 일반 시민, 기업, 전문가 등 국민 누구나 자신의 생활이나 산업현장에서 겪는 불합리한 규제를 식별하고, 개선 또는 폐지를 정부에 공식적으로 제안할 수 있는 제도이다. 이는 기존의 하향식(top-down) 규제개혁 구조를 탈피하여, 국민이 규제정책 형성의 '출발점'이 되는 상향식(bottom-up) 구조를 제도화한 것이다. 헌법개정 또는 「**국민규제참여기본법**」 제정 차원에서 강행규범으로 서둘러 법정 권리화하는 것이 필요하다.

② **국민 규제배심제 도입:** 중요한 규제의 신설·폐지 여부는 지역·성별·연령 등을 고려한 대표성 기반의 무작위 선정 시민 15~30인이 배심원단 형식으로 참여해 공론화하고, 정책 결정에 실질적 영향을 미치는 제도화된 공적 토론 구조로 설계해야 한다. 새로운 규제 도입이나 기존 규제의 존치 여부를 판단할 때, 찬반 논거를 듣고 심의·권고하는 절차 민주주의 기반의 규제 검토 제도를 도입해야 한다. 이는 규제의 정당성과 수용성을 제고하기 위한 제도화된 공론 절차이며, 특히 민감하거나 이해 충돌이 큰 규제일수록 국민 규제배심제를 의무화해야 한다.

③ **현장 규제실험실(참여형 샌드박스):** 기업, 시민, 지자체가 협력하여 특정 산업, 지역 또는 사회 문제영역에서 기존 규제를 일시적으로 유예하거나 조정함으

> 로써, 새로운 기술이나 서비스가 실제 환경에서 제한적으로 실험될 수 있도록 하는 제도이다. 이는 기존의 행정 중심 규제샌드박스를 '시민 주도형 실험 모델'로 전환한 방식으로, 실험의 기획부터 실행, 평가까지 전 과정을 민관이 공동으로 설계·운영하는 것이 핵심이다. 단순한 일회성 시범이 아니라, 제도 전환의 가능성을 시험하고 제도화로 연계되기 위한 '정책 실험 인프라'로 자리 잡아야 한다.

이러한 제도는 단순한 참여 장치가 아니다. 규제를 사회적 합의 과정으로 되돌리고, 시장을 직접적으로 조화할 수 있게 하는 민주주의적 정책 설계 인프라다. 더 이상 규제는 '권위적 통제'가 아닌 '공공적 조정'이며, 이는 국민이 규제의 수용자이자 공동 설계자가 되는 구조 속에서만 실현할 수 있다.

결국 규제개혁 2.0은 **'국민 참여 기반의 민주적 규제 거버넌스'**를 핵심 원리로 삼는다. 이는 단지 방법론이 아니라, 규제를 통해 공공성과 민주성을 회복하겠다는 국가 철학의 전환이다.

이제 규제는 더 이상 국가가 일방적으로 설계하고, 국민이 수동적으로 수용하는 권위주의적 정책의 영역이 아니다. 규제는 시민이 제안하고, 공동체가 검토하며, 국가가 책임지는 '국민 참여 기반 정책 인프라'로서 재정의되어야 한다. 규제는 국민이 일상에서 마주하는 법적·제도적 환경의 총체이며, 자체로 공공영역에 대한 집단적 약속이다. 따라서 규제 패러다임의 전환은 단순한 방식의 전환이 아니라, 정책 형성과 집행의 주체를 재구성하는 민주주의의 진화 과정이다.

우선, 규제 설계와 집행의 전 단계에 국민 참여가 제도적으로 내재화되어야 한다. 이를 위해 **'국민 규제제안권'**, **'국민 규제배심제'**, **'현장 규제실험실'** 등 참여형 규제제도를 법제화하여, 규제가 단지 법률 기술자의 작업이 아니라 생활 현장에서 검증되고 정당화되는 순환 구조를 마련해야 한다. 이와 함께, 행정부와 입법부에 규제로 인한 독립적 갈등 조정·중재 및 심사 기구의 상설화와 함께 규제영향평가(RIA)의 실질화, 규제 정비의 국민 온라인 플랫폼 운영 등 디지털 기반 참여 채널을 구축함으로써 규제의 투명성과 책임성을 강화해야 한다.

또한, 기존의 사전적 허가 중심 규제에서 벗어나 사후적 점검과 책임 강화를 중심으로 한 '책임형 규제 체계'로의 전환이 필요하다. 이는 단지 규제의 기술적 변화가 아니라, 정부와 민간의 역할과 권한을 다시 설정하는 철학적 조정이다. 따라서 **「대한규제혁신민국」**이 새로 제정을 강력히 건의하는 **「국민규제참여기본법」에** 기본 원칙과 내용을 규범으로 명시함으로써 국가 규제 운영의 패러다임을 법적으로 서둘러 제도화해야 한다.

결국 규제는 국민 없는 국가가 만들 수 없고, 시장 없는 시민도 규제를 설계할 수 없다. 진정한 규제혁신은 국민이 규제의 사용자이자 설계자가 되는 참여 거버넌스 체계에서 비로소 시작되며, 이는 곧 규제의 정당성, 실효성, 수용성을 모두 충족하는 새로운 공공정책 모델로 기능할 수 있다.

[표 11] 규제개혁 2.0을 위한 실행 전략 3대 축

전략 축	핵심 목표	주요 정책 수단 예시
① 법제 절차 혁신	규제 입법 및 해소 절차의 구조 개편	「국민규제참여기본법」 제정, 규제입법절차법, 의원입법 규제심사 의무화, 규제개혁면책권, 규제총량제(Regulatory Cap)
② 체감도 중심의 제도개선	기존 규제제도의 실효성 제고	규제비용관리제, 규제입증책임제, 적극행정포인트제, 규제챌린지
③ 국민참여 기반의 규제 거버넌스	규제의 설계-집행-평가 전 과정에 국민 참여 보장	국민 규제 제안권, 국민 규제배심제, 현장 규제실험실, 디지털 규제지도

(2) 규제개혁을 위한 정치의 역할

규제는 국가 운영의 핵심 도구이며, 따라서 설계와 집행은 철저히 공공성, 정당성, 책임성의 원칙 위에서 이루어져야 한다. 그러나 대한민국의 현실에서 정치는 이러한 원칙을 지키기보다 오히려 규제 왜곡과 남발의 중심에 서 있다. 특히 국회의원들이 입법을 통해 규제를 양산하는 행태는 '규제혁신'과 거꾸로 가는 우리 정치의 자화상이다.

21대 국회에서 발의된 법안 수는 14대 국회 대비 약 78배에 달한다는 사실은 이미 앞에서 강조한 바가 있다. 이는 세계적으로도 유례가 없는 입법 과잉 현상이다. 배경에는 시민단체의 의정활동 평가가 법안 발의 건수에 편중되면서, 질 낮은 법안을 다량 제출하는 정치적 유인이 작동한 측면이 크다. 많은 법안이 충분한 검토나 공론 없이 제출되고 폐기되며, 남은 일부는 실질적 효과나 집행 가능성에 대한 검토 없이 입법화되어 각종 충돌과 부작용을 낳는다.

이에 따라 한국은 '규제 공화국', '갈등 공화국'이라는 오명을 갖게 되었으며, 정치는 사회통합의 중재자가 아니라 이해집단 갈등의 촉진자로 전락하고 말았다. 정치가 자신의 본령인 통합과 조정의 기능을 상실하고, 단기 성과에 집착하여 규제 입법을 남발하는 이 구조는 근본적인 혁신이 필요하다. 초등학생이 방청석에서 참관하는 공개된 국회 본회의장에서조차, 국민이 TV로 지켜보는 가운데 고성과 욕설, 심지어 몸싸움까지 벌어지는 저급한 장면이 반복되는 현실은, 정치가 더 이상 공공의 대표기관으로서 존중받지 못하고 있음을 단적으로 드러낸다.

규제개혁은 단순한 행정개선이 아니라, 정치적 결단과 리더십이 필요한 구조 혁신이다. 규제의 완화 또는 강화는 이해집단 간의 갈등을 수반하며, 이 갈등을 조정하고 제도화하는 것은 정치의 몫이다. 국회는 규제 신설 및 폐지에 대한 심사 기능을 강화하고, 상임위원회별 규제영향평가 전문위원회를 구성해야 한다. 또한, 여야 간 정쟁을 넘어 규제혁신을 국가적 어젠다로 삼는

초당적 합의가 요청된다. 정치가 규제혁신의 촉진자가 되기 위해서는 입법의 양이 아니라 입법의 질과 책임에 집중해야 한다. 다음과 같은 제도적 개선이 필요하다.

---

① **법안 품질 사전검토제 도입:** 규제영향평가 및 사전 공청회를 의무화하고, 규제의 부작용과 대안을 사전에 검토하여야 한다.

② **입법부 규제영향평가 독립기구 설치:** 정당이나 의원 이해관계에서 독립된 전문기구를 통한 규제의 질 관리가 필요하다.

③ **정당 내부에 규제정책 조직화:** 정당 내부에 전문가 중심의 규제정책 검토 조직을 상설화하고, 선거공약과 법안의 일관성을 확보하는 것이 필요하다.

④ **법안발의 인센티브 구조 개혁:** 단순 건수 중심의 의정평가 방식을 폐지하고, 실질적 성과와 공공의 이익 중심으로 평가하는 구조적 인식의 전환이 필요하다.

대한민국은 지금 '사회 구조의 만성 고혈압 상태'에 직면해 있다. 출산율 0.7명대 붕괴, 지방소멸, 고령화는 단순한 인구통계의 문제가 아니라, 국가 존립의 기반이 흔들리는 구조적 위기다. 이 위기는 단기간에 폭발하지 않지만, 어느 순간 국가의 지속가능성을 근본적으로 위협할 수 있는 '침묵의 살인자(Silent Killer)'와 같다.

정치는 이러한 구조적 위기를 예방하고 조정할 수 있는 유일한 사회적 설계자다. 그러나 지금의 정치는 단기적 이익집단의 목소리에 민감하게 반응할 뿐, 거시적 청사진이나 사회적 균형에 대한 책임은 방기하고 있다. 이에 따라 갈등은 누적되고, 규제는 특정 세력의 입장을 반영한 파편적 조치로 전락하며, 결국 사회 전체의 불신과 피로만 증폭되고 있다.

따라서 정치는 다음과 같은 방식으로 자신의 역할을 회복해야 한다.

> ① **규제 갈등조정 시스템 제도화:** 국회 산하에 독립적인 갈등조정위원회를 설치하여, 이해당사자 간 협의 기반의 규제를 조정하는 제도적 장치가 필요하다.
> ② **공공성 기반의 규제 입법 원칙 명문화:** 사회적 약자 보호, 미래세대 고려, 사회통합 기여 여부를 규제평가 기준에 포함하여야 한다.
> ③ **정치의 사회 설계자 기능 복원:** 입법이 사회 구조의 지속가능성과 조화를 고려하도록 국회의 전략기획 기능을 강화하여야 한다.

규제혁신은 기술이나 예산의 문제가 아니라, 궁극적으로 정치적 의지와 시민적 협력의 산물이다. 국회는 국민과 규제정책에 대해 새로운 사회적 계약을 체결해야 한다. 여기에는 다음과 같은 방향이 포함된다.

> ① **국민참여 입법 플랫폼 운영:** 규제 관련 법안에 대한 국민의 충분한 의견 수렴 및 평가 참여를 제도화하여야 한다.
> ② **정당의 규제 입법 공시제 도입:** 주요 정당은 규제 관련 입법 계획과 입장을 정기적으로 공시하고, 사전영향평가 및 사후 성과평가를 수용하여야 한다.
> ③ **시민단체와 연계한 규제정치 감시체계 구축:** 학계·언론·시민이 함께 규제 입법을 감시하고 피드백하는 시스템을 설계하여 운영하여야 한다.

정치는 규제의 철학과 방향을 설정하는 최종 책임자이며, 규제혁신의 동력은 결국 책임 정치의 복원에서 출발한다. 정치가 규제를 '통치 수단'이 아니라, **'공공성을 실현하는 도구'**로 새롭게 인식할 때, 대한민국은 갈등 공화국에서 조정과 통합의 사회로 나아갈 수 있다. 진정한 규제혁신은 정치의 혁신과 함께 가야 한다.

규제는 행정부만의 문제가 아니다. 규제의 본질은 국가 권력이 사회에 개입하는 방식이며, 따라서 입법부와 정당, 시민사회가 함께 설계하고 감시해야 할 정치의 영역이다. 그러나 대한민국의 규제개혁 담론은 오랫동안 행정 기술자 중심으로 축소됐으며, 정치는 이를 뒷받침하는 제도 설계자 또는 공론 촉진자로서 역할을 제대로 수행하지 못했다.

이제 규제개혁 2.0 시대에는 정치가 다음의 세 가지 차원에서 적극적이고 책임 있는 행위자로 재정립되어야 한다.

첫째, 규제정치에 관한 공론장 형성자의 역할이다. 규제는 필연적으로 이익집단 간의 이해 충돌을 수반한다. 어떤 규제를 완화하면 산업계는 이익을 얻지만, 노동자나 소비자는 손실을 볼 수 있다. 반대로 환경규제를 강화하면 공익은 보호되지만, 기업의 경쟁력은 저하될 수 있다. 이러한 가치 충돌을 해결하는 방식이 바로 정치이며, 국회와 정당이 갈등을 조정하고 사회적 합의를 끌어내는 공론장을 설계해야 한다.

---

① 국회 내 규제개혁 상설특별위원회의 설치 및 제도화
② 정당의 정책중심 정당화를 위한 내부 싱크탱크와 정책경연 시스템 강화
③ 국민참여형 규제 청문회 제도 도입

둘째, 규제 거버넌스의 제도 설계자의 역할이다.

규제개혁은 단발성 이벤트가 아니라 지속 가능한 정책 플랫폼 위에서 작동해야 한다. 이를 위해 정치권은 규제 관련 법령, 감독 체계, 거버넌스 구조를 입법적으로 뒷받침해야 하며, 다음과 같은 입법적 기반이 필수적이다.

---

① **「국민규제참여기본법」 제정:** 시민 규제제안권, 규제배심제, 현장 실험제 등을 제도화하여야 한다. **「국민규제참여기본법」**은 규제설계·심사·집행 전 과정에 국민의 제도적 참여를 보장하는 법률로서, 시민 규제배심제, 국민 규제제안권, 현장 규제실험실과 연계되는 기반법이자 규제혁신 2.0의 핵심 제도적 기둥이다.

> ② **독립규제심사기구의 헌법적 지위 강화**: 정권 교체와 무관하게 규제의 공공성과 연속성을 보장하여야 한다.
> ③ **규제영향평가 공표의 의무화 및 국회에 대한 국민의 통제권 부여** : 국민에게 부담이 되는 과잉규제 입법 자체 통제를 위한 규제영향평가와 국민 의견수렴을 위한 공청회를 의무화하여야 한다.

셋째, 규제개혁의 책임 정치 실현자의 역할이다.

정치가 규제개혁의 본령에 서기 위해서는 국민에 대한 책임성을 분명히 해야 한다. 규제개혁이 공공의 이익을 증진하는 수단임에도 불구하고, 특정 집단에만 유리하게 작용하면 개혁의 정당성은 붕괴한다. 이를 방지하기 위해 다음과 같은 정치적 책임 장치를 제도화해야 한다.

> ① **국회의원 개인 또는 상임위별 규제입법 트래킹 시스템 도입**
> ② **규제 신설·완화·폐지에 대한 정당별 입장 공개 플랫폼 운영**
> ③ **시민단체·언론·학계가 참여하는 규제정치 모니터링 네트워크 설립**

정치는 규제개혁의 촉진자이며, 동시에 정당성을 보증하는 주체다. 단지 "규제를 없애라"라는 구호에 그치지 않고, 규제가 작동하는 방식과 효과를 과학적으로 분석하고, 민주적으로 검증하며, 윤리적으로 정당화하는 소임을 수행해야 한다. 강조를 위하여 반복하건대, 진정한 규제혁신은 기술도, 관료도 아닌 정치의 책임 있는 결단에서 시작되며, 공공성과 사회적 신뢰를 회복하는 정치를 기반으로 할 때 비로소 제도화될 수 있다.

대한민국 국회는 오랫동안 규제 입법의 주요 생산지였으며, 입법을 통한 정책 형성에 있어 행정부 못지않은 강한 권한을 행사해 왔다. 그러나 최근 수십 년간 입법 패턴의 극단적인 변화는 규제개혁 측면에서 중대한 문제를 야기하고 있다. 특히 의원발의 법안의 급증과 그에 따른 졸속입법, 품질 저하

현상은 사회 전체에 '과잉규제'라는 구조적 부담을 안기고 있다. 현재 우리나라 국회에서 가장 문제가 되는 졸속입법, 과잉규제의 악순환을 끊으려면, '입법 양'에서 '입법 질'로 의정 평가의 전환이 필요하다. 오늘날 대한민국 국회는 법안이 과잉 생산되는 '입법 공장'으로 전락하고 있다. 특히 행정부보다 의원 개인의 법안 발의가 월등히 많은 기형적 구조가 굳어지면서, 결과적으로 입법의 질은 현저히 저하되고 있다.

한국의 의원입법은 14대 국회(1992~1996년) 당시 연간 321건에 불과했으나, 21대 국회(2020~2024년)에서는 25,027건으로 78배 증가하였다. 이러한 폭발적 증가에도 불구하고, 입법의 실질적 품질이나 사회적 갈등 조정 능력은 향상되지 않았다는 평가가 지배적이다. 더욱이 21대 국회 전체 법률 제·개정안 중 95%가 의원 발의로 이뤄졌다는 사실은, 국회가 실질적인 정책 성과보다는 양적 경쟁 중심의 입법 활동에 치중하고 있음을 방증한다.

이러한 현상은 부분적으로 시민사회단체의 '의정활동 평가 방식'과도 연관되어 있다. 현재 다수의 의정 평가가 의원 개개인의 발의 법안 수, 출석률, 본회의 참여율 등을 기준으로 삼고 있다. 이는 의원들이 입법의 내용보다 '숫자'를 통해 정치적 실적을 부각하려는 유인을 제공하며, 타인의 법안을 베끼거나 법안 양산을 통해 평가 점수를 높이는 비생산적 구조를 만들어 낸다.

이와 같은 '입법 과잉-평가 왜곡' 구조는 규제개혁의 관점에서 다음과 같은 세 가지 문제를 발생시킨다.

첫째, 규제 품질의 하락과 사회적 비용의 증가이다. 법안 심의와 갈등 조정 과정을 거치지 않은 법안이 급속히 입법화되면서, 현장에서 이해 충돌이 심화하고 규제 이행 비용이 급증한다. 이는 기업활동의 불확실성을 키우고, 행정부의 규제 운영 효율성도 저하한다.

둘째, 정치 시스템의 신뢰 하락이다. 입법의 질이 낮고, 국민 생활과 동떨어진 규제가 반복적으로 등장하면 국민은 정치 전반에 대해 냉소하게 된다.

신뢰가 결여된 정치 구조는 곧 정책의 집행력을 약화하며, 사회적 갈등을 더욱 심화시키는 결과로 이어진다.

셋째, 국가 역량의 분산과 개혁의 정당성 약화이다. 과잉 입법 구조 속에서는 전략적 규제혁신보다 단기적 정치 이슈에 휘둘리는 입법이 우선시되며, 중장기적 구조개혁은 항상 뒷순위로 밀려나게 된다.

이에 따라 본서는 다음과 같은 제도적 전환을 제안한다.

첫째, 의정활동 평가 방식의 개편이 필요하다. 시민사회단체의 의정 평가는 단순 입법 수량 중심에서 벗어나 '입법의 질'을 기준으로 평가 구조를 전환해야 한다. 특히 사회적 갈등 조정, 정책 효과 분석, 국민참여 기반 형성 등 입법의 사회적 기여도를 핵심 평가 지표로 설정할 필요가 있다.

둘째, 입법 절차 내 갈등 조정 실적을 평가해야 한다. 모든 의원발의 법안에 대해 '갈등 영향평가서' 및 '사전 규제영향분석서'를 첨부하도록 의무화하고, 국회 상임위원회 내에 상설 '규제 갈등조정 소위원회'를 설치하여 이해당사자의 의견수렴과 사회적 타협을 유도해야 마땅하다.

셋째, 경제·사회적 효과를 평가에 반영하여야 한다. 법안의 실현 가능성, 경제적 성장 잠재력, 사회적 통합 기여도 등을 정량·정성적으로 측정하고, 국민 부담을 낮추거나 국민 편익을 높인 법안에 대해 정당한 평가를 해야 한다.

넷째, 최악의 입법에 대한 부정적 평가제 도입이 검토되어야 한다. 법률 검토 없이 유사 법안을 베껴서 제출하거나, 행정부나 사법부와 중복되는 법안을 양산하여 법체계를 혼란스럽게 한 사례에 대해서는 시민사회단체 및 언론 차원의 '입법 남용 의원 선정'과 같은 공론화를 통해 책임 정치를 견인할 필요가 있다.

이제 정치의 역할은 입법을 '많이 하는 것'이 아니라, '잘하는 것'으로 전환되어야 한다. 국민의 삶에 실질적인 영향을 미치는 국회의원은 입법의 장인(Lawmaker)이어야지, 입법의 생산자(Law Producer)가 아니다. 단순한 입법 수치 경쟁이 아닌, 국민 통합과 규제 합리화를 실현하는 숙의 기반의 입법이야말로 미래지향적 정치의 참모습이다. 규제혁신은 정치의 책임성과 직결된다. 정치가 이 구조를 혁신하지 못한다면, 『대한규제혁신민국』은 허상이 될 뿐이다.

지금 한국 사회는 극심한 정치·사회적 갈등으로 인해 신뢰가 무너졌고, 여파는 경제 전반에 파급되고 있다. 국민소득 1인당 27%를 갈등비용으로 소모하고, 모든 국민이 매년 900만 원씩을 '분열된 사회의 대가'로 치르고 있다는 통계[60]는 경악스럽다. 국회의원이 이러한 '분열의 입법'을 양산하는 것이 아니라, 조정과 통합의 입법, 미래를 여는 혁신의 입법을 해야 할 시점이다. 시민사회단체가 앞장서서 의정 평가 기준을 바꾸고, '진짜 좋은 입법'이 무엇인지를 국민과 함께 성찰할 때, 정치가 비로소 본연의 역할과 기능을 회복할 수 있다.

(3) 투명성과 책임성 강화를 위한 관료제 개혁

대한민국 규제혁신의 성패는 단지 새로운 법령 제정이나 규제 폐지에 있지 않다. 오히려 실질적 실행력을 좌우하는 관료제 개혁이야말로 가장 핵심적이

---

[60] 출처: 박준·김용가·이동완·김선빈, 한국의 사회 갈등과 경제적 비용, 2009.6.24, 삼성경제연구소 CEO Information, Page11
서영선, 사회갈등 탐색을 위한 데이터 활용의 가치, 정보통신정책연구원, 2025.01.20.,
https://www.kisdi.re.kr/bbs/view.do?key=m2101113043145&bbsSn=114582
언론보도: 아시아투데이 2024.4.29
https://www.asiatoday.co.kr/kn/view.php?key=20240429010016201
지난 30여 년간 여러 사회적 갈등으로 인해 낭비된 경제적 비용이 총 2,600조가 넘는다는 정부 연구용역 결과가 나왔다. 특히 우리 사회의 이념 갈등이 심각해지면서 2016년부터는 매년 300조가 넘는 비용이 지출된 것으로 집계됐다. 그동안 민간 차원에서 갈등의 경제적 비용을 추산한 적은 있지만 정부 차원에서 사회적 갈등비용을 추산한 건 이번이 처음이다.

고도 어려운 과제다. 규제는 결국 공무원의 손을 통해 설계되고 집행되며, 국민과 기업은 관료적 판단과 실무적 결정에 따라 움직인다. 따라서 관료제의 문화와 구조가 변하지 않는 한, 어떤 규제개혁도 선언에 머물 수밖에 없다.

[표 12] 대한민국 전체 공무원 현원61)

전체 공무원 현원		
구분		합계
합계		1,181,527
행정부	소계	1,153,971
	국가공무원	763,464
	지방공무원	390,507
입법부		4,877
사법부		19,089
헌법재판소		383
중앙선거관리위원회		3,207

국가공무원 직종별 현원

2024.12.31. 기준 (단위 : 명)

구분		합계
합계		763,464
정무직		126
일반직		182,331
특정직		580,596
	외무	2,206
	경찰	143,894
	소방	66,819
	검사	2,122
	교육	365,555
별정직		411

대한민국 행정의 가장 깊은 규제 문제는 법령에 명시된 '공식 규제'보다도, 공무원 사회에 암묵적으로 누적된 '비공식 규제', 즉 '그림자 규제'에 있다. 이는 다음과 같은 행정문화 속에서 재생산되고 있다.

① **적당 편의주의** : 사안에 대한 실질적 고민보다는, 위에서 시키는 대로 혹은 문제를 회피하는 방식의 업무처리 행태를 의미한다.

---

61) 인사혁신처, 2025 인사혁신통계연보(2025년 6월 간행) Page I에서 자료 발췌 인용

② **탁상행정** : 현장과 무관한 지침과 계획만 반복 생산되는 비실행성 중심의 업무 스타일을 말한다.
③ **복지부동 관행** : 책임을 회피하고 보신을 우선하는 심리적·조직적 무사안일주의를 의미한다.
④ **과잉 인허가, 위원회, 기술 기준 남발** : 민간의 자율과 혁신을 가로막는 과도한 사전절차와 국민 고객에 대한 만성적인 불친절도 언급하고 싶다.

이러한 그림자 규제는 단지 국민과 기업의 비용을 증가시키는 데 그치지 않는다. 더 근본적으로는 국가 권력의 운용 방식, 즉 정부가 시장과 국민을 바라보는 근본적 태도를 반영한다. 국민은 자유로운 존재가 아니라, 행정 지침의 '승인'을 받아야만 움직일 수 있는 객체로 간주하고 있다.

결국, 규제가 통제의 수단으로 기능하기 시작할 때, 우리는 그것이 단순한 비효율을 넘어서 어떻게 제도적 실패를 되풀이해 왔는지를 직시해야 한다.

★ 죽은 말을 더 세게 때리는 사람들
- 규제 실패를 지속시키는 관성과 교훈

정책이 실패했음을 가장 먼저 직시하는 것은 대개 정책을 설계한 이들이다. 그러나 관료제는 실패를 인정하지 않는다. "말이 죽었으면 말에서 즉시 내려야 한다."라는 상식은 작용하지 않으며, 오히려 죽은 말을 더 세게, 더 집요하게 채찍질하는 것이 유능함으로 포장된다. 이런 비합리는 바로 **'죽은 말 이론(Dead Horse Theory)'**[62]이 지적하는 조직적 무의식이다.

---

[62] '죽은 말 이론(Dead Horse Theory)'은 미국 관료주의와 조직 문화에서 유래한 풍자적 격언으로, 실패한 제도나 정책임을 알면서도 외형만 바꾸거나 위원회를 만들고 예산을 늘리는 등 무의미한 대응으로 지속시키는 행태를 비꼰 표현이다. 공식 학술이론은 아니나, 조직의 비효율과 제도의 관성을 지적하는 비유로 전 세계적으로 회자된다.

한국의 규제시스템은 실효성을 상실한 규제를 장기간 방치하거나, 이름만 바꿔 반복하는 방식으로 제도화된 실패를 지속시켜 온 구조를 드러낸다. 수년 이상 유지되는 철 지난 규제가 상당하며, 기업들은 그러한 규제 부담이 혁신을 억누른다고 반복적으로 호소하고 있다. 이는 단순한 행정적 무능이 아니라, 실패의 반복이 제도화된 현실을 방증한다.

예컨대 '규제프리존'이라는 이름으로 도입된 제도는 이후 '규제자유특구'라는 이름으로 반복되었으나, 지역 특례 중심의 구조적 한계와 단기적 경제 활성화 효과는 여전히 제한적이다. 중소벤처기업부와 한국산업기술진흥원이 공동 발간한 『규제자유특구 백서』(2020)는 이러한 한계를 명시하고 있다.

정부 역시 이 점을 인식하고 있다. 국무조정실은 2025년 3월 31일 발표한 「2025년 규제정비 종합계획」에서, 2024년 한 해 동안 신산업·탄소중립·지역발전·민생 등 중점분야 중심으로만 규제 정비가 추진되었고, 부처별 과제발굴은 산발적이었음을 스스로 인정하였다. 국민 체감도 제고에 한계가 있었다는 점도 명시적으로 언급되었다.

이러한 관성과 무책임의 구조를 깨기 위한 제도적 해법은 명확하다. 신규 규제를 도입할 때 기존 규제를 두 개 폐지하는 'One-in Two-out 원칙', 모든 규제에 일정한 유효 기간을 설정해 자동 소멸 전 반드시 재검증하는 'Sunset Clause', 그리고 '현장 규제정비 기동반' 또는 '규제지뢰 제거반'과 같은 민관합동 실사팀의 구성 및 운영을 통해, 현장의 규제가 실제로 작동하는지 정기적으로 공동 점검하고 무력화된 규제를 같이 선별·해체하는 시스템이 모든 부처에 작동되도록 하여야 한다.

실패한 정책의 말을 역사의 책장에 눕히는 과감한 용기에서, 새로운 혁신의 길은 열린다. 반복과 관성으로 얽힌 낡은 궤도를 걷어내고, 살아 있는 규제만을 선별해 체계를 다시 세우는 데서 『대한규제혁신민국』의 여정은 출발한다.

이러한 변화는, 규제를 설계하고 집행하는 사람과 시스템 자체의 전면적인 재구성을 요구한다. 따라서, 현행 직업공무원제도[63]의 정비는 더 이상 미룰

---

[63] 헌법 제7조
①공무원은 국민 전체에 대한 봉사자이며, 국민에 대하여 책임을 진다.
②공무원의 신분과 정치적 중립성은 법률이 정하는 바에 의하여 보장된다.

수 없는 핵심과제가 된다. 한마디로 대대적인 인사 혁신이 필요하다. '정년 보장제'에서 '책임 계약제'로의 전환이 절실하게 필요하다. 현재 대한민국의 일반직 공무원 제도는 입직 후 약 30~40년간 정년이 보장되고, 퇴직 후에는 국가가 연금을 지급하는 종신고용 기반의 직업공무원제도이다. 이러한 제도는 일정 수준의 행정 안정성과 정치적 중립성을 확보하는 데 이바지했지만, 시대가 요구하는 창의성과 책임성, 유연성과는 점점 더 괴리되고 있다. 「국가공무원법」을 즉각 개정하여 국민의 생명과 재산을 지키는 군인·경찰·소방·의료보건직 등 특수 직렬을 제외한 일반직 공무원의 경우, 이제는 다음과 같은 방향으로 전면적 인사 혁신이 필요하다.

① **10년 임기제 계약직 전환** : 모든 신규 공무원 채용은 10년 단위 임기제로 전환하고, 성과에 따라 최대 두 차례까지 재임용할 수 있으되, 자동 정년 보장 제도는 즉시 폐지해야 한다. 직무성과와 책임성에 따라 신분이 유동적으로 관리되는 제도 설계를 통해 '철밥통' 관료 구조의 특권성과 무책임을 해소해야 한다.

② **5급 이상 민간개방형직위 비율 50% 이상 확대** : 5급 이상 1급까지 간부 공무원 직위 중 50% 이상을 민간 개방형으로 즉시 전환하고, 민간 전문가가 적극 참여할 수 있는 채용 제도를 대폭 확대해야 한다. 이는 외부 전문성의 공직 유입을 제도화함으로써 관료제 내부의 폐쇄성과 단기 보직 순환 구조를 해체하고, 일반직 공무원의 경쟁력과 역량 제고를 동시에 달성할 수 있는 핵심 전략이다.

③ **직무 중심의 승진 시스템 도입** : 호봉제와 연공서열 중심의 승진 체계를 폐지하고, 직무 난이도·성과·전문성 기반의 직무형 총량 승진제도를 도입해야 한다.

이러한 헌법 제7조는 공무원의 불합리한 해직 방지를 위한 최소한의 보장일 뿐, "신분보장 = 종신고용"으로 해석할 근거가 없다. 오히려, 공무원제도는 국민 전체의 봉사자라는 헌법정신에 부합하도록 효율성과 책임성을 겸비해야 한다(헌재 2016헌마1025). 따라서 정년 조정은 입법재량의 범위이며, 공공성과 전문성 균형을 통해 국민에 대한 책임을 다하는 방향으로 개선되어야 마땅하다. 헌법 제7조는 공무원의 "국민 전체에 대한 봉사자"로서의 책무성과 책임성, 그리고 신분의 안정성과 정치적 중립성을 강조하는 규정이지, 정년퇴직이라는 고용 형태를 절대적으로 보장하는 조항은 아니다.

> 부처별 폐쇄적 TO제도는 즉시 폐지하고 인사혁신처가 총원 총괄 관리를 통해 행정직렬 간 수평 이동의 유연성을 보장하고, 실적과 역량을 기준으로 진급하는 인사시스템을 구축함으로써 창의성과 책임행정을 제도화해야 한다.
>
> ④ **정기적 외부 평가제 도입** : 공직자의 성과와 책임은 연 1회 이상 민간 전문가와 일반 국민이 참여하는 외부 평가 시스템을 통해 객관적으로 검증되어야 한다. 기존의 내부 기수 중심 인사 평가 체계를 폐지하고, 공공성·효율성·책임성 기준에 따른 다층적 성과평가 구조를 제도화함으로써 고질적인 무사안일주의를 타파해야 한다.
>
> ⑤ **관료의 공공성과 윤리의무 강화** : 정책 실패나 부작위 행정에 대한 실질적 책임을 제도화하고, 공공성에 기반한 적극행정에 대해서는 고위직 진출과 성과 보상을 연계하는 성과 인센티브 구조를 구축해야 한다. 관료제는 사적 생존이 아니라 공익 실현을 위한 조직이며, 윤리성과 책임성은 모든 행정행위의 기준이 되어야 한다.

이러한 혁신적인 제도 전환은 단지 인사시스템의 개편이 아니라, 관료조직의 존재 이유와 공공성을 다시 묻는 행정철학의 전환이다. 이제 공무원은 단지 행정절차의 관리자에게서 벗어나, 공공가치를 창출하는 책임 있는 혁신 주체로 거듭나야 한다. 경쟁은 혁신을 장려하지만, 독점은 이를 억제한다는 사실을 명심해야 한다. 경쟁이 오히려 공무원의 긍지와 사기를 높이도록 다양한 민간 전문가와 인사 교류가 촉진되기를 바란다.

관료제 개혁은 중앙부처뿐 아니라 공공기관과 공기업[64] 전반으로 확대되어야 한다. 현재 다수의 공공기관은 정치와 관료의 인사 장악 아래 놓여 있으며, 결과적으로 혁신보다는 관행 유지, 성과보다는 실적 포장이 우선되는 구조가 고착되어 있다.

---

64) 현재, 규제기관의 주체는 중앙부처나 지자체의 공무원만이 아니라 공공기관이나 공기업의 직원들도 각종 인허가권이나 정책자금 집행권을 가지고 있다.

개혁 방향은 다음과 같다.

---

① **공공기관장 임명 절차의 투명화** : 자격 요건 공개 및 국민참여 공청회 도입으로 국민의 의견을 적극 수렴하여야 한다.

② **경영성과 평가의 외부화** : 국민이 추천하는 회계, 정책, 노동 분야의 외부 전문가가 참여하는 평가를 강화하여야 한다.

③ **정실 인사 차단을 위한 블라인드 채용과 사후검증 강화** : 「시민배심원단」을 구성 운영하여 기획재정부에서 진행하는 「공공기관운영위원회」심의 의결 시, 의견 수렴을 의무화하고 사후 검증에도 반드시 참여하도록 한다.

④ **공공기관 구조조정과 기능 재정립** : 국민 혈세를 낭비하는 중복·비효율 기관을 정비하고, 민간으로 이양이 가능한 기능은 단계적으로 철수하도록 한다.

공공기관은 국가의 '준행정부'이자, 국민 세금의 집행 창구다. 따라서 운영과 인사는 전면적으로 공공성·책임성·성과주의라는 원칙에 따라 재설계되어야 한다.

관료제의 개혁은 내부의 자정 노력만으로는 불가능하다. 국민이 직접 행정을 감시하고, 공직자의 권한 행사가 정당한지를 감시하는 제도적 시민참여 메커니즘이 반드시 동반되어야 한다. 이를 위해 다음과 같은 방안을 제안할 수 있다.

---

① **시민 감사 배심제 도입** : 행정기관의 부작위나 부당행위에 대해 시민이 판단하고 의견을 제시할 수 있게 해야 한다.

② **행정 투명성 강화법 제정** : 각종 지침, 회의록, 실무 기준의 공개를 의무화하고 공직자 윤리를 강화하는 차원에서 퇴직 후 소관 부처의 산하기관에 취업을 엄격히 제한하여 이를 어길 시엔 강력히 처벌하도록 입법하여야 한다.

관료제는 민주주의를 실현하는 핵심 인프라 중의 하나일 수도 있다. 그러나 운영이 비효율과 폐쇄성, 무책임으로 오염될 경우, 국가는 제 기능을 상실하고 만다. 이제는 단순한 행정절차 개선을 넘어, 관료제의 정체성과 존재 이유를 근본적으로 다시 정의할 때이다. 투명성과 책임성, 그리고 시민참여와 성과 중심의 관료제야말로 규제혁신이 작동할 수 있는 제도적 토양이 된다.

규제는 설계보다도 집행 과정에서 부작용이 집중적으로 발생한다. 규제는 원칙과 취지를 따라 집행되어야 하지만, 실제로는 행정 현장에서 담당 공무원의 편의적 해석, 관성적 집행, 책임회피 등의 문화에 의해 변형되거나 왜곡된다.

무엇보다도 현행 관료제는 규제 신설에는 적극적이지만, 규제 폐지와 정비에는 본질적으로 소극적이다. 이는 행정조직의 동기 구조, 즉 성과평가와 인사시스템이 '신설 중심'으로 설계되어 있기 때문이다. 공무원이 새로운 규제를 만들면 실적과 경력에 도움이 되지만, 기존 규제를 줄이거나 없애는 데서는 어떤 가시적 보상도 없다. 이에 따라 '규제의 유산이 계속 축적되지만, 책임은 누구도 지지 않는' 구조가 고착됐다. 또한 행정 각 부처는 자기 부처의 규제를 보호하려는 영역 이기주의를 보이며, 타 부처와의 규제 정비 협력이나 통합에 매우 소극적이다. 이는 중앙정부 내에서도 규제개혁이 원활히 이행되지 못하고, 부처 간 조정이 표류하는 핵심 원인이 되고 있다.

이러한 관료제의 소극성과 자기 보호주의, 그리고 책임회피 문화를 타개하기 위해 다음과 같은 제도화된 개혁 과제가 시급하다.

> ① **부처별 규제총량제 도입** : 각 부처가 보유한 규제의 총량을 상한선으로 설정하고, 새로운 규제를 도입할 경우 기존 규제를 일정 비율 이상 폐지하거나 통합하도록 하는 'One-in, Two-out' 방식의 규제총량제를 전면 시행해야 한다. 이를 통해 규제 증가를 구조적으로 제어할 수 있다.

② **규제 담당 공무원의 성과평가 체계 개선 :** 규제 신설뿐 아니라, 규제 폐지, 정비, 일몰제 실적을 실적 지표에 포함하고, 현장 민원 감축 및 민간 불편 해소 정도를 가시적 지표로 설정해야 한다. 이를 통해 규제 완화 및 개선도 공무원의 업무성과로 크게 인정받을 수 있도록 해야 한다.

③ **퇴직 공무원에 의한 규제 회전문 차단 :** 규제를 설계하거나 심사하는 공직자가 퇴직 후 관련 업계로 진출하거나, 반대로 업계 출신이 정부 규제부처로 들어오는 '규제 회전문' 관행은 공공성과 공정성을 훼손하는 주된 원인이다. 따라서 퇴직 공무원의 소속 부처 산하기관이나 공기업 등 유관 업계 낙하산식 재취업을 일체 금지하고, 공직-민간 간 이동 실태를 투명하게 공개하는 장치가 필요하다. 국가경쟁력 강화를 위하여 필요한 경우라면 국민들의 공정한 참여와 인정을 통해 채용하는 투명한 절차가 제도적으로 마련되어야 한다.

④ **독립적 규제감시기구 및 시민감시단과의 연계 구축 :** 관료제 내부의 폐쇄성과 자기 보호적 문화를 외부의 힘으로 투명하게 감시하기 위해, 국회나 감사원으로부터 독립된 규제감시기구를 설립하고, 시민사회와 연계된 '규제 시민감시단'을 제도화해야 한다. 이들은 각종 규제의 집행 실태, 실질적 효과, 부작용 등을 조사·분석하고, 주기적으로 규제 보고서를 공개하여 관료제의 책무성을 높이는 역할을 맡게 된다.

관료제의 혁신은 단지 인사나 제도의 문제가 아니다. 그것은 국가가 시민과 기업을 어떻게 인식하고, 어떤 철학으로 권력을 행사하는지를 보여주는 정치-행정-사회 삼위일체의 구조적 개혁 과제이다. 진정한 규제혁신이란, 새로운 규제를 만드는 능력이 아니라 필요 없는 규제를 없앨 수 있는 용기와 책임을 제도화하는 일이다. 그리고 그것은 행정조직의 운영 원리와 직업윤리를 근본부터 다시 써 내려가는 일이다.

■ "공직자윤리위원회는 누구를 위한 것인가?" – 낙하산 인사와 규제 회전문을 제도화하는 통과의례 시스템에 대한 비판과 개혁 방안

1. **형식적 통과의례로 전락한 공직자윤리위원회[65]** : 공직자윤리위원회는 본래 고위공직자의 청렴성과 공공 책임을 보장하기 위해 설치된 기관이지만, 실제 운영은 형식적 승인 절차에 머물러 있다. 퇴직 공무원의 재취업 심사는 대부분 '사전 동의' 수준에 그치며, 문제가 되는 낙하산 인사도 정당화되는 경우가 비일비재하다. 특히 자신이 소속돼 있던 부처 산하 공공기관이나 유관 단체로의 재취업은 거의 예외 없이 '적격' 판정을 받는 관행은 사실상 공직 윤리 심사의 신뢰를 스스로 무너뜨리고 있다.

2. **낙하산 인사를 정당화하는 구조적 기제** : 고위공직자가 퇴직 후 본인이 과거 지휘·감독하던 기관의 임원으로 임명되는 낙하산 인사는, 실질적 감시·감독 기능을 무력화시킬 뿐 아니라, 해당 기관의 독립성과 자율성에도 심각한 손상을 준다. 더욱이 이러한 인사가 공직자윤리위원회의 '심사 승인'을 거쳤다는 이유로 제도적 면죄부를 부여받는 상황은 규제 회전문을 구조화하는 위험한 신호다. 정부가 '절차를 밟았다'는 명분을 얻는 반면, 국민은 불신과 조세 부담만 떠안는 구조가 고착되고 있다.

3. **회전문 인사의 사각지대** : 공직자윤리위원회는 공직자윤리법상 심사 대상에서 벗어나는 협회, 연구기관, 로펌, 민간 자문회사 등 비공공 부문과의 회전문 인사에 대해 사실상 아무런 통제권도 행사하지 않는다. 이에 따라 실제로는 규제를 설계한 공무원이 퇴직 후 관련 기업의 로비스트나 자문역으로 활동하는 일이 다반사이며, 이러한 구조는 국가 정책의 공정성과 독립성을 심각하게 훼손한다. 더불어 민간 출신 인사가 규제기관의 고위직으로 진입하는 '역회전문 인사'도 마찬가지로 통제받지 않고 있다.

---

[65] 정부공직자윤리위원회는 공직자윤리법 제9조 및 시행령 제16조의 규정에 따라 중앙부처 소속 공무원(관할 공직유관단체 임·직원 포함), 지방자치단체장, 광역의회의원, 교육감·교육위원, 지방자치단체 및 교육청 소속 3급 이상 공무원 등의 재산등록사항의 심사와 그 결과의 처리, 퇴직공직자의 취업확인·승인을 심사·결정하고 있다.

4. 실질적 개혁 방안: 제도의 구조 자체를 바꿔야 한다. 공직자윤리위원회를 근본적으로 개혁하지 않으면 회전문 구조와 낙하산 인사는 계속될 수밖에 없다. 다음과 같은 제도 개편이 시급하다.

① **산하·유관 기관에 대한 재취업 금지 원칙 명문화**: 고위공직자는 본인이 지휘·감독한 기관 및 관련 업종에 퇴직 후 일정 기간(예: 5년) 이상 취업할 수 없도록 입법적으로 금지한다.

② **'이해충돌 심사위원회'로 기능 개편**: 기존의 형식적 윤리 심사를 폐지하고, 국민대표·전문가·시민단체 등이 참여하는 독립형 위원회로 재편해 이해충돌 중심의 심사를 강화한다.

③ **재취업 심사 전 과정을 국민에게 공개**: 심사 대상자, 연관 기관, 심사 기준, 결과까지 전면 공개하여 국민의 감시를 받을 수 있도록 한다.

④ **'역회전문 인사'에 대한 입법 통제**: 민간에서 규제기관으로 진입하는 인사에 대해서도 이력 공개와 활동 제한 규정을 마련한다.

⑤ **'공정 임용 시민 배심제' 도입**: ①~④항의 내용에도 불구하고 국가경쟁력 강화의 목적상 필요하다고 판단되는 전문 인재의 채용은 국민 공모·공청회 등을 통한 '사회적 타당성'을 투명하게 확보하는 제도적 장치를 마련한다.

5. 결론: 공직자윤리위원회는 '제도화된 통로'가 아니라 '공공성의 방어선'이어야 한다. 현행 공직자윤리위원회는 공직 윤리를 보호하는 장치라기보다 관료 사회 내부의 퇴로를 보장하는 안전망으로 기능하고 있다. 이는 국민에 대한 배신이자, 공공성과 신뢰의 붕괴를 의미한다. 따라서 지금 필요한 것은 단순한 운영 개선이 아니라, 공직자윤리위원회를 국민의 손으로 재설계하는 헌정적 재구성이다. 윤리위원회가 진정한 공공성의 수호 기관으로 기능하기 위해서는, 국민 참여와 투명성, 실효적 제재를 핵심 원칙으로 삼는 근본적인 구조 개편이 반드시 이루어져야 한다.

그렇지 않다면, 규제개혁은 회전문에 갇혀 무력화될 것이며, 국가는 책임을 회피하는 구조적 공모자가 될 뿐이다. 바로 그래서, 지금, 이 순간 공직자윤리위원회는 국민의 손으로 다시 설계되어야 한다.

이처럼 관료제는 불투명한 책임 구조, 형식주의, 낙하산 인사의 순환 시스템을 통해 규제 품질을 저해하고 있다. 특히 「○○위원회」와 「○○협(의)회」라는 자문기구의 범람은 행정체계 전반에 무능과 관성을 고착화시키는 상징이다.

■ 규제 거버넌스의 좀비 구조 : 「○○위원회」와 「○○협(의)회」에 대한 전면 수술 시급

대한민국 행정체계 곳곳에는 국민의 혈세를 빨아먹는 「○○위원회」, 「○○협(의)회」라는 이름의 준정부기구 또는 자문기구들이 마치 '좀비 구조물'처럼 존속하고 있다. 대통령, 국무총리, 장관, 지자체장 직속이라는 허울 속에 존재하는 수천 개의 위원회들은 본래의 기능을 상실한 채 중복된 역할과 형식적인 회의체로 전락해 있다. 이들 위원회에 투입되는 막대한 예산과 인력은 실효성과 무관하게 관성적으로 유지되며, 규제혁신이 아닌 보여주기식 행정 과잉과 예산 낭비의 온상이 되고 있다. 일부 위원회는 연 1~2회 형식적 회의만 열고도 수천만 원의 운영비를 사용하며, 위원 수십 명이 무보수 명목으로 이름만 올리고 실질적 기여는 없는 실정이다.

더 큰 문제는 「○○협(의)회」라는 이름으로 운영되는 공공 또는 민간 단체의 구조다. 이들 「○○협(의)회」는 유관 부처 퇴직 공무원 또는 정치인의 낙하산 자리로 악용되며, 상임부회장, 사무총장, 사무국장 자리에 고액 연봉을 지급하면서도, 구체적인 성과는 드러나지 않는다. 심지어 이런 곳에 파견되는 7급 이상의 중앙 및 지방직 공무원은 '휴식기'를 보내는 임시 거처처럼 활용되고, 내부는 사실상 무사안일과 국민의 혈세인 예산 소비 중심으로 운영된다.

「대한규제혁신민국」의 해법 – 구조조정과 투명화 6대 전략

1. **전수조사 및 구조 개편** : 대통령령 또는 국무총리 훈령에 근거한 위원회의 존재 이유, 법적 근거, 최근 3년 회의 실적, 사업성과에 대한 전수조사를 실시한다. 유사·중복 기능의 위원회 및 협의체는 통합·폐지 원칙에 따라 신속히 구조 조정한다.
2. **예산·인력 투입 대비 성과 평가제 도입** : 위원회 및 협(의)회의 예산 집행 내역, 사

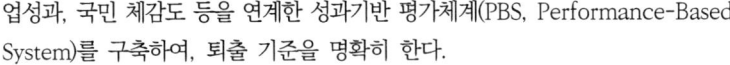

업성과, 국민 체감도 등을 연계한 성과기반 평가체계(PBS, Performance-Based System)를 구축하여, 퇴출 기준을 명확히 한다.

3. **낙하산 인사 근절 및 파견 공무원 식충관화(食蟲官化) 방지 장치 마련** : 유관 부처 및 해당 지자체 출신 퇴직 공무원이 "상임부회장", "사무국장" 등 요직에 낙하산식으로 재취업하는 것을 명시적으로 금지하는 법적 장치를 도입한다. 특히, 각종 협의회에 파견된 공무원의 식충관화(食蟲官化)를 방지하기 위해 다음과 같은 강력한 제도를 병행한다. 모든 파견 공무원은 파견 1개월 이내에 개별 성과계획서를 제출하고, 매월 실적 보고서를 정기적으로 공개하여야 하며, 3개월 이상 실적이 없거나 회의, 안건 처리 등의 공적 활동이 전무한 경우 즉시 원소속 부처로 복귀시키고 인사 불이익을 부과한다. 실질적 기여 없이 예산을 소진한 경우, 해당 공무원은 직무 유기 또는 배임 혐의로 감사 대상에 자동 편입되며, 기관장 및 소속 부서 책임자까지 행정처분 또는 징계 책임을 연대하여 부담한다. 협의회 사무국에 파견된 공무원이라 할지라도 정규 공무원과 동일한 윤리 의무 및 이해 충돌 방지 원칙이 적용되며, 해당 기간 중 발생한 부적절한 예산 사용, 활동 은폐, 자료 비공개 등은 정보공개법 위반 및 형사책임까지도 물을 수 있는 구조로 강화한다. 이는 협의회 조직이 '무사안일한 관료의 놀이터'로 전락하는 것을 원천 차단하고, 공공자원의 유휴화를 구조적으로 막기 위한 필수적 조치이다.

4. **시민단체 참여 및 외부 감사 의무화** : 국가안전보장 측면의 기밀 유지를 제외한 모든 「○○위원회」, 「○○협(의)회」에 대해 시민단체의 참여·감독을 의무화하고, 예산 운영에 대해서는 정기적인 외부 감사 또는 회계 공시를 강제한다.

5. **정보공개 강화** : 위원회 인력 명단과 회의록은 공개를 원칙으로 한다. 위원회별 위원 명단, 위촉 배경, 회의 일정, 회의록, 담당자 별 연간·월간·주간 업무계획, 예산집행 현황 등 구체적인 활동 내용을 행정정보공개법상 의무 공개 항목으로 상향 조정한다.

6. **불용 위원회 자동 폐지제 도입** : 2개월 이상 회의 미개최, 실적 전무, 월간 업무계획 미이행 등의 기준에 해당하는 위원회에 대해서는 자동 해산 또는 직권 폐지 조치를 취할 수 있도록 제도화한다. 이때, 상근·비상근을 막론하고 위원회 소속 인원 전원에게 실질적 운영 책임을 부과하여, 명목직 활동에 따른 면책을 원천 차단한다. 아울러, 예산과 행정력을 낭비한 책임을 물어 해당 위원회 소속 공무

> 원 모두에게 배임죄 적용 및 구상권 청구가 가능하도록 법적 근거를 마련한다. 이는 위원회의 실효성을 높이고, 무책임한 형식적 운영을 방지하기 위한 강력한 규율 장치다.
>
> □ **결론** : 위원회 공화국의 종식을 위한 규제 헌정 개편의 서막을 올리자. 대한민국은 '위원회 공화국'이라는 비판에서 더 이상 자유롭지 않다. 관료제의 자문과 협의 기능이라는 명분 아래 유지되는 수많은 회의체는 이제 국민 세금에 기생하는 관성적 규제구조의 상징이 되었다. 『**대한규제혁신민국**』은 이들 위원회와 협의회에 대해 전면적 수술과 체계 개편을 단행함으로써, 규제 거버넌스를 '책임성과 투명성 중심'으로 재정립할 것을 제안한다. 국민의 이름으로, 위원회와 협의회의 이름을 바로 세울 때다.

이뿐만 아니라, 외교부 소속이 아닌 일반 공무원 또는 공공기관 직원의 해외 파견과 국비 유학 제도는 연간 수백억 원의 예산이 투입되는 고비용 정책임에도 불구하고, 국민적 감시와 제도적 평가 시스템의 사각지대에 방치됐다. 따라서 이 제도들의 투명성 제고와 성과 중심의 운영 책임 부과는 더 이상 미룰 수 없는 과제다.

첫째, 공공정책·경제·문화·체육 등의 국제 협력을 명분으로 현지 대사관, 국제기구, 문화홍보 및 무역진흥 기관 등에 파견된 인력 중 상당수는 실질적 기여도와 성과가 불명확하다. 일부는 본래 목적과 무관한 단순 사무보조나 행사 지원에 머물고, 활동 내용조차 대외적으로 공유되지 않는다. 많은 업무는 이메일, 화상회의, 해외 출장 등으로 대체할 수 있음에도 불구하고, 체류비·가족 수당·주택과 차량 제공 등 고비용 지원이 여전히 관행적으로 유지된다. 결과적으로, 이 제도는 국제 협력이 아닌 특정 인사에게 제공되는 '관료 특전'이나 '사기 진작성 해외 체류'로 변질되고 있다.

둘째, 국비 유학 제도 역시 구조적 결함과 운영상 불공정성을 안고 있다. 본래 공직자의 전문성과 정책 역량 강화를 위해 설계되었지만, 실제로는 승진 대기용 휴직이나 경력 관리 수단으로 활용되는 경우가 많다. 유학 이후 전공과 무관한 부서에 배치되거나, 유학 성과가 정책 실무에 반영되지 못하는 사례가 반복되고 있다. 일부는 공직 내 제도적 환류 없이 학력 보완이나 퇴직 후 민간 이직 수단으로 유학을 활용하며, 성과보고서와 논문조차 비공개로 처리되어 공공성과 투명성을 심각하게 훼손하고 있다.

「대한규제혁신민국」 역시 이러한 문제를 현장에서 목격한 경험을 바탕으로 실상을 고발한다. 다수의 고시 출신 국비 유학생들이 영어권 국가의 언어조차 제대로 구사하지 못해, 외국인 투자 유치나 국제회의에서 통역 없이는 의사소통할 수 없는 경우가 빈번했다. 저자는 다국적기업에서의 실전 경험을 바탕으로 이들의 부족한 역량을 현장에서 보완하며 외교적 위기를 수습한 경험이 있다고 밝힌다. 이는 국비 유학이 단순한 학위 취득을 넘어, 실제 국제 업무 역량을 검증하고 실무에 효과적으로 연계되도록 제도 전반을 재설계해야 함을 보여주는 대표적 사례다. 국회 청문회에서 외국 학위자의 듣기와 말하기 능력만 확인해 보라. 진실은 몇 마디 안에서 다 나온다. 하지만, 청문회는 그걸 끝내 묻지 않는다. 의도적으로. 왜 그래야만 할까?

이와 같은 제도적 방임과 면책 구조는 이미 지난 10여 년간 언론보도와 공공 통계를 통해 지속해서 지적됐다. 국비 유학에만 연간 약 400억 원, 최근 5년간 누적 2,000억 원 이상이 투입되었으며, 2020년에서 2024년 사이 2,627명의 국가직 공무원이 유학 혜택을 받았다. 이들 중 다수가 고시 출신 4~5급 공무원으로, 기득권 중심의 폐쇄적 운영이라는 비판이 제기되었다. 유학 논문에 대한 표절 의혹이 다수 제기되었고, 최근 10년간 환수 조치는 단 한 건도 없었다. 심지어 어떤 이는 영어 성적 기준조차 충족하지 못한 채 허위 보고로 1억 원이 넘는 예산을 받은 사례[66]도 확인되었으며, 유학 후 전공과 무관한 부서로 전보되거나 조기 퇴직하여 국비로 취득한 학위를 사적 자산처

---

66) 뉴시스(2022.1.24.보도),「제주도 공무원 외국 대학 박사과정 연수 거짓 보고 들통… 1억 예산 수령」,
https://www.newsis.com/view/NISX20220124_0001735448

럼 활용하는 경우67)도 있었다. 결국 국비 유학 제도는 설계 목적을 상실한 채, 승진용 휴직, 퇴직 전 특혜, 자녀 유학을 겸한 해외 체류 기회로 왜곡되어 국민의 공적 신뢰를 심각하게 훼손하고 있다.

따라서, 『대한규제혁신민국』은 이러한 해외 파견과 국비 유학 제도의 특권적 면책 구조와 기득권화된 운영 실태를 강도 높게 비판하며, 다음과 같이 실효성 있는 제도 개혁을 제안하는 바이다.

```
- 파견 인력의 선별 이유, 정기 정보공개·분기별 성과보고·기한별 실적평가 공개
- 3개월 단위 성과 미비 시 즉각 귀국 조치 후 강력한 징계 및 구상권 청구
- 국비 유학 전 연구계획서 공개 제출 및 귀국 후 전공 관련 부서 복귀 의무화
- 국비 유학 중 해당 전공 분야 SCI급 연구논문 매년 1편 이상 게재+국민 공개
- 국비 유학 후 5년간 해당 전공 분야 의무 복무 및 매년 연구 성과 국민 공개
- 국비 유학 후 10년 이내 퇴직 시, 이자 포함 국비 유학비용 일체 5배 반환 의무화
- 해외 파견 및 유학 제도 전체에 대한 연간 예산 사용내역 부처별 국민 공개
- 해외 파견 및 유학 제도 전체에 대한 연간 감사원 정기 감사 및 국회 보고 신설
- 국비 해외유학출신 공직자의 인사청문회 시, 듣고 말하는 어학능력검증 제도화
※ 상기의 모든 내용은 국가안전보장 비밀유지 측면이 아닌 경우 국민 공개 의무화
```

해외라는 이유로 예외일 수는 없다. 국민 세금이 투입되는 모든 인사와 제도는, 국내외를 불문하고 동일한 기준의 투명성과 성과 책임을 져야 한다. 『대한규제혁신민국』은 일반직 공무원과 공공기관 임직원에 대한 **"해외 특권 면책의 해체"**와 **"공적 인사제도의 정상화"**를 강력히 요구한다. 국내의 비효율적 관료도 문제지만, 해외에서 외화만 낭비하며 국민 부담 위에 기생하는 이른바 **'글로벌 식충관'**이 존재한다면, 이는 구조적 기득권의 악마적 바이러스이며,

---

67) 한겨레(2022.5.9.보도), 산업장관 후보자, '혈세 먹튀' 논란에 "개인 선택"…사과 거부
https://www.hani.co.kr/arti/economy/economy_general/1042143.html
동아일보(2022.5.9.보도), 공무원 시절 국비 1억 지원 美 유학… "국외훈련제도 악용"
https://www.donga.com/news/Economy/article/all/20220509/113293676/1

4부. 대한민국 규제혁신의 방향과 2.0 전략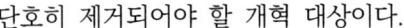

단호히 제거되어야 할 개혁 대상이다.

관료제 개혁은 단순한 인사 조정이나 정원 감축을 넘어야 한다. 이처럼 실체 없는 제도적 허구와 면책 구조를 해체하는 **'정의로운 구조조정'**이 병행될 때만, 진정한 제도 정상화와 국민 신뢰 회복이 가능해진다.

하지만, 동시에 공직자 스스로 혁신의 주체로 설 수 있도록 유인하는 제도적 보상 체계 또한 반드시 병행되어야 한다. 규율과 통제만으로는 한계가 분명한 만큼, 이제는 명예, 성장, 기회의 사다리를 함께 설계해야 한다. 아래의 제안은 바로 그러한 공직사회 혁신을 견인할 '보상의 인프라'를 구축하기 위한 실천 전략들이다.

■ **채찍만으론 부족하다: '공직 혁신'을 견인하는 당근 전략 10選**

대한민국 공직사회는 오랜 시간 헌법과 법률을 준수하고 국민 전체에 대한 봉사자의 의무와 윤리적 책임 중심의 규율 아래 작동해 왔다. 그러나 규범 강화를 통한 통제만으로는 21세기형 적극 행정과 공직 혁신을 실현할 수 없다. 아래 제안하는 10가지 전략은 공직사회의 내적 동기와 외적 기회를 동시에 자극하는 **'보상의 인프라'**를 구축하려는 시도다.

1. **적극행정 우수성과자에 대한 고위직 경로 개방** : 9급·7급·임기제 출신 공무원 중 적극 행정 실적 우수자에게 3급 이상 고위직 진입을 제도화하고, 이를 위해 장·차관 트랙에 준하는 승진 사다리를 설계한다. 고시 여부나 직종이 아닌 '국가 기여도'에 기반한 실질적 경력 전환 체계를 구축한다.

2. **국가직 총량제를 기반으로 한 승진 TO 재편** : 승진 기회를 부처별 할당에서 탈피하여, 인사혁신처가 총괄하는 '직급 총량제'로 전환한다. 하위직 인원이 많지 않은 부처에서 구조적 불이익을 해소하고, 직급 이동의 공정성을 확보한다.

3. **국내외 교육·파견 기회의 공정 분산** : 해외훈련, 고위과정, 파견근무 등 핵심 성장 기회를 고시 출신에 집중시키는 관행을 중단하고, 성과 중심의 선발

방식으로 전환한다. 교육 기회 자체가 공직사회의 수직 구조를 강화하지 않도록 설계한다.

4. **임기제 공무원의 일반직 전환 경로 보장** : 성과 기반으로 일정 기준을 충족한 임기제 공무원에게 일반직 전환 및 승진 가능성을 제도적으로 보장하여, 고용불안 등 공직사회 내의 '기만적 이중 구조'를 해소한다. 직업공무원제도의 공정한 기회 보장 및 동일 노동-동일 기회의 원칙을 실현한다.

5. **헌신공무원 대상 '명예 트랙' 제도 신설** : 20년 이상 특정 분야에서 공공성과 헌신을 입증한 공무원에게는 '명예 국장' 등의 비정무 명예직을 부여하고, 퇴직 이후 공공기관 자문단, 정책 교관 등으로 활동할 수 있는 제도적 연결 경로를 마련한다.

6. **'공무원 명예의 전당' 구축** : 행정개혁, 규제혁신, 갈등조정, 투자유치, 무역증진, 통상협력 등 특정 분야에서 탁월한 성과를 남긴 인물의 이력을 디지털 기록으로 보존·공개하는 '명예의 전당'을 설립하여, 공직사회가 존경의 대상이 되도록 상징 체계를 재구성한다.

7. **적극행정 마일리지 → 가족 혜택 연계 제도** : 공무원의 적극행정 실적을 가족 단위 복지혜택(예: 국립대 등록금 감면, 연수 동반권, 유학 추천 가점 등)과 연계함으로써, 공직 기여가 생활 실질로 보상되도록 한다.

8. **민관 교차 로테이션 인사제 정규화** : 정책 역량 강화를 위해 적극행정 우수 공무원이 민간, 시민사회, 국제기구 등과의 순환 근무를 경험하도록 하고, 복귀 후 평가 및 승진에 반영되도록 제도화한다. 민-관 협업의 교차 지점을 실질화한다.

9. **공공스타트업 진출 트랙 마련** : 공직자의 혁신 제안이 정책적 실험을 넘어 '창업형 공공혁신'으로 이어질 수 있도록 퇴직 이후에도 정부가 시드펀딩·운영플랫폼을 제공하고, 공공벤처 영역으로의 전환을 지원한다.

10. **공무원 → 정치인 전환 시 윤리 규범 강화 + 비례대표 자격 부여** : 공직자가 정계에 진출할 경우, 퇴직 후 일정 기간(3년) 선거 출마 제한과 이해 충돌 검증을 의무화하고, 그러한 윤리기준을 성실히 이행하였으면 법적으로 비례대표제 정당 추천 가점 등 긍정적 인센티브를 부여한다. 이는 공직과 정치의 건전한 경계를 유지하고, 책임 있는 정치 진입 문화를 조성하기 위한 제도적 장치다.

> 이 모든 사례는 하나의 결론으로 수렴된다. 공직사회를 바꾸려면, 처벌보다 먼저 설계가 바뀌어야 한다. 명예, 성장, 이동, 생계, 존경이라는 다차원 보상이 뒷받침될 때, 공무원 개개인은 국가 혁신의 주체로 재정립될 수 있다. 정치의 의지와 제도의 사다리가 만나지 않으면, 규제혁신은 빈 구호로 끝난다. 공직자에게 돌아간 보상이 국민의 성과로 전환되지 않는다면, 그건 특권일 뿐이다.

그러나 이러한 인센티브 전략조차 공직사회 내부의 근본적인 불평등 구조를 직시하지 않으면 공허한 선언에 그칠 수 있다. 특히 '공정한 기회'라는 이름조차 허락되지 않는 임기제 공무원들의 처참한 현실은 공직사회의 기만적인 이중 구조가 얼마나 구조화되어 있는지를 가장 적나라하게 보여주는 사례다. 다음은 그러한 구조적 문제를 드러내는 대표적 사례이자, 반드시 함께 논의되어야 할 관료제 개혁의 핵심 대상이다.

★ 임기제는 가장 많이 일하고, 가장 빨리 버려진다.

- 공직사회 구조 안에는 '가장 악랄하면서도 처참한 얼굴'이 있다. 임기제 공무원은 일을 가장 많이 하면서도, 가장 빨리 버려진다. 이는 단순한 인사상의 불이익이 아니다. 공직사회가 숨기고 있는 기만적인 이중 인사구조의 민낯이 가장 잔혹하게 드러나는 지점이다.

1. 공공조직 내의 '제도화된 차별구조' : 임기제 공무원은 '개방형 인재 영입'과 '공직 전문성 강화'를 표방하며 제도화되었지만, 현실에선 구조적 착취와 차별의 수단으로 전락했다. 특히, 과장급 임기제 공무원은 정년 보장 일반직 공무원이 기피하는 갈등조정, 투자유치, 규제혁신, 현장대응 등의 격무직 또는 전문직에 배치되며, 업무 강도와 책임 수준은 훨씬 더 높음에도 불구하고, 경력 인정, 보수 체계, 균형 근평, 직급 승진, 고용 안정 등 거의 모든 면에서 구조적으로 철저히 배제되고 있다. 단순한 예외가 아니라, 임기제 자체가 일반직 공무원 조직을 방어하기 위한 완충재이자 일시적 소모품으로 기능하는 구조다.

더욱 악랄한 사례도 비일비재하다. 일부 부처와 기관은 임기제 공무원이 과장으로 재직 중인 부서를 조직 내 '하수구'처럼 취급하며, 업무 능력이 현저히 떨어지거나 인성에 중대한 문제가 있어 내부에서도 기피 대상이 된 일반직 하위 직원을 해당 부서에 아무런 협의도 없이 밀어 넣는다. 동시에 직제상 필수 인력조차 제때 충원하지 않고 결원을 의도적으로 방치하거나 일부러 줄여, 격무와 돌발 상황이 빈번한 부서에 임기제 과장을 '고립무원(孤立無援)' 상태로 내모는 인사 테러를 자행한다. 이는 단순한 태만이나 관행이 아니라, 조직이 공모하여 임기제를 정규직 내부의 피로와 폐기물까지 처리하게 만드는 명백한 제도적 학대이며, '착취를 위한 설계'라는 점에서 구조적 인권 침해에 가깝다.

▍2. "전환 가능"이라는 말의 위선과 제도 사문화 : 법령과 운영 지침상으로는 일정 기간의 성과를 충족하면 일반직 전환이 가능하다고 명시되어 있지만, 실제는 다음과 같은 구조적 기만이 반복된다.

- 부처별 임의 재량에 따라 일반직 전환 기회 자체가 제공되지 않거나, 형식적 절차만 존재.
- 승진 대상 TO에서 사실상 배제되어 3급 이상 고위직 진입 경로 자체가 막힘.
- 계약 만료 시, 일반직의 6개월 유급 공로 연수 같은 이행 절차를 단 며칠도 주지 않고 형식적 계약 해지 공문 통보 후 평시와 같게 마지막 날까지 근무 후 곧바로 퇴직.
- 10년 미만 근무 시 공무원연금 대상도 되지 않지만, 급여에서는 매달 공무원 연금 부담금을 악착같이 공제하며 과장급은 여러 가지 개인 비용을 부담케 함.

이에 따라 임기제 공무원은 연장 가능성이 있는 비정규직보다 더 불안정한 고용 상태에 놓이며, 정규직 재진입이 어려운 50대 이후 전문인력에는 '시한부 고용 후 폐기'라는 국가적 기만으로 작용한다. 임기제 공무원은 직업 공무원인가, 비정규직인가, 아니면 배터리처럼 기한이 정해진 소모품인가?

▍3. "같은 사무실, 다른 운명" – 윤리적 제도적 불평등의 구조화 : 같은 사무실에서 같은 국민을 상대하고 같은 정책을 추진하거나, 때로는 더욱 복잡하고 고난도의 고된 일을 도맡아 수행하지만, 두 공직자의 운명은 극명하게 갈린다. 한 사람은 고시 출신이라는 이유만으로 고공 승진의 사다리를 보장받고,

연금 자격과 경력 인정, 정년퇴직 후 공공기관 낙하산 인사까지 배려받는다. 반면 다른 한 사람은 임기제라는 이유로 계약이 종료되는 순간, 행정 시스템에서 흔적조차 없이 퇴출당한다. 이는 단순한 고용 형태의 차이를 넘어, 국가 행정의 윤리성과 정당성을 위협하는 제도화된 차별구조다. 민간 출신 4급 이상 과장급 임기제 공무원은, 일반직과 달리 임용 전 어떤 체계적인 소양 교육도 받지 않는다. 일반직 공무원은 직급별로 수개월에서 길게는 1년 이상 사전 교육을 거친 후 실무에 투입되지만, 임기제는 임용 첫날부터 곧바로 실전 현장에 배치된다. 이는 곧 그들이 이미 일반직 고위공무원 이상의 역량을 갖춘 상태에서만 진입이 허용된다는 뜻이며, 실제로 과장급 임기제는 직위별 단 1명씩만 선발되는 고난도의 공개채용을 거쳐 어렵게 입직한다.

그러나 이렇게 힘겹게 들어온 이들에게 공직사회는 또 다른 냉혹한 현실을 들이민다. 협업을 가장한 배제, 관행이라는 이름의 무시, 시기와 질투가 뒤섞인 조직적 고립은 보이지 않는 벽이 되어 일상을 지배한다. 회의 정보는 공유되지 않고, 주요 의사결정에서 의도적으로 제외되며, 사소한 결재조차 고의로 지연·누락된다. 어서 오시라는 형식적 환영 인사 뒤에 숨어 있는 철저한 권한 통제와 무형의 감시는, 이들을 단지 '외부자'로 만드는 것이 아니라, 고립된 소모품으로 만들고 있다.

"같은 사무실"에 앉아 있으나 "다른 운명"을 강요받는 이 구조는 단순한 차별이 아니다. 이는 고도로 숙련된 방식으로 반복되고 공고화된 조직 내부의 계급 시스템이다. 정규직 내부의 안정을 위해 임기제를 철저히 도구화한 국가 조직의 비열한 메커니즘이다. 문을 열어놓은 척하며 전문성을 빌려 쓰고, 그 전문성이 내부 권력을 위협하지 않도록 모든 시스템이 경계하고 배척한다. 이것이야말로 '제도화된 불평등'이 가장 악의적으로 작동하는 방식이며, 정의와 형평을 자처하던 공직사회가 내부에서 얼마나 구조적 위선과 폐쇄성을 품고 있는지를 드러내는 가장 뼈아픈 단면이다.

▎ 4. 사회 전체는 비정규직의 정규직화를 추진하고 있으나 공직사회는 역행 중
: 민간과 공기업은 고용불안 해소를 위한 비정규직의 정규직화 방향으로 전환하고 있지만, 정작 공무원 조직은 이를 정규직 방어 논리로 억제하며, 국·과장급 임기제를 더욱 단기화·축소화하는 방식으로 역행하고 있다. 이는 단순한

관성이나 조직 보신이 아니라, 국민에 대한 위선이자 헌신에 대한 제도적 배신이다. 특히 50대 이후 억대 연봉을 포기하고 입직한 민간 전문가에게 2~3년짜리 임기만 채우면 내보내는 이런 퇴폐적 인사구조는 반인권적으로 제도화된 명백한 대국민 사기이다. 국가가 역량이 축적된 국민의 경력과 애국심을 활용하고 막판에 버리는 구조에서, "공공을 위한다."는 어떤 명분도 정당성을 가질 수 없다.

▎5. 군(軍)도 바뀌었는데 공무원 조직은 왜 아닌가? : 육군은 과거 육사(KMA) 출신의 장군 독식을 방지하기 위해, 학사장교·ROTC·3사관학교 출신 간의 승진 TO를 실무적으로 안배해 왔다. "출신 계열별 장성 TO 균형관리"라는 명목 아래 비육사 출신의 준장·소장 진출이 2020년대 들어 점진적으로 확대되고 있으며, 육사 출신 비율은 2024년 기준 약 71% 수준으로 감소[68]했다. 이는 법제화된 제도는 아니지만, 균형을 고려한 공정성과 출신 다양성의 조화를 모색한 전략적 인사 정책으로 평가받는다. 군도 이렇게 변했다. 그런데도 공직사회는 고시 출신 중심의 고위직 독점을 고착화하고 있으며, 4급 이상 민간인 공채 출신 개방형 임기제 직위조차 일반직 전환도, 후속 보직도 없이 사라지게 하는 비참한 현실은 민간 경력자의 헌신을 아무런 거리낌도 없이 걷어차 버리는 국가적 국민역량 착취구조로 가장 악랄하게 작동하고 있다. 공무원 사회도 이제는 과장급 임기제에 대한 일반직 전환 보장, 승진 안배 제도, 경력 설계 사다리를 명시적으로 정책화해야 한다. 국가가 민간 전문성을 단기 활용하고 폐기하는 이런 악랄한 인사구조의 악순환을 방치하는 한, 국민은 언제나 실패한 정책의 뒷수습을 떠맡게 된다.

▎6. '착취형 임기제' 구조 해체를 위한 세 가지 개혁 방향
① 의사결정의 중추적 역할을 맡는 4급 과장급 이상 임기제 급수별 일반직 전환률과 승진률에 대한 부처별 연간 목표 설정 및 매월 추진 현황 공시 의무화 → 5급 이하의 형식적 보여주기식 전환 내용을 4급 과장급 이상 실제 정책 결정 레벨 지표로 전환하고, 기관의 업무평가에 반영하는 책임행정을 유도.

---

68) 서울경제(2024.10.27 보도), 진짜 '하늘의 별따기'…사관학교 8명 준장(★) 달 때 비사관학교 2명
https://www.sedaily.com/NewsView/2DFQBB6P9D/GE0702

② 임기제 공무원에 대한 민간 근속연수 인정 등 실질적 처우 개선 → 동일노동-동일 기회의 헌법적 원칙에 부합하도록 제도를 서둘러 정비.
③ 임기제 인사 운영 실태를 점검·시정할 외부 전담 기구 설치 → 차별 금지 인권 옴부즈만 또는 인사 감찰 기능의 감사원 차원의 독립기구를 통해 구조적 차별을 상시 감시하고 이를 어긴 기관장을 엄중 형사처벌 하도록 검찰에 고발.

결론 : 국가는 더 이상, 가장 헌신한 자를 가장 잔인하게 내쳐서는 안 된다. 임기제 공무원에 대한 차별은 단지 한 조직의 인사시스템 문제가 아니다. 그것은 국가가 어떻게 국민의 헌신에 응답하고, 어떻게 공공노동을 소비하고 폐기하는지를 보여주는 잔인한 거울이다. 오늘날, 4급 서기관은 물론, 3급·2급·1급 임기제 고위직조차도 임기 종료와 함께 경력 단절, 진로 봉쇄, 생활 불안이라는 벼랑 끝에 내몰리고 있다.

많은 이들이 50세가 넘어 억대 연봉을 포기하고, 오직 국가에 이바지하고자 들어왔지만, 정작 국가는 단물만 쭉 빼 먹고, 임기 만료 시점에서 어떤 보호도 없이 방치하거나 무책임하게 내친다. 이것은 계약이 아니라, 제도화된 기만이며, 공공을 가장한 샌드위치 리더십 착취구조의 국가적 비열함이다.

민간에서의 명예와 경력을 걸고 축적된 역량을 발휘하고자 공직에 들어온 전문가를 이렇게까지 폐기물처럼 다루는 공직사회는 국가의 정의를 말할 자격이 없다. 대한민국이 진정으로 공정 국가, 정의 국가를 지향한다면, 공직사회의 '하위구조'만이 아니라, 누구보다 국가에 헌신한 민간 전문가들의 존엄까지 지켜낼 수 있는 제도적 안전망부터 재설계해야 한다. 이를 제도적으로 마땅히 서둘러 뒷받침해야 할 인사혁신처는 결코, 인사망신처 내지는 인사외면처가 되어서는 아니 된다.

부처마다, 민간 출신이 개방형직위로 입직해도 그 이후는 진급의 길도, 성과의 평가도, 승진의 사다리도 사실상 닫혀 있다. 중간 간부로 들어온 그들은 정규직 조직에 편입되지 못한 채, 제도 밖 사람처럼 머물고, 소속감 없이 떠도는 '외부인 내부자'로 존재한다.

이제는 물어야 한다. 해마다 민간 출신 개방형직위로 들어온 사람은 몇 명인가? 그들의 근무 지속 연수는 평균 몇 년인가? 연간 성과평가는 고시 출신과 비교하여 균형 있고 공정하게 진행 중인가? 승진에는 얼마나 반영되었는가? 부처별로 연간 몇 명이나 승진했나? 퇴직 사유는 무엇이며, 어디로 갔는가? 이 모든

> 통계가 부처별로 투명하게 공개된다면, 진실은 드러날 것이다. 하지만 이상하게도 공개된 내용은 없다. 아무도 알려주지 않는다. 언론이나 국회에서도 묻지 않기 때문일까?

(4) 시민사회와 규제감시 네트워크

규제혁신은 정부 혼자 할 수 없다. 시민사회의 참여와 감시가 뒷받침될 때 비로소 지속 가능하다. 이를 위해선 시민단체, 전문가 집단, 언론, 산업계가 함께하는 **'규제감시 네트워크'**를 구성하여, 규제의 신설·강화·폐지 전 과정에 감시와 제안을 제도화해야 한다. 특히 규제 데이터베이스의 공개, 규제 이력 추적 시스템, 이해관계자 참여 포털 등을 통해 시민이 능동적 규제 감시자로 기능할 수 있는 기반을 마련해야 한다.

규제는 특정 집단이나 정부 부처의 전유물이 아니다. 그것은 사회 전체의 공동 운영 원칙이며, 규제를 누가 어떻게 만들고, 누가 어떤 방식으로 그것을 집행하며, 누가 결과를 감시하는지가 공동체의 질과 성숙도를 가늠하게 한다. 그런 점에서 규제 거버넌스의 핵심 축은 시민의 참여와 감시이다. 더 이상 정부 주도의 일방적 규제 설정과 집행으로는 규제의 정당성도, 수용성도 확보할 수 없다.

왜 시민사회의 감시가 중요한가? 한국 사회에서 규제는 종종 복잡하고 폐쇄적인 행정 구조 속에서 설정되고 운영된다. 수많은 위원회, 인허가 절차, 까다로운 기술 기준 등은 규제의 정합성과 객관성보다 관료적 안정성과 형식적 요건 충족을 우선시해 왔다. 이 과정에서 규제의 실질 효과나 공공성, 현실 적합성에 대한 외부의 감시와 통제는 거의 부재했다.

또한, 앞서 언급했듯이 국회는 다수의 법안을 남발하며 규제의 양적 팽창을 야기하고 있지만, 정작 법안의 질적 평가나 실효성 분석은 거의 이루어지지 않고 있다. 이해집단 간 로비나 표심을 겨냥한 '정치적 입법'이 다수 등장하는 배경이기도 하다. 이러한 상황에서 시민사회가 적극적으로 규제의 감시자 역할을 수행하지 않으면, 한국은 규제 과잉과 갈등 과잉이 맞물린 '규제 포퓰리즘'의 늪에 빠질 수밖에 없다.

이를 해결하기 위한 실질적 대안으로 시민사회와 연계된 '규제감시 네트워크' 구축이 필요하다. 이는 단순한 민원 접수 창구가 아니라, 규제 전반의 기획·설계·집행·폐지 전 과정에 걸쳐 감시, 평가, 제안, 공론화의 기능을 수행하는 독립적 공공 감시 시스템이다.

주요 운영 방안은 다음과 같다.

① **규제감시 시민네트워크 조직화** : 전국적 차원의 시민단체, 직능단체, 전문가 모임, 지역 NGO를 연계한 '규제감시 시민네트워크'를 제도화한다. 이들은 주요 산업 분야별, 공공서비스별, 생활 규제 별로 전문 소그룹을 구성하여 규제 신설 및 정비 과정에 사전 검토와 의견 제출이 가능하게 한다.

② **규제정보 공개 시스템 강화** : 규제 입안과 심의, 시행령 개정, 지침 발령 등 규제 전 과정의 정보를 투명하게 공개하고, 시민이 열람·검토·질의할 수 있는 온라인 플랫폼[69]을 구축한다. 이를 통해 시민 감시가 실질적으로 가능하게 한다.

③ **독립된 '국민규제감시위원회' 설치** : 정부나 국회에 예속되지 않는 독립 기구로서 '규제감시위원회'를 설치한다. 위원회는 시민사회·학계·산업계 인사들로 구성되며, 각종 규제의 공공성 평가, 형평성 분석, 규제개선 권고, 부작용 모니터링 등을 수행한다. 특히, 국민 청원형 규제심의 청구권을 제도화하여, 국민이 직접 규제 재검토를 요구할 수 있도록 한다.

④ **시민 규제 옴부즈만 제도** : 공공기관이나 지자체에서 발생하는 규제 관련 민원과 불합리 사례를 시민의 관점에서 조사·중재하는 '시민 규제 옴부즈만'을 운영한다. 이 제도는 단지 민원을 해결하는 데 그치지 않고, 규제의 작동 방식 자체를 구조적으로 검토하고 개선하는 데 중점을 둔다.

⑤ **규제학습 시민 동아리방 운영** : 전국적 차원의 시민단체, 직능단체, 전문가 모임, 지역 NGO를 연계한 '규제감시 시민네트워크'와 연계하여 읍면동 지역 단위 학습공동체를 구성하고 규제에 관한 공부 소모임을 통해 규제민주주의에 대한 참여와 협력 그리고 연대의 전문성을 강화한다.

---

[69] 예: '국민 규제 알림판', '규제 모니터링 지도', '현장 규제 실태지도' 등.

이러한 규제감시 네트워크가 제대로 작동할 경우, 다음과 같은 긍정적 효과를 기대할 수 있다. 규제의 민주적 정당성과 사회적 수용성 제고, 규제 포퓰리즘이나 규제 남발 그리고 그림자 규제에 대한 실질적 견제, 이해집단 간 갈등 조정의 객관적 기반 마련, 국민의 규제 주권 실현 및 현장 중심의 제도 개선 가속화, 행정부와 국회의 규제 남용에 대한 대국민 책임성 강화 등이다.

거듭 말하지만, 진정한 규제혁신이란 단지 규제 수를 줄이는 것이 아니라, 더 나은 규제를 만드는 과정이며, 그것은 시민이 참여하고 감시하는 민주주의의 확장 그 자체이다. 규제는 국가 권력의 행사 방식이며, 시민은 권력의 정당성과 결과에 대해 목소리를 낼 권리가 있다. 이제 한국 사회도 관료제와 정치의 손아귀를 벗어나, 시민사회 중심의 규제 거버넌스로 이행해야 할 시점이다.

(5) 규제혁신이 만드는 지속 가능한 사회

궁극적으로 규제혁신은 단기적인 산업 활성화나 행정 효율성 제고를 넘어서, 더욱더 신뢰할 수 있고 포용적인 사회를 만드는 기반이어야 한다. 규제는 공공성과 시장의 조화를 실현하는 핵심 도구이며, 사회적 약자를 보호하고 미래세대의 지속가능성을 보장하는 장치가 되어야 한다. 따라서 규제혁신은 '규제 완화'와 '규제 강화'라는 이분법적 사고에서 벗어나, 규제의 목적과 질을 높이는 방향으로 접근되어야 하며, 디지털 시대의 공공성을 구현하는 제도적 틀로 재설계되어야 한다.

따라서, 진정한 규제혁신은 단순한 규제철폐가 아니라, 사회 전체의 공공성을 제고하고 정의롭고 지속 가능한 시스템을 구축하는 일이다. 이는 법과 제도의 개편, 공공역량의 재구성, 그리고 국민 참여를 통한 절차적 정당성 회복을 통해 실현될 수 있다. 한국형 규제혁신은 **'국민의 자유와 권리를 보호하는 규제', '공익과 사회적 책임을 다하는 혁신'**이라는 원칙 위에서 새롭게 출발해야 한다.

이러한 규제혁신의 대전제가 실현되기 위해서는, 무엇보다 정책의 연속성과 실행력을 보장할 수 있는 시스템적 기반이 뒷받침되어야 한다. 그러나 지금의 대한민국 행정은 인사 관련 기반부터 무너져 있다. 지속 가능한 규제시스템을 가로막는 가장 구조적인 장애물은, 정책의 일관성을 파괴하는 '보직 단기 순환제'다. 중앙부처와 지방정부의 국·과장급 보직은 대부분 6개월에서 1년 내외로 교체되며, 특히 일반직 공무원은 사방의 부서와 기관을 마치 수련장처럼 돌며 순환 배치된다. 이처럼 잦은 순환으로 인해 어느 곳에서도 깊이 있는 업무 축적이 어렵고, 정책의 설계에서 집행까지 전 과정을 책임지는 구조도 불가능하다. 반면, 정책 실무를 담당하는 임기제 4급 이상 과장은 최소 2년 이상 '붙박이'로 자리를 지키게 되는데, 역설적으로 정작 이들은 매번 바뀌는 국장과 차관보급 상관 아래서 실질적 결정권은 행사하지 못한 채 방치되는 경우가 많다. 그러다 임기 만료 시 별다른 승진 경로 없이 조직에서 퇴출당하는 일이 다반사다. 이처럼 일반직은 피상적 경험만 누적되고, 임기제는 지속 가능한 경력구조 없이 고립되며, 행정조직 전체가 전문성과 축적을 상실한 채 무기력한 정책 관성을 되풀이하게 된다. 정책을 설계할 시간도, 결과에 책임질 기회도 없이 자리를 옮기고, 중장기 계획은 다음 후임자에게 '인수인계'라는 이름으로 떠넘겨진다. 그런 과정에서 정책은 '계속성'을 잃고, 행정은 '축적'을 잃는다.

정책의 일관성을 위한 임기보장이 아니라 사람만을 자주 바꾸는 것이 중심이 되는 인사시스템은 행정의 신뢰성과 예측 가능성을 심각하게 훼손하며, 지속가능성이라는 개념 자체를 선언적 수사로 전락시킨다. 각종 중장기 계획은 후임자의 코드에 따라 수시로 갈아엎어지고, 행정의 품질은 개인 역량과 인사 주기에 따라 롤러코스터를 타게 된다.

이러한 단기 순환 인사 문제는 일반행정뿐 아니라 교육, 국방, 복지 등 국민의 삶에 직결된 영역 전반에서 동일하게 반복된다. 예컨대, 일선 사관학교 장조차도 생도들과 입교식만 함께하고, 졸업식은 보지 못한 채 떠나는 일이 비일비재하다. 교육 철학을 수립하고 공동체 리더십을 구축할 기회도 없이,

그 자리는 '경력 관리용 보직'으로 소모된다. 그러나 이 문제는 단지 군 교육기관만의 병폐가 아니다. 온갖 공공기관의 장(長)들이 단기 체류자처럼 순환되는 구조 자체가, 대한민국 사회의 지속가능성을 좀먹는 핵심 요인 중 하나다.

> ★ **사관학교장은 '교육자'이지 '경력 관리자'가 아니다.**
> — 교육기관장의 임기를 '스펙 정거장'으로 만든 인사시스템을 비판한다.
>
> 대한민국의 육·해·공군 사관학교장은 대부분 6개월에서 1년 미만의 짧은 임기로 순환 배치된다. 심지어 생도들과 입교식을 함께한 교장이 임관식조차 보기 전에 교체되는 일도 비일비재하다. 교육 철학이나 인재 양성 비전 없이 그저 '경력 관리'의 중간 기착지로 소모되고 있다. 현재 간호사관학교장만 2년 임기로 운영되고 있으며, 나머지 군 사관학교들은 여전히 '보직성 순환 인사'라는 낡은 틀에 묶여 있다. 이는 미래 장교를 양성하는 교육기관을 일시적 파견지로 격하시키는 명백한 제도 실패다.
>
> 반면 미국 웨스트포인트와 영국 샌드허스트의 사관학교장은 대체로 2~3년간 안정된 임기를 보장받으며, 교육 철학과 리더십 개발 역량을 갖춘 현역·예비역 장군 또는 교육 전문가가 교장으로 임명된다. 이들은 생도들과 공동체를 이루며, 교육 방향성과 시스템을 장기적 관점에서 설계하고 책임진다. 그러나 한국은 여전히 현역 장군을 잠시 들렀다가 가는 식으로 교장직에 앉히며, 교육자라기보다 단기 경력 순환 대상자로만 인식하고 있다.
>
> 이는 단순한 인사 운영의 문제가 아니다. 국가 리더십 인재 양성에 대한 경시이자, 군 교육기관의 정체성을 근본적으로 훼손하는 구조적 왜곡이다. 장교의 정신과 사관의 소양은 단기간의 스파르타식 훈련으로 길러지는 것이 아니라, 장기적인 교육 철학과 공동체 리더십 속에서 서서히 축적되어야 하는 거룩한 가치이다. 따라서 다음과 같은 개혁이 시급하다.

> 1. 사관학교장 임기를 최소 2년 이상으로 제도화하고, 원칙적으로 생도 입교부터 임관까지를 책임질 수 있는 체계를 보장해야 한다. 장기적 교육 품질을 위해서는 교육 비전의 지속성과 일관성이 전제되어야 한다.
> 2. 현역 장군의 형식적 단기 배치 대신, 예비역 장성이나 군사교육 전문가 등 '교육자' 중심의 인사로 전환해야 한다. 사관학교장은 '교육자'이지, '경력 관리자'가 아니다.
> 3. 사관학교장의 비전과 역량, 임기 중 성과에 대한 정기 평가 및 국민 공개 시스템을 도입해야 한다. 이는 군 교육의 책무성과 투명성을 높이는 방향이기도 하다.

　선진국형 군대는 이미 교육 철학과 리더십 역량을 갖춘 인물을 교육기관의 수장으로 세우는 방향으로 개편되고 있다. 그런데 한국은 여전히 흐름에 역행하고 있다. 정기 인사표의 한 줄로 사관학교장을 단기 체류지처럼 다루는 지금의 관행은, 생도들의 미래와 장교 양성의 본질을 외면하는 행위에 다름 아니다.

　'교육기관의 교장은 교육자'라는 가장 기본적이며 상식적인 원칙조차 무시한 채, 교장을 단순 보직으로 소모하는 국방부 인사시스템은 즉각 재설계되어야 한다. 책임 있는 교육자의 중장기 리더십 없는 군은, 영혼 없는 군이다. 국가와 국민을 지킬 장교를 기르는 교육의 요람에는, 가장 책임 있는 교육자가 구령대에 우뚝 서 있어야 한다.

　지속 가능한 사회는 책임을 떠넘기는 순환 인사 속에서 결코 만들어질 수 없다. 자리를 맡은 이가 소신과 책임감을 느끼고 일정 기간 과업을 끝까지 추진할 수 있어야 제도는 비로소 살아 움직인다. 안정된 리더십과 누적되는 책무성이 없다면, 규제혁신 역시 선언에 머물고 만다. 결국 '누가 오래 붙잡고 해내느냐'가 국가 시스템의 내구성을 좌우한다. 따라서 조직의 허리이자 의사결정의 중추를 이루는 국·과장급 이상 보직은, 최소 2년 이상 동일 직위에서

직책을 '의무적으로' 수행하도록 공무원 직제 규정부터 시급히 개정해야 한다. 이것이야말로 정책의 일관성과 행정의 지속가능성을 회복하는 출발점이다.

여기서 분명히 말하지만, 행정의 지속성은 수단이지 목적은 아니다. 그러나 바로 수단이 무너질 때, 공동체는 규제의 목적을 잃고 제도는 방향을 상실한다. 일관된 정책집행은 규제의 본질, 곧 **'더 나은 공동체를 위한 질서'**를 설계하기 위한 최소한의 조건이다. 규제는 사회를 구속하는 족쇄가 아니라, 공동체가 지속 가능하게 작동하기 위한 질서이자 안전장치이다. 규제를 단지 경제성장의 장애물로 인식하고 무조건 '줄이는 것'에 초점을 맞춘 접근은 시대착오적이다. 오늘날의 규제혁신은 더 나은 공동체를 만드는 과정이며, 다음 세대를 위한 사회적 설계의 핵심 수단이다.

★ 폭주족은 심야의 살인 미수범이다 : '밤의 범죄자'에게 절망을 씌워라.

대한민국의 심야는 점점 공포의 시간이 되고 있다. 단지 조용한 밤을 원하는 수많은 시민의 침묵을 깨뜨리는 것은 폭주족이다. 이들은 오토바이에 불법 개조된 머플러를 달고, 스스로 기계 짐승이 된 듯 요란한 굉음을 토해내며, 시속 100km를 넘나드는 속도로 차도를 무한 질주한다. 정체불명의 이륜차 떼거리는 공적 공간을 사유화하고, 공중의 안전과 시민의 생명을 인질로 삼는다. 심야 폭주는 더 이상 단순한 교통법규 위반이 아니다. 그것은 국민의 수면권을 침해하는 '음향 폭력'이며, 심장병 환자·노약자·영유아에게 생리적 충격을 가할 수 있는 '음속의 살인 시도'다. 실제로 한밤중 소음으로 인한 심정지·수면 발작·산후우울 악화·노인 낙상 등의 사례는 꾸준히 보고되고 있다. 이들은 사회적 일탈행위를 자처하면서도 범죄자의 법적 책임을 회피한다. 이유는 간단하다. 대한민국의 법이 이들을 중대 범죄자로 다루지 않기 때문이다. 현행법상 폭주족은 도로교통법과 경범죄처벌법 위반 정도로 취급된다. 일회성 과태료, 벌점, 면허정지로 그치는 미온적 대응이 반복되고 있다. 불법 개조 오토바이의 경우 번호판을 제거하거나, 소리 측정이 불가능한 구간을 질주함으로써 단속망을 비웃는다. 대부분 지역에서는 경찰이 순찰을 아예 포기하는 '무법지대'가 심야 시간에 고착되었다. 국가는 이 밤의 범죄자들에게 철저히 무기력하다. 이제 전환이 필요하다. 폭주 행위는 고의성이 명백하고, 반복성·공포 유발성·인명 위협 가능성을 모두 입증할 수 있는 행위이다. 이에 따라 **「대한규제혁신민국」**은 다음과 같은 규제 전환을 강력히 제안한다.

- 제안 1. 폭주족 행위를 형법상 '살인 미수' 혹은 '공공위해 고의범'으로 재규정하라. 피해자의 실제 질환 유발이 입증되지 않더라도, 의도적 수면권 침해 및 위협적 행위 반복만으로도 강력한 형사처벌이 가능해야 한다. 고의로 심야 시간 불특정 다수에게 공포를 유발하는 소음 폭주는 '비접촉형 살인 시도'로 간주해야 한다.
- 제안 2. 현장 포획제 도입 및 물리적 장비 사용을 경찰 권한에 부여하라. 해외처럼 경찰이 즉각적으로 차단 봉쇄, 철망 전개, 전자 장비 추적 등을 동원할 수 있는 '폭주 포획권'을 법률로 부여해야 한다. 그물형 포획 장비, 소음 감지 시스템, 드론 감시체계 등도 실전 배치되어야 한다.
- 제안 3. 불법 튜닝 오토바이에 대한 즉시 압류 및 몰수·폐차 조치를 제도화하라. 번호판 탈거, 머플러 변조 등은 차량 소유권 박탈 사유로 간주하여 징벌적 몰수 및 재등록 불가 판정을 내려야 한다. 반복 위반자는 '중범죄 전과자'로 관리해야 한다.

해외의 경고, 우리는 언제까지 무시할 것인가? 일본은 보소조쿠(暴走族, ぼうそうぞく)에 대해 형사처벌뿐 아니라 일부 지역에서 그물형 포획 장비를 동원해 물리적 단속을 시행 중이다. 독일은 불법 소음 이륜차에 대해 즉시 압류와 함께 보험 무효 처리를 허용하고, 중복 위반 시 2년 이하 징역형도 가능하다. 호주 NSW주는 소음 감지 카메라를 활용해 재범 차량의 등록을 취소하고, 법원 명령 하에 폐차 처분까지 시행하고 있다.

해외의 이러한 사례에도 불구하고, 대한민국은 여전히 '야간 폭주'를 교통질서의 일탈로만 본다. 그러나 그것은 국민의 생명과 공공질서를 위협하는 중대한 범죄행위이며, 생명을 겨누는 사적 폭력이다. 그리고 무엇보다, 이 나라는 그 소리를 듣고 고통 속에 잠들지 못하는 이들의 나라이기도 하다.

대한규제혁신민국_국민이 설계하는 새로운 민주국가

> 평안한 수면을 빼앗긴 이들에게 내일은 결코 정상일 수 없다. 규제혁신이 만드는 지속 가능한 사회는, 바로 이처럼 일상의 존엄을 위협하는 위험을 통제하는 데서 출발해야 한다. 우리는 누구의 권리를 지켜야 하는가? 폭주족인가, 잠든 시민인가? 대한민국은 이제 '밤의 범죄자'에게 강력한 법의 철망을 씌워야 한다. 그것이 국민의 수면권을 지키는 국가가 지녀야 할 최소한의 의무이다. 사람들이 두려움 없이 잠들 수 없는 사회에, 어떤 내일이 지속된단 말인가. '규제혁신이 만드는 지속 가능한 사회'란 바로 밤의 평화를 지켜내는 데서 시작해야 한다.

그래서 규제는 사회의 내구성을 만드는 제도라는 점을 나는 강조하고 싶다. 대한민국은 지금 **'만성 사회적 고혈압'** 상태다. 극단적 저출산(출산율 0.7명대 붕괴), 지방소멸, 고령화, 기후 위기, 양극화, 불평등, 높은 자살률 등이 동시에 진행되고 있다. 이 구조적 위기는 단지 인구통계학적 문제가 아니라, 사회 전체 시스템이 한계에 도달했음을 알리는 경고음이다. 사회의 혈관을 막고 있는 규제와 제도, 관행을 그대로 두고는 지속 가능한 국가를 설계할 수 없다.

진정한 규제혁신은 바로 이러한 **'구조적 위기'**를 돌파할 수 있는 제도 설계로 이어져야 하며, 규제를 공익성과 형평성의 원칙에 따라 정비함으로써 공동체의 내구력을 키우는 일이다. 즉, 규제혁신은 미래로 가는 다리를 건설하는 국가 프로젝트다.

이제 규제는 20세기형 **'산업 질서유지 도구'**에서 벗어나, 21세기형 전환 사회를 위한 **'사회 설계 도구'**로 변모해야 한다. 특히 다음의 영역에서는 강력한 공공 규제가 오히려 지속가능성을 지탱하는 핵심 기둥이 된다.

① **기후 변화와 에너지 전환** : 탄소배출 규제, 재생에너지 확대를 위한 인허가 간소화, 에너지 효율 기준 강화 등은 미래세대를 위한 생존 규제다.
② **디지털 사회의 인권 보호** : 인공지능, 플랫폼, 빅데이터의 확산은 개인정보 침

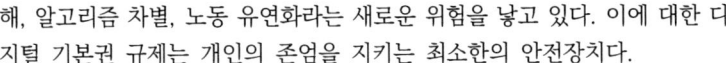

해, 알고리즘 차별, 노동 유연화라는 새로운 위험을 낳고 있다. 이에 대한 디지털 기본권 규제는 개인의 존엄을 지키는 최소한의 안전장치다.

③ **사회안전망 구축** : 팬데믹, 산업재해, 고령화, 주거 불안 등은 공공의 개입 없이는 방치되기 쉬운 영역이다. 보건·복지·노동 분야의 스마트한 규제 강화는 사회 신뢰의 기반이다.

④ **농촌과 지방의 생존 보장** : 지방소멸을 막기 위해서는 수도권 중심 규제를 과감히 정비하고, 지역 맞춤형 규제 완화와 유연한 행정 설계가 요구된다.

이처럼 규제는 미래를 지키는 공공의 도구이며, 좋은 규제는 오히려 공공의 신뢰를 강화하고 사회적 자본을 축적하는 원천이 된다.

대한민국이 지속 가능한 사회로 나아가기 위해서는, 규제시스템의 철학과 작동 원리를 근본적으로 재정립해야 한다. 규제는 단순히 '금지와 허용'을 구분하는 기술적 장치가 아니다. 그것은 **국가가 국민과 맺는 약속이며, 사회 구성원 간의 신뢰를 기반으로 하는 규범적 사회계약**이다. 좋은 규제는 사회를 덜 불안하게 만들고, 시장의 예측 가능성을 높이며, 시민에게 공정한 기회를 제공한다. 나쁜 규제는 반대로 공정성을 해치고, 정의에 대한 감각을 마비시키며, 국가에 대한 신뢰를 갉아먹는다.

『대한규제혁신민국』은 규제혁신을 단지 기업환경 개선이나 행정 효율성 제고의 차원에 머무는 것이 아니라, 모두가 함께 살아갈 수 있는 지속 가능한 공동체로서 좋은 나라를 만들기 위한 **'사회계약의 재설계'**로 정의한다.

이러한 새로운 규제 비전을 실현하기 위해, 다음과 같은 원칙들을 중심으로 규제시스템의 기준을 정립해야 한다.

> 1. **국민 참여** : 규제는 국민이 적극적으로 참여하여 주도적으로 설계하는 공동 통치의 합의된 실험장이 되어야 한다. 이를 통해 규제는 국민의 자유와 권리를 보호하고, 사회적 신뢰를 쌓을 수 있다.
>
> 2. **공동체 정의** : 규제는 개인의 이익과 공동체의 정의 사이에서 조정자의 역할을 수행해야 하며, 편익과 부담의 형평을 실현하는 장치여야 한다. 규제는 사회적 약자와 소외 계층을 보호하면서도 공동체의 발전을 도모해야 한다.
>
> 3. **투명성과 책임성** : 규제 입안·집행 과정의 정보공개와 감시체계를 강화하고, 결과에 대한 피드백 구조를 제도화해야 한다. 규제의 효과와 결과에 대한 지속적인 평가와 투명한 공시가 이루어져야 한다.
>
> 4. **유연성과 예측 가능성** : 급변하는 기술 발전과 사회적 변화에 유연하게 적응하며, 법과 제도의 안정성을 유지할 수 있도록 규제는 미래지향적으로 설계되어야 한다. 특히, 신기술 발전과 사회적 갈등을 해결하기 위한 합의와 조정의 과정에서 규제는 중요한 역할을 해야 한다.
>
> 5. **절제된 권력과 최소 개입** : 규제는 국가 권력의 작동 방식 중 가장 폭력적인 수단이기에, 집행은 헌법적 절제의 원칙에 따라 통제되어야 하며, 가능한 한 최소 개입을 지향해야 한다. 규제는 필요 최소한으로만 개입하여 사회적 비용을 최소화하고, 대체할 수 있는 수단이 있는 경우 최소한의 국가 개입을 선택해야 한다.

이처럼 국민 참여, 공동체 정의, 투명성과 책임성, 유연성과 예측 가능성, 절제된 권력과 최소 개입이라는 5가지 원칙을 종합적으로 제시하면, 지속 가능한 사회를 위한 규제시스템을 잘 형성할 수 있다. 각 원칙은 규제의 실질적 정당성을 강화하고, 사회적 신뢰와 민주성을 높이는 데 중요한 역할을 한다. 지속 가능한 사회는 결코 경제적 성장만으로 이룰 수 없다. 그것은 규범과 원칙이 살아 있는 규제, 그리고 규제를 공정하게 운영하는 국가 시스템이 있을 때 비로소 가능하다.

> 규제는 결국 "누가 설계하느냐"의 문제이다. 지금까지는 정치인과 관료가 설계의 주체였고, 국민은 수동적 수용자에 머물러 있었다. 그러나 이제 국민이 '규제의 주권자'라는 정체성과 실천을 되찾아야 할 때다. 국민은 규제를 설계할 권리뿐만 아니라, 이를 위해 투쟁할 의무도 가진다. 권리는 자동으로 주어지지 않으며, 투쟁 없이 보장되지 않는다. 유명한 법철학자인 루돌프 폰 예링이 강조했듯, "법의 목적은 평화이지만, 평화를 얻는 수단은 투쟁이다." 자유도, 권리도, 주권도 날마다 되찾아야만 향유할 수 있는 것들이다. 규제도 마찬가지이다. 권리 위에 잠자는 자를 규제는 보호하지 아니한다.
>
> 따라서 '규제참여권'은 단지 개인의 권리요구를 넘어서, 공공선과 민주주의를 실현하기 위한 국민의 공동 책임이자 의무이다. 침묵은 공범이 되고, 방관은 위임구조의 왜곡을 조장한다. 국민의 무관심이 정치인과 관료의 무책임을 정당화하는 토양이 되어서는 안 된다. 이제 국민은 '규제의 깨어 있는 설계자'로서 자각하고 실천에 나서야 한다.
>
> 『대한규제혁신민국』의 모든 전략은 바로 이러한 인식의 전환 위에 세워져 있다. 국민이 깨어나야 규제가 깨어난다. 국민이 설계자가 될 때, 진짜 민주주의가 시작된다.

3 이해집단 갈등 조정의 제도화 : 규제혁신 조정시스템 운영

> 이제 우리는 과거의 규제 패러다임을 넘어서야 한다. 지금까지 해오던 천편일률적 방식으로는 현재의 갈등과 미래의 위기에 대처할 수 없다. 『대한규제혁신민국』은 더 늦기 전에 사회적 갈등의 악순환을 넘어 우리 모두가 조정과 통합의 리더십을 시작해야 할 집단적 실천의 출발점이자, 민주주의와 경제의 선순환을 되살릴 정책 설계의 청사진이 되기를 간절히 바란다.

대한민국은 현재 각종 규제개혁과 관련하여 사회적 갈등이 심화하고 있다. '규제공화국'이라는 오명에 이어 '갈등공화국'[70]이라는 악명이 추가 되었다. 한국행정연구원이 우리 국민을 대상으로 매년 조사를 시행하여 공표하는 「사회통합실태조사」에서 사회갈등인식 지표를 보면, 우리 사회의 갈등(빈곤층과 중상층, 보수와 진보, 근로자와 고용주, 수도권과 지방, 개발과 환경보존, 노인층과 젊은층, 남자와 여자, 종교 간) 수준이 심각하다고 생각하는 인구의 비율이 매우 높다[71]. 갈등지수 통계에서 나타난 우리나라 사회적 갈등의 특징은 한번 커진 뒤 그것이 줄지 않고 계속 누적되는 악순환을 갖는다는데 더 큰 문제가 있다. 하나의 갈등 이슈가 물러가면 갈등 주체들이 화해하는 것이 아니라 서로에 대한 감정, 원한을 쌓아두고 있다가 어떤 사건으로 불씨가 당겨지면 또 폭발하고 다시 서로에 대한 증오의 감정을 갖는 악순환을 되풀이하고 있다. 한국 사회가 사실상 통제 불능의 갈등 공화국으로 빨려 들어가는 느낌이라는 보도까지 나오고 있다.

극심한 정치·사회적 갈등이 신뢰도의 결여로 이어져 국내 기업의 신규 투자와 외국자본의 국내 유입을 가로막고 소비를 위축시킨다는 것은 삼척동자에게 물어도 아는 사실이다. 삼성경제연구소는 "1인당 GDP의 27%를 사회적 갈등 관리 비용으로 쓴다"라며 "연간으로는 최대 246조 원으로서 모든 국민이 매년 900만 원씩을 사회적 갈등 해소에 쓰고 있는 셈"이라고 주장했다. 한국의 이러한 사회적 갈등비용은 OECD 최고 수준이다. 현대경제연구원도 "사회갈등지수가 상승하면 1인당 GDP가 하락하는 상관관계가 확인됐다"며 "한국의 경우 사회적 갈등 수준이 OECD 평균 수준으로 개선된다면 실질 GDP는 0.2%포인트 정도 추가 상승할 것"이라고 분석했다[72]. 이에 더하여

---

[70] 동아일보, 2022년 4월 14일 보도, 사회갈등지수 4년새 거의 2배…대한민국은 '갈등공화국'
https://www.donga.com/news/Society/article/all/20220411/112792594/1

[71] 통계청, 2024 한국의 사회지표 - 사회갈등인식
https://www.index.go.kr/unity/potal/indicator/IndexInfo.do?cdNo=2&clasCd=10&idxCd=F0259

[72] 서울경제, 2019년 1월 20일 보도, "사회적 불신이 성장률 갉아먹어..韓, 갈등관리 비용만

한국보건사회연구원은 사회갈등 관리제도를 효과적이고 투명하게 운영하여 갈등관리를 10% 증가시키면 1인당 GDP는 1.75%~2.41% 정도 증가하는 것으로 추론하였다.[73]

특정 이익집단 간의 대립, 정보 비대칭, 정치적 양극화 등이 규제개혁의 발목을 잡고 있으며, 단순한 법령 개정이나 행정조치만으로는 이러한 갈등을 해결하기 어렵다. 특히 공공 갈등의 구조화를 통해 숨은 이해관계를 드러내고, 정책 결정의 정당성과 수용성을 높여야 한다. 갈등을 방치하거나 권력에 의해 일방적으로 해소하는 방식은 규제 불신과 개혁 저항으로 이어질 수 있다.

축적되는 한국 사회 갈등의 악순환을 끊기 위한 통합의 리더십이 필요한 시점이 바로 지금임에 따라, 국민이 신뢰하고 참여할 수 있는 갈등 조정형 새로운 규제혁신 시스템의 마련이 절실하다. 규제정책은 본질적으로 다양한 이해관계의 충돌을 수반하기 때문이다. 특정 규제는 어떤 집단에겐 기회로, 다른 집단에겐 장애로 작용할 수 있다. 고로 이를 조정하고 합의로 이끄는 제도적 장치가 꼭 필요하다. 이와 같은 독립적 갈등 조정 기구는 이해당사자 간의 대화 채널이자 갈등을 생산적으로 해결하는 수단이 되어 사회적 대타협 구조를 만들어 낼 수 있게 된다.

또한, 우리나라는 출산율 0.7 명대 붕괴, 지방소멸, 고령화라는 국가 존립의 위기를 동시에 맞이하고 있다. 이는 단순한 인구통계 문제가 아니라 교육·복지·노동·산업·주거 등 모든 구조적 제도에 변화가 필요하다는 근본적인 경고이다. 따라서 이와 같은 인구 기반 위기를 규제혁신의 핵심 축으로 삼아야 하며, 주도면밀한 전략적인 접근이 필요하다.

저출산 대응 문제에 있어서 육아휴직 신청 절차 간소화 및 사각지대 해소(플랫폼 노동자 포함), 직장보육시설 의무화 기준 재설계 및 민간 협력형 모

매년 240조"
https://www.sedaily.com/NewsView/1VE41ETFSU
[73] 정영호, 사회갈등지수 국제비교 및 경제성장에 미치는 영향, pp 44~55, 한국보건사회연구원 (2015.3.1.)

델 허용, 출산·육아 바우처 및 주택금융 연계 제도 도입(지자체 시범), 청년 주거 규제 완화 (공공임대 기준, 다가구 활용 등)의 대안이 있을 수 있고, 지방소멸 대응 문제에 있어서는 복수 거주제 합법화 및 실증특구 지정(지방체류기간 요건 완화), 귀촌 창업 진입규제 완화 (영업 인허가, 설비 기준 간소화), 지방투자 촉진법 개정: 규제자유특구와 연계한 인센티브 패키지, 지역별 고등교육·직업교육 규제 유연화 등의 대안을 제시가능하며, 고령화 대응 문제에 있어서는 의료-돌봄 복합서비스 모델 구축을 위한 규제 통합(노인복지법 + 지역의료법 제개정), 고령자 자산이동 규제 유연화(증여·양도세 간소화, 금융상품 진입장벽 완화), 실버산업 창업·서비스 진입규제 재설계(요양, 교통, 보조기기 등)의 대안이 있을 수 있다. 하지만 이런 대안에는 찬성과 반대를 둘러싸고 이해집단 간의 첨예한 갈등이 있을 수도 있다. 그런데도, 이러한 갈등을 총괄하고 적극적으로 조정·중재할 공식적 정부 기구는 부재한 실정이며, 부처 간 분절적 대응이나 사후적 수습에 의존하는 한계가 반복되고 있다.

그래서 『대한규제혁신민국』이 이것을 근본적으로 해결할 추진 기구로서 대통령 직속, 「규제갈등조정중재원」[74]의 설치를 제안한다. 이 기구 안에서 위원회의 위원 구성은 갈등 조정 전문가를 중심으로 공무원, 시민단체, 법률가 등으로 구성하되 시민의 대표성을 갖춘 분들을 압도적으로 많게 해야 한다. 이 추진 기구의 기능은 중재안 제시 및 강제력 있는 권고가 되어야 하기 때문이다. 또한 시민사회 연계 플랫폼도 구축하여 전국적인 국민이 참여하는 국민제안 온라인 창구를 지역별로 개설하는 한편, 정기 보고서 및 권고안도 발간할 것을 제안한다.

---

74) 기존의 국무총리실 내 규제조정실의 인원에 민간인 전문가를 대폭 영입하여 일반직위:개방형 직위 = 5:5로 구성.
 기능: 1차 해커톤 등의 방식을 통한 합의와 조정을 우선 시도. 2차 최종중재안 제시 및 강제력 있는 권고 실시.
 → 재판 등으로 낭비되는 막대한 비용과 시간 절감

또한, 「**규제갈등조정중재원**」 같은 규제 갈등 해결 시스템의 도입에 있어서 다음과 같은 '3단계 갈등 해결 모델'을 방법론 차원에서 제시하는 바이다.

1단계에서는 정부 주도 「**국민해결 해커톤**」을 제도화해야 한다. 연 4회 이상 부처별로 국민이 원하는 현안[75]을 놓고 개최해야 한다. 규제 당사자(시민, 기업, 전문가, 공무원)가 함께 참여하여 **아이디어 → 시범사업 → 입법 연계를 체계화하는 방안을 도출**하여야 한다. 이를 통해 정부 주도의 공론장 활성화, 국민 참여로 정책 신뢰도 제고, 실행 가능성 높은 아이디어 도출이 가능하다는 기대효과를 거둘 수 있다.

[표 13] 3단계 갈등해결모델 중 1단계 방법론 예시

항목	내용
주최	규제갈등조정중재원, 국무조정실, 기획재정부, 행정안전부, 관련 부처
참여자	국민규제참여단(공모), 이해관계자 패널, 민간 전문가
주제 예시	인구위기 및 지방소멸 대응 규제혁신, 고령화 대응 제도개선 등
운영 방식	1박 2일 집중 논의 + 온라인 사전 설문 + 실시간 법제처 자문
후속 조치	우수 아이디어 → 규제샌드박스 및 법제처 입안 연계

2단계에서는 **국회 차원의 국민 배심형 공청회 및 소위원회를 제도화**하자. 또한 모든 상임위 내에는 **국민규제참여단**을 운영하자. 이 참여단은 전국의 지역별 남녀노소 인구비례에 따른 국민을 대상으로 기간을 정하여 지원자를 대상으로 AI 제비뽑기 및 대표성 지닌 사람의 시민단체 추천자를 혼합하여 구성하자. 이들이 참석하여 제안된 공청회 결과를 입법자료와 병렬하여 Law Maker들이 법안을 상정하여 처리하도록 하자. 신뢰가 땅에 떨어진 대의제의 한계를 이러한 직접민주주의적 요소로 보완하자.

---

75) 시민사회 연계 플랫폼에서 1만명 이상의 국민들 요청을 받은 이해집단 갈등에 대한 조정을 통해 규제혁신 추진.

[표 14] 3단계 갈등해결모델 중 2단계 방법론 예시

항목	내용
주최	국회 각 상임위원회(산자위, 복지위, 정무위 등)
시민참여 방식	공론화 국민규제참여단(제비뽑기형 + 대표 추천 혼합)
운영 방식	3주간 예비학습 → 입장 토론 → 집단 숙의 → 권고안 제출
보고서 연계	"국회 입법안 + 시민 권고안" 병렬 표기 후 법안 상정·심의·제개정

기존의 공청회는 전문가 중심이었다면 **「대한규제혁신민국」**이 새롭게 제안하는 2단계 모델에서는 대표성 있는 「국민규제참여단」으로 제도화하고 국회 상임위 내 **「규제갈등중재위원회」**를 상설화하여 공청회 결과를 입법보고서와 갈등영향평가서를 병행 제출케 하는 제도이다. 이를 통하여 국민 참여로 갈등 조정의 정당성을 확보할 수 있고 입법 전 사회적 합의 가능성을 검증해서 이견을 제도 안으로 끌어들여 갈등 격화를 방지하는 이점을 누릴 수 있다.

3단계에서는 지자체 중심 **「규제개혁 지방의회 참여단」**과 **「지역갈등관리센터」**를 설치 운영하자. 직접민주주의의 확대를 위하여 해당 지역 주민이 지방의회 및 집행부와 함께 지방정부 단위의 숙의 플랫폼 참여를 정례화하고 지역 단위 규제개혁 조례를 상시적 또는 분기별로 발굴하여 중앙정부와 숙의 후 입법화할 것을 적극 제안한다.

[표 15] 3단계 갈등해결모델 중 3단계 방법론 예시

항목	내용
설치 근거	「지방자치법」 및 「사회통합 거버넌스 조례」 개정
주체	시·도 단위 「규제개혁지방의회참여단」 + 시·구·군청 소속 「지역갈등관리센터」
기능	생활규제 발굴, 시범사업 설계, 조례 개선 제안
시민 운영	숙의형 토론 + 합의제 의결 → 시장 또는 의회에 제출

3단계 방법론은 지역마다 이슈가 다른 만큼 지역 단위의 숙의 플랫폼을 상설화하여 주민, 지역상공인, 시민단체, 청년 등 생활형 이해관계자 공동 주도로 갈등 조정 및 실험적 정책 시행을 동시에 추진하자. 이와 같은 제도는 지역 맞춤형 규제혁신이 가능하며 정책 실험과 피드백의 반복 구조를 통해 갈등을 초기에 조정하고 확산을 방지하는 기대효과를 거둘 수 있을 것으로 보인다. 그렇게 해야 우리 사회의 다양한 갈등(빈곤층과 중상층, 보수와 진보, 근로자와 고용주, 수도권과 지방, 개발과 환경보존, 노년층과 청년층, 남자와 여자, 종교 간)을 해결할 수 있을 것으로 전망하면서 지역시범사업을 설계하는 경우는 다음과 같은 예시가 가능하다.

[표 16] 광역지방자치단체 주도 지역 시범사업 설계(6개 지역 예시)

지역	주제	내용
서울시	플랫폼 노동 규제 갈등 해소를 위한 지자체 주도 해커톤 실시	• 4대 보험 적용 여부 기업과 갈등 • 지방정부 차원의 정책 실험 결과를 중앙 입법과 연계하도록 플랫폼 노동 표준 가이드라인 제작 • 고용노동부와 협력하여 '특수형태근로종사자 보호법' 제정 추진
경기도	산업단지 안전규제 시민참여 설계	• 화학물질 관리 규제 유연화 요구 • 기업협의체 + 환경단체 숙의 • 환경부와 협력하여 '화평 화관법' 개정 추진
대전시	데이터 활용 규제 갈등 중재	• 개인정보 보호 vs 산업진흥 • 시민단체·기업·정부간 숙의후 합리적 가이드라인 제정
전라북도	농민직불금 제도 갈등	• 영세농 vs 대농 간 분배 갈등 • 도 단위 해커톤 + 조례 설계
경상남도	스마트 제조업 전환 규제혁신 해커톤 개최 (창원, 김해, 사천 중심)	• 지역 제조업체 vs 환경·에너지 기준 강화 요구 간 충돌 • 이해당사자 공동조정 테이블 운영

지역	주제	내용
		• 산업집적활성화법 개정, 중기부 고시 개정, 환경부 협조로 배출허용 기준의 기술적 유연성 허용
제주도	관광 과잉규제 갈등 해소	• 렌터카·숙박업 규제 • 주민 중심 조례 개정 제안 • 문체부와 협력하여 법 개정 추진

상기와 같은 3단계 모델에 반드시 수반되어야 할 보완적 제도로서 「시민사회 연계 플랫폼」을 함께 구축하는 것도 대단히 중요하다. 전국 단위 시민단체 (예: 경제단체, 시민사회종교단체, 소비자단체, 노동조합, 지역대학교수협의회 등)와 민관합동으로 협력하여 분야별 갈등 분석 보고서를 공동으로 발간하고 시민 제안 플랫폼에 연계하는 것이 필요하다.

[표 17] 시민사회 연계 플랫폼의 내용과 기대효과」

항목	내용
플랫폼 명	「국민 규제제안 오픈넷」[76] (가칭)
운영 주체	시민단체 컨소시엄 + 정부 예산 지원
기능	제안 접수, 사회적 합의도 분석, 정책 토론회 알림
장점	거버넌스 밖에 있는 국민도 참여 가능

분야	기대효과
법제도	갈등 기반 입법안 도출 가능성 ↑
정치	국회·지자체의 정당성·책임성 강화
시민참여	참여→숙의→실행 구조화로 상대적 박탈감과 무력감 극복 : 주인의식↑
정책실행	해커톤·숙의 결과 기반 파일럿 정책 가능

---

76) 현재, 행정안전부에서 운영중인 「소통24」 https://www.sotong.go.kr/ 를 대폭 확대 개편하는 것도 가능하다.

이처럼 『대한규제혁신민국』이 구상하는 시스템이 종합적으로 병행될 때, 사회적 갈등을 줄이고 국민의 공감 속에 실현되는 혁신이 완성될 수 있다. 이렇게 사회갈등을 조정하는 규제혁신 시스템을 제도적으로 운영하여 이해집단 간의 원만한 해결점을 찾아간다면 정부의 정책 신뢰 회복과 사회적 공감대가 형성됨은 물론 사전 갈등 해소로 입법 효율성과 실행력이 제고되고 중앙과 지역, 시민과 정부가 함께 만드는 실용적 규제혁신이 이루어져 국민경제에 이바지하고 대한민국의 대외경쟁력은 한층 더 올라갈 것임은 자명하다.

[표 18] 실행 로드맵

단계	시기	주요 내용
1단계 (준비기)	2025년 하반기	■ 대통령실 산하 전담팀 설치 + 국민참여형 「규제갈등중재원」 신설 ■ 법·제도 기반 마련: '국민해결 해커톤법' 및 '갈등해결공론화법' 제정 ■ 국회 산자·복지·정무위 등 공청회 시 '국민 배심단제' 시범 도입
2단계 (시행기)	2026년	■ 각 부처별 해커톤 4회 의무화, 국회 '국민 배심단제' 전면 실시 ■ 규제 20대 우선 과제에 대해 시민의회/공청회/지자체와 병행 토론 ■ 대표 지자체 6곳 시범 지정 (지역 내 갈등이 큰 과제 중심)
3단계 (정착기)	2027년	■ 해커톤 결과를 바탕으로 입법·시행령 제도화 100건 이상 실현 ■ 갈등조정사례 백서 발간 ■ 지역에서 중앙으로 제안된 입법안 연계 시스템 구축

언제나 규제혁신은 국민의 관점에서 이루어져야 한다. 앞에서 언급한 시민사회 연계 플랫폼을 통해 제안된 과제도 해결 기간의 결정 또한 나라의 주인인 국민이 해야 한다. 단기과제, 중기과제, 장기과제의 예시도 다음과 같이 제시는 가능하지만, 언제나 국민의 의견을 적극 수렴하여 사회 갈등을 조정하는 규제혁신 시스템에서 결정할 일이다.

[표 19] 소요 시간별 과제 예시

단기과제 (1년 이내 해결 가능)
① 플랫폼 노동자 권리 보장 (노동자성 인정, 4대보험 확대 등)
② 중소기업 대상 세무·행정 규제 간소화(각종 서류 다이어트 추진 등)
③ 신속 인허가 원스톱 시스템 구축 (중앙정부-지자체 연계)
④ 공공데이터 개방 및 민간 활용 확대
⑤ 농민직불금 제도 개편 (소농 보호 중심 구조로 개편)
⑥ 소상공인 대상 온라인 진입규제 완화
⑦ 도시형 공유경제 활성화를 위한 규제개선 (차고지 규제 등)
⑧ 공공보육시설 설치 및 운영 규제 간소화 (인허가 기준완화, 민간협력형 모델 허용)
⑨ 출산 바우처+금융지원 연계 제도 도입 (지자체 시범)
⑩ 복수거주제 실증 운영 (지역 단위 시범 시행 후 전국 확대)
중기과제 (3년 이내 해결 가능)
① 지방소멸 대응 규제혁신: 복수 거주제, 귀촌 인센티브 확대, 규제자유특구 연계된 지방투자 촉진법 개편
② 연금 개혁 (국민연금, 직역연금 합리적 제도개선) + 법정 정년 65세로 연장
③ 규제샌드박스 체계 정비 및 범위 대폭 확장
④ 플랫폼 모빌리티(택시, 카풀) 관련 규제 재설계
⑤ 관광산업 규제 재조정 (렌터카 총량제, 숙박업, 여행자보험 등)
⑥ 산업단지 내 안전규제 정비 (자율규제 체계 도입)
⑦ 디지털 헬스케어 관련 규제 체계 구축
⑧ 청년·신중년 귀촌 창업 진입장벽 완화 (음식점·숙박업 인허가 등)
⑨ 육아휴직 신청절차 간소화 및 플랫폼 노동자 대상 확대
⑩ 사회적 경제기업 지원 관련 복잡한 규제 정비
장기과제 (3년 이상 소요)
① 국민 주도 헌법개정
② 국민 참여형 입법 플랫폼 법제화 및 제도 정착
③ 사회적 대타협을 위한 지속 가능한 거버넌스 법제화
④ 중앙-지방 규제조정 시스템 통합 정비
⑤ 직업 공무원 및 공공기관 인사혁신(정년 보장 폐지 → 10년 임기 연장제로 전환)
⑥ 재벌 지배구조 투명성 제고를 위한 상법 및 공정거래법 개정
⑦ 산업발전과 환경보호 균형 조정을 위한 통합환경규제 개편
⑧ 초고령사회 대비 의료-돌봄 복합서비스 규제 정비 (노인복지법과 지역의료법 개편)
⑨ 저출산 대응 종합규제 개편 (주거, 육아휴직, 직장 보육시설 설치의무 등 패키지 규제개선)
⑩ 고령층 자산이동 세제 유연화 (증여·양도 절차 간소화)

복지국가와 규제국가의 통합적 재구성

(1) 규제국가의 한계와 복지국가의 재설계

대한민국은 복지는 미진하고[77] 규제는 과도한 이중 구조를 오랫동안 유지해 왔다. 이는 근대 이후 국가의 발전 경로가 성장주의 산업화 전략에 집중되면서, 국민에 대한 사회적 보호보다는 산업에 대한 행정적 통제가 중심이 된 역사적 궤적의 결과다. 규제는 사회를 통제하고 질서를 유지하는 수단으로 누적됐지만, 복지는 정치적 포퓰리즘의 대상이 되거나 재정건전성 논리에 밀려 제도적으로 확장되지 못했다.

이러한 구조는 코로나19, 저출산·고령화, 양극화와 같은 구조적 위기 속에서 근본적 한계에 봉착하고 있다. 국민의 생애주기 전반에 걸친 사회적 리스크는 증가하고 있으나, 제도는 여전히 '신청주의'와 '행정적 문턱'에 막혀 있으며, 규제시스템은 여전히 국민 개개인을 신뢰하지 않는 전근대적 통제방식에 머물러 있다.

복지국가와 규제국가를 이분법적으로 분리하여 다루는 시각은 더 이상 유효하지 않다. 규제는 단순히 경제나 기업의 행위를 통제하는 수단이 아니라, 국가의 작동 방식 자체이며, 복지 역시 단지 나눔이나 분배의 문제가 아니라 국민이 국가를 신뢰하고 참여하는 제도적 기반이다. 이 둘은 함께 재설계되어야 한다.

---

77) 2025년 보건복지부 보도자료에 의하면, 경제협력개발기구(OECD)가 4월 8일(화) 공표한「OECD Social Expenditure(SOCX) Update 2025」에 의거, 2021년도 한국의 공공사회복지 지출 규모는 337.4조 원으로서 이는 국내총생산(GDP)의 15.2% 수준이다. GDP 대비 공공사회복지 지출 비중을 다른 OECD 국가들과 비교하면, 한국은 여전히 하위권에 속했다. 2021년 기준 OECD 평균은 22.1%로, 우리나라(15.2%)는 OECD 국가 순위 중 뒤에서 다섯 번째였다. [출처: 보건복지부 보도자료 & 중앙일보 2025.4.9.] https://www.joongang.co.kr/article/25327398
https://www.korea.kr/briefing/pressReleaseView.do?newsId=156683252&pWise=sub&pWiseSub=C1

규제국가의 구조를 개혁함과 동시에 복지국가의 사회보장 체계를 통합적으로 리디자인해야 한다. 국민이 규제의 수혜자이자 감시자가 될 수 있도록 설계된 민주적 규제 거버넌스는, 복지국가의 신뢰성과 형평성을 강화하는 핵심 수단이 된다. 규제를 통해 통제하는 국가에서, 규제를 통해 공동체를 조정하고 조율하는 국가로의 전환이 이루어져야 한다. 이는 단순한 시스템 개편이 아니라 국가정체성의 전환이며, 『대한규제혁신민국』이 제시하는 새로운 사회계약의 출발점이다.

(2) 조세 정의와 규제 정의의 연계

규제개혁은 단지 불필요한 절차나 복잡한 행정처분을 간소화하는 기술적 개선을 넘어, 국가 권력의 행사 기준을 정의롭게 재구조화하는 일이다. 이러한 맥락에서 조세와 규제는 분리될 수 없다. 조세는 국가가 국민으로부터 재정을 거두는 강제적 권력이고, 규제는 국민의 활동을 제한하고 조정하는 제도적 권력이기 때문이다. 이 둘이 동시에 정의롭지 못하다면, 어떤 개혁도 국민의 신뢰를 얻을 수 없다.

"**세금은 문명사회의 대가이다**(Taxes are the price we pay for a civilized society)." 미국 대법관, 올리버 웬델 홈즈(Oliver Wendell Holmes Jr.)가 남긴 이 한마디는, 오늘날까지도 '**세금의 문명론**'으로 회자하며, 공공의 책임과 재정의 정당성을 꿰뚫는 헌정적 명제로 자리 잡았다.[78] 세금은 국가공동체가 법치와 질서, 사회보장, 교육과 보건, 그리고 공공안전과 같은 문명의 기본 인프라를 유지하기 위해 구성원들에게 요구하는 책임의 형식이다. 이는 개인의 자발성과 무관하게 모두가 부담해야 하는 '의무'로서, 공공선을 지탱하는 제도적 기반이다.

---

78) The price of civilization
https://www.massbar.org/publications/ejournal/ejournal-article/lawyers-journal-2013-march/the-price-of-civilization

하지만 문명의 품격은 단지 세금이라는 강제적 의무만으로 유지되지 않는다. 기부는 문명의 자발적 품격이며, 국가와 공동체에 대한 윤리적 신뢰의 표현이다. 따라서 기부는 개인이 자발적으로 수행하는 윤리적 선택이자 공동체에 대한 도덕적 헌신의 표현이다. 기부는 국가가 법적 강제를 통해 수취하는 세금과는 달리, 개별 시민이 자율적으로 행하는 선의의 실천이며, 이는 법적 평등의 원칙이 적용되지 않는 임의적 성격을 가진다. 그러므로 기부는 공동체의 정신적 품격을 높이는 고귀한 기여이지만, 제도적 형평성과 지속가능성을 보장하는 수단은 될 수 없다. 이 점에서 우리는 **'세금은 문명을 작동시키는 동력'**이며, **'기부는 문명을 품격 있게 만드는 연료'**임을 인식해야 한다. 전자가 공공 정의의 기초라면, 후자는 사회적 온기의 증표다. 국가가 복지와 공공서비스의 확대를 위해 기부에 의존할 수 없는 이유는, 기부가 갖는 자발성과 불균형성, 그리고 예측 불가능성 때문이다. 진정한 공공성은 오직 보편적이며 법제화된 조세체계를 통해 실현될 수 있다.

세금이 제도적 정의의 최저선이라면, 기부는 도덕적 정의의 최고선이다. 전자는 강제력을 바탕으로 한 국가의 법적 책무이고, 후자는 시민 자율과 공동체 연대의 표현이다. 이 둘은 국가와 시민 간의 재정적 신뢰를 연결하는 상보적 수단이지만, 현재 한국의 현실은 조세도, 기부도 제도적 정합성과 신뢰 구조를 제대로 갖추지 못한 채, 국가-시민 간의 구조적 불신만을 드러내고 있다.

현행 『행정규제기본법』 제3조는 조세를 규제의 범주에서 명시적으로 제외하고 있어, 세금 체계 전반에 대한 개혁 논의는 규제개혁의 영역에서 구조적으로 배제되고 있다. 이에 따라 조세제도에 대한 국민의 불만은 주로 대통령실 민원 접수, 국무총리실 정책간담회, 경제부총리 주재 기업인 간담회 등 개별 채널에서만 간헐적으로 표출될 뿐, 제도화된 논의 구조 속에서 체계적으로 반영되지 못하고 있다. 저자 또한 과거 기획재정부 재직 시절 여러 차례 경제단체장과 정부 고위관계자 간의 간담회에 참석하며, 예산지원, 과징금, 과태료, 조세 관련 민원이 폭증하는 현장을 직접 목도하고, 사후 조정과 제도 개선에 관여했던 경험이 있다.

국민이 '주권자'임에도 불구하고, 정부가 일방적으로 세금을 거두고 예산을 편성·집행하는 현재의 구조는 **'주인에게 묻지 않는 머슴'**[79]의 작동 논리로 비유할 수 있다. 조세 거버넌스의 상징적 제도 중 하나는 「세제발전심의위원회」이다. 이 위원회는 1984년 설립된 이래 매년 세법 개정안 수립을 위한 사전심의 기구로 운영되고 있으며, 기획재정부 장관(경제부총리)이 위원장을 맡고 있다. 위원 구성은 민간 전문가, 학계, 경제단체, 노동계, 시민단체 등 약 20인 내외로 알려져 있으나, 실제 위원 선정 과정과 안건 설정 구조는 비공개적으로 운영되며, 실질적으로 기획재정부 내부 검토안이 형식적으로 추인되는 방식에 그치고 있다는 비판이 꾸준히 제기되어 왔다.

흔히 '국회 동의를 거쳤다'라는 형식적 절차로 세법 개정안의 정당성을 주장하지만, 이는 국민의 대리인인 국회가 또 다른 대리인인 관료에게 동의해 준 것에 불과하다. 정작 주권자인 국민은 조세의 결정 과정에 직접 참여하지 못한 채, 사실상 철저히 배제되어 있다. 무엇보다 일반 국민이나 납세자 단체, 지방정부의 의견은 구조적으로 반영되지 않고 있을뿐더러, 위원회 운영 전반이 관료 주도의 폐쇄적 구조로 고착되어 있다. 위원회는 해마다 "조세 형평성 강화"와 "세입 기반 확대"를 반복적으로 강조하지만, 실제로는 대기업과 고소득층에 유리한 세제 항목 유지, 중산층 이하 국민에게 전가되는 간접세 중심의 조세 부담이라는 구조적 왜곡을 지속해서 재생산하고 있다. 회의 내용 역시 요약본 수준의 제한적 공개에 그쳐, 위원들의 실질적 발언과 찬반 논의는 국민의 접근이 원천적으로 차단된 상태이다.

이와 같은 폐쇄적 운영으로 인한 조세 거버넌스의 불투명성과 비대칭성은 조세 개혁에 대한 국민적 공감대를 형성하는 데 지속적으로 실패해 왔으며, 조세 정의에 대한 국민의 체감 신뢰를 떨어뜨리는 핵심 구조적 원인으로 작용하고 있다. 조세 역시 본질적으로 규제와 같은 강제적 법제의 영역임에도 불구하고, 현행 『행정규제기본법』 제3조의 '적용 제외' 조항에 따라 규제개혁

---

[79] 이는 저자가 착안한 말로, 주인의 뜻을 묻지 않고 함부로 판단하거나 일방적으로 행동하는 사람을 일컫는다.

논의에서 구조적으로 배제됐다. 결과적으로, 조세 정책은 관료 주도의 밀실 결정 구조로 고착되었고, 국민적 공감대 없이 강행되는 세제 운용이 반복되고 있다. 이러한 왜곡된 현실은 이제 근본적으로 재구조화되어야 한다. 거듭 강조하거니와, 조세제도의 합리성과 투명성을 제고하기 위해서는 전면적인 거버넌스 재설계가 시급하다.

이에 따라, 현시점에서 「세제발전심의위원회」의 구조 개편은 다음과 같이 추진이 필요함은 지극히 마땅하다.

---

① 위원 구성의 투명성과 다양성을 확보하기 위해, 일정 비율의 '납세자 대표', '청년 세대 대표', '17개 지역별 시민사회단체 추천 인사'를 포함해야 하며,

② 회의록 및 안건 사전 공개, 국민 의견 제출 플랫폼의 온라인화 등 개방형 정책 형성 절차가 제도화되어야 한다.

③ 아울러 심의 기능에 국한하지 않고, 위원회 자체가 조세 형평성과 사회적 효과를 검토하는 사후영향평가 권한을 가지도록 확대 개편해야 한다.

④ 궁극적으로는 조세를 단지 세수 조정의 수단이 아니라, 국가 권력의 행사에 대한 사회적 책임성의 지표로 삼는 방향 전환이 신속하게 요구된다.

모든 국민이 부담하는 규제의 핵심인 조세가 상기와 같이 참여민주주의의 정당성을 갖추지 못하면, 어떤 규제혁신도 헛수고가 될 수밖에 없다. 조세는 규제다. 『행정규제기본법』이 조세를 규제의 예외 사항으로 정한다고 한들 어떤 국민이 그것을 수용하겠는가? 대한민국의 조세제도가 실질적 정의와 형평성을 확보하기 위해서는, 설계 과정에서부터 민주성과 투명성이 보장되어야 한다. 「세제발전심의위원회」는 단지 기획재정부의 내부 자문기구로 기능할 것이 아니라, 시민이 참여하는 공개형 정책 설계 플랫폼으로 전환되어야 한다. 이는 규제개혁 2.0 시대의 조세 거버넌스를 여는 출발점이다.

이러한 상황에서 기부는 또 하나의 중요한 정책 수단이 될 수 있다. 특히 고위공직자를 퇴직하고 공공기관이나 공기업 등에 낙하산식 임용된 인사들이 수억 원대 연봉을 받으면서도 사회적 환원에는 무관심한 현실은, 조세 정의뿐만 아니라 도덕적·사회적 책무의 결여를 보여준다. **고위공직자의 퇴직 후 수입에 대한 일정 기부 의무화, 고액 보수 공공기관 임직원의 기부금 공시제, 사회적 기여 활동 이력 공개 등은 새로운 규제 정의의 측면으로 적극 검토되어야** 한다.

국민이 강제된 세금에만 의존하지 않고, 자발적 신뢰와 참여를 통해 공공선을 구성할 수 있는 기반을 마련해야 한다. 이를 위해 기부 활성화를 위한 세제개편도 절실하다. 현재 복잡하고 분산된 기부 절차는 국민의 참여를 어렵게 만들고 있으며, 신뢰받을 수 있는 플랫폼도 부족하다. 따라서 기부금에 대한 소득공제 확대, '원스톱 기부 포털' 구축, **기부 행정의 디지털화, 목적별 기부 연계제도 등을 통해 행정이 기부를 적극 지원하는 체계로 전환되어야** 한다. 이러한 조세-기부-규제의 선순환 구조는, 단순한 감세나 증세 논쟁을 넘어서 국가 권력의 윤리성과 투명성 확보라는 더 근본적인 개혁의 전제가 되어야 한다.

(3) 연금 개혁과 복지 규범의 재정립

연금제도는 단순한 노후보장 장치를 넘어 국가 권력이 국민에게 부여하는 생애 주기적 보장 책임의 표현이며, 설계와 운영은 국가정체성과 규제 구조를 드러내는 가장 집약적인 제도 영역이다. 특히 한국은 국민연금과 공무원·군인·사학·교직원·별정우체국 등 직역연금 간의 이중 구조를 유지하고 있어, 제도적 형평성과 세대 간 신뢰가 동시에 붕괴하고 있는 위기 상황에 직면해 있다.

현행 국민연금은 상대적으로 낮은 소득대체율과 높은 수급 연령, 그리고 기금 고갈 전망으로 인해 기여자들의 미래 불신이 팽배하다. 반면, 직역연금은 국민연금과의 연계 없이 고소득 수급 구조를 장기간 유지하고 있으며, 조기 퇴직과 수급 개시의 이점까지 누리는 구조다. 이러한 불균형은 단지 연금제도 자체의 문제를 넘어, 국가 제도가 특정 계층에 유리하게 설계되어 있다는 구조적 불신으로 확산하고 있다. "내가 내는 국민연금이 남의 특권 연금을 보조한다"라는 국민적 인식은 사회통합을 위협하는 제도적 리스크로 작용하고 있다.

[표 20] 국민연금과 직역연금의 비교표

구분	국민연금	직역연금
기여-급여 비율	낮음 (수익비 ↓)	높음 (수익비 ↑)
기금 고갈 시 대책	세금 보전 없음	세금으로 보전
수급 개시	늦음 (65세)	빠름 (조기 수급 가능)
수급자 배경	저소득·비정규직 포함 민간인 중심	군인·교직원 등 공직자 중심
국가의 책임	제한적	절대적 보장

실제 기획재정부와 국회예산정책처는 국민연금이 2055~56년경 기금이 고갈될 것으로 전망하고 있으며, 공무원·군인·사학 등 직역연금에 대한 국가 보전금은 2024년 한해 기준 공무원연금에 약 6조 6천억 원, 군인연금에 약 3조 4천억 원씩 총 10조 원이 넘는 국민의 세금을 충당하였다. 이러한 구조는 단순한 재정 비효율이 아니라, 미래세대에 대한 부담의 전가이며 세대 간 재정 불평등이 이미 구체화 되고 있다는 방증이다. 현재 20~30대 청년층은 연금 기여는 하면서 수급은 불투명한 이중고를 겪고 있지만, 일부 고소득 직역연금 수급자는 수십 년간 안정적이고 높은 연금 수급을 누리는 양극화의 고착이 사회적 갈등으로까지 이어지고 있다. 이것이 과연 정의롭고 공평하다고 할 수 있는 제도인가? 선거철만 되면 표를 얻으려 문제 제기만 하고 선거가

끝나면 누구든 하지 않으려는 연금 개혁의 중차대한 문제는 누가 책임 있게 추진할 것인가? 언제까지 폭탄 돌리기만 할 것인가?

이에 따라, 『대한규제혁신민국』은 다음과 같은 세대 간·직역 간 갈등 조정과 구조개혁 전략을 통합한 연금개혁 방향을 제안한다.

> **첫째, 국민연금-직역연금 체계는 통합 원칙으로 개편되어야 한다.**
> 일본은 2015년 이후 공무원·사학·교직원 연금을 국민연금 체계로 통합하며 제도 형평성을 회복했고, 스웨덴은 모든 국민을 단일 연금 계좌로 관리하면서 투명성과 예측 가능성을 확보했다. 한국도 더 이상 직역연금을 '성역'으로 둘 수 없다. 국민연금과의 수급 체계 연계 또는 실질적 통합을 추진하되, 과도기적으로는 고연금 수급자의 일정 감액, 기여금 상향, 신규 가입자의 통합기준 적용 등을 단계적으로 추진해야 한다. 이는 제도 설계의 공정성뿐 아니라 규제 정의 실현의 출발점이 된다.
>
> **둘째, 세대 간 연금 부담과 수급의 공정성 원칙을 법제화해야 한다.**
> 스웨덴은 재정 불균형 시 연금 지급률이 자동 조정되는 자동안정화장치를 법으로 규정하고 있으며, 독일은 세대 간 부담의 균형을 위해 기업의 공동기여 비율을 조정해 왔다. 한국도 연금제도의 지속가능성을 단순 추계에만 의존할 것이 아니라, 기여-수급의 세대 균형 원칙을 명문화하고, 이에 따라 기금 상태에 따라 유연하게 적용되는 기계적 조정 규칙을 도입해야 한다. 이는 정치권의 책임회피를 차단하는 강제적 장치이자, 미래세대에 대한 규범적 약속이다.
>
> **셋째, 복지권 실현을 위한 연금 규제개혁이 병행되어야 한다.**
> 현행 연금제도는 '신청주의'와 '정보 비대칭', '제도 중복' 등으로 복지권의 실질적 접근을 방해하고 있다. 복지의 권리화는 단지 추상적 가치가 아니라, 국민 개개인이 제도에 접근할 수 있는 규제 설계 방식의 개혁에서 출발한다. 연금 수급 대상자는 자동 등록되고, 수급 정보는 AI 기반 맞춤 안내로 제공되며, 절차는 중복되지 않고 표준화되어야 한다. 또한 헌법상 사회권(제34조)을 근거로 한 "연금청구권"의 절차적 보장 규정을 연금법·사회보장기본법 등 관련 법령에 명시해야 한다.

> **넷째, 기초연금은 기여형 연금과 분리하여 타깃 복지체계로 운영되어야 한다.**
> 독일처럼 저소득층에 대한 기본소득 보장은 일반조세로 분리 운영하고, 국민연금은 기여-수급의 규칙 기반 체계로 유지하는 이원화 설계가 필요하다. 이 방식은 재정의 효율성과 복지의 효과성을 동시에 확보할 수 있으며, 제도에 대한 신뢰 회복에도 이바지할 수 있다.

대한민국의 연금 체계는 공식적으로 3층 구조를 기반으로 설계되어 있다. 1층은 공적연금(국민연금, 직역연금), 2층은 퇴직연금(기업 퇴직금 기반 연금화 제도), 3층은 개인연금(개별 가입자 기반의 민간 연금 상품)이다. 이 3층 구조는 다양한 노후 소득원을 통해 고령화 사회에 대응하기 위한 복합적 안전망을 구축한다는 점에서 이론상 이상적 체계라 할 수 있다. 그러나 현실에서는 이 구조가 제도적으로 불균형하며, 규범적으로 불공정하고, 실천적으로 비효율적이라는 평가를 받고 있다.

첫째, 공적연금이 가장 기초적이면서도 가장 불안정한 층으로 작동하고 있다. 국민연금은 낮은 소득대체율(40% 이하), 높은 수급 연령(향후 65세까지 상향), 기금 고갈 전망(2055년 전후) 등으로 인해 국민적 신뢰가 심각하게 훼손되어 있으며, 직역연금은 국고 보전이라는 특권적 설계로 인해 재정 형평성마저 위협하고 있다. 가장 공공적인 연금이 가장 위태롭고, 특정 집단에는 과도한 우대를 제공한다는 점에서, 1층 구조 자체가 규범적으로 실패하고 있다.

둘째, 퇴직연금제도는 기업 규모, 고용 형태, 노동시장 지위에 따라 편차가 심하며, 실질적으로 퇴직금의 연금화에 실패하고 있다. 특히 중소기업 노동자의 경우 퇴직연금 가입률은 낮고, 운용 수익률 또한 기대에 못 미쳐 노후소득화에 실패하는 사례가 빈번하다. 퇴직연금이 연금으로 기능하기보다는 일시금으로 소비되고 소진되는 임시소득에 가까운 현실은, 2층 연금의 구조적 재정립이 불가피함을 시사한다.

셋째, 개인연금은 고소득층 중심의 자발적 노후 대비 수단으로 기능하고 있으며, 세액공제와 비과세 등의 혜택이 상대적으로 여유 있는 계층에게 집중되어 노후 소득 양극화를 고착화하고 있다. 또한 시장의 상품설계는 소비자 보호보다 금융기관의 수수료 중심으로 구성되어 있으며, 고령자 대상 불완전판매 및 사기성 상품 문제가 지속 제기되고 있다. 공적연금이 약해지고 개인연금 의존이 심화할수록 복지의 민영화가 진행되는 셈이며, 이는 결과적으로 연금이 사회보장의 수단이 아닌 시장투자의 도구로 전락하는 것을 의미한다.

이러한 현실에서 **'3층 연금 구조'**는 제도 다층성의 이상이 아니라, 불평등과 불안정성의 다층화로 기능하고 있다. 공적연금이 신뢰를 상실하고, 퇴직연금은 계층별 양극화되고, 개인연금은 시장화되면서, 전체 체계는 구조적으로 불공정하고 세대 간 신뢰를 파괴하는 체계로 전락하고 있다. 이 상태로 고령화 사회에 진입할 경우, 국민 다수는 노후 소득의 사각지대에 방치되고, 반면 특정 계층은 3층 모두에서 고소득 연금을 받는 연금 귀족 계층으로 군림하게 된다.

따라서 연금 개혁은 단일제도 통합 수준을 넘어 3층 연금 구조 전체의 공공성과 형평성을 재설계하는 국가적 과제로 다뤄져야 한다. 다시 강조하지만 첫째, 공적연금은 단일화와 기금 안정화를 통해 국가 책임의 최전선으로 복원되어야 한다. 둘째, 퇴직연금은 기업 규모나 고용 형태에 상관없이 의무화하고, 연금화 비율을 강제하며, 운용의 공공관리제도를 도입해야 한다. 셋째, 개인연금은 세제 혜택의 역진성 문제를 해소하고, 공시제도 및 금융소비자 보호 규제를 대폭 강화해야 한다.

'사회적 연금 계약의 재정립'은 단지 연금을 통합하는 문제가 아니라, "노후의 공정함"이라는 복지 규범을 헌정적으로 실현하는 일이다. 그것은 곧, 복지를 시장이 아닌 국가가 책임지는 체계로의 회귀이며, 세대 간, 계층 간 정의를 제도적으로 구현하는 규제혁신의 궁극적 지향점이다.

연금 개혁은 단순한 제도조정이 아니다. 그것은 국가의 정의를 다시 쓰는 일이자, 규제국가와 복지국가의 접점을 재설계하는 구조개혁의 한 축이다. 지금 한국 사회의 연금제도는 단지 재정이 부족한 것이 아니라, 특권화된 제도 간 불균형, 세대 간 역차별, 신뢰를 상실한 국민과 제도 간 단절이라는 총체적 위기에 처해 있다. 『대한규제혁신민국』은 연금 개혁을 단순히 회계적 조정이나 급여율 문제로 축소하지 않는다. 이 개혁은 공공권력의 윤리성과 제도설계의 공정성, 그리고 미래세대에 대한 국가적 책임의 실현을 아우르는 대전환이어야 한다. 직역 간 특권 구조의 해체, 세대 간 기여와 수급의 균형, 복지권 실현을 위한 절차 개혁, 제도 통합을 위한 전략적 이행은 모두 국민적 신뢰를 회복하고 지속 가능한 국가 운영 질서를 복원하는 필수조건이다.

따라서, 국민연금과 직역연금의 통합 여부는 기술적 논쟁이 아니라, 국가가 어떤 공동체적 정의 위에 존립할 것인가를 결정짓는 본질적 선택이다. 연금제도는 숫자의 문제가 아니라, 국민이 함께 사는 방식에 대한 국가의 응답방식이다. 응답이 공정하고 투명하며 지속 가능해야, 비로소 국민의 신뢰는 돌아온다. 『대한규제혁신민국』은 응답의 언어를 연금 개혁을 통해 새롭게 써야 한다고 말한다.

(4) 공공 재정의 구조개혁과 규제개혁의 연동 전략

대한민국의 공공 재정 시스템은 다층적 회계 체계와 고착화된 지출 구조로 인해 재정 운영의 유연성과 정책 대응 능력이 지속적으로 저하되고 있다. 특히 비효율적인 규제들이 일정한 예산 항목으로 자동화되어 내장되는 방식은, 결과적으로 재정의 경직성과 정책 전환의 제약을 유발하는 핵심 요인으로 작용한다. 규제는 단지 법적 제약 장치에 머물지 않고, 예산구조를 구성하는 '숨은 지출 프레임'으로 기능하고 있다. 이러한 현실을 타개하기 위해서는 규제개혁과 공공재정 개편이 분리된 정책영역이 아니라, 하나의 유기적 시스템으로 통합되어야 한다는 인식이 선행되어야 한다.

공공부문 예산 편성 및 집행 과정에는 다수의 규제가 전제되어 있으며, 많은 경우 해당 규제는 일정한 재정 지출 항목으로 자동 반영되어 있다. 예컨대 환경규제에 따라 설치되는 감시체계, 복지제도의 자격 판정에 따른 행정절차, 산업 지원제도의 조건부 지급 요건 등은 모두 규제와 예산이 중첩적으로 작용하는 영역이다. 문제는 이들 규제가 폐지되거나 변경되더라도 관련 예산은 관성적으로 유지되거나, 오히려 새로운 지출이 중첩되는 현상이 나타난다는 점이다. 이러한 구조는 예산 효율성을 저해할 뿐 아니라, 정책 목표의 동적 전환을 어렵게 만든다.

첫째, 낭비성 규제의 식별과 예산 구조조정의 연계가 필요하다. 공공 재정개혁은 단순한 예산 절감의 문제가 아니라, 정책 목표 달성을 위한 자원의 합리적 재배분이라는 점에서 접근되어야 하며, 이를 위해서는 규제와 예산의 연동 구조를 정밀하게 분석하는 제도적 장치가 전제되어야 한다. 이를 위한 핵심 도구는 **'규제-예산 통합관리 프레임워크'**의 구축이다. 이는 각 부처의 규제 항목을 해당 예산 지출 구조에 대응시켜 맵핑하고, 규제 존속 여부가 예산 배분과 직접 연결되도록 하는 관리체계이다. 예를 들어, 실효성이 낮은 민간 위탁 복지사업이나, 목적과 성과가 불분명한 중복 보조금 사업의 경우, 관련 규제를 폐지하거나 단순화하면서 이에 따른 예산 역시 자동 삭감 또는 타 항목으로 재배분되도록 한다. 이는 단순한 지출 축소가 아니라, 정책의 목적 합리성과 자원의 집중도를 동시에 제고하는 구조조정 방안이기도 하다.

둘째, 복지지출의 실효성 제고를 위한 규제의 비용-편익 분석 통합이 핵심 과제로 부상하고 있다. 한국의 복지정책은 선별주의 기반 위에 정교한 행정규제를 탑재하고 있으며, 이에 따라 정책 대상자 선정, 수급 결정, 사후평가 단계에서 과도한 행정비용이 소요되고 있다. 복잡한 소득·재산 기준, 다양한 신청 요건, 반복적 심사 절차는 해당 규제에 상응하는 예산 항목을 확대시켜 왔으며, 이는 행정비용과 간접비의 증가, 궁극적으로는 정책 실효성의 저하로 이어진다. 따라서 복지지출의 사전 타당성 평가와 사후 효과성 분석에 **'규제 비용-편익 분석 항목'**을 명시적으로 포함해야 하며, 이를 통해 규제 변경 또는 폐지에 따른 예산 감축 효과 및 자원 전환 가능성을 구조적으로 도출할 수 있어야 한다. 나아가 사업별로

'**규제 효율성 지표**'를 설정하여, 동일한 지출 대비 어느 규제가 더 적은 비용으로 높은 정책 효과를 거두는지를 비교·평가할 수 있도록 해야 한다.

셋째, 규제철폐로 확보된 재원을 전략적 지출로 전환하는 제도 설계가 뒷받침되어야 한다. 규제개혁은 궁극적으로 행정절차의 단축, 중복심사의 축소, 사무처리 방식의 표준화 등을 통해 인건비, 위탁비, 소송비 등 다양한 형태의 행정비용을 절감한다. 이때 절감된 재원을 다시 일반회계로 흡수하는 것이 아니라, 구조적 사각지대 해소나 장기적 투자사업으로 전환하는 '**규제혁신 재정 환류 메커니즘**'을 제도화할 필요가 있다. 예컨대 지역 의료 사각지대 해소를 위한 보건소 확충, 저소득층의 교육 접근성 확대, 고령자 돌봄 인프라 강화 등은 규제철폐의 직접적 성과로 연결될 수 있으며, 이를 제도적으로 환류하는 방식은 재정의 선순환과 규제개혁의 국민 체감도를 동시에 제고하는 전략이다.

이러한 재정 환류 구조는 단순한 예산 기술을 넘어서, 규제개혁의 정치·행정적 정당성을 확보하는 전략이기도 하다. 국민은 개별 규제의 완화나 철폐가 자신에게 어떤 실질적 편익을 제공하는지를 명확히 인식할 수 있을 때, 규제개혁에 대한 수용성과 지지를 표명하게 된다. 따라서 규제 절감 예산의 일정 비율을 특정 사회 부문에 자동 귀속시키는 '**규제성과 재투자 조항**'을 법률에 명시하고, 해당 재원의 운용 방식과 성과를 정기적으로 국민에게 공개하는 체계를 마련해야 한다.

넷째, 공공재정의 경계를 확장하여 금융권의 구조적 기생체계를 강력히 규제해야 한다. 오늘날 대한민국 금융권은 자동화된 전산 시스템과 고도화된 내부망을 기반으로, 과거 수작업 중심의 업무에서 탈피했음에도 불구하고 급여체계는 여전히 고액 연봉 중심으로 고착되어 있다. 특히 NH농협은행을 비롯한 시중 금융기관들은 막대한 예대차익을 올리면서도, 이자수익의 상당 부분을 임직원의 고정급여와 성과급으로 전용하고 있다. 더불어 한국은행, 한국산업은행, 한국수출입은행 등 정부가 지분을 보유하거나 재정을 투입하는 국책금융기관들 역시 공공성에 상응하지 않는 시중은행 수준 이상의 고임금 급여체계와 성과급 구조를 유지하고 있다. 이는 단순한 '보상 체계의 문제'가 아니라, 사실상 금융 기관의 수익 구조가 국민의 고금리 부담에 기생하고, 이를 통해 공공성 없는 인건비 체계를 강화하는 비가시적 사적 예산구조, 즉 '민간 재정의 공공 왜곡' 또는 공공의 탈을 쓴 '고비용 특권 시스템'이라 볼 수 있다. 이 같은 금융 구조는 제도적 규제

> 의 부재로 인해 형성된 공공 재정의 회색지대이며, 단순한 민간기업의 보상 문제를 넘어 국민 생활비, 세금, 금융비용 전체에 구조적 왜곡을 유발하는 중층적 부담 구조로 기능하고 있다. 따라서 시중은행뿐 아니라 국책금융기관까지 포함한 금융권 전반에 대한 직무별 급여 공개, 고금리 수익 모델과 보수 연동 제한, 금융소비자 권익 환류 조항 도입 등은 모두 규제개혁을 통해 공공 재정의 정의를 회복하는 핵심 수단이 되어야 한다. 국가는 단순한 공공예산의 운용자일 뿐만 아니라, 시장을 매개로 형성되는 준공공 자금 흐름에 대해서도 책임지는 재정통제의 주체로서 기능해야 하며, 이때 '규제'는 통제의 실질적 도구가 되어야 한다.

다음 사례는 실제로 「국민협동조합」이라는 이름 아래 공공기능을 가장한 민간 조직이 어떻게 금융권 고연봉 시스템에 기생하며, 공공성과 시장기능을 동시에 파괴하고 있는지를 보여준다.

★ 기생화된 협동조합 구조를 즉각 해체하라
- 농협, 수협, 산림조합의 금융 귀족화와 국민 착취의 트라이앵글

협동조합이라는 이름 아래 특권화된 급여체계와 내부 보조금 구조가 정당화되고 있다. 농협을 중심으로 수협, 산림조합까지 이어지는 이 구조는 '금융 귀족' 체제이며, 본래 목적을 상실한 채 국민 재정을 잠식하는 기생 시스템으로 변질되었다. 지금 필요한 것은 '관리'가 아니라 '분리와 해체' 수준의 강도 높은 구조조정이다.

1. **협동조합인가, 준금융 특권기관인가** : 농협은 법적으로는 협동조합이지만 실질적으로는 금융, 유통, 교육이라는 전혀 다른 세 개의 산업 분야를 단일 급여체계로 포장한 기형 조직이다. NH농협은행은 고수익 금융 부문, 하나로마트는 만성 적자 유통 부문, 중앙회는 교육지원과 정책 관리 기능을 수행하는 준공공 부문이다. 그러나 이렇게 서로 다른 산업 직군에 소속된 모든 임직원이 동일한 금융권 고액 연봉을 받는다. 이는 산업별 수익성, 직무 난이도, 경쟁 강도와 무관한 급여 상향 획일주의의 제도화이며, 국민의 금융비용과 농산물 가격에 이중·삼중의 부담을 전가하는 구조다.

2. **하나로마트, '금융 이자에 기생하는 유통 적자'** : 농협 하나로마트는 매년 수백억 원의 적자를 기록[80]하고 있다. 이 적자의 핵심 원인은 유통업계 평균을 훨씬 웃도는 고액 인건비 구조다. 계산원, 물류직, 유통 관리자까지 모두 NH농협은행과 동일한 급여체계를 적용받고 있다. 결과적으로 농가에는 적정 납품가를 줄 수 없고, 소비자에게는 저렴한 가격을 제공할 수 없다. 하나로마트 적자는 결국 금융부문 이자수익으로 보전되며, 이는 예금자와 대출자 모두를 '삼중 착취'하는 순환 구조를 만든다.

3. **국회의 침묵, 정치권의 공모** : 이 구조는 몰라서 방치된 것이 아니다. '농협 출신 조합장-지역 정치권-국회 농해수위' 간의 침묵의 카르텔이 작동하고 있다. 국정감사에서 농협의 임금구조 자체에 대해 전면적 문제 제기가 없었다는 점은, 의도된 침묵이자 구조적 방임임을 입증한다. 이는 농협만의 문제가 아니다.

4. **수협·산림조합도 동일한 구조로 기생화** : 수협은 해양수산업 진흥을 명목으로 존재하나, 실질적으로는 수협은행이라는 금융기관의 수익에 기생하여 운영된다. 어업 유통망이나 정책지원 측면의 수익 기능은 미미하며, 은행 인건비와 보조금이 전체 예산의 대부분을 차지한다. 산림조합 역시 목재 산업과 임산물 유통이 아니라 산림조합중앙회의 금융자산 운용과 이자수익이 중심이다. 이들 조직도 '금융 중심의 직원 고임금-타 사업 부문의 적자 보전-국민 착취'라는 동일한 패턴을 따르고 있다.

■ **"특권이 된 조합, 기생하는 공공성"**
 - 농협·수협·산림조합의 구조적 부패, 그리고 정부의 방관

1. **감시 없는 코드인사 체계** : '중앙회장의 사람들'이라는 내부 인사 중심, 특정 지역 편중의 코드인사는 조합의 공공성을 무력화하고, 권력의 사유화를 적나라하게 드러내고 있다. 인사권은 구성원의 대표성과 무관하게 회장단의 사적 정치와 줄서기의 수단으로 전락했다.

---

80) 출처 : 원예산업신문 2024.10.23.보도, 농협중앙회 국정감사 - 농협, 재정·대응 체계 미흡 … 농업인 피해 심화
http://www.wonyesanup.co.kr/news/articleView.html?idxno=59639
뉴스 스페이스 2025. 4. 9. 보도, 농협유통, 3년연속 영업손실 순손실 전년비 28% 급증 '휘청'
https://www.newsspace.kr/news/article.html?no=6475

2. 회계·조합 암흑회로, 금융수익 착취 구조 : 농협의 경우, 금융부문에서 발생한 수익이 유통·교육 부문 적자에 내부 보조금처럼 전용되고 있다. 유통 기능과 공공지원 기능은 본래 조합의 설립 목적에 기초해야 함에도, 지금은 금융수익에 기생하며 조합 내부 자족 체계로 전환되었다. 이는 조합의 공공 책임이 아니라 특권 체계로의 변질이다.

3. 채용 비리의 만연과 내부 보호 구조 : 농·수·산림조합 전반에서 채용 비리가 끊이지 않는다. 2019년 정부 합동 점검 결과, 1,040건 이상의 채용 비리가 적발되었고 300여 명 징계 대상이 되었다[81]. 그러나 반복된 수사 고발에도 개선은 없고, 내부 구조는 채용의 투명성보다 기존 권력의 연장을 보호하고 있다.

4. 통제 장치의 사문화: 공금유용과 수의계약 : 법인카드의 심야 사용, 귀금속 구매, 호프집 결제, 조합원 가족이 운영하는 업체와의 수의계약 등, 기본적 윤리 규범조차 지켜지지 않고 있다. 내부감사 시스템은 무력하며, 규정은 있으되 실질적 제재는 없다. 통제 장치는 사실상 사문화되었다.

5. 방관하는 주무 부처와 무기력한 정부 : 이러한 상황에도 불구하고, 주무 부처인 농림축산식품부, 해양수산부, 산림청 등은 합동 TF 구성조차 하지 않고 있다. 제도개혁이나 정밀 진단도 없이, 방관과 책임회피에 그치고 있다. 조합의 이렇게 만연한 부패는 현장 단위에서 반복되고 있지만, 정부는 그 현장에 눈을 감고 있다. 보여주기식 행정으로 한번 모였다가 결국 흐지부지하는 정부가 과연 강도 높은 구조조정의 의지가 있을까? **정부가 반드시 있어야 할 곳에는 없고, 마땅히 없어야 할 곳에 있어서야 되겠는가?**

---

81) 출처 : 세계로컬타임즈 2019.11.07.보도,
https://www.segyelocalnews.com/article/1065600437026957
2019년 정부는 농협·축협·수협·산림조합 등 지역 조합 609곳을 대상으로 2015~2019년 최근 5년간의 채용 실태를 점검했다. 그 결과, 총 1,040건의 채용 관련 위·불법 사항이 적발되었고, 이 중 부정 청탁 등 중대 채용 비리 혐의는 23건, 중요 절차 위반은 156건, 그리고 단순 기준 위반 사례가 861건이었다. 특히, 수사 의뢰 대상은 15개 조합의 23건, 징계·문책 요청 대상 직원은 301명에 달했다.

5. **「대한규제혁신민국」의 해체적 개혁 제안** : 조합의 이름으로 기생하는 특권 체계는 해체되어야 한다. 농협·수협·산림조합에 대한 전면 구조진단과 기능별 회계·보수 분리, 공공감사 강화는 더 이상 미룰 수 없는 과제다.

5-1. 직무급제 도입: 산업별, 직무별로 급여체계를 공정하게 재설계하라.

5-2. 회계 및 보수 체계 분리: 금융·유통·공공 지원 기능을 조직과 예산 기준으로 분리하라.

5-3. 정치-조합장-관료 유착 고리 해체: 특정 조합 출신 인사의 낙하산 인사 및 정치 기여를 원천적으로 금지하라.

5-4. 조합감독법 전면 개정: 협동조합을 사유화하는 내부 통제 장치에 외부 시민감시기구를 법적으로 연동하고 협동조합 임직원의 징벌적 손해배상과 징역형의 중대 처벌을 양벌규정으로 대폭 강화하라.

5-5. 국민감사위원회 가동 및 국정감사 대상 확대: 농협뿐 아니라 수협, 산림조합의 사업별 수익·보수·지출 구조를 의무 공개하고 중앙과 전국의 지자체별, 국민 조합원을 통한 매년 민관합동 종합감사 추진은 물론, 강력한 국정감사도 병행하라.

☐ **결론**: '협동조합'이라는 이름으로 고임금을 정당화하고, 금융수익에 기생하며, 농민·어민·임업인의 명의를 빌려 국민을 기만하는 구조는 더 이상 존치되어선 안 된다. 이제 필요한 것은 감정적 비판이나 공감 호소가 아니라, 강도 높은 구조조정을 통한 조직의 재설계와 파괴적 해체라는 구조적 단절이다. **「대한규제혁신민국」** 은 선언한다. 이제 협동조합의 탈을 쓴 국민 기만적 기득권 시스템을, 국민의 손으로 해체하고 전면적으로 다시 설계할 때다. 이제 내부 코드 인사와 구조적 비리가 반복되지 않도록 공정·전문·투명한 인사·감사 시스템이 절실하다. 전국의 농협·수협·산림조합은 협동조합 본연의 공익성과 투명성을 회복하기 위해, 채용, 회계, 인사, 예산 배분의 외부 공개 및 투명 평가 시스템으로 전면 개편되어야 한다. 국회는 국정감사에서 위 문제를 단호히 다루고, 관련 위원회의 전문성과 권한을 강화, 국민이 모두 이해할 수 있는 책임성과 투명성이 내재한 규제 기반을 확립해야 한다.

끝으로, 이러한 **규제-재정 연계 전략**은 관련 제도와 시스템 개혁을 동반해야 한다. 회계법과 재정운용계획 수립 지침에 **규제-예산 연동 항목**을 삽입하고, 감사원 **감사 대상에 규제성과 대비 재정집행의 적절성 항목을 포함**시키는 등, **감시·통제 장치의 정비**가 요구된다. 국회예산정책처(NABO)는 매년 「**규제-예산 연계 성과보고서**」(Regulation-Budget Linkage Report)를 발간하고, 주요 규제의 비용-편익 추정치를 기준으로 부처별 재정 운용의 효율성을 평가해야 한다. 또한 **규제개혁위원회와 국가재정전략회의 간 정기적 협의 체계를 법제화하여, 규제와 재정 사이의 동태적 조율**이 가능하게 만들어야 한다.

요컨대, 규제개혁은 단지 행정의 간소화나 민간 활동의 자유를 확대하는 수단에 그치지 않는다. 규제는 곧 비용이며, 곧 예산이고, 국가 자원의 흐름 자체다. 따라서 규제를 근본적으로 개혁한다는 것은 국가 재정의 구조를 전면 재구조화하는 일이며, 변화는 복지의 지속가능성, 산업의 생산성, 행정의 효율성, 그리고 국가 거버넌스의 신뢰 회복까지 직결된다. **규제-예산 연계 전략**은 한국형 규제개혁의 '**제도적 앵커(anchor)**'이자, 공공성과 지속가능성을 동반 추구하는 규제국가 개혁의 핵심축이 되어야 한다.

(5) 복지 사각지대 해소를 위한 규제시스템 혁신

복지정책은 국민의 기본적 삶을 보장하는 국가의 핵심 책임 영역이지만, 실제로는 제도 설계의 미비, 복잡한 자격 기준, 절차적 장벽 등으로 인해 상당한 규모의 복지 사각지대가 발생하고 있다. 특히 저소득층, 1인 가구, 노년층, 장애인, 이주민, 청년층 등 다양한 취약 계층이 제도 밖에 머무르거나, 자격이 있음에도 불구하고 복지 혜택을 신청조차 하지 못하는 현실은 제도적 포용성의 한계이자, 규제의 구조적 실패를 반영하는 단면이다.

복지 사각지대는 단지 예산 부족의 문제가 아니라, 복지 접근을 가로막는 '규제 장벽'의 문제이다. 이는 두 가지 측면에서 드러난다. 하나는 복지 규정

자체가 지나치게 복잡하고 선별적이며, 국민이 이해하기 어렵다는 점이다. 다른 하나는 복지 신청 과정이 아날로그 기반의 고비용·복잡 구조를 유지하고 있어, 취약 계층일수록 정보 접근과 절차 대응에 실패한다는 점이다. 이 문제의 해결을 위해서는 복지정책에 내재한 규제시스템을 재설계하고, 디지털 기술과 행정 간소화 전략을 통합적으로 적용할 필요가 있다.

1) 접근성 높은 복지 규정 설계

복지제도의 출발은 '자격 기준'의 설정부터이다. 그러나 현행 한국의 복지제도는 지나치게 엄격한 선별주의에 기반하고 있으며, 기준은 일반 국민이 이해하기 어렵고 자격을 예측하기 어렵게 설계되어 있다. 예를 들어 기초생활보장제도의 경우, 소득인정액 산정 과정에서 본인과 배우자의 소득, 재산, 부양의무자의 소득·재산, 지역별 기준 중위소득 등을 복합적으로 고려하는데, 이는 비전문가 입장에서 판단하거나 예측하기 거의 불가능하다. 이러한 복잡한 기준은 제도에 대한 국민의 신뢰를 약화하고, 실제 수급 자격이 있음에도 불구하고 신청하지 않는 '비신청형 사각지대'를 확대한다.

이를 해결하기 위해서는, 복지 규정의 단순화와 시각화, 그리고 '적격성 자동 추론형 규정'으로의 전환이 필요하다. 먼저, 규정의 문장 자체를 **"쉬운 언어(Plain Language)"**로 변환하여 가독성을 높이고, 핵심 자격 요건을 도표나 시뮬레이터로 제공하는 **'규정 시각화 정책'**을 추진해야 한다. 특히 디지털 소외 계층을 고려해 동영상, 음성 안내, 원스톱 상담 연계 등 **다양한 멀티모달 방식**[82]의 정보 제공 체계를 구축할 필요가 있다.

---

[82] "다양한 멀티모달 방식"이란, 정보를 여러 감각 채널(모드, modality)을 통해 동시에 또는 선택적으로 제공하는 방식을 말한다. 특히 복지 정보나 행정서비스를 국민에게 전달할 때, 단일한 텍스트 중심 전달 방식만으로는 소외되는 계층이 발생할 수 있기 때문에, 멀티모달 전략은 접근성과 포용성 강화의 핵심 수단으로 활용될 수 있다.

[표 21] 다양한 멀티모달 방식의 정보 제공

모드	설명	적용 사례
텍스트 (Text)	기본적인 문자 정보 제공	복지정책 설명, 수급 요건 공지
음성 (Audio)	시각장애인, 고령층 등 시각정보에 취약한 대상자를 위한 음성 안내	음성합성 기술로 복지안내서 낭독 서비스 제공
영상 (Video)	문해력이 낮은 대상자 또는 청각장애인을 위한 자막 포함 영상	수급 신청 절차 설명 동영상, 수화 영상 포함
이미지/도표 (Image/Visual)	복잡한 자격 요건이나 수급 흐름을 시각화하여 이해를 돕는 방식	복지 흐름도, 대상자별 분류도, 신청 절차 순서도
수화 (Sign Language)	청각장애인을 위한 직접적인 소통 수단	복지정책 주요 변경사항을 수화 영상으로 제공
챗봇 (Chatbot)	24시간 질의응답형 대화형 인터페이스	"무슨 복지혜택을 받을 수 있나요?" 질문에 맞춤 응답
현장 보조 (Off-line support)	디지털 취약층을 위한 대면 지원 또는 간편 터치패드 시스템	읍면동 주민센터의 복지담당 태블릿 수급예측기능

나아가 제도 설계 자체를 '**자동 적용 기반 자격 예측**'으로 전환해야 한다. 이는 국민 개개인의 인적·소득·재산 정보를 행정정보 연계 기반으로 통합 분석하여, 개별 복지제도의 수급 가능성을 예측하고 통지하는 방식이다. 예를 들어 건강보험 자격정보, 고용보험 납부 이력, 주민등록 정보, 부동산·차량 보유 정보 등을 연계하여, 수급 가능성이 있는 국민에게는 '예상 수급 알림'을 사전에 발송하는 제도적 틀이 필요하다. 이와 같은 수요자 중심적 복지 접근 프레임은 규정의 형식적 완결성을 넘어, 실질적 권리 실현을 도모하는 방향으로 제도를 진화시킬 수 있다.

2) 신청 절차의 자동화·디지털화

복지 사각지대의 또 다른 축은 신청 과정의 복잡성이다. 현재 대다수 복지제도는 읍면동 주민센터를 통해 신청서를 작성하고, 관련 증빙서류를 제출하며, 일정 기간 대면 심사를 거쳐야 하는 절차를 요구한다. 이 과정은 ▲**정보 접근의 격차**, ▲**신청 기회의 상실**, ▲**행정비용 증가**, ▲**인권 침해적 심사** 등의 **문제**를 유발한다.

이를 해결하기 위해서는 복지 신청의 전면적 디지털 전환과 자동화 시스템 도입이 절실하다.

첫 단계는 '**마이데이터 기반 복지 자동 신청 시스템**'의 도입이다. 이는 국민 개개인의 행정정보를 본인 동의하에 자동 연계하여, 수급 가능성이 있는 복지서비스를 사동으로 추천하고 신청을 단일화하는 체계이다. 예를 들어 '**복지로**' 플랫폼과 '**정부24**'를 통합하여 '**복지통합 포털**'[83]을 구축하고, 국민이 로그인만 하면 자신이 받을 수 있는 모든 복지 혜택이 자동으로 계산·추천되며, 추가 입력 없이 신청이 완료되는 구조를 만들어야 한다.

두 번째 단계는 **사전통지형 복지제도의 구축**이다. 이는 대상자가 신청하지 않아도 정부가 자동으로 복지 수급 가능성을 판단하고, 자격이 충족될 경우 수급 여부를 먼저 통지하거나, 신청 유도를 위한 정보를 제공하는 방식이다. 예컨대 출산 후 일정 요건을 갖추면 '아동수당 예상 수급 통지'가 자동으로

---

83) 현재는 '복지통합 포털'이라는 이름으로 완전한 통합은 이루어지지 않았지만, 실질적 통합 방향으로 일부 기능이 이미 작동 중이긴 하다. 향후 공식적인 '복지통합 포털' 출시는 디지털플랫폼정부 추진계획에 따라 2026년 이전에 본격 실현될 것으로 전망된다. 2023년 정부는 '디지털플랫폼정부' 실현계획을 발표하며, 2026년까지 홈택스, 위택스, 복지로 등 1,500여개 공공 서비스의 단일 로그인·연계 통합을 추진 중이다.
https://www.bokjiro.go.kr/ssis-tbu/cms/pc/news/news/1304796_1114.html?utm_source=chatgpt.com

전송되며, 클릭 한 번으로 신청이 완료되는 방식이다. 이러한 제도는 선진국의 '권리 자동 보장형 복지' 흐름과 일치하며, 제도 참여율을 획기적으로 개선할 수 있다.

세 번째로, **디지털 약자를 위한 보완적 오프라인 시스템도 병행**되어야 한다. 예컨대 읍면동 복지 담당자에게 **'수급 예측 시스템'** 기반 태블릿을 지급하여, 현장에서 대상자의 정보를 입력하면 자동으로 수급 가능성이 제시되고, 현장에서 즉시 신청이 가능하도록 하는 구조가 대표적이다. 이는 단순한 서류 대행이 아니라, 복지 접근의 실질적 중개자 역할을 지역사회가 수행하도록 하는 정책이다.

3) 규제혁신과 복지 인프라의 접목 방안

규제혁신과 복지정책을 별개로 다루는 기존 행정 구조는, 복지 사각지대 문제를 반복적으로 양산하는 주요 원인이다. 특히 **'규제샌드박스'**나 **'현장 규제 실험실'**과 같은 정책 실험 제도를 복지 분야에 접목시키는 시도는 거의 전무한 실정이다. 이에 따라 제안되는 방향은, **복지규제실험구역(Welfare Regulatory Sandbox)**의 제도화이다.

복지규제실험구역은 일정 지역이나 계층을 대상으로 복지규정의 일부를 한시적으로 완화하고, 효과를 실증적으로 평가한 후 전국적 제도개선으로 확산시키는 체계이다. 예컨대, 1인 가구가 많은 지역에서 기초생활보장제도의 부양의무자 기준을 일시 폐지하고, 수급률, 삶의 질 변화, 예산 지출 효과 등을 비교 평가하는 것이다. 이 제도는 국무조정실, 보건복지부, 지방자치단체가 협력하여 시행할 수 있으며, 규제개혁위원회와 연계된 복지 규제심의기구를 별도로 설치할 필요가 있다.

또한 복지 인프라와 민간 플랫폼 간의 연계 구조를 제도화하는 것도 중요하다. 최근 사회적기업, 협동조합, 시민단체 등이 운영하는 지역 복지 서비스는 공공과의 연결이 미흡한 상태다. 따라서 공공-민간 복지서비스 연계 허브 시스템을 구축하고, 민간 기관이 운영하는 복지 프로그램도 통합 플랫폼에 등록·연동되도록 하며, 이를 통해 국민이 한 번의 접속으로 다양한 기관의 복지서비스를 확인하고 신청할 수 있도록 해야 한다.

마지막으로, 복지 규제시스템 전반의 개선은 성과지표 기반 평가와 시민참여 제도를 병행해야 한다. 복지 접근성과 사각지대 해소율, 신청 절차 간소화 정도, 예산 대비 수급 효과 등 정량적 지표를 연도별로 수립하고, 시민규제배심제와 같은 참여형 평가 체계를 통해 현실에 맞는 제도개선을 유도해야 한다.

결론적으로 복지 사각지대 해소는 단순히 '더 많은 돈'을 쓰는 문제가 아니라, '더 적절한 규칙'과 '더 접근할 수 있는 절차'를 설계하는 문제이다. 이는 본질적으로 규제의 재구성 문제이며, 규제개혁이 국민 생활과 직결된 영역에 실질적으로 작동해야 함을 보여주는 사례이기도 하다. 복지 규제시스템 혁신은 기술과 행정의 결합, 제도의 구조적 단순화, 데이터 기반 행정으로 이어지는 다층적 개혁 과제이며, 성패는 결국 국민이 몸으로 느끼는 변화에 달려 있다. 더 늦기 전에, 복지 규제시스템의 근본 혁신을 통한 제2의 복지국가 설계가 요구된다.

대한규제혁신민국

국민이 설계하는
새로운 민주국가

5부

『대한규제혁신민국』 실현을 위한 헌정 전략

"규제는 단순한 정책이 아니라 권력의 구조다.
이제 헌법으로 규제를 다시 써야 한다."
- 『대한규제혁신민국』

제5부의 논의 ✔ 규제혁신을 위한 헌정적 전제와 법철학적 배경 제시[84]

➡ 21세기의 현재 대한민국이 직면한 규제의 난맥은 단지 행정적 절차나 법률적 기술의 문제가 아니다. 그것은 법의 존재 이유와 규범 질서에 대한 철학적 재사유, 그리고 이를 담아내는 헌법 체계의 적실성과 직결된다. 『대한규제혁신민국』이 제안하는 규제혁신은 단순한 규제 정비 차원이 아니라, 헌법과 법철학의 근본적 전환을 전제로 한다. 제5부에서는 대한민국이 규제국가에서 규제혁신 국가로 도약하기 위해, 필요한 헌정질서의 구조 개편과 실행 전략을 제시한다.

1 법의 존재 이유와 규제철학적 사고의 전환

(1) 법실증주의의 한계와 규제국가의 실패

법실증주의는 법의 형식성과 국가권위의 근거를 제공하였다. 그러나 대한민국에서는 법실증주의가 오히려 규제국가를 정당화하는 수단으로 기능하며 다음과 같은 부작용을 초래했다.

첫째, 법률은 '국회에서 만들어지기만 하면 정당하다'라는 형식적 관념이 지배하였다. 이는 규제 입법의 남발, 위임입법의 비대화, 입법목적과 국민 체감 사이의 괴리를 초래했다.

---

84) 이론적 근거: 칼 슈미트(Carl Schmitt)의 '헌법적 정당성' 개념에 비추어 보면, 헌정질서란 단순한 제도적 프레임이 아니라 가치와 방향성을 내포한 정치적 결단의 산물이다. 『대한규제혁신민국』은 이 지점에서 슈미트보다는 롤스(John Rawls)의 '공정으로서의 정의', 또는 하버마스(Jürgen Habermas)의 '의사소통 행위 이론'에 더 가깝다.
비판적 해설: 단순히 헌법에 규제를 '새로이 담자'라는 주장은 진보적 법제주의자들로부터 '정책의 헌법 과잉'을 낳을 수 있다는 비판에 직면할 수 있다. 따라서 이러한 주장은 헌정론이자 동시에 정치철학의 진입점임을 명확히 하되, 정치적 중립성과 헌법의 가치 다원성을 어떻게 조화할지를 제시할 필요가 있다.

둘째, 실정법은 현실의 윤리적·사회적 정당성에 대한 반성 없이 형식 논리로 집행되었고, 규제는 국민의 권리 침해 도구로 변질되었다.

셋째, 규제는 법률에 기반한다는 이유로 사법심사의 대상이 되지 않거나, 단지 절차적 하자로 축소되어 심리되었다.

결국 법실증주의는 법의 민주적 정당성과 도덕적 타당성을 무시한 채 국가권력을 정당화하는 기제로 기능하게 되었다. 이는 헌정의 왜곡이자, 규제 국가가 작동 불능에 이른 핵심 배경이다. 근대국가에서 법의 객관성과 권위 정당화를 뒷받침해 온 법실증주의 이론은 대한민국에서 법률의 형식적 정당성만을 강조하며, 실질적 정의와 공공성, 시민참여를 배제한 채 규제의 남발과 집행 독주의 정당화 수단이 되었다. 실정법 중심의 입법과 위임입법 확대는 국민과 법 사이의 괴리를 더욱 심화시켰다.

대한민국은 이제 더 이상 법률 실증주의적 행정국가에 안주할 수 없다. 규제는 단지 명시된 법령의 해석과 적용을 넘어, 법이 어떻게 만들어지고 누구에 의해 정당화되었는지에 따라 전혀 다른 정체성을 갖는다. **「대한규제혁신민국」**은 법을 기술적 형식이나 권위의 수단으로 보지 않는다. 이 책은 규제를 시민이 설계에 참여하고, 공공의 토론을 통해 정당화되어야 할 정치적·철학적 행위로 본다. 이러한 입장은 법철학의 대표적 전통인 한스 켈젠, 칼 슈미트, 위르겐 하버마스의 이론적 갈래를 비판적으로 경유하면서 **「대한규제혁신민국」**의 정당성을 밝히고자 한다.

한스 켈젠의 법이론은 법을 순수하게 형식과 절차로 환원시켜, 국가의 규범 질서를 구성하는 위계 체계로 이해한다. 이는 전후 독일이나 한국 같은 법치국가 수립에 이바지한 측면이 있다. 하지만 오늘날 규제국가는 단지 법률의 정합성만으로 작동하지 않는다. 규제는 경제활동과 삶의 조건을 직접 구성하는 '실질적 통치수단'으로서 기능하며, 이때 형식적 합법성은 충분조건이 되지 못한다. 켈젠적 모델은 시민의 참여, 도덕적·사회적 정당성의 고려가 배제된다는 점에서 규제국가의 민주적 정당성을 훼손할 수 있다.

칼 슈미트는 이러한 법실증주의의 무기력을 비판하면서 '결단'과 '주권자의 정치적 판단'을 법의 핵심으로 보았다. 그러나 이는 나치 독일의 긴급권력 정당화에 이용되었으며, 법의 자의성과 전체주의의 위험성을 드러냈다. 1933년 나치 정권 아래에서의 '라이히 헌법' 정당화 논리는, 슈미트 이론이 정당성과 헌법을 권력의 수단으로 환원할 수 있음을 보여준다. 규제를 권력의 도구로 간주한 슈미트의 관점은 위기 상황에서 국가가 규제 장치를 통해 정당성을 가장하는 수단이 될 수 있음을 경고한다. **『대한규제혁신민국』**은 이러한 정치주의적 정당화에도 분명한 비판적 태도를 유지한다.

하버마스는 이 양극단을 넘어서고자 했다. 그는 법을 시민들이 공론장을 통해 담론적으로 합의한 결과물로 보며, 정당성은 '의사소통의 절차' 속에서 형성된다고 주장했다. 이는 규제의 정당성을 단지 입법부나 관료의 결정에 두는 것이 아니라, 국민의 참여를 통해 구성된 '담론적 실질과 정당성'에 위치시킨다는 점에서 **『대한규제혁신민국』**이 지향하는 규제철학과 가장 근접한다.

이에 따라 다음과 같은 비교표는 철학적 입장을 구조적으로 정리하며, **『대한규제혁신민국』**이 어떤 철학적 선택을 하고 있는지 설명한다.

[표 22] 켈젠-슈미트-하버마스 삼자 비교표

구분	한스 켈젠 (Hans Kelsen)	칼 슈미트 (Carl Schmitt)	위르겐 하버마스 (Jürgen Habermas)
핵심 입장	법실증주의 (순수법학)	정치신학, 결단주의	담론윤리, 공론장의 합리성
법 개념	형식적 법률(법의 위계와 정합성 중심)	결단으로서의 법 (주권자의 판단 중심)	담론 속 합의로서의 법
법의 정의	위계적 규범 체계, 상위규범에서 정당성 유도	주권자의 결단이 법을 창출	사회적 담론을 통한 정당성 확보
정당성의 근거	법 자체의 논리적 체계	정치적 예외 상태의 결정 권력	공론장과 시민참여의 상호 이해

대한규제혁신민국_국민이 설계하는 새로운 민주국가

구분	한스 켈젠 (Hans Kelsen)	칼 슈미트 (Carl Schmitt)	위르겐 하버마스 (Jürgen Habermas)
규제 관점	형식적 합법성 충족 여부만 판단	규제는 권력 행사의 도구	규제는 사회적 합의와 정당성의 산물
규제 이해	형식적 합법성만으로 규제 인정	정치권력이 행사한 예외적 규제를 우선	시민참여·공론을 통한 규제의 정당성 확보
장점	법체계의 논리성, 예측가능성	권력의 본질 폭로, 중립성 환상 비판	시민참여 기반, 민주적 정당성
단점	실질 정의 결여, 시민참여 배제	전체주의 정당화, 법 바깥 권력의 위험	절차주의의 이상화, 실질 권력 문제 간과
한계	시민 참여·사회적 정당성 고려 결여	법치주의와 권리 보장의 해체 위험	담론 절차의 이상화 가능성
「대한규제혁신민국」의 수용 태도	제한적 수용 (행정 중심 규제에 비판적 거리는 유지하되 법체계 구성에 참고)	비판적 경계 유지 (전체주의 정당화 위험)	규제정당성 확보의 이론적 기반으로 수용 (기초 철학으로 일정부분 설정)

    이러한 비교는 단지 철학 이론의 취사선택이 아니라, 대한민국이 규제국가에서 혁신 국가로 전환하는 데 요구되는 헌법적 패러다임의 변환을 뜻한다. **「대한규제혁신민국」**은 하버마스를 일정 부분 수용하되, 세 입장을 모두 비판적으로 검토하는 거리 두기 전략을 택하고 있다. 왜냐하면, 현대 규제정책은 절차적 형식주의와 권력적 결정주의 모두를 넘어서야 하며, 국민 참여와 공공성 기반의 새로운 규제 헌정질서를 설계해야 함을 요구하고 있기 때문이다. 규제는 법률이라는 이름만 가진 통제 수단이 아닌, 시민이 공적으로 참여하고, 논리적·도덕적으로 정당화할 수 있는 민주적 설계의 결과물이 되어야 한다.

    「대한규제혁신민국」은 이를 위해 새로운 규제 입법의 기준으로 **실질적 정당성(legitimacy)**[85]과 **윤리적 설계의 원칙**을 제안하며, 이를 통해 법의 존재 이

---

85) 여기서 말하는 "legitimacy(정당성)"는 단순한 합법성이나 절차적 정당화(justification)를

유를 시민에게 되돌려주는 규제 민주주의의 철학을 정립하고자 한다. 이론적 뿌리로는, 나치법에 대한 비판 이후 등장한 구스타프 라드브루흐(Gustav Radbruch)의 법철학이 중요한 위치를 차지한다. 그는 "극단적으로 불의한 법은 법이 아니다"라는 '라드브루흐 공식'을 통해 실증주의 법률관의 도덕적 한계를 넘어설 윤리적 판단 기준을 제시하였다. 이는 『대한규제혁신민국』이 실정법의 형식적 정당성을 넘어서 시민과 공동체의 윤리적 정당성을 중심에 두려는 입장과 맞닿는다.

보완적으로, '절차적 정의'를 강조한 존 롤스(John Rawls) 이론과 '공적 이성(public reason)' 개념을 차용하여, 규제 입법의 도덕적 정당성과 공공성과의 연결성을 심화할 수 있다. 그는 헌법적 이상과 정의로운 사회 구조의 설계라는 점에서 참고할 만한 이론을 제공한다. 그러나 『대한규제혁신민국』이 주로 택하는 이론적 토대는 위르겐 하버마스를 중심으로, 낸시 프레이저(Nancy Fraser)의 분배-인정-참여의 삼각 구조, 피에르 로장발롱(Pierre Rosanvallon)의 '시민참여와 권력 절제' 그리고 '역민주주의(counter-democracy)' 개념과의 결합을 통해 현실 정치와 제도 설계에 연결된다.

결론적으로 『대한규제혁신민국』은 켈젠과 슈미트의 이론을 비판적으로 경유하면서도, 하버마스와 프레이저, 로장발롱 등의 현대 정치철학을 통해 시민주권과 공론장의 윤리를 기반으로 한 규제 헌정질서를 설계하고자 한다. 이는 단순한 철학적 입장 표명이 아니라, 국가의 규범적 구조를 다시 쓰기 위한 실천 전략이다.

한국은 실증주의가 지배적이었던 독일과 유사한 공법 체계를 갖고 있으나, 실제 제도 운용은 정치·관료·사법 간의 복합적 타협구조에 의해 결정되는 경

의미하지 않는다. 이는 국가 권력이나 규제와 같은 공적 행위가 시민사회로부터 실질적 수용과 윤리적 승인을 얻고 있는지를 묻는 정치철학적·헌정론적 개념이다. Max Weber는 legitimacy 를 '지배에 대한 피지배자의 자발적 복종이 가능하도록 하는 신념 구조'로 정의했으며, Jürgen Habermas는 이를 '담론적 정당성의 조건을 충족할 때 비로소 획득되는 사회적 승인'으로 보았다. 본서에서의 legitimacy는 특히 실질적 타당성(substantive legitimacy)의 의미에 가깝다. 이는 절차를 넘어서 시민의 참여, 사회적 공감대, 도덕적 타당성을 통해 규범 질서의 존속 기반을 확보하는 것을 뜻한다.

향이 강하다. 따라서 단순한 실증주의 비판만으로는 한국 규제국가의 왜곡된 현실을 설명하거나 극복하기 어렵다. 제도 사회학적 분석과 행정문화 비판이 병행될 때만 규제개혁의 철학이 제도 변화로 연결될 수 있다.

특히 하버마스류의 절차주의 이론이 갖는 '실질 권력 통제의 한계'는, 장 자크 루소(Jean-Jacques Rousseau)의 사회계약론이 제기한 '대리인의 권력화' 비판을 접목함으로써 보완될 수 있다. **『대한규제혁신민국』**은 이 두 전통을 비판적으로 경유하면서, 시민 주권의 헌정적 복원을 통해 규제의 타당성을 실질적이고 도덕적으로 확보하려는 **법고창신(法古創新)**[86]의 전략을 제시한다.

현대 민주국가에서 규제는 단순한 통제 수단이 아니라, 시민과 국가 사이의 신뢰와 권력 배분을 반영하는 구조적 장치다. 그러나 대한민국의 현실은 규제가 오히려 관료와 정치 엘리트에 의해 설계되고 집행되는 '대리인의 권력화' 현상을 보여준다. 이러한 왜곡은 정치인과 관료가 국민의 대리인(agent)임에도 불구하고, 사실상 주권자처럼 군림하는 구조에서 비롯된다. **『대한규제혁신민국』**은 이 비대칭적 권력관계를 해체하고, 국민과 국가 사이의 계약적 기반을 회복하고자 한다.

이는 장 자크 루소의 사회계약론이 말한 **"일반의지는 양도될 수 없고 대리될 수 없다."**라는 원칙에 근거한다. 국민은 통치자에게 권한을 일방적으로 위임한 것이 아니라, 공공선을 실현하기 위한 계약적 합의에 따라 조건부 위임한 것이다. 이 관점에서 규제란 단지 행정 권력의 기술적 수단이 아니라, 사회계약의 일부로서 시민이 타당성 부여에 실질적으로 참여해야 하는 정치적·도덕적 행위다. 따라서 규제의 정당성(legitimacy)은 국회나 관료의 형식적 절차를 넘어서, 시민의 동의와 공공 토론을 통한 정책적 재합의 과정을 반드시 거쳐야 한다.

---

[86] 법고창신(法古創新)은 전통을 맹목적으로 계승하거나 단절하는 것이 아니라, 비판적으로 재해석하여 새로운 시대적 질서를 창출하는 실천적 태도를 의미한다. **『대한규제혁신민국』**은 규제의 개념과 정당성 문제를 고전 정치철학과 현대 규범이론을 비판적으로 교차시킴으로써, 규제 헌정질서의 창조적 재구성을 시도한다.

(2) 「대한규제혁신민국」이 지향하는 법철학

「대한규제혁신민국」은 법의 존재 이유를 실질적 정당성에 둔다. 규제는 시민의 삶을 실질적으로 개선하는 수단이자, 공동체가 자율적 규범을 형성하는 장이어야 한다. 따라서 규제 입법은 절차적 민주성, 국민참여, 공동선이라는 기준 위에 세워져야 한다. 이는 다음의 세 가지 축으로 요약된다.

> ① **국민참여의 원리:** 법은 국가가 일방적으로 부과하는 명령이 아니라, 국민들이 참여하여 만드는 자율적 규범이다. 규제 역시 국민참여를 통해 정당성을 획득해야 한다.
> ② **공동체 정의:** 규제는 개인의 이익과 공동체의 정의 사이에서 조정자의 역할을 수행하도록 입법해야 하며, 편익과 부담의 형평을 실현하는 장치여야 한다.
> ③ **절제된 권력:** 규제는 국가 권력의 작동 방식 중 가장 폭력적인 수단이기에, 집행은 헌법적 절제의 원칙에 따라 통제되어야 한다.

이러한 법철학은 공동체 구성원 간 합의와 정서적 공감에 기반한 **'규범적 헌법 주의'**를 지향하며, 그것은 곧 규제의 민주화와 도덕화를 요청한다.

(3) 규제 입법의 윤리와 실질적 정당성

법이란 단순한 기술이 아닌, 공동체가 합의한 도덕적 약속이며 실천의 문법이다. 실질적 정당성이 결여된 규제는 아무리 정교한 절차를 거쳤다고 하더라도 폭력이다. 실질적 정당성이 결여된 규제는 기술적으로 완비되었더라도 폭력이다. 규제는 국민의 권리를 제한하고 의무를 부과하는 행위이기에 윤리적 정당성이 필수다. 이는 입법자와 집행자 모두에게 도덕적 책임을 요구한다. 규제는 국민의 권리를 제한하고 자유를 제약하는 만큼, 입법자와 집행자는 다음의 윤리적 기준을 따라야 한다:

> ① 규제의 필요성은 국민의 삶과 직접 연결된 실증적 근거에 기초해야 하며,
> ② 대체 수단이 있는 경우, 국가 권력은 가장 개입이 적은 방식을 택해야 하며,
> ③ 규제의 지속 여부에 대해서는 주기적으로 사회적 검토와 사법적 심사를 받아야 한다.

이와 같은 윤리적 기준이 법의 내재적 도덕성과 연결될 때 비로소 규제는 공동체로부터 수용되고 신뢰받을 수 있다.

2 헌법은 규제를 말하지 않는다 – 규제 공백 헌정의 위기

(1) 1987년 헌법 체제의 시대적 유효성 상실

1987년 헌법은 정치적 민주화의 상징적 결과물이었으며, 군사정권 권위주의로부터의 탈피라는 시대적 요구에 부응하여 정치 민주화를 실현하는 데는 성공했으나, 규제 국가의 통제를 헌법적으로 어떻게 다룰 것인가에 대한 구상은 빠져 있다. 그러한 결과, 규제는 헌법의 언어 밖에서 입법과 행정의 기술로만 다뤄졌고, 헌법적 통제와 정당성 확보의 대상이 되지 못했다. 21세기 대한민국의 규제국가 현실은 당시 헌법 설계의 한계를 여실히 드러낸다.

① 규제를 국가 권력 작용으로 명시하지 않았고,
② 규제를 정당화하거나 통제할 수 있는 원리와 절차를 담지 않았으며,
③ 국민이 규제에 대해 제안하거나 다툴 수 있는 권리를 보장하지 않았다.

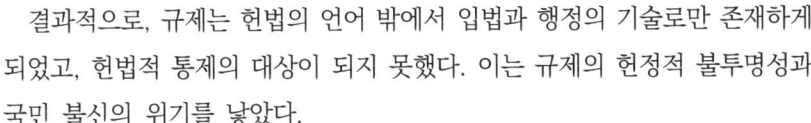

결과적으로, 규제는 헌법의 언어 밖에서 입법과 행정의 기술로만 존재하게 되었고, 헌법적 통제의 대상이 되지 못했다. 이는 규제의 헌정적 불투명성과 국민 불신의 위기를 낳았다.

(2) 규제와 헌법 사이의 단절: 입법권 과잉, 행정입법 남용, 사법의 침묵

현행 헌법은 규제 권력의 통제 장치를 마련하지 않았다. 이에 따라 국회의 입법권은 과잉 행사되고, 정부는 위임입법으로 권한을 남용하며, 사법부는 규제의 정당성에 대해 침묵하거나 형식적 위헌 심사에 그친다. 이는 규제를 둘러싼 민주적 정당성과 책임 구조의 공백을 초래한다.

오늘날 규제정책은 입법권, 행정권, 사법권 사이에서 다음과 같은 구조적 단절을 보인다.

① **입법권의 과잉 행사:** 국회는 특정 집단의 민원이나 정당의 이념에 따라 규제를 남발하고 있으며, 이는 실질적 논의 없이 형식적으로 통과되고 있다.

② **행정입법의 남용:** 위임입법을 통해 정부는 독자적으로 규제를 설계하고 있으며, 국회 통제 없이 규제집행과 수정이 가능해졌다.

③ **사법부의 소극성:** 사법부는 규제에 대한 헌법적 정당성 여부보다는 절차적 적법성만을 판단하고 있으며, 국민 기본권 침해에 대한 실질적 보호 기능을 수행하지 못하고 있다.

이러한 상황은 헌법이 규제에 대해 '무언(無言)'하는 구조적 취약성에 기인한다.

> **비판적 해설:** 현행 헌법은 규제 개념을 명시하지 않으나, 기본권 제한 조항(제37조 2항)[87]을 통해 규제의 헌법적 정당성 판단 틀은 암묵적으로 존재한다. 헌법 조문이 규제를 직접 언급하지 않는다고 해서 규제에 대한 헌법적 논의가 불가능한 것은 아니다.
>
> **비판점:** '헌법이 규제를 외면한다'는 서술은 지나치게 선언적일 수도 있다. 실제 규제와 헌법 사이의 단절은 제도 설계보다는 정치적 관행과 법원·입법자의 소극성에서 기인한 바가 크다.
>
> **보완 제안:** 헌법적 규제 원칙을 명시한 독일의 비례원칙(Verhältnismäßigkeitsprinzip)를 도입하거나, 프랑스의 헌법평의회(Conseil Constitutionnel)의 '기본권 심사' 방식과 같은 사전적 헌법 통제 메커니즘 검토가 필요하다.

(3) 규제의 입헌적 정립이 필요한 이유

대한민국 헌법은 권력분립과 기본권 보장을 핵심 가치로 삼지만, 규제권력은 이 중 어디에도 명확히 포함되지 않았다. 법률을 통한 규제는 입법권의 행사로 취급되었고, 위임입법은 행정권의 재량으로 치부되었다. 그러한 결과, 규제는 헌법적 정당성과 국민적 합의에 기반한 통제 장치 없이, 권력의 주변부에서 기형적으로 증식되었다.

『대한규제혁신민국』은 이런 구조 자체를 전면 재설계할 것을 주장한다. 규제를 국가 권력의 고유한 한 형태로서 헌법적으로 명시하고, 작동 원리, 위임과 책임의 균형 및 절제 메커니즘, 국민의 통제 수단을 헌정적 틀 안에 집어 넣어야 한다.

대한민국 헌법은 이제 규제를 국가작용의 한 축으로 인정하고, 이에 대한 원칙, 책임, 절차, 통제의 체계를 헌법적으로 담아야 한다. 규제는 '법의 명령'

---

[87] 헌법 제37조 ② 국민의 모든 자유와 권리는 국가안전보장·질서유지 또는 공공복리를 위하여 필요한 경우에 한하여 법률로써 제한할 수 있으며, 제한하는 경우에도 자유와 권리의 본질적인 내용을 침해할 수 없다.

이 아닌 '공공의 약속'이어야 하며, 헌법은 약속의 국가적 기본 질서가 된다.

규제는 더 이상 행정 기술이 아니다. 그것은 권력의 한 작동 방식이며, 국민과 국가 사이의 약속이다. 따라서 다음과 같은 입헌적 정위치가 요구된다.

---

① 규제의 원칙과 기준은 헌법에 명시되어야 하며,
② 규제의 설계·집행·폐지 전 과정에 국민 참여와 책임성 메커니즘이 내재화되어야 하며,
③ 헌법재판소와 사법부는 규제의 정당성에 대해 실질적 판단을 수행할 수 있어야 한다.

---

3. 헌정질서의 개편 – 국민이 설계하는 민주국가의 새로운 틀

(1) 규제 기본권과 규제 통제권의 헌법 명문화: 제1조부터 다시 쓰자

규제는 단지 집행 기술이 아니라 국가 권력의 정당성을 결정짓는 헌정 권력의 한 축이다. 대한민국 헌법에 규제권은 아직 헌정적 자리를 갖지 못하고 있다. 규제 혁명을 위한 첫걸음은 헌법에, 규제에 관한 독립 조항을 신설하는 것이다. 헌법 제정 이후 변화된 시대환경 속에서, 규제는 사생활 보호, 경제활동 자유, 표현의 자유 등 다양한 기본권과 충돌한다. 따라서 이를 헌법적 원칙과 절차 속에서 정당화하고 조정할 필요가 있다.

「대한규제혁신민국」은 단순한 행정개혁이나 입법 기술의 개선을 넘어서, 규제 국가에서 혁신 국가로의 전환을 위한 헌정적 대개조를 제안한다. 이는 규제 개혁을 단순한 행정절차나 법률 개정의 차원이 아니라, 헌법 질서의 재편, 즉 '국가 작동 방식'의 본질적 전환으로 이해하는 접근이다.

현행 대한민국 헌법 제1조는 다음과 같다.

"대한민국은 민주공화국이다. 주권은 국민에게 있고 모든 권력은 국민으로부터 나온다."

또한 제10조는 다음과 같은 가치조항을 포함한다.

"모든 국민은 인간으로서의 존엄과 가치를 가지며, 행복을 추구할 권리를 가진다. 국가는 이를 보장할 의무를 진다."

그러나 제1조는 국가형태와 주권의 소재를 선언하는 형식적 조항에 그치며, 실제로 국가 권력의 행사 기준이나 윤리적 한계를 담고 있지 않다. 제10조는 인간의 존엄성과 기본권 보장을 천명하고 있음에도, 헌법 체계상 제1조의 권력 구조 선언과 분리되어 있어 국가 권력, 특히 규제 권력의 행사에 있어 실질적 지침으로 작동하지 못한다.

여기에 더해 헌법 제37조 제2항은 다음과 같이 규정하고 있다.

"국민의 모든 자유와 권리는 국가안전보장, 질서유지 또는 공공복리를 위하여 필요한 경우에 한하여 법률로써 제한할 수 있으며, 제한하는 경우에도 자유와 권리의 본질적인 내용을 침해할 수 없다."

이 조항은 기본권 제한의 근거로 기능하지만, 추상적이고 포괄적인 규정으로 인해 규제의 남용을 제어하기 어렵다. '법률에 따른 제한'이라는 형식적 정당성만으로 실질적 기본권 침해가 정당화되는 한계를 내포하고 있으며, 시민 참여 없는 규제 권력의 일방적 행사로 이어질 수 있다. 따라서 제37조 제2항 역시 개정되어야 하며, 규제를 포함한 기본권 제한은 반드시 국민 참여를 기반으로 한 공론과 합의의 절차를 거쳐야 한다는 점을 명문화할 필요가 있다.

5부. 『대한규제혁신민국』 실현을 위한 헌정 전략

이에 따라 『대한규제혁신민국』은 제10조의 가치와 철학을 제1조로 통합·승격시키는 헌정 구조의 수직 통합이 필요하다고 주장한다. 규제는 단순한 법령이 아니라 국민의 자유와 권리를 실질적으로 제한하는 국가 권력의 핵심 도구이며, 그 행사 기준은 헌법의 최상위 조항인 제1조에서부터 명확히 규정되어야 한다.

『대한규제혁신민국』이 제안하는 개정 헌법 제1조는 다음과 같다.

> "대한민국은 인간의 존엄을 기초로 한 민주공화국이다. 모든 권력은 국민으로부터 나오며, 국가는 국민의 자유와 권리를 제한하는 규제를 오직 공공의 정당한 목적에 따라, 국민의 참여와 최소 침해 원칙에 따라 집행하여야 한다."

이 조문은 인간 존엄성과 국민 참여의 원칙을 중심에 둔다는 점에서, 우리 고유의 건국이념인 '홍익인간(弘益人間)' 정신을 현대적 헌정 언어로 계승한 것이다. 이러한 맥락에서 보면 개정안은 세 가지 차원에서 커다란 의미가 있다.

첫째, '인간의 존엄'을 제1조 수준으로 격상[88])시켜 국가 권력 전체의 윤리적 출발점을 설정한다. 이는 독일의 헌법인 기본법 제1조가 '인간의 존엄은 침해될 수 없으며, 이를 보호하는 것은 국가의 의무'라고 선언하는 헌법 구조와 궤를 같이한다.

둘째, '국민의 참여'를 헌정 원칙으로 명문화하여, 규제 과정에서의 실질적 민주주의를 보장한다. 이는 단순히 선거로 대표자를 뽑는 참여를 넘어, 국민이 규제의 설계·검토·평가에 직접 개입할 수 있는 헌정질서를 선언하는 것이다.

---

88) 헌법개정과 인간 존엄 중심의 재설계론 : 이석연, 「인간의 존엄과 헌법개정 논의」, 『헌법학연구』 제18권 제4호, 2012 → 인간 존엄의 원칙을 헌법 제1조 수준으로 끌어올리는 개정 논의와 그 의미
서경석, 「헌법개정과 규제기능의 재조명」, 『공법학연구』 제23권 제1호, 2020 → 규제 통치와 국민주권 원리 간 조화의 헌법적 설계 전략 논의

셋째, '최소 침해 원칙'을 명시함으로써 규제 권력의 행사에 있어 헌법적 자제를 제도화한다. 이는 규제 남용에 대한 사전적 견제 원리로 기능하며, 입법·행정·사법의 모든 국가작용에 제약을 가하는 헌정적 기준이 된다.

이와 같은 개정 전략에 대해서는 다음과 같은 반론이 제기될 수 있다. 예컨대, 제1조는 국가의 정체성과 주권의 근거를 상징적으로 선언하는 조항이므로, 구체적인 규제 원칙이나 집행 기준을 담기에는 부적절하다는 주장이다. 이에 대해 『대한규제혁신민국』은 다음과 같은 반론을 제시한다.

첫째, 규제는 오늘날 국민의 권리를 실질적으로 형성·제한하는 중심적 국가 행위이며, 단순한 행정 기술이 아니라 국가정체성의 핵심이 되었다. 따라서 헌법 제1조에 이를 반영하는 것은 시대적 필연이다.

둘째, 현행 헌법은 이미 다양한 권리와 국가 의무를 1조 및 전문에 담고 있으며, 국가의 윤리적 기반을 제시하는 것이 결코 이례적이지 않다. 오히려 이러한 원칙이 헌법 전반의 규범 통일성과 해석 지침으로 작용할 수 있다.

셋째, 민주공화국이라는 선언적 구호만으로는 규제국가의 권위주의적 경향에 대한 견제가 불가능하다. 시민참여와 최소 침해라는 실질적 원칙이 함께 선언될 때, 진정한 민주공화국의 헌정질서가 완성된다.

★ 헌법 제1조와 '홍익인간' — 대한민국 고유의 헌정 철학

대한민국의 역사적 건국이념인 **'홍익인간 재세이화(弘益人間 在世理化)'** 는 인간과 사회, 그리고 세계 전체를 이롭게 하고 이치에 맞는 공동체 질서를 실현하자는 철학적 이상을 담고 있다. 이는 단지 고조선 이래의 전통 구호가 아니라, 공동체

> 적 윤리와 인류 보편 가치의 통합을 지향하는 실질적 헌정 철학이다. 특히, '홍익인간(弘益人間)'은 인간의 존엄, 시민 공동체, 공공복리라는 현대 헌법정신과도 직접적으로 연결된다. 그럼에도 현행 대한민국 헌법 제1조는 이러한 철학적 정체성을 반영하지 못하고, 추상적 민주공화국 선언에 머물러 있다. 이제는 헌법 제1조에 인간의 존엄과 국민 참여의 원칙을 명시함으로써, 규제국가에서 인권 국가이자 참여 국가로의 전환을 선언해야 한다. '홍익인간(弘益人間)'은 대한민국이 추구해야 할 정치철학의 출발점이며, 국민주권의 정당성을 천명하는 헌정질서의 근원이다.

이러한 개헌은 『대한규제혁신민국』이 지향하는 헌정 전략의 출발점이며, 법철학적 전환과 제도 재설계를 통해 새로운 '규제헌법'의 서문을 여는 첫 문장이다. 단지 규제를 제어하는 기술적 장치를 넘어서, 국가 권력과 시민 권리의 새로운 관계를 헌법으로 정립하는 것이 바로 헌법 제1조 개정의 핵심 목표다.

(2) 사법개혁: 법조 관료국가에서 시민참여 법치국가로

대한민국의 사법제도는 오랫동안 폐쇄적 법조 관료 구조 위에 작동해 왔다. 검찰은 기소 독점권과 수사권을 무기로 삼아 입법·행정 권력 위에 군림해 왔으며, 법원은 사회적 경험과 연륜이 부족한 소수 엘리트 중심의 폐쇄적 인사 구조를 유지해 왔다. 이러한 체제는 정의의 실현보다 법조 권력의 자의적 판단과 정치적 영향력에 휘둘리는 결과를 낳았다.

특히 사법시험의 폐지와 로스쿨 제도의 도입은 법률가 양성 경로를 고비용, 고위계층 중심으로 전환했고, 이는 법률가 직역 전체에 대한 대중의 신뢰를 심각하게 훼손시켰다. 로스쿨 졸업 후 변호사 시험에 합격한 '새파랗게 어린' 변호사들이 판·검사로 직행하면서 실무 경험이나 사회적 역량 축적은 결여된 상태로 국민의 인권을 심판하는 구조는, 사법의 공정성과 정당성을 훼손하는 주된 원인으로 지적되고 있다. 젊은이들이 국가적 정치 참여는 입법부의 선출직을 통해 나아갈 수 있지만, 사회적 성직자이자 정의의 판단을 수행해야 할 판·검사 직은 삶의 연륜과 실무 경험이 요구되는 분야다. 인생의 경험도 적은 20대 후반의 검사가 부모나 조부모 세대의 모든 국민을 대상으로 형사기소와 수사를 결정하고, 심지어 30년 이상 실무경력이 축적된 경찰 간부까지 지휘하는 현실은, 일반 국민의 법 감정과 현장 직무 체계 모두에 부합하지 않는다.

이에 『대한규제혁신민국』은 법조 엘리트 중심의 관료형 사법체제를 전면 재설계할 것을 제안한다.

★ 대한민국 사법체제 전면 개혁 방안

첫째, 검사와 판사는 대통령 입후보 자격에 준하는 나이 및 경력 요건(예: 40세 이상, 변호사 경력 15년 이상)을 갖춘 자로 제한하고, 실무 능력과 사회적 감수성을 충분히 갖춘 법조인에게만 자격을 부여한다.

둘째, 법원장과 검사장은 국민이 직접 선출하는 선거직으로 전환하고, 이들이 대법원장과 검찰총장을 각각 선출하는 방식으로 '국민 참여형 사법 운영 체계'를 구축한다.

셋째, 법률 관련 자격제도 전반에 대해 구조개혁을 추진한다. 특히 변호사 자격시험 제도는 기존의 로스쿨 제도(학부 전공 무관 대학원 과정)와 함께, 법학 학부를 중심으로 한 사법시험 제도의 부활을 통해 두 갈래 교육체제·단일 자격시험제도로 전환하고, 이 두 제도 간에 건전한 경쟁을 유도한다. 이를 통해 다양한 계층과 경로의 법률전문가가 배출될 수 있는 제도적 기반을 마련한다. 아울러 로스쿨 제도 내에서도 '사회적 사다리' 복원을 위한 공공법률인력(군법무관, 국선변호인 등) 양성장학금 제도, 저소득층 대상 특별 전형, 지역 인재 우선 교육기회 제공 등의 공공성 기반 장치를 강화한다.

넷째, 국민이 검찰과 법원의 권력 행사를 실시간 감시할 수 있도록 검찰·법원 업무의 공개 범위를 확대하고, 시민참여 배심제 확대, 판결 공개 데이터베이스 구축, 판·검사 실명 책임제도, 국민감시단 도입 등의 시스템을 통해 견제와 투명성을 확보한다.

다섯째, 법관과 검사 인사에 대한 통제 메커니즘을 강화하기 위해 법관·검사에 대한 국민심사청원권 및 공직윤리 검증 절차를 마련한다. 또한 법조윤리심사위원회 및 공직 비리감시센터와 같은 독립기구를 강화하여, 법조계 내부의 자기정화 기능을 보완하고 외부적 감시체계를 제도화한다.

여섯째, 고등법원 이상의 주요 재판 절차에 시민참여형 검토·평가 제도를 도입하고, 대법원의 판례 결정 과정에도 외부 전문가와 시민참여를 허용하는 법제적 기반을 마련해야 한다. 이는 사법의 권위주의적 폐쇄성에서 벗어나, 열린 사법, 숙의하는 사법, 설명할 수 있는 사법으로 나아가기 위한 핵심 전략이다.

국제 비교의 측면에서도, 미국, 독일, 핀란드, 스웨덴 등 선진 민주국가들은 이미 시민 참여형 사법제도의 정착을 통해 사법권의 정치적 중립성과 공공 신뢰를 확보해 왔다. 미국은 검사와 판사의 선출제도, 배심재판 확대, 판결문 공개 의무를 통해 사법권의 투명성과 대중 통제력을 강화하였으며, 독일은 판사 선출 시 연방 및 주 정부의 민주적 절차를 거치고, 핀란드와 스웨덴은 시민 옴부즈만 제도와 사법행정위원회를 통해 사법의 민주적 정당성을 확보하고 있다.

「대한규제혁신민국」은 사법개혁을 단지 검찰 권력 견제에 한정 짓지 않고, 판·검사 임용구조, 법률 전문자격체계, 법조 진입장벽, 시민 통제 시스템 등 사법 전반의 민주화를 관철하는 방향으로 추진한다. 법조 관료국가에서 시민 참여 법치국가로의 전환은 단지 사법개혁이 아니라, 규제 민주주의의 핵심이자 국민주권 구현의 시금석이다.

(3) 국민 규제제안권, 시민 규제배심제, 규제영향평가의 헌법적 승격

규제를 통제할 수 있는 국민의 권리가 부재한 것도 규제의 무책임성을 초래한 원인이다. 헌법은 이제 단지 기본권 선언을 넘어서, 국민이 권력을 감시하고 설계하는 직접적 참여 구조를 마련해야 한다. 헌법은 국민이 규제를 제안하고 감시할 수 있는 권리를 보장해야 한다. 이에 따라, '국민 규제제안권'과 '시민 규제배심제', 그리고 '규제영향평가의 헌법적 의무화' 조항을 포함하는 것이 타당하다. 이는 민주적 규제 거버넌스의 토대가 된다. 다음과 같은 조항 도입이 필요하다.

> ① **국민 규제제안권** : 일정 수 이상의 국민이 새로운 규제의 필요성을 제안할 수 있는 헌법적 권리.
>
> ② **국민 규제배심제** : 중대한 규제 도입 전 시민 패널이 사전 심사하는 절차를 헌법에 규정.
>
> ③ **규제영향평가의 헌법 의무화** : 모든 규제는 입법 전 경제·사회·인권적 영향을 정량화하고 공개하는 평가 절차를 의무화.

이는 단순한 제도 혁신이 아니라, 규제의 정당성을 회복하기 위한 헌정적 참여 설계다. 이와 더불어 '규제정보 접근권', '규제 효과 이의제기권' 등의 규제 관련 기본권도 헌법상 권리로 명시할 필요가 있다. 이러한 권리들은 국민의 자유를 수동적으로 수호하는 데 그치지 않고, 규제라는 권력의 형성과 폐지에 능동적으로 개입하는 '참여적 자유권'을 실현하는 통로가 된다.

5부. 「대한규제혁신민국」 실현을 위한 헌정 전략

(4) 규제감시의 독립 기구화 : 국회·행정부와 분리된 규제감시원 설치

규제는 단순한 행정행위가 아니다. 그것은 입법·행정·사법이 교차하는 지점에서 행사되는 복합적 권력이며, 국민의 기본권을 제약할 수 있는 공권력의 한 형태다. 그런데도, 현재의 규제시스템은 국회가 자의적으로 입법하고, 행정부가 이를 포괄적으로 시행하며, 사법부는 소극적으로 해석하는 구조에 머물러 있다. 규제를 '입법부의 의사', '행정부의 명령', '사법부의 해석'에만 맡기는 방식으로는 규제 남용이나 권한 오남용에 효과적으로 대응하기 어렵다.

따라서 규제 권력에 대한 별도의 감시 시스템이 필요하다. 기존 권력 구조로부터 독립된 규제감시기구를 헌법상 기관으로 설치하고, 독립성과 임무를 명시해야 한다. 「**대한규제혁신민국**」이 제안하는 가칭 '**규제감시원**' 또는 '**규제헌정위원회**'는 입법·행정·사법의 어느 한 축에도 종속되지 않으며, 규제의 헌정적 정당성, 비례성, 중복성, 위헌 가능성 등을 상시 감시·판단하는 기능을 갖는다. 특히 이 기관은 위헌적 규제 또는 입법권의 과도한 행사로 인한 국민 기본권 침해 가능성을 사전에 차단하고, 규제의 사후적 지속성 평가를 통해 '죽은 규제'의 방치도 예방할 수 있다.

이러한 감시기구는 단순한 자문기구나 예산 부속기관이 아닌, 헌법상 독립기관으로서의 위상을 가져야 한다. 미국의 규제정보청(OIRA), 독일의 규제감축위원회(NKR), 캐나다의 규제조화심의회(RCT) 같은 제도는 우리에게 유익한 비교 대상이다. 다만, 이들 기관이 대부분 행정부 산하에 소속되어 있는 데 반해, 한국은 그보다 더 높은 수준의 독립성과 제도적 위상을 부여해야 한다. 입법부와 행정부로부터 완전히 독립된 헌법기관으로 설계함으로써, 규제의 형성·운영·폐기 전 과정에서 공정하고 객관적인 평가를 수행할 수 있도록 해야 한다.

규제감시원은 규제 영향평가(RIA)의 진위를 검증하고, 각종 규제법안에 대한 입법 전 사전 검토와 입법 후 사후 감사 기능을 수행할 수 있다. 시정 권고나 법제처·국회 입법조사처·규제개혁위원회와의 연계 협력도 가능하다. 특히 향후에는 헌법재판소의 '규범통제 기능'과는 별도로, '규제통제 기능[89]'을 분담하는 규제 전담 판단 기구로까지 발전시킬 수 있다.

결국, 규제감시원의 설치는 규제민주주의와 헌정질서의 재구성이라는 이 책의 근본 목표를 실현하는 핵심 장치다. 규제의 권력화를 방지하고, 규제가 삶을 통제하던 힘을 투명하게 국민에게 되돌려주는 제도적 장치다.

(5) 개헌 사례 국제 비교와 대한민국형 개정 헌법 조문 예시

독일 기본법과 북유럽 국가들의 헌법은 국가작용의 투명성과 권한 분립 원리를 규제정책에도 적용하고 있다. 규제는 입헌 질서의 일부이며, 국민 권리와 연결되어 있다. 독일 기본법 제20조는 국가작용의 정당성을 '법치국가' 원리와 '비례성'에 둔다. 규제는 이 원리에 따라 사법적 심사의 대상이 된다. 핀란드 헌법은 국가의 모든 행위는 시민의 참여와 통제를 전제로 한다는 점에서, 규제에 대한 직접민주주의적 요소를 명시하고 있다. 스웨덴은 '민중 옴부즈만 제도'를 통해 규제의 부당함을 행정부 외부에서 감시한다.

규제를 헌정질서의 문제로 접근하는 데 있어 이와 같은 국제적 비교와 이론적 정당성 확보는 핵심적이다. 특히 독일, 북유럽, 유럽연합 및 유엔 시스템은 규제의 헌법적 원칙을 국가 권력의 본질적 요소로 다루고 있다.

먼저, 독일의 헌법인 기본법(Basic Law)의 제정 배경과 철학을 살펴보면, 기본법 제1조는 제2차 세계대전 이후 나치 독재의 반인권적 통치를 반성하며 제정되었다[90]. 나치 시절, 국가 권력이 법률의 이름 아래 인간의 존엄을 조직적

---

[89] '규제통제 기능'은 "헌법적 위헌 여부"에만 한정하지 않고, 행정적·정책적 기준에 따라 규제의 정당성, 적정성, 과잉 여부를 통제하는 기능이다. 즉, '이 규제가 헌법에 위배되는가?'가 아니라 '이 규제가 타당하고 필요한가?'를 심사한다는 점에서 다르다. 이는 정책적 판단과 실증적 근거를 통해 규제의 질을 평가하고, 사후 시정·권고 등을 수행하는 기능을 의미한다.

[90] Ernst-Wolfgang Böckenförde, "Die Entstehung der Grundrechte des Grundgesetzes",

으로 파괴했던 역사적 교훈은, 독일 헌법 제정자들에게 법의 한계를 분명히 하고 인간의 존엄을 모든 법 위에 두는 원칙을 다음과 같이 정립하게 했다.

> 제1조: 인간의 존엄은 침해될 수 없다. 그것을 존중하고 보호하는 것은 모든 국가 권력의 의무이다.
>
> 제20조: 독일연방은 민주적이고 사회적인 연방국가이다. 모든 국가권력은 국민으로부터 나오며, 법치국가 원리에 따라 행사된다.

특히, 독일연방헌법재판소는 제1조를 '수정 불가능한 절대 조항'으로 간주[91]하며, 모든 국가작용은 인간 존엄에 부합해야 한다고 해석한다. 규제는 단지 효율성 논리가 아닌, 인간 존엄을 실현하는 수단이어야 한다는 원칙이 확립되어 있다.

핀란드 헌법의 경우는 제22조에 "공공권력은 기본권을 보장할 의무가 있다." 라고 규정하고 규제는 단순한 통제 수단이 아니라, 기본권을 보장하기 위한 실현적 장치로 간주하며, 시민의 참여는 공공권력 작동의 전제로 한다.[92]

스웨덴 헌법은 입법·행정작용에 대한 외부 감시 기능으로 '민중 옴부즈만'을 제도화하여, 규제의 부당함을 사후적·독립적으로 견제하게 하고 있다.

유럽연합 기본권 헌장(Article 1)은 "인간의 존엄은 침해되어서는 안 되며, 존중되고 보호받아야 한다."라고 명시하고 있고 세계인권선언 제1조는 "모든

---

in: Staat, Verfassung, Demokratie (Suhrkamp, 1991) → 나치 체제의 반인권적 통치에 대한 헌법적 반성으로서 인간의 존엄을 헌법 제1조 최우선 원칙으로 명시한 역사적 맥락 분석
Donald P. Kommers, The Constitutional Jurisprudence of the Federal Republic of Germany, 2nd ed. (Duke University Press, 1997) → 독일연방헌법재판소의 해석 사례를 통해 제1조가 모든 헌법 규범 위에 위치하는 '최고 규범'임을 입증

91) 독일연방헌법재판소는 반복적으로 "제1조는 수정 불가능한 핵심 조항이며, 제20조의 법치국가 원리 또한 이 존엄성 원칙 하에서 이해되어야 한다"고 판시해 왔다. 이는 규제의 정당성 판단 기준이 단순한 합리성(rationality)을 넘어서 인간 존엄에 대한 실질적 고려를 요구함을 의미한다.

92) Kaarlo Tuori, Constitutionalism, Democracy and the Welfare State (Edward Elgar Publishing, 2020)
→ 핀란드 헌법상 시민참여 원리와 기본권 실현 수단으로서의 규제의 헌정적 역할 해설

인간은 태어날 때부터 자유로우며, 존엄과 권리에 있어 평등하다."라고 선언하고 있다. 또한, 유엔헌장 제1조는 "모든 국가와 인민의 평등권과 자결권을 존중함을 목적으로 한다."라고 규정하고 있다. 이와 같은 조항들은 규제의 정당성이 단순한 행정행위의 효율성에 있는 것이 아니라, 시민의 존엄과 참여에 있음을 국제적으로 확인시켜 준다.

규제를 헌법에 직접 명시하면, 법질서의 명확성과 국가 권한의 한계를 분명히 할 수 있다는 장점이 있지만, 동시에 헌법의 경직성을 초래하거나 규제 환경의 유연성을 제약할 수 있다는 비판도 제기된다. 『대한규제혁신민국』은 규제에 관한 원칙은 헌법 본문에 핵심만을 명시하고, 세부 원칙(필요성, 비례성, 투명성, 책임성 등)은 해석 지침, 부칙, 또는 헌법재판소의 판례를 통해 축적·정립하는 방식도 유연하게 제안한다. 이러한 방식은 규제의 헌법적 정당성을 확보하는 동시에, 헌법의 개방성과 규제 환경에 대한 적응성을 보장할 수 있다.

그러함에도 불구하고, 『대한규제혁신민국』은 대한민국 헌법 제1조, 제10조, 제37조 2항의 구조적 비판[93])을 하지 않을 수 없다.

대한민국 헌법 제1조는 "대한민국은 민주공화국이다. 주권은 국민에게 있고 모든 권력은 국민으로부터 나온다."라고 선언하지만, 이는 형식적 선언에 머물며 국가작용의 윤리성과 시민참여 원리를 담고 있지 않다. 또한 제10조는 "모든 국민은 인간으로서의 존엄과 가치를 가지며…"라고 규정하지만, 이는 헌법 구조상 1조와 분리되어 있어 실질적 통치 원리로 기능하지 못한다. 심지어 제37조 2항은 기본권 제한의 법적 근거를 규정하지만, '법률에 의한 제한'이라는 표현은 입법권 남용과 규제의 무한 확장을 가능하게 한다는 비판을 받아왔다.

---

93) 정종섭,「대한민국 헌법 60년의 구조와 과제」,『서울법학』제15권, 2008
→ 대한민국 헌법 제1조와 제10조의 단절, 선언성과 실천규범 간 괴리를 진단한 연구

따라서, 『대한규제혁신민국』은 제10조의 정신을 제1조로 끌어올리고, 제37조 2항의 모호함을 해소하며, 규제를 둘러싼 헌정질서를 구조적으로 재설계할 것을 제안한다. 규제는 단순한 행정 기술이 아니라 헌법적으로 통제되고 설계되어야 할 국가 권력의 본질이라는 인식이 필요하다.

또한 국내 정치의 헌법 담론 왜곡에 대한 비판을 다음과 같이 추가하고자 한다. 현행 대한민국 헌법 제1조는 1948년 제헌 당시 도입된 이래, 바이마르 헌법과 일본 헌법의 형식적 구조를 간접적으로 계승[94]한 채 9차 개헌에 이르기까지 단 한 번도 개정되지 않았으며, 20세기 초 입헌주의 전통에 기반한 개념이 21세기에도 여전히 그대로 유지되고 있다. 그러나 이러한 불변성이 오히려 정치적 계몽의 대상이 되어 '역사적 자부심'으로 포장되는 엉뚱한 현실은 위험하다. 시대에 따라 국민주권과 인간 존엄의 구현 방식은 변화되어야 하며, 헌법은 시대적 과제를 반영해야 한다.

『대한규제혁신민국』은 이러한 '헌법 불가침주의'에 대한 비판적 성찰을 요구하며, 규제권의 통제를 위한 헌법적 재구성이야말로 민주공화국의 진정한 진화라고 본다. 한국 헌법도 이제는 현대적 선진국 헌정 모델을 넘어, 규제를 입헌 질서의 중심으로 옮겨오는 개헌이 절실하다.

무엇보다, 이는 고조선 이래 이어져 온 **'홍익인간 재세이화(弘益人間 在世理化)'** 의 국가 철학을 현대 입헌 질서 속에서 계승·발전시키는 시도이며, 국민주권과 공공복리의 조화를 제도화한 한국형 규제민주주의의 세계사적 헌법 선언이다.

---

94) 김철용, 「한국 헌법 제정과 일본 헌법의 영향」, 『헌법학연구』 제20권 제2호, 2014
→ 대한민국 제헌헌법이 일본 헌법을 경유해 바이마르 헌법의 요소를 간접 이식한 사실을 문헌 기반으로 분석

□ 『대한규제혁신민국』이 제안하는 규제헌법의 양대 기둥:
제1조 개정 + 제37조의2 신설안

『대한규제혁신민국』은 규제 권력이 단지 행정 기술의 문제가 아니라, 헌정질서의 핵심 요소라는 인식 아래, 헌법 구조의 근본적 재편을 제안한다. 특히 다음 두 조항을 중심축으로 삼아, 규제의 헌법적 정당성·윤리성·민주성을 확립하는 새로운 헌정 패러다임을 제시한다.

□ [개정 제1조 조문안]
대한민국은 인간의 존엄을 기초로 한 민주공화국이다. 모든 권력은 국민으로부터 나오며, 국가는 국민의 자유와 권리를 제한하는 규제를 오직 공공의 정당한 목적에 따라, 국민의 참여와 최소침해 원칙에 따라 집행하여야 한다.

➡ 이 조문은 대한민국의 헌정 철학을 인간의 존엄과 시민 참여 위에 새롭게 정립함으로써, 규제 권력의 행사를 민주적·윤리적으로 통제하는 최고 규범으로 작동한다.

□ [신설 제37조의2 조문안: 규제의 원칙]
① 규제는 국민의 기본권을 제한하거나 의무를 부과하는 경우에 한하여, 명확한 입법 근거와 정당한 공익 목적에 따라 최소한도로 시행되어야 하며, 시민참여와 사전 영향평가를 필수적으로 수반하여야 한다.
② 국회와 행정부는 규제의 정당성, 필요성, 비례성 및 투명성에 대한 검토와 결과 공개를 의무로 한다.
③ 국가는 독립된 규제감시기구를 설치하여, 규제 권한의 남용과 중복을 방지하고, 모든 규제를 주기적으로 검토·폐지·수정할 헌정적 책무를 가진다.

➡ 이 조항은 제1조가 선언한 헌정 철학을 구체적 행정과 입법 실무에 적용하기 위한 작동 원리로, 규제정책의 입법·집행·감시 전 과정에 민주성과 투명성을 내장하는 헌법적 장치다.

* 이 두 조항은 규제헌법의 '양대 기둥'으로 기능하며, 『대한규제혁신민국』이 제시하는 국가 권력 재설계 전략의 실천적 출발점이다. 제1조는 국가 권력의 철학적 출발점으로, 제37조의2는 규제 작용의 실정 원칙으로 작동하며, 양자는 헌법 구조 속에서 상호보완적으로 작동하게 된다.

5부. 「대한규제혁신민국」 실현을 위한 헌정 전략

☐ 「대한규제혁신민국」이 제안하는 규제헌정철학의 4대 원칙:
① 자유 우선의 헌정질서 회복: 규제는 권리의 예외로만 존재할 수 있어야 한다.
② 규제 통치로부터의 헌정적 해방: 관료주의의 전횡에 대한 민주적 통제.
③ 규제 개입의 헌법적 한계 명시: 과잉 입법·행정에 대한 사전·사후 통제 원리 도입.
④ 국민 참여와 책임 정치를 통한 규제 민주화: 설계·검토·평가에 국민의 직접 참여 보장.

대한규제혁신민국

국민이 설계하는
새로운 민주국가

6부

『대한규제혁신민국』을 위한 현실적 대안

"실행 없는 개혁은 선언에 불과하다. 이제 규제혁신은 지연이 아닌 실천으로,
권위가 아닌 전략적 공감과 실행으로 나아가야 한다."

― 『대한규제혁신민국』

6부 「대한규제혁신민국」을 위한 현실적 대안

제6부의 논의 ✔ **헌법개정의 시간과 긴박한 현실 사이** : 헌법개정은 대한민국의 규제 체계를 근본적으로 바꾸기 위한 궁극의 방안이지만, 개헌에는 정치적 합의, 국민투표 등 상당한 시간이 요구된다. 아울러 개헌 후속 법령의 제·개정 작업도 수반되어야 한다. 반면 대한민국은 지금 백척간두에 서 있는 절체절명의 순간인 만큼, 규제 때문에 억눌린 경제·사회 시스템은 즉각적인 처방을 해야 한다. 이에 따라 제6부는 헌법개정 이전이라도 실현이 가능한 실행 체계와 정책 전략을 제시한다. 이 장은 「대한규제혁신민국」의 '설계도'이자 '실행 매뉴얼'이다. 말로 끝나지 않고, 행동으로 연결되기 위해 정책의 아키텍처(architecture)를 갖춘 최초의 시도이며, 대한민국의 규제혁신이 선언에서 실천으로 전환되는 실질적 전환점이다. 「대한규제혁신민국」이 제시하는 방향과 철학이 아무리 탁월하더라도, 그것이 구체적 실행 방안으로 이어지지 않는다면 '개념서'에 머무를 뿐이다. 이 장은 앞서 책 전체에서 논의된 철학과 원칙, 방법론을 실제 실행해야 할 과제로 전환한 결론부이다. 핵심은 '전방위 규제지도'와 '실천 과제 로드맵'의 결합이다.
　이 실천 로드맵은 국민이 참여할 수 있도록 설계되어야 한다. '내가 속한 산업/직업군/지역의 규제개혁이 무엇인가'를 확인하고, 이에 대해 의견을 제시하거나 추진 상황을 모니터링할 수 있는 디지털 플랫폼과의 연계가 필수적이다.

1 규제혁신 실행 체계의 재설계 방안

(1) 규제혁신기관의 재편 : 규제혁신부 또는 국민규제위원회

　규제혁신 추진체계를 서둘러 재정비해야 한다. 독립적 권한과 책임을 갖는 규제혁신 전담 기구를 신설하여 규제총괄 기능, 국민 참여 기능, 데이터 기반 정책조정을 수행하도록 한다. 대한민국의 규제혁신은 정책의 방향성보다는 실질적 이행 체계의 부재로 인해 반복적으로 좌절됐다. 현재는 국무조정실 산하 규제개혁위원회가 총괄 기능을 담당하고 있으나, 권한과 전문성, 독립성이 모두 제한적이다. 효과적인 실행을 위해서는 대통령 직속의 장관급 상설

규제혁신부(가칭) 설치와 함께, 부처별로 독립적인 **규제개혁책임관(RRO)**[95]제도를 도입해 상향식–하향식 협치 구조를 제도화해야 한다. 또한, 민간 전문가와 시민사회가 참여하는 **국민규제위원회와 규제영향평가위원회**를 신설함으로써, 정책의 사회적 수용성과 기술 적합성을 동시에 확보할 필요가 있다.

규제혁신부의 설치는 새로운 중앙행정기관의 출범이라는 점에서 일각에서는 관료제의 규모만을 확대하는 조치가 아니냐는 비판적 시선에 직면할 수 있다. 이러한 우려에 응답하기 위해서는 단순한 조직 신설이 아닌, 기존 규제조정 체계를 재편하고, 범정부적 연계성과 정책집행 역량을 강화하는 방향으로 제도 설계가 이루어져야 한다. 무엇보다 기존 부처 간의 규제 권한 배분 문제, 인사 및 예산 운용의 재구조화, 법률적 근거 마련 등이 선결 조건으로 요구된다. 이에 『대한규제혁신민국』은 다음과 같은 합리적 조직 재배치 방안을 제안한다.

---

[95] 규제개혁책임관(RRO; Regulatory Reform Officer)은 정부 각 부처와 지방자치단체에 지정되어, 해당 기관의 규제 발굴, 개선, 관리 전반을 총괄하는 핵심 담당 공무원이다. 이들은 기존 규제의 존치 필요성을 해당 부처가 입증해야 하는 '정부 입증책임제'의 실질적 이행 주체로 기능하며, 부처 간의 규제조정 업무를 수행해 부처 이기주의로 인한 규제 중복·충돌 문제를 해소하는 조정자 역할을 맡는다. 통상, 국장 또는 과장급으로 지정되어, 현장 중심의 규제 애로를 직접 청취하고 조정하는 실무·기획 기능을 동시에 수행하는 것이 원칙이다. 기존의 '규제개혁법무담당관실'이 주로 규제 발굴·심사, 이행 점검, 규제 통계관리, 자체 위원회 운영 등의 절차적·사무적 기능에 머물렀다면, RRO는 그 기능을 대체하고 넘어서야 할 제도적 진화형이다. RRO는 단순 행정조정자가 아닌, 부처별 규제혁신의 책임자로서 실질적인 추진력을 발휘해야 한다. 특히, 매월 규제혁신부(가칭)와 긴밀히 협력하여 현장 밀착형 과제를 발굴·추진하고, 이해관계자 간의 갈등 조정을 직접 책임지는 선단형 시스템의 핵심 축이다. 각 부처 RRO는 단발적 보고나 형식적 실적 제출을 넘어서, 매월 규제혁신 과제를 상시 발굴하고, 분기별 성과 점검, 반기별 50건 이상의 개선 실적 보고를 통해 국민 앞에 성과와 책임을 투명하게 제시해야 한다. 질적 성과에 대해서는 민간 전문가, 시민단체, 이해관계자의 참여를 반영한 외부 평가를 의무적으로 수용해야 하며, 이는 단순한 행정성과가 아닌 정책 효과성에 대한 사회적 검증의 일환으로 제도화되어야 한다.

필자 개인이 단독으로 2,000건 이상의 규제개혁 과제를 발굴하여 본서에 제시하고 있음에도, 전국의 부처와 지자체에서 지정된 수백 명의 RRO들이 1년에 고작 100건도 각각 해결하지 못한다면, 이 제도가 과연 제 기능을 하고 있는 것인지 되묻지 않을 수 없다. 현장과 괴리된 탁상행정, 보고용 실적주의에 머무는 RRO는 규제혁신을 위한 '책임관'이 아니라, 국가적 기회비용을 축내는 '식충관(食蟲官)'이라는 비판을 피할 수 없다. 규제개혁이 진정 국가의 존립 기반을 재정비하는 과제라면, 규제개혁책임관 역시 이름뿐인 지정제가 아닌, 권한과 책임, 성과와 평가가 명확히 연결된 제도로 전면 개편되어야 한다.

첫째, 현재 국무조정실 산하에 설치된 규제조정실 인력 약 100명을 **규제혁신부**의 핵심 추진 인력으로 전환한다.

둘째, 2024년 05월 27일 기준 48개 중앙행정기관(19부 3처 20청 6위원회)의 **규제법무담당관실**에서 1명씩 공모직위로 차출, 약 48명 내외의 현장 연계 인력을 **규제혁신부**로 전입시킨다.

셋째, **전국 243개 지방자치단체**에서 각 1명씩 규제담당자를 선발하여 지방 현장 규제 문제와 직접 연결될 수 있도록 **규제혁신부**로 전입 구성한다.

이를 통해 총 390여 명의 일반직 공무원을 구성하고, 여기에 규제전문가, 산업현장 실무자, 공공정책분석가 등 **민간 인재를 10년 임기보장 개방형직위로 약 200명 정도 추가 채용**함으로써 전문성과 유연성을 동시에 확보한다.

이러한 합리적 인적 구성은 중앙정부의 칸막이를 넘어서고, 지방의 규제 수요를 흡수하며, 민간의 혁신 역량을 정책에 통합하는 실질적 거버넌스의 축으로 작동한다. 단순한 부처 신설이 아니라, 중앙-지방-민간을 연결하는 '규제 거버넌스 허브'이자 규제시스템을 혁신하는 '실행 엔진'으로서 규제혁신부가 작동할 수 있도록 설계하는 것이 핵심이다. 여기에 한국개발연구원과 한국행정연구원 등 국책 연구기관의 규제혁신 전문센터 인원을 보강하면 국민 혈세로 부담할 큰돈을 들이지 않고도 우리 국민을 위한 핵심 중앙부처 한 곳을 창설 운영할 수 있다.

(2) 책임통제형 실행 거버넌스 : 규제입법 절차법, 규제영향평가법 마련

규제영향평가와 비용편익분석의 실효성 제고 차원에서 모든 규제 입법과 행정규제는 사전평가, 국민 의견수렴, 실행 후 평가 등 절차를 법제화하여 의무화하여야 한다. 지금까지의 규제영향평가는 형식적 사전절차에 머물렀다.

실질적 개혁을 위해서는 계량화된 비용-편익 분석(BCA)과 행정규제비용 총량제도를 결합한 실효성 중심 접근이 필요하다. 새로운 규제 도입 시 반드시 민간 부담 증가 여부와 혁신 기회 손실 가능성을 수치화해 검토하고, 일정 규모 이상의 규제는 국회와 시민에게 보고하도록 의무화해야 한다. 특히 OECD 등 국제기준에 부합하는 평가도구를 개발하여, 규제의 글로벌 신뢰도를 제고하는 전략적 수단으로도 활용해야 한다.

(3) 디지털 플랫폼 : 규제지도, 실시간 모니터링 시스템

규제 데이터베이스와 디지털 거버넌스 구축으로 규제의 현황과 효과를 가시적으로 확인할 수 있는 전국 규제지도와 시민제안·의견수렴 기능이 있는 온라인 플랫폼을 구축하여야 한다. 국가적 차원의 규제 현황을 총괄적으로 파악할 수 있는 규제 데이터베이스(RDB)의 구축은 필수적이다. 현재 각 부처와 지자체에 흩어져 있는 법령, 행정규칙, 고시, 지침 등을 통합한 후, 규제 여부와 강도, 적용 대상, 실효성 등을 정량화하고 시각화할 수 있는 시스템이 요구된다. 이와 함께 규제의 생애주기 관리체계를 도입해, 제정-시행-평가-폐지 전 과정을 트래킹할 수 있어야 한다. 디지털 기반의 규제관리 플랫폼은 규제샌드박스, 인공지능 기반 예측 평가, 민원 자동분석 등과 연동되어 실행 효율성을 극대화할 수 있다.

규제의 정당성은 투명성과 시민참여를 통해 확보된다. '규제정보포털' '규제샌드박스 신청창구' 등 현재의 분산된 시스템을 통합해, 단일 창구형 국민참여 플랫폼으로 재편해야 한다. 이 플랫폼은 규제 신고-제안-진행상황 모니터링까지 일괄 지원하며, 누구나 참여할 수 있는 개방형 구조로 설계된다. 특히 인공지능 기반의 민원 자동 분류, 비정형 텍스트 분석 등을 통해 사각지대 문제와 규제 병목을 실시간으로 포착할 수 있도록 진화해야 한다. 누구나 규제에 대한 의견을 실시간으로 올리고, 다른 사람과 함께 내용을 보완하며 발전시켜 나갈 수 있는 공개 참여형 규제혁신 체계가 구축되어야 한다.

4차 산업혁명과 디지털 전환은 기존 규제 체계에 새로운 도전을 제기한다. 인공지능, 데이터, 플랫폼, 바이오 등 신산업 영역은 급변하는 기술 환경에 대응할 수 있는 유연하고 선제적인 규제 방식이 필요하다. 규제샌드박스는 이러한 맥락에서 등장한 대표적 제도이며, 혁신적 서비스에 대해 일정 기간 규제를 유예하고 실증을 허용하는 방식을 통해 제도와 현실 사이의 간극을 줄인다. 그러나 실질적인 효과를 거두기 위해서는 샌드박스를 통한 실증 결과의 제도 반영, 범정부적 조율 체계, 산업 특성과 현장 수요에 기반한 설계가 반드시 병행되어야 한다.

규제는 경제 구조에 따라 파급효과가 다르다. 따라서 산업별로 규제의 분포, 강도, 누적 효과를 분석한 **규제지도(Regulatory Map)**를 작성하고 이를 토대로 정책 우선순위를 설정해야 한다. 산업을 촉진하는 데 있어서 규제의 역할이 필요하다. 어떤 산업은 규제가 없어서 사업을 하지 못하는 때도 있고, 또 어떤 산업은 규제가 필요 없는 때도 있다. 또 산업의 내용에 따라 규제의 강도를 다르게 추진해야 하는 예도 있다. 예컨대 바이오, 모빌리티, 에너지, ICT, 관광 등 신산업 분야는 혁신 확산과 규제 완화가 시급하지만, 금융·부동산·환경 등은 공공성과 시장 안정성이 동시에 고려되어야 한다. 규제지도는 이해당사자와의 공론장을 통해 동적으로 업데이트되며, 실시간 현장 수요를 반영하는 '정책 내비게이션' 기능을 수행할 수 있다.

2 20大 분야 2,000개 과제 실행을 위한 로드맵과 주체별 역할

(1) 실행 로드맵

대한민국은 디지털 기반 규제관리 체계를 구축하고, 국민 참여 제도도 확대해 왔다. 예컨대 RIA(규제영향분석), 사후평가, 이해관계자 참여를 제도화하고, e-RIA 시스템[96]·전자입법예고·규제정보포털 같은 디지털 도구를 도입하여 규제 전주기 관리를 강화했다. 이와 같은 노력으로 OECD 평가 순위도 높아졌으나, 아직 의원입법인에 대한 RIA 미적용 등 구조적 사각지대가 남아 있다. 이에 20大 정책 분야에서 총 2,000개 과제를 설정하여 우리가 나아갈 방향을 제시하는 바이다.

대한민국의 규제혁신이 선언적 구호에 그치지 않고 실질적 제도개혁과 국민 체감 변화로 이어지기 위해서는, 2,000개에 이르는 방대한 과제를 체계적으로 설계하고, 단계적으로 집행하며, 정기적으로 평가·환류할 수 있는 전략적 로드맵이 필요하다. 『대한규제혁신민국』은 이를 위해 5개년에 걸친 구체적 실행 계획을 다음과 같이 세 단계로 구분하여 제시한다.

첫째, 1단계는 "총괄 구조 설계 및 실행 체계 구축"의 시기(Year 1)이다.

이 단계에서는 먼저 규제혁신의 범정부적 컨트롤타워로 기능할 **'규제혁신부'**를 설치하고, 이를 뒷받침할 법률 제정 및 조직체계 정비가 선행되어야 한다. 이후 2,000개 과제를 20大 분야별로 체계적으로 분류하고, 단기·중기·장기 과제로 위계화하여 실행 우선순위를 결정한다. 단일 개별 과제가 아닌 정책 패키지형 과제(예: '식품산업규제 패키지', '의료-바이오 혁신 묶음' 등)로 구

---

[96] e-RIA는 전자적 규제 영향 분석 시스템 (electronic Regulatory Impact Assessment)의 약어로, 규제영향분석(RIA, Regulatory Impact Assessment)을 디지털 플랫폼에서 수행하도록 설계된 시스템을 의미한다.

조화하고, 이를 통해 집행과 조정의 효율성을 극대화한다. 이와 함께 기존의 규제영향평가 기준을 전면 개정하여 정책 효과성과 비용 측정을 강화하고, 전 영역의 규제 현황을 시각화할 '디지털 규제지도' 구축 작업을 착수한다. 또한 '규제실험실'과 '시민 규제배심제'를 시범적으로 도입하여 국민 참여형 규제 정비의 기반을 조성한다.

둘째, **2단계는 "분야별 선도 개혁 과제 실행 및 정비 단계(Year 2~3)"**이다. 이 단계에서는 국민 체감도가 가장 높은 분야(복지, 창업, 보건의료, 환경 등)를 중심으로 우선 600개 과제를 집중 정비하며, 이를 통해 국민이 변화의 효과를 실질적으로 경험하도록 유도한다. 각 부처 내에는 **'규제혁신 책임관(RRO)'**을 지정하여 실무적 책임성을 강화하고, 산업계의 신기술·신산업 출현에 유연하게 대응할 수 있도록 '규제샌드박스'와 '혁신 테스트베드'를 본격 운영한다. 아울러 지역 차원의 혁신 실험을 가능하게 하도록 **'광역규제혁신권'** 제도를 도입하고, 실증특례 제도를 연계 정비함으로써 지방정부와의 협력을 통한 규제혁신을 병행한다. 제도 운용 과정은 법제처·감사원·국회 등과 연계된 규제 성과 공유 플랫폼을 통해 통합 관리되며, 이를 통해 제도 신뢰성과 피드백 체계를 확보한다.

셋째, **3단계는 "제도화 및 지속 가능 시스템 정비 단계(Year 4~5)"**이다.
여기서는 앞선 규제혁신의 성과를 제도에 영구적으로 정착시키기 위한 작업이 중점적으로 수행된다. 첫째로, 규제일몰제의 범위를 전면 확대하고, 역진성 방지를 위한 제도적 장치를 마련함으로써 지속적인 규제 정비 사이클을 구축한다. 둘째로, 매년 국가 단위의 규제 성과를 평가할 **'국가규제지수(RQI)**[97]**' 및 '국가 규제평가보고서(NRA)**[98]**'** 발간을 정례화하여, 정부 규제정

---

[97] RQI (Regulatory Quality Index): 국가 전반의 규제 수준과 질을 종합적으로 수치화한 지표로, 규제의 양·질·접근성·예측 가능성·디지털화 수준 등을 계량화하여 산출한다. OECD, World Bank 등의 국제 규제지표와 연계해 구성할 수 있으며, 국내 실정에 맞춘 연차별 개선 추이 평가 도구로 활용된다.

[98] NRA (National Regulatory Assessment): 정부 부처별과 전체 정부 차원의 연간 규제 운영

책의 성과 책임성을 제도화한다. 셋째로, 민간 자율규제와 성과 보상형 규제(Outcome-based Regulation)[99]를 전면 확대하여 정부 중심의 일방적 통제에서 벗어난 유연한 규제 체제를 확립한다. 넷째로, AI를 기반으로 한 디지털 규제 정비 모듈을 행정 시스템 전반에 적용하여 규제정보의 실시간 분석과 상시 개선을 가능케 하며, 마지막으로 OECD 및 WTO 등 국제기준과 연계된 글로벌 규제 정합성 시스템을 도입하고, 이에 따른 규제 재정 연계 보고서를 정례화함으로써 재정과 규제를 통합적으로 관리하는 정부 운영 체계의 전환을 도모한다.

[표 23] 규제혁신 과제 실행 로드맵 (5개년 단계별 전략)

구분	주요 내용	기간	핵심 조치
1단계: 총괄 설계 및 집행체계 구축	규제혁신부 신설 및 법적 기반 정비2,000개 과제 분야별 분류 및 우선순위 설정정책 패키지형 과제 설계규제영향평가 개편 및 디지털 규제지도 착수시민참여 제도 (실험실·배심제) 도입	Year 1	- 규제혁신부 설치 - 규제지도 구축 - 실험형 규제 테스트 착수
2단계: 선도 과제 집행 및 제도 정비	국민 체감도 높은 600개 과제 우선 정비. 샌드박스 및 테스트베드 확대부처별 규제책임관제 도입지역 광역규제혁신권 지정성과 공유 플랫폼 구축	Year 2~3	- 600개핵심과제 집중집행 - 산업별테스트베드 운용 - 지역 실증 규제 조정

실적을 분석·종합하여 발간하는 국가 공식 평가보고서로, 규제 신설·정비 건수, 규제영향평가 적정성, 현장 반영률, 국민참여도 등 다면적 지표를 포함한다. 규제 거버넌스의 책임성과 투명성을 확보하기 위한 핵심 수단이다.

99) 성과 보상형 규제(Outcome-based Regulation): 정부가 규제 대상에게 구체적인 행위나 절차를 지시하기보다, 달성해야 할 정책 목표(성과)를 설정하고 그 결과에 따라 규제 준수 여부를 평가하는 방식의 규제모델이다. 규제 대상에게 더욱 높은 자율성과 유연성을 부여하되, 최종 결과에 대한 책임은 강화된다. 영국, 호주, 싱가포르 등에서 널리 도입되고 있으며, 특히 금융·환경·디지털 분야에서 실효성 중심의 규제 대안으로 활용되고 있다.

구분	주요 내용	기간	핵심 조치

3단계:
지속가능
시스템 제도화
	규제 일몰제 확대 및
	국가규제지수(RQI),
	국가보고서(NRA)
	정례화민간자율규제·성과보상형
	제도 확산AI기반 규제정비 모듈
	전면 도입국제기준 연계 및
	규제-재정 통합보고서 정례화
		Year
		4~5
			- 디지털 기반
			  규제정비
			- 글로벌기준정합성
			  강화
			- 규제재정 통합관리

이와 같은 5개년 로드맵은 단순한 단계 나열이 아니라, 구조 설계-집행-제도화라는 선순환을 체계화함으로써, 대한민국의 규제혁신을 일시적 성과가 아닌 지속 가능하고 자가 발전하는 시스템으로 전환하는 전략적 기반이다.

(2) 주체별 역할 정립

[표 24] 주체별 역할 정립

주체	핵심 역할	세부 수행 항목
대통령실 / 국무조정실	국가 규제혁신 전략 컨트롤타워	- 규제혁신부 설치 - 규제혁신 범정부 추진회의 운영 - 연례 규제성과 보고서 국정과제 반영
규제혁신부 (신설)	총괄 집행 부처	- 2,000개 과제 실행 관리 - 규제지도·영향평가 기준 구축 - 부처 간 조정권 행사
각 부처 (20개 분야별 소관 부처)	세부 과제 실행 및 실무 집행	- 현장 규제조사 및 불합리 규제 삭제 - 분야별 규제 개편안 마련 - 국민 참여 기반 실험 운영
국회 (상임위별)	입법적 정비 및 법률 개정	- 입법과제 우선순위 지정 - 졸속입법 방지 위한 사전규제영향평가제 도입 - 국민규제제안 입법 절차화

주체	핵심 역할	세부 수행 항목
지방정부	지역 기반 실험 및 규제연계 거버넌스	- 규제실증특구 지정·운영 - 지역기업 규제 애로 조사 - 시도별 규제혁신 협의체 운영
감사원 / 법제처 / 국무회의	규제 정합성 및 법령 정비	- 중복·상충규제 검토 - 규제평가보고서 심의 - 사후 모니터링 강화
시민사회 / 산업계 / 전문가 그룹	정책 감시 및 실효성 확보	- 시민규제배심원단 운영 - 분야별 민간참여형 심의기구 상시화 - 규제혁신 연례지표 외부평가
언론 및 학계	공론화 및 감시	- 규제이슈 데이터 플랫폼 공유 - 사회적 논의 확산 - 규제정책 교육 및 연구 강화

마무리 ✔ 실천 없는 담론은 실패로 끝난다

이제 우리는 과거의 규제 패러다임을 넘어서야 한다. 『대한규제혁신민국』은 더 늦기 전에 우리가 모두 시작해야 할 집단적 실천의 출발점이자, 민주주의와 경제의 선순환을 되살릴 정책 설계의 청사진이다.

대한민국은 이제 선택의 갈림길에 서 있다. 과거의 낡은 규제 패러다임을 넘어서지 못한다면, 저성장과 사회 갈등의 덫에서 벗어날 수 없다. 그러나 우리는 지금 결단한다면, 충분히 더 나은 내일을 설계할 수 있다. 규제혁신은 단지 규제를 줄이는 작업이 아니다. 규제를 통해 공동체의 질서를 재설계하고, 창의와 신뢰의 기반 위에 미래 산업과 공공가치를 함께 구축하는 실천이다.

이 책 『대한규제혁신민국』은 바로 그날을 앞당기기 위한 구체적 실천의 시작이다. 말이 아닌 행동, 선언이 아닌 설계, 민원 아닌 공론으로 나아가기 위한 전략서로 적극 활용되기를 바란다.

6부 「대한규제혁신민국」을 위한 현실적 대안

대한규제혁신민국

대한규제혁신민국

국민이 설계하는
새로운 민주국가

에필로그

규제 혁명을 통한 새로운 헌정질서의 약속

에필로그: 규제 혁명을 통한 새로운 헌정질서의 약속

『대한규제혁신민국』은 단순한 제도 개편안이 아니다. 이 책은 규제의 본질을 재해석하고, 헌정질서를 뿌리부터 다시 설계하고자 한다. 시민의 삶을 법과 철학, 제도와 민주주의로 다시 연결하려는, 전면적이고 근본적인 국가 혁신의 설계도다. 규제를 다시 쓴다는 것은 곧 법을 재설계하는 일이자, 우리 삶의 가능성을 여는 일이다. 이제 법은 더 이상 권력의 명령이 아니라, 국민의 약속이 되어야 한다.

> 그날이 오면, 그날이 오면
> 내 형제 그리운 얼굴들, 그 아픈 추억도
> 아, 피맺힌 그 기다림도 헛된 꿈이 아니었으리…

이 노래는 더 이상 막연한 염원이 되어서는 안 된다. 그것은 오늘 우리가 마주한 현실에 대한 실천적 응답이어야 한다. 우리는 오랫동안 얽히고설킨 규제의 그물망 속에서 경제의 활력을 잃고, 공정과 정의라는 원칙은 형식과 관성에 갇힌 채 제 기능을 상실한 사회를 살아왔다.

규제는 본래 공공의 안전과 질서를 위한 최소한의 장치였지만, 어느새 책임회피와 권한 독점의 수단으로 전락했고, 시민의 일상은 통제와 불신의 구조에 갇히고 말았다. 결과적으로, 국민은 권위주의적 제도에 둘러싸이고, 제도는 국민의 현실로부터 멀어졌다.

그래서 우리는 지금, 다시 묻는다.

> 지금의 규제 체계는 과연 누구를 위한 것인가?
> 지금의 제도는 현재의 우리와 미래세대를 위한 준비가 되었는가?
> 공존가능한 공동체를 위해, 우리는 어디서부터 다시 설계해야 하는가?

『대한규제혁신민국』은 단순히 "규제를 줄이자"라는 구호가 아니다. 이것은 "정의를 회복하자"라는 사회적 약속이며, "공존을 가능케 하자"라는 헌정 개편의 청사진이자 실천 매뉴얼이다.

이제 과잉규제는 경제를 옥죄는 차원을 넘어, 공동체의 신뢰를 무너뜨리고 인구절벽과 지방소멸을 가속하는 국가 존립의 위협으로 진화하고 있다. 따라서 지금, 이 순간은 '그날'을 위한 골든타임이다.

대한민국은 더 늦기 전에, 규제구조의 대전환을 시작해야 한다. 관성과 타성으로 굴러가는 정책을 넘어, 데이터에 기반한 평가, 책임에 입각한 규율, 주권자인 시민의 참여라는 설계 원칙으로 국가 시스템 전체를 다시 그려야 한다.

그리고 그 변화의 시작은, 지금 이 책을 펼친 당신의 손에서 출발한다.

그날이 오면, 그날이 진정으로 올 수 있다면,
내 형제 그리운 얼굴들, 그 아픈 추억도
아, 피맺힌 그 기다림도 헛된 꿈이 아니었으리.

이 문장은 더 이상 시와 노래에 머물러서는 안 된다. 우리가 다음 세대에 남겨야 할 것은 말이 아니라 실천이다. '그날'은 막연한 기다림으로 오지 않는다. '피맺힌 기다림'을 끝내는 길은 오직 하나, 지금 이 책을 손에 쥔 당신이 첫 규제혁명가가 되는 것이다. 그것이 바로 정의로운 사회를 향한 정책 개혁의 서약이며, 함께 짊어져야 할 공동체의 역사적 과제다. 바로 그러한 차원에서 이 책은, 당신에게 국가의 작동 원리를 다시 설계하는 국민주권 시대의 혁명전략이 된다. 바로 위대한 혁명의 첫 불꽃이, 지금 당신의 손에서 타오르고 있다.

에필로그: 규제 혁명을 통한 새로운 헌정질서의 약속

[표 25] 『대한규제혁신민국』이 제안하는 7대 규제혁신 추진 전략

번호	전략명	핵심내용요약	기대효과
1	규제 유효성 점검 제도화	모든 규제를 주기적으로 평가하고, 무효 규제는 자동 폐기	규제 누적 방지, 법령 경량화
2	"제로베이스 규제검토위원회" 신설	새로운 법안 또는 기존 법령 전면 재검토를 위한 독립 위원회 설립	정치적 이해관계와 독립적 구조 확립
3	규제영향평가의 강화 및 실시간 공개	규제 도입 전후 영향 분석 자료를 투명하게 공개하고 민간도 검토 가능	시민 신뢰 확보, 참여 확대
4	지방 규제혁신 특구 도입 및 확대	지자체 주도로 규제 유예/실험이 가능한 특구 운영	지역 성장모델 창출, 지방소멸 대응
5	디지털 규제 샌드박스 확대	AI, 바이오 등 신산업 분야의 실험적 규제 유예 제도 확대	신산업 진입장벽 완화, 혁신 촉진
6	규제개혁 국민제안 플랫폼 운영	국민이 직접 규제 폐지·완화 안건을 제안하고 평가할 수 있는 창구 운영	국민참여제도화, 행정 신뢰 회복
7	책임 있는 규제관리 관료 시스템 구축	'규제책임관'을 두고 성과에 따른 인센티브 및 경고제 병행	책임성과 효율성 균형 확보

정의로운 규제, 책임 있는 규제, 데이터에 기반한 규제, 이것이 『대한규제혁신민국』이 제시하는 새로운 국가 규범의 틀이다. 지금은 선언의 시대가 아니라, 실행의 시대다. 이 책에서 제안된 7대 전략과 실천 과제는 현실적이고 실행가능한 변화의 틀을 제시한다. 이 글을 읽는 독자, 실무자, 정책결정자, 그리고 시민 한 사람 한 사람이 바로 그 변화를 앞당기는 주체다.

변화는 저절로 오지 않는다. 작은 실천 하나가 구조를 흔들고, 제도를 움직인다. 모든 거대한 변화는 그렇게 시작된다. 눈송이처럼 조용히, 그러나 눈덩이처럼 커져간다. 그것이 우리가 '정치'가 아니라 '국민의 실천'에서 희망을 찾는 이유다. 이 책에서 모든 전략과 실천 과제는 이미 준비되었다. 이제 변화의 첫 단추를 끼울 사람은 이 글을 읽고 있는 바로 당신이다.

[표 26] 핵심 정책과제 요약표

정책과제	실현시기목표	실행 주체	협업 대상 기관
규제 유효성 평가 체계 법제화	1년 이내	국회/ 행정부	감사원, 법제처
지역 특구 중심 실험 규제 운영	2년 이내	산업부/ 지자체	지방자치단체, 지역대학
데이터 기반 규제평가 플랫폼 구축	1.5년 이내	국무조정실/ 과기부	민간 데이터 기업, 학계 전문가
규제책임관 제도 도입	1년 이내	인사혁신처	국무총리실, 행안부
규제개혁 국민제안 플랫폼 운영	6개월 이내	국무총리실/ 국민권익위	행정안전부, 언론기관

『대한규제혁신민국』은 우리가 생존하는 한 반드시 실행해야 할 국가적 책무이자, 실현할 수 있는 혁신 전략이다. 이 책은 개인의 제언을 넘어 "꿈은 이루어진다"라는 집단적 의지를 제도와 정책의 언어로 구체화한 로드맵이며, 미래 세대를 위한 지금 개혁의 설계도다.

저출생·고령화, 산업 개편 지연, 내수 위축, 자영업 붕괴, 가계부채 급증은 모두 지금 우리 경제의 구조적 한계를 드러내고 있다. 이런 상황에서 단기 처방은 무력하다. 이제는 정치적 유불리를 따지지 않고, 근본 구조를 뜯어고쳐야 할 때다.

여러 번 강조하지만, 지금이야말로 더 이상 미룰 수 없는 규제 혁명의 골든타임이다. 현 체계를 개혁하지 않는다면 한국 사회의 복합 위기는 돌파되지 않는다. 변화의 저항선은 지금의 체계 자체다. 우리는 과거의 성공에 안주하지 않고, 미래의 지속가능성을 위해 이제 규제를 혁파해야 한다. 아니, 혁명해야 한다.

이 책은 "현재의 내가 어제보다 나아지기를, 내일의 내가 오늘보다 더 성장하기를" 바라는 개인의 다짐에서 출발한다. 그리고 나아가, 더 나은 공동체를

에필로그: 규제 혁명을 통한 새로운 헌정질서의 약속

위한 사회적 확신으로 이어진다. 궁극적으로 이 책은 정의롭고 창의적인 사회, 지속 가능한 시장경제, 존중받는 시민 공동체로 나아가기 위한 국가 전략의 가이드북이자 추진 매뉴얼이다.

법은 국민의 약속이다. 그 약속을 제도화하고 일상에서 실현하는 첫걸음은, 바로 우리가 지금 이 책에서 제안한 헌정 전략의 실행이다.

그래서 『대한규제혁신민국』은 입법 과잉, 행정 남용, 사법 침묵이 교차하는 규제 권력의 심장부에서, 피를 토하는 심정으로 이렇게 부르짖는다.

"불어라, 규제 혁명의 열풍이여. 밤이 새도록.
위대한 대한민국의 새로운 날이 밝아오도록."

대한규제혁신민국

국민이 설계하는
새로운 민주국가

부록

1. 한국 주요 규제 연혁
2. 국제 규제 지표 비교
3. 규제개혁 관련 대표적 현행 법령 및 제도
4. 법령제안
5. 20大 분야 2,000개 과제 예시

1. 한국 주요 규제 연혁: 시대별 주요 변천사

대한민국의 주요 규제 체계 형성과 변화의 연혁을 헌법, 법률, 행정제도, 경제정책 등 여러 측면을 종합하여 체계적으로 정리한 것이다. 5단계 시대 구분을 저자의 지식과 판단을 바탕으로 구성하여 보았다.

(1) 규제 형성기 (1948~1960년대): 독립국가 수립과 통제경제 기반 조성

연도	주요 사건 및 내용
1948	대한민국 정부 수립. 헌법 제정(자유민주주의·시장경제 기조)
1950	국방, 식량, 통신 등 전시 국가 통제경제 체제 강화
1950~53	한국전쟁 기간 중 물자배급·가격통제 등 전시 비상 상황
1953	전쟁 직후 경제복구 계획 → 규제 대신 원조·배급·행정통제가 중심
해설: 이 시기는 국가 존립과 체제 유지가 우선되어 강력한 통제 중심 규제가 도입됨

※ 1910년에 조선총독부의 산업통제법령이 있으나, 일제강점기의 역사임에 유의.

(2) 산업화·개발 독재기 (1960년대 후반~1987): 고도성장과 국가 주도 규제 체계 정착

연도	주요 사건 및 내용
1961	5.16 군사정변, 국가재건최고회의 구성 → 입법·행정·사법 권한 집행, 국회 해산, 국가보안법 강화와 반공 규제 수위↑
1962	경제개발 5개년 계획 실행 → 금융·산업·외환 자원 통제 아래 계획경제 체제 정착
1963	제5차 개헌헌법 → 근로자 이익 균점권 전면 삭제
1966	「중소기업기본법」 제정 → 중소기업 보호를 위한 법적 기반 마련
1972	8·3 긴급통화조치와 유신비상조치 발표 → 금융·산업에 대한 국가 통제 강화 및 중앙집중형 규제체계 정착
1973	중화학공업화 선언 → 대기업 지원 확대, 재벌 중심 구조 심화
해설: 규제는 산업화의 도구로 기능하며, 관치금융·계획경제 체제를 통해 자원 배분이 이뤄짐

(3) 민주화·시장화 이행기 (1987~1997): 규제개혁 담론의 시작

연도	주요 사건 및 내용
1987	6월 민주항쟁, 헌법개정 → 규제에 관한 헌정 규정 공백 여전
1993	김영삼 정부 출범, "신경제" 선언 → 행정규제 개혁 포함
1996	OECD 가입 → 규제개혁의 제도화 필요성 제기
1997	외환위기 발생 → IMF 권고에 따라 노동·금융·기업 규제 개편 요구
해설: 국가 규제 기능에 대한 본격적인 비판과 개혁 논의가 시작됨	

(4) 글로벌화와 규제조정기 (1998~2016): 규제 완화와 선진화의 병행

연도	주요 사건 및 내용
1998	김대중 정부, 규제개혁위원회 발족 → 규제개혁을 핵심 국정과제로 추진
1998	「행정규제기본법」 시행 → 규제 신설 시 비용·타당성 검토 의무화
2004	참여정부, 「전자정부법」 제정 → 행정절차 전산화 및 민원 간소화
2008	이명박 정부, 규제완화 중심의 기업환경 개선 정책 추진
2013	박근혜 정부, "손톱 밑 가시" → 규제개혁 드라이브 선언
2014	규제개혁 장관회의 생중계 → 공공성과 실효성 논쟁 격화
해설: 규제개혁은 국가경쟁력의 핵심 과제로 인식되었으나, "정치적 이벤트화" 비판도 동반됨	

(5) 포스트 팬데믹·디지털 전환기 (2017~현재): 탄력적·유연한 규제 모색

연도	주요 사건 및 내용
2017	문재인 정부 초기, 규제혁신보다 노동·복지·부동산 분야 규제 강화
2018	포괄적 네거티브 규제전환 계획 발표 → 신산업 중심 규제 유연화
2019	규제 샌드박스 제도 도입 (ICT·산업융합·금융혁신 등), 규제입증책임제 실시
2020	코로나19 대응 → 비대면 산업 중심으로 디지털 규제체계 조정
2021	ESG·탄소중립 확산 → 친환경·사회적 가치 규제 신설 가속화
2022	윤석열 정부 출범 → "민간 주도 성장을 위한 규제혁신" 강조
2025	이재명 정부 출범 → 경제형벌 합리화 TF 가동 및 경감 목표 설정
해설: 디지털·AI 기반 사회로의 전환 속에서 기존 규제와 혁신의 갈등이 심화되고 있음	

2. 국제 규제 지표 비교

지표명	한국 최근 점수/순위	OECD 평균과의 비교	주요 특징 및 시사점
상품시장 규제지수 (**PMR**, 2023)	1.35점 (38개국 중 20위)	OECD 평균 1.34점과 유사	역대 최고 순위 달성. 에너지, 운송, 전자통신 분야의 진입장벽은 여전히 높음
서비스무역 제한지수 (**STRI**, 2024)	OECD 평균보다 높은 수준	상대적으로 높은 규제 수준 유지	보험 분야는 개방적이나, 회계, 법률, 철도화물 운송 등은 제한적. 최근 10년간 점진적 완화 추세

OECD가 주관하는 **PMR**과 **STRI**는 각국의 규제환경을 정량적으로 비교·평가할 수 있는 국제 지표다. 한국은 규제 강도가 상대적으로 높은 국가로 지속 평가되고 있으며, 규제개혁의 우선순위 설정과 정책 로드맵 수립에 유용하게 활용된다.

✓ 정책제언:

① **규제개혁의 성과** : 한국은 PMR 지수에서 OECD 평균 수준에 도달하며 규제개혁의 성과를 높였다. 이는 기업환경 개선과 경쟁 촉진에 긍정적인 영향을 미칠 수 있을 것이다.

② **서비스 분야의 규제 완화 필요성** : STRI 지수에서 나타난 바와 같이, 서비스 분야에서는 여전히 높은 규제 수준을 유지하고 있다. 특히 회계, 법률, 철도화물 운송 등 특정 분야에서의 규제 완화가 필요하다.

③ **외국인 투자 및 경쟁 촉진** : 서비스 분야의 규제 완화는 외국인 투자 유치와 경쟁 촉진에 이바지할 수 있으며, 이는 전반적인 경제성장과 일자리 창출로 이어질 수 있을 것으로 보인다.

④ **지속적인 규제평가 및 개선** : 정기적인 규제평가를 통해 불필요한 규제를 식별하고, 이를 개선하는 노력이 필요하다. 이는 기업의 혁신을 촉진하고, 국민 삶의 질 향상에 이바지할 것이기 때문이다.

3 규제개혁 관련 대표적 현행 법령 및 제도

(1) 행정규제기본법
(2) 행정규제기본법 시행령
(3) 국민 부담 경감을 위한 행정규제 업무처리 지침
(4) 규제개혁위원회 운영세칙
(5) 규제혁신추진단의 설치 및 운영에 관한 규정
(6) 민간 주도 규제개선 심의회 설치 및 운영에 관한 규정
(7) 민간 주도 규제개선 심의회 운영세칙
(8) 현장 중심의 규제개혁 추진을 위한 규제개혁 작업단 설치·운영에 관한 규정

〈규제개혁 관련 핵심 법·제도 연표 요약〉

제정/개정연도	법률/제도명	주요 내용
1997	「행정규제기본법」	규제의 정의·신설·심사·정비 절차 규정
1998	규제개혁위원회 설치	국무총리 직속 위원회로 규제심사 기능 수행
2014	규제영향분석 제도 강화	규제의 비용·편익 사전 분석 의무화
2019	규제샌드박스법 (ICT융합법 등)	신산업에 대한 실증특례·임시허가 가능
2023	디지털플랫폼정부 로드맵	데이터 기반 행정·AI 활용 규제개선 방향 제시

(9) 2024년까지의 정부 규제혁신 추진체계[100]

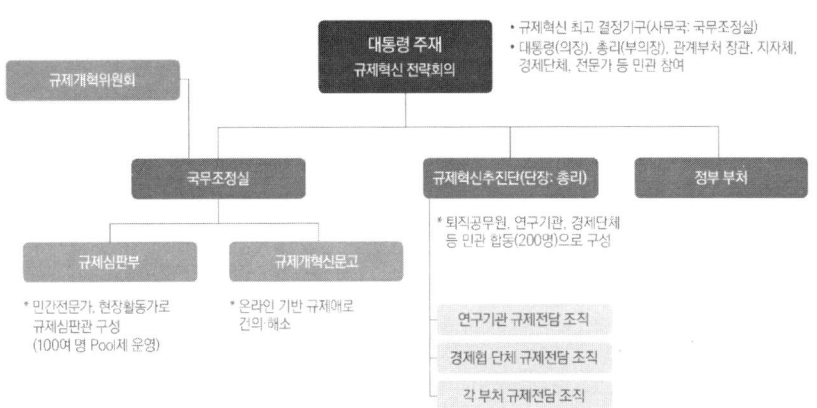

노무현 정부	이명박 정부	박근혜 정부	문재인 정부	윤석열 정부
• 규제개혁위원회 (규제조정실)	• 규제개혁위원회 (규제조정실)	• 규제개혁위원회 (규제조정실)	• 규제개혁위원회 (규제조정실) - 자문기구 구성·운영 (신산업규제혁신위, 기술규제위, 비용분석위원회)	• 규제개혁위원회 (규제조정실) - 자문기구 구성·운영 (신산업규제혁신위원회, 기술규제위원회, 비용분석위원회, 지방규제혁신위원회)
• 국무총리 주재 규제개혁장관회의	• 국가경쟁력강화위원회 - 덩어리 규제 개혁 및 규제정책 관련 대통령 보좌	• 대통령 주재 규제개혁장관회의 • 국무총리 주재 규제개혁 현장점검회의	• 국무총리 주재 국정현안점검조정회의 • 국무총리 주재 규제혁신 현장대화	• 대통령(국무총리) 주재 규제혁신전략회의 • 국무총리 주재 국정현안관계장관회의 • 규제심판회의 • 킬러규제 혁파 TF
• 규제개혁기획단 - 덩어리 규제 개혁	• 민관합동 규제개혁추진단 - 기업 현장 규제애로 개선	• 민관합동 규제개혁추진단 - 손톱 밑 가시 등 기업 규제애로 해소	• 민관합동 규제개혁추진단 - 일자리 창출 및 기업 현장 규제애로 해소	• 규제혁신추진단 - 덩어리 규제 해소
• 규제신고센터 - 규제민원 처리		• 규제개혁신문고 - 규제민원 처리	• 규제개혁신문고 - 규제민원 처리	• 규제개혁신문고 - 규제민원 처리

---

100) 규제개혁위원회, 국무조정실, 『2024 규제개혁백서』, 2025, 31쪽

4 법령제안[101]

(1) 「대한민국 헌법 일부개정안」

(시민참여, 규제통제, 노동 권리복원, 공무원 인사혁신을 위한 핵심조항 신설)

제안이유

현재 대한민국은 입법과 행정 전반에서 규제가 과도하게 생산되고 있으며, 특히 국회의원의 자의적 규제 입법이 급증하면서 법체계의 혼란, 기업 활동의 위축, 국민 기본권 침해 등이 심화하고 있다. 규제가 공공복리의 수단이 아니라 정치·행정 권력의 일상적 도구로 활용되어 온 이른바 '규제국가'의 병폐는, 입법과 행정의 무책임성과 시민참여의 부재를 구조적으로 드러내는 증거이다.

현행 헌법은 규제의 정당성, 책임성, 참여성에 관한 실효성 있는 통제 원리를 명시하고 있지 않다. 헌법 제1조는 "대한민국은 민주공화국이다. 주권은 국민에게 있고 모든 권력은 국민으로부터 나온다"라고 선언하지만, 이는 형식적 선언에 머물며 규제 등 국가작용의 윤리성과 시민참여 원리를 담고 있지 않다. 제10조(인간의 존엄과 가치)는 제1조와 단절된 구조 속에서 실질적 통치원리로 기능하지 못하고 있으며, 제37조 제2항(기본권 제한의 법률유보 원칙)은 오히려 입법권 남용과 규제의 무한 확장을 가능케 하는 근거로 악용되고 있다.

또한 대한민국은 세계적으로 드물게 헌법에서 노동자의 이익균점권을 명

---

[101] 저자가 이곳에서 주장하는 법령 제안은 본서에서 언급된 내용에 한정된 것이기에 입법·행정가들이 추가적으로 필요한 모든 사전 검토와 공론화 과정을 통하여 완전한 법령을 체계 있게 마련해야 한다. 저자는 본서에서 주장된 입법사항을 위주로 제안하였다.

시했던 진보적 전통을 가진 나라였으나, 1961년 군사정권의 5차 개헌을 통해 해당 조항이 삭제된 후 오늘날까지 복원되지 못하고 있다. 이에 따라, 대기업 중심의 형식적 노동권만 남고, 중소기업·비정규직 노동자들의 실질적 경제 참여권은 제도적으로 배제됐다.

더욱이 규제의 실질적 설계자이자 집행자인 관료조직에 대해서도 헌법적 차원의 책임성과 투명성 통제가 부재하다. 규제의 제안, 설계, 시행, 평가, 폐지에 이르는 전 과정이 관료 집단 내부의 비공개적 권한에 집중되어 있어, 규제 거버넌스는 도덕적 해이와 책임회피의 구조로 고착되어 있다.

이에 『대한규제혁신민국』은 헌법 일부개정을 통해 다음 네 가지 개혁 목표를 실현하고자 한다:

1) 시민참여 기반 규제통제 원칙의 헌법적 명문화
2) 노동자의 이익참여권 헌정질서 내 복원
3) 입법자와 행정 권력의 규제 책임성 부여
4) 관료제의 투명성과 인사책임 구조 개편

따라서 본 헌법 개정안은 규제의 입법 원칙과 절차, 입법자의 책임을 헌법에 명시함으로써, 국민 참여와 통제를 통해, 인간의 존엄과 자유 우선의 헌정질서를 확립하고, 규제민주주의를 실현하고자 한다. 이는 규제를 단순한 법 기술이 아닌 국가 권력의 핵심 작동 원리로 재정의하고, 위임구조를 국민주권에 기반하여 재설계하려는 민주국가의 의무이다.

주요내용

【제1조】(개정)
 ① 대한민국은 인간의 존엄과 국민의 참여를 기초로 한 민주공화국이다.

② 주권은 국민에게 있고, 모든 권력은 국민으로부터 나온다.
③ 국가는 국민의 자유와 권리를 제한하는 규제를, 정당한 목적에 따라, 최소 침해와 시민참여의 원칙에 따라 제정·집행하여야 한다.

【제33조의2】(신설)
① 근로자는 법률이 정하는 바에 따라 사기업의 이익에 균점할 권리를 가진다.
② 국가는 노동자의 이익참여권 실현을 위한 제도를 보장하고 촉진하여야 한다.

【제37조의2】(신설)
① 규제는 기본권 제한의 예외로서만 인정되며, 명확한 법률에 근거하고 최소한으로 시행되어야 한다.
② 규제 입법은 사전 영향평가와 국민 의견수렴을 거쳐야 하며, 정당성과 필요성은 공개되어야 한다.
③ 국가는 규제를 주기적으로 평가·정비하고, 독립된 규제감시기구를 설치하여야 한다.

【제40조의2】(신설)
① 국회의원은 규제를 수반하는 법률안을 발의할 경우, 공익성과 실효성에 대해 책임을 진다.
② 국회는 규제 법안에 대해 숙의 절차와 외부 평가를 거쳐야 하며, 입법의 사유와 판단 근거를 국민에게 설명·공개하여야 한다.

【부칙】
① 이 헌법은 공포 후 6개월이 경과한 날부터 시행한다.
② 국회는 개정 헌법의 시행 전까지 다음 사항을 포함한 법률을 제정하거나 개정하여야 한다:

1. 국민 규제주권 실현을 위한 기본법 제정
   「국민규제참여기본법」(포함할 내용:
   - 국민 규제제안권 제도화
   - 국민 규제배심제 도입
   - 숙의형 규제입법 절차 확립
   - 규제영향평가 제도 강화
   - 입법부 및 행정부 내 '규제갈등조정기구' 설치 및 운영
   - 규제감시기구 설치
   - 디지털 규제지도 및 실시간 모니터링 체계 구축)

2. 노동자 이익참여권의 실질화
   「근로자참여 및 협력증진에 관한 법률」 일부개정
   (내용: 제헌헌법의 이익균점권 정신을 계승하여, 성과공유제·이익배분제 등 실질적 노동 이익참여 제도 신설)

3. 책임성 강화를 위한 관료제 개혁
   「국가공무원법」 및 「지방공무원법」 일부개정 (포함할 내용:
   - 규제 입안자 및 집행 공무원의 책임성 강화
   - 시민참여 및 규제 영향평가 반영 의무화
   - 갈등조정·투명성 기준을 반영한 인사·평가체계 개편
   - 실명제·책임보고제 등 행정 투명성 강화 조항 신설)

이 개정안은 **『대한규제혁신민국』**이 제시하는 국가 작동 원리의 재설계이자, 규제를 통한 민주주의의 회복, 공공권력의 절제, 그리고 국민주권의 구현을 위한 헌정적 출발점이다.

(2) 「국민규제참여기본법안」 입법 제안이유서
(시민의 규제참여권 보장과 규제정치의 책임성 강화를 위한 기본법 제정)

제정배경 및 필요성

　대한민국은 규제국가로서의 구조적 경직성에서 여전히 벗어나지 못하고 있다. 규제의 기획, 제정, 집행, 사후관리 전 과정이 국민과의 단절 속에 비공개적으로 이루어지고 있으며, 그러한 결과 법률과 명령뿐만 아니라 하위 고시, 유권해석, 내부 지침, 행정관행 등 실질적 규제 권력이 다층적·비공식적으로 작동하는 3단 규제 권력 구조가 고착화되어 있다. 이러한 비공식 규제 권력은 국민과 기업에게 예측 불가능성과 법적 불확실성을 야기하며, 규제의 필요성과 정당성은 공적 절차를 통해 검증되기 어려운 구조이다.
　현행 『행정규제기본법』은 이 같은 구조적 한계를 전혀 극복하지 못하고 있다. 특히 민생경제에 직결되는 과징금, 과태료, 조세, 사회보험료 등 실질적 부담을 유발하는 규제 분야는 규제개혁의 적용 대상에서 제외되어 있으며, 시민의 직접 참여를 제도적으로 배제하고 있다. 즉, 형식적으로는 규제개혁을 운운하면서도 실제로는 권한을 쥔 관료와 소수 전문가 중심의 폐쇄적 구조가 그대로 유지되고 있다. 이에 따라 국민은 '규제 대상자'로 머무르고, '규제 설계자'로서의 역할은 허용되지 않는다.
　한편, 규제를 입안하고 변경하는 정치권과 행정부는 국민적 감시와 참여 없이 폐쇄적으로 작동하며, 규제에 대한 민주적 책임성 또한 결여된 상태다. 규제는 본질적으로 공공의 질서와 시장의 공정성을 조율하는 제도적 장치임에도 불구하고, 입안·운영 과정은 오히려 공공성에서 멀어져 있는 것이다.
　이제 규제개혁은 단기적 이벤트나 정권 주도의 일회성 과제가 아니라, 지속 가능하고 민주적인 정책 플랫폼 위에서 작동해야 한다. 이를 위해서는 시민 중심의 규제참여 시스템을 법제화하고, 규제정치의 책임 구조를 분명히 재구성하는 입법적 전환이 필요하다. 바로 그 첫 단추가 「국민참여기본법안」의 제정이다.

입법목적

본 법은 규제에 대한 국민의 실질적인 참여 권리를 제도적으로 보장하고, 규제정치의 책임성과 투명성을 강화함으로써 규제개혁을 지속 가능하고 공정한 공공 시스템으로 전환하는 데 목적이 있다. 이를 통해 규제의 전 주기—기획, 입법, 집행, 평가—에 국민이 참여할 수 있는 절차적 기반을 마련하고, 국회와 행정부의 규제 결정 과정이 특정 이익집단에 편중되지 않도록 정치적·제도적 견제 메커니즘을 구축하고자 한다.

주요내용

① **국민 규제참여권 보장 및 절차적 권리 명문화**
모든 국민은 규제의 신설, 개정, 폐지에 대해 의견을 제시할 수 있으며, 정부와 국회는 이에 대한 접수, 검토, 회신의 의무를 진다. 이를 통해 규제 입법과 행정의 정당성과 투명성을 확보한다.

② **국민 규제제안권 제도화**
개별 국민, 시민단체, 기업 등 모든 이해당사자는 일정 요건을 갖추어 규제개선을 정부에 공식 제안할 수 있으며, 해당 제안은 '규제제안심의위원회'를 통해 심사되어 결과가 공표된다.

③ **국민 규제배심제 도입**
규제 입안 또는 존속 여부에 대해 사회적 갈등이 발생하는 사안은 무작위 추출 시민으로 구성된 규제배심단이 공청회 및 숙의 절차를 거쳐 권고안을 제시할 수 있도록 한다.

④ 현장 규제실험실 운영의 법제화

특정 지역 또는 산업에만, 한시적으로 규제를 유예하거나 유연하게 적용하여 효과를 검증하고, 결과에 따라 제도개선 여부를 판단할 수 있는 '현장 규제실험실'을 제도화한다.

⑤ 국회의 규제입법 트래킹 시스템 구축

국회의원이 발의하거나 국회 상임위가 심사한 규제 관련 입법안에 대해 내용, 규제 강도, 부담 주체, 규제영향평가 결과 등을 국민이 확인할 수 있는 '규제입법 추적 시스템'을 구축·운영한다.

⑥ 정당별 규제입장 공개 플랫폼 마련

정당은 선거 시기 및 주요 정책 전환 시기에 규제 신설·완화·폐지에 대한 입장을 공개하고, 이를 통합 플랫폼에 등록함으로써 국민이 정당의 규제철학과 입장을 비교할 수 있도록 한다.

⑦ 국민 참여형 규제청문회 제도 도입

중대한 규제 신설 또는 존치 결정에 앞서 시민, 전문가, 이해관계자가 참여하는 '규제청문회'를 의무적으로 개최하고, 결과를 규제 결정 과정에 반영한다.

⑧ 규제정치 모니터링 네트워크 구성 지원

시민단체, 언론, 학계, 지역단체 등이 참여하는 민간 중심의 '규제정치 감시 네트워크' 구성을 지원하고, 국회 및 행정부의 규제 결정 과정에 대한 지속적인 외부 감시 및 평가 체계를 확립한다.

⑨ 국회 내 규제개혁특별위원회 설치 및 상설화

규제 관련 법안과 국민참여제도 운영 전반을 총괄하는 '규제개혁특별위원회'를 국회 내에 설치하고, 이를 상시 운영 체계로 제도화한다.

⑩ **규제정보 공시 및 통합 공개 의무화**

모든 규제의 법적 근거, 시행 주체, 집행 기준, 부담 주체, 위반 시 제재 수단 등을 디지털 플랫폼에 통합 공시함으로써 규제 정보의 투명성과 접근성을 확보한다.

⑪ **규제 갈등 조정 절차의 법제화**

이해관계자 간의 규제 갈등이 발생할 경우 '규제갈등조정위원회'를 통해 공정한 제3자 조정을 의무화한다. 조정절차에는 숙의, 중재, 제도적 권고 등이 포함되며, 조정 결과는 규제 입안 시 반영하여야 한다. 국민참여형 청문 및 중재절차도 병행하여 도입한다.

규제 갈등 조정절차의 법제화 (조정주체 명확화 포함) 안

행정입법 시 규제 갈등이 발생한 경우, 대통령 직속 「규제갈등조정중재원」이 조정을 주관하도록 한다. 중재원의 갈등조정심판위원회는 시민사회, 학계, 이해당사자, 전·현직 규제관료 등으로 구성되며, 법률에 따라 독립성과 공정성을 확보한 위원회로 조직된다.

다만 국회에서 입법 중인 규제로 인한 갈등은 국회 소속 '규제갈등조정소위원회'가 공청회와 이해관계자 조정 기능을 수행한다.

양측의 조정절차는 아래와 같이 운영된다.
① 사안 접수 및 조정 개시
② 이해관계자 통지 및 참여 보장
③ 공론조사 또는 시민참여 숙의절차 시행
④ 전문가 검토 및 중재안 도출
⑤ 최종 조정안 도출 및 해당 규제 주체(정부 또는 국회)에 반영 권고

조정 결과는 공개되며, 입안 주체(정부부처 또는 국회 상임위)는 이를 반영하거나 사유를 명시해 이견 보고서를 제출해야 한다.

요약 주체별 정리:
- 정부 규제입법: 대통령직속 「규제갈등조정중재원」

- 국회 규제입법: 국회 내 규제갈등조정소위원회 (규제개혁특위 소속)
  이러한 이원화 구조는 입법부와 행정부 각각의 책임성과 독립성을 지키면서도, 국민 참여와 공론화를 조정 과정에 제도적으로 결합할 수 있다는 장점이 있다.

정책적 시사점 정리:
부처 또는 대통령 직속 독립 기구가 갈등조정을 수행하는 형태가 이상적. 사전 영향평가 + 이해관계자 의견수렴 + 숙의형 시민참여가 필수.
국회 내 규제조정 기능 강화도 반드시 병행되어야 입법 갈등을 줄일 수 있음. 미국·독일·프랑스처럼 조정 결과의 투명한 공표 및 피드백 루프 설계 필요. 한국은 현행 행정규제기본법, 행정절차법, 국회법에는 규제 갈등 조정에 대한 통합적 메커니즘이 부재함. 입법예고, 공청회 등 일부 절차는 있으나 갈등조정 주체가 명확하지 않음.

기대효과

첫째, 규제 입법과 행정 결정의 전 과정에 국민이 실질적으로 참여함으로써 규제의 민주적 정당성을 확보할 수 있다.

둘째, 과잉·졸속·특혜 규제의 폐해를 사전에 방지하고, 규제의 투명성과 책임성이 높아진다.

셋째, 규제개혁이 정권이나 일회성 이벤트에 좌우되지 않고, 제도화된 공공 시스템 안에서 지속적으로 추진될 수 있는 기반이 마련된다.

넷째, 정당과 국회의 규제 입법에 대한 입장과 책임이 명확해짐으로써 규제 정치의 책임 정치 실현이 가능해진다.

다섯째, 시민사회와 언론, 학계가 규제정책에 참여할 수 있는 구조가 마련되어, 규제에 대한 사회적 감시와 균형 장치가 작동한다.

(3) 3대 입법취지 설명서

「**규제영향평가 및 갈등조정에 관한 법률안**」 : 입법 전 사전 검토와 공론화를 통해 법률의 품질을 높이고, 법안으로 인한 사회적 갈등을 사전에 예방함으로써 입법의 정당성과 효과성을 제고함.

「**국민 규제제안권 보장에 관한 법률안**」 : 국민이 자발적으로 규제 개선을 제안할 수 있는 통로를 제도화함으로써, 규제정책의 민주성과 참여성을 강화하고, 불합리한 규제를 신속히 발견·개선할 수 있는 기반 마련.

「**규제감시기구 설치 및 운영에 관한 법률안**」 : 과잉규제, 중복규제, 규제 전횡 등을 방지하기 위해 독립성과 전문성을 갖춘 상설 규제감시기구를 설치하여 사전·사후 감시체계를 제도화함.

■ 「규제영향평가 및 갈등조정에 관한 법률안」 입법 제안이유서

제정배경 및 필요성

현행 입법 절차는 법률안이 국민의 삶에 미치는 사회적·경제적 파급효과나 잠재적 갈등 요소를 사전에 충분히 평가·조정하지 못하는 구조적 한계를 지닌다. 이에 따라 법률이 시행된 이후 예상치 못한 부작용이 발생하거나, 이해관계자 간 갈등이 증폭되어 사회적 비용이 증가하는 문제가 반복되고 있다. 특히 국회의원 발의 법률안은 규제 비용, 정책 대안, 갈등 시뮬레이션 등의 기초 검토 없이 통과되는 사례가 적지 않으며, 이는 법제도 신뢰성 저하로 이어지고 있다. 입법의 품질을 높이고 사회적 수용성을 확보하기 위해서는 입법 전 사전영향평가와 갈등조정 절차의 제도화가 필요하다.

입법목적

이 법률안은 국회가 입법과정에서 해당 법안의 사회적·경제적 영향을 사전에 평가하고, 이해관계자 간 갈등을 예방하거나 조정할 수 있도록 제도적 기반을 마련하는 데 목적이 있다. 이를 통해 법률의 실효성을 높이고 입법으로 인한 사회적 갈등을 최소화함으로써, 정책의 정당성과 국민 신뢰를 제고하고자 한다.

주요내용

① 국회의원이 발의하는 법률안에 대해 규제영향평가서와 갈등조정의견서를 작성·제출하도록 의무화 ② 규제영향평가서는 사회·경제·행정적 영향 분석, 규제비용 및 편익 분석, 대안 검토 등을 포함 ③ 갈등조정의견서는 이해관계자 분류, 공청회 및 협의 결과, 갈등 시뮬레이션 및 조정방안 등을 포함 ④ 국회 상임위원회는 사전검토 절차를 통해 평가서 및 의견서를 심사하며, 필요 시 '입법갈등조정소위원회' 설치 가능 ⑤ 외부 전문가와 시민사회가 참여하는 '입법갈등조정협의체'를 구성하여 자문 및 보완 의견을 제출 ⑥ 평가서 양식 및 세부 기준은 국회사무처가 마련

기대효과

① 입법의 사회적 파급효과를 사전에 예측·통제함으로써, 입법 부작용과 갈등 발생을 줄일 수 있다. ② 법률 제정의 논리적 근거와 사회적 정당성을 강화하여 정책 수용성과 국민 신뢰를 제고한다. ③ 사후적인 법률 수정과 사회적 갈등 조정에 들어가는 국가 비용을 대폭 절감할 수 있다. ④ 국회 입법과정에 객관적 데이터와 공론화 절차가 도입됨으로써, 의회의 책임성과 숙의민주주의가 강화된다.

【「규제영향평가 및 갈등조정에 관한 법률안」 시행령 초안】

제1장 총칙

제1조(목적)이 영은 "규제영향평가 및 갈등조정에 관한 법률"에서 위임된 사항과 시행에 필요한 사항을 정함을 목적으로 한다.

제2조(규제영향평가서 작성 기준) ① 규제영향평가서는 다음 각 호의 사항을 포함하여야 한다.
1. 법률안 시행의 사회·경제·행정적 파급효과
2. 이해관계자별 영향 분석
3. 행정비용 및 규제비용 추계

② 국회 사무처는 규제영향평가서 표준 양식을 마련하여 각 의원에게 제공한다.

제3조(갈등조정의견서 작성 기준) ① 갈등조정의견서는 다음 각 호의 내용을 포함하여야 한다.
1. 예상되는 이해관계자 분류 및 입장 정리
2. 공청회 또는 협의과정 기록
3. 갈등 조정방안 제안 및 대안 검토

제2장 심사 및 절차

제4조(사전검토절차) ① 국회 상임위는 법률안 접수 후 10일 이내에 규제영향평가서 및 갈등조정의견서에 대한 사전 검토를 완료하여야 한다.② 필요시 '입법갈등조정소위원회'를 구성할 수 있다.

제5조(전문가 협의체 구성) ① 국회는 분야별 외부 전문가, 시민단체 대표 등이 참여하는 '입법갈등조정협의체'를 둘 수 있다.② 협의체는 의견서에 대한 검토 및 보완 의견을 상임위에 제출할 수 있다.

제3장 보칙

제6조(시행세칙)이 영의 시행에 필요한 세부 사항은 국회 운영위원회가 정한다.
제7조(규제영향평가 결과의 공개 및 활용)

> ① 모든 규제영향평가서 및 갈등조정의견서는 국회 입법정보공개시스템을 통해 일반에 공개하여야 한다.
> ② 공개된 자료는 시민단체, 연구기관, 언론 등 누구든지 자유롭게 인용·분석할 수 있으며, 정부·지방자치단체의 정책 개선 참고자료로 활용될 수 있다.
>
> 제8조(성과평가 및 환류체계)
> ① 국회사무처는 연 1회 이상 규제영향평가 제도의 운영실태와 성과를 평가하고, 결과를 국회 운영위원회에 보고하여야 한다.
> ② 운영위원회는 보고된 성과평가 결과를 토대로 제도 개선 권고를 국회 각 상임위에 통보할 수 있다.

비교국 사례

> **영국:** 규제정비 사전영향평가(Impact Assessment)가 모든 정부 제안 법률에 의무화. 국민이 평가보고서에 의견 제출 가능. 연간 약 250건 처리.
>
> **독일:** 이해관계자 간 갈등조정을 위한 독립 '중재위원회(Mediation Committee)' 운영. 법률안 검토 전 갈등 시뮬레이션 평가 필수.

■ 「국민 규제제안권 보장에 관한 법률안」 입법 제안이유서

제정배경 및 필요성

우리 사회는 오랜 기간 관 주도의 규제체계를 유지해 왔으며, 이는 현장의 목소리나 국민 개개인의 창의적 제안을 제도적으로 수용하지 못하는 구조적 한계를 초래하였다. 많은 규제가 실생활과 괴리되거나 불합리한 형태로 지속되고 있음에도 이를 개선할 공식 통로는 제한적이었다. 행정기관이나 국회 중심의 일방적 규제 형성에서 벗어나, 국민이 규제 정책 형성에 직접 참여할 수 있는 제도적 기반을 마련하는 것이 시급하다.

입법목적

본 법은 모든 국민이 규제에 대한 개선 또는 폐지를 제안할 수 있는 권리를 보장하고, 이를 수렴·심의하는 공적 절차를 제도화함으로써 규제의 민주성, 투명성, 합리성을 제고하는 것을 목적으로 한다.

주요내용

① 대한민국 국민 누구나 규제에 대해 개선·폐지·신설 등을 제안할 수 있도록 권리 명문화 ② 온라인 및 오프라인 제안 접수 플랫폼 구축 및 운영 근거 마련 ③ 제안사항을 심의·결정할 '규제제안심의위원회' 설치 및 운영 절차 규정 ④ 제안에 대한 처리 기한 명시, 불수용 사유 공개 의무화 ⑤ 우수 제안에 대한 포상 및 정책 반영 보고 체계 구축

기대효과

① 국민 참여를 통한 규제정책의 수용성·정당성 강화

② 불필요한 규제 조기 발굴 및 개선으로 사회적 비용 절감
③ 민간의 창의성·현장 중심의 아이디어를 제도화함으로써 규제혁신 촉진
④ 규제개혁의 상향식(bottom-up) 생태계 구축을 통한 국민 중심 행정 실현

【「국민 규제제안권 보장에 관한 법률안」 시행령 초안】

제1장 총칙

제1조(목적) 이 영은 "국민 규제제안권 보장에 관한 법률"에서 위임된 사항과 시행에 필요한 사항을 정함을 목적으로 한다.

제2조(규제제안 접수 및 처리) ① 국민은 온라인 플랫폼 또는 서면을 통해 규제개선 또는 폐지를 제안할 수 있다. ② 행정안전부 산하에 '규제제안심의위원회'를 두고, 월 1회 이상 심의회를 개최하여야 한다.

제2장 절차 및 보장

제3조(제안 자격 및 형식) ① 대한민국 국적을 가진 개인 또는 법인, 단체는 제안권을 가진다. ② 제안서는 다음 각호의 사항을 포함하여야 한다.
 1. 규제의 문제점
 2. 개선 또는 폐지 사유
 3. 기대효과 및 참고자료

제4조(심의 및 답변 절차) ① 제안 접수일로부터 60일 이내에 답변하여야 하며, 불수용 시 사유를 명시한다.② 연 1회 이상 우수 제안을 선정하여 국무회의에 보고할 수 있다.

제3장 보칙

제5조(정보공개 및 통계) 행정안전부는 연간 제안 건수, 채택률, 이행현황을 정리하여 공개하여야 한다.

제6조(국민참여 보장 강화)
 ① 행정안전부는 규제제안 플랫폼에 실시간 공개 게시판을 운영하여 제안 진행상

황과 처리결과를 투명하게 공개하여야 한다.
② 규제제안자는 처리결과에 불복이 있을 경우 1회에 한하여 재심의를 청구할 수 있다. 재심의 청구는 통보일로부터 15일 이내에 하여야 한다.

제7조(모범 제안의 인센티브)
① 채택된 우수 제안자에게는 행정안전부 장관 표창, 정책자문단 위촉 등의 인센티브를 제공할 수 있다.
② 구체적인 포상기준과 방법은 행정안전부 장관이 정한다.

비교국 사례

핀란드: 국민이 법안 초안에 직접 의견을 제출할 수 있는 '오픈 미니스트리(Open Ministry)' 플랫폼 운영. 채택률 약 12%.
일본: '전자정부 규제제안 플랫폼'을 통해 국민이 규제개선 요구를 실시간 제출 가능. 연간 평균 제안 1,800건 중 약 18% 채택.

▣ 「규제감시기구 설치 및 운영에 관한 법률안」 입법 제안이유서

제정배경 및 필요성

현행 규제 행정은 부처 간 이해 충돌, 중복 규제, 불합리한 과잉규제 등 구조적 문제를 안고 있으며, 이에 대한 감시와 정비는 주로 내부 평가나 사후적 민원 제기에 의존하고 있다. 규제의 입안·집행·유지 과정 전반에 대한 독립적 감시와 평가를 담당할 전문기구의 부재는 규제개혁의 실효성을 저해하는 주요 요인이다. 규제의 정당성과 효과성을 지속적으로 점검하고 개선할 수 있는 상설 규제감시기구의 설치가 요구된다.

입법목적

본 법은 규제 전반에 대한 독립적 감시, 분석, 평가 및 개선 권고를 담당할 상설 국가 규제감시기구를 설치·운영함으로써 규제체계의 투명성, 책임성, 효율성을 제고하는 데 목적이 있다.

주요내용

① 국무총리 소속 독립행정기구인 '국가규제감시위원회' 설치 ② 위원장은 대통령이 임명하고, 민간 전문가 중심으로 구성 ③ 신규 규제의 사전 자문, 기존 규제의 정기적 실태조사, 과잉·중복 규제의 정비 권고 권한 부여 ④ 위원회의 독립성 보장 및 정부·국회에 대한 정기 보고 의무화 ⑤ 감시 결과와 국민 의견을 공개하고 상시 의견 수렴 창구 운영

기대효과

① 규제 남용, 전횡 방지 및 입법·행정 권한의 책임성 강화

② 부처 이기주의에 따른 중복·충돌 규제 해소
③ 규제 합리화를 통한 기업 활동 촉진 및 국민 생활 편의 증진
④ 규제에 대한 국민의 신뢰 회복과 정책 품질의 전반적 향상

【「규제감시기구 설치 및 운영에 관한 법률안」 시행령 초안】

제1장 총칙

제1조(목적)이 영은 "규제감시기구 설치 및 운영에 관한 법률"의 시행에 필요한 조직 구성, 권한, 운영 방식 등을 규정함을 목적으로 한다.
제2조(기구 명칭 및 위치) ① 기구 명칭은 '국가규제감시위원회'로 한다. ② 위원회는 행정부 소속 독립행정기구로 한다.

제2장 구성 및 권한

제3조(위원 구성)① 위원장은 대통령이 임명하고, 상임위원 3인, 비상임위원 9인으로 구성한다. ② 위원 모두는 학계·법조·시민사회 출신 전문가로 구성하되 행정부, 입법부, 사법부에서 동률로 각각 4인씩 추천한다. 단, 부위원장은 규제혁신부 장관으로 하고 주무 부처로서 위원회를 지원한다.
제4조(주요 기능)
    1. 신규 규제안의 사전심사 및 자문
    2. 규제 실태조사 및 연례 보고서 발간
    3. 과잉·중복 규제 정비 권고
    4. 법원의 1심에 준하는 규제심판권

제3장 운영

제5조(운영의 독립성)① 위원회는 독립적으로 심사·조사 권한을 가지며, 관련 기관은 협조 의무를 가진다.② 위원회는 국회 및 대통령에게 연 1회 이상 정기보고를 하여야 한다.
제6조(정보공개 및 참여) 위원회는 조사결과 및 정비 권고사항을 공개하고, 국민의견을 상시 접수할 수 있는 채널을 운영한다.
제7조(감사 및 통제)

① 국가규제감시위원회는 매 3년마다 감사원 감사를 의무적으로 받아야 하며, 감사결과는 국회 및 대통령에게 보고하여야 한다.
② 위원회의 결정과 권고에 대해 관계기관은 30일 이내에 이행계획 또는 불이행 사유를 서면으로 제출하여야 한다.

제8조(시민참여 채널 운영)
① 위원회는 국민 누구나 규제 실태를 신고하거나 의견을 제출할 수 있는 온라인 참여채널을 상시 운영한다.
② 접수된 의견은 분기별로 분류·요약하여 위원회 회의에 보고하고, 필요 시 조사를 개시할 수 있다.

비교국 사례

캐나다: 규제조사위원회(Canadian Regulatory Review Secretariat)가 규제 비용·편익 분석 및 불필요 규제 정비 권한 보유. 연간 600건 이상 심사.
호주: 'Office of Best Practice Regulation'이 독립기구로 규제감시 및 감축 목표 수립. 과잉규제 비용 연 3억 AUD 절감.

■ 3대 입법 규제영향분석서(정책 비용·편익 분석) 예시

법률안	주요 비용	주요 편익
「규제영향평가 및 갈등조정에 관한 법률안」	국회 내 영향평가 및 갈등조정 전문인력 확보, 시스템 구축 비용(연 50억 원)	법률 부작용 사전 방지, 갈등비용 연 300억 원 이상 절감 추정, 입법의 정당성 제고, 사회적 신뢰 회복
「국민 규제제안권 보장에 관한 법률안」	플랫폼 운영비 및 행정처리 인력(연 20억 원 내외)	민원 처리 비용 연간 약 1천억 원 절감 가능, 규제개선 촉진, 정책 수용성 증가
「규제감시기구 설치 및 운영에 관한 법률안」	조직 신설(상근 인력, 조사비 포함 연 100억 원)	과잉규제 정비에 따른 기업·국민 편익 연 100조 원 이상, 정책 신뢰도 향상

(4) 「국회법 일부개정법률안」
(국회의원 발의 법안의 품질 제고 및 사회적 조정절차 강화를 위한 조항 신설)

제안이유

최근 수십 년간 국회의원의 발의 법률안이 급증하고 있으나, 상당수가 충분한 정책 검토나 사회적 합의 없이 제출됨에 따라 규제의 과잉과 법체계의 혼란을 초래하고 있음. 이에 국회의원 발의 법률안에 대한 입법 품질 제고를 위해 사전 영향평가 및 갈등조정 절차를 강화하고, 입법 성과평가 체계를 수량 중심에서 질적 중심으로 개편하며, 입법 남용을 방지하기 위한 최소한의 기준을 마련하고자 함.

주요내용

제1조 (목적)
    이 법은 국회의원 발의 법률안의 품질을 제고하고, 입법과정에서의 사회적 갈등을 최소화하며, 국민 신뢰에 부합하는 입법을 도모하기 위하여 필요한 사항을 규정함을 목적으로 한다.

제2조 (정의)
    이 법에서 사용하는 용어의 정의는 다음과 같다.
    "규제영향평가서"란 제안된 법률안이 사회, 경제, 행정에 미치는 영향을 사전에 분석한 문서를 말한다.
    "갈등조정의견서"란 해당 입법으로 예상되는 이해관계자 간 갈등을 사전에 파악하고 조정하기 위한 의견을 정리한 문서를 말한다.

제3조 (의원발의 법률안의 제출 요건 강화)
    ① 국회의원이 법률안을 발의하고자 할 때에는 입법취지서, 규제영향평가서 및 갈등조정의견서를 함께 첨부하여야 한다.

② 제1항의 규제영향평가서에는 다음 각 호의 사항을 포함하여야 한다.
1. 법률안 시행에 따른 사회적·경제적 영향
2. 기존 법령과의 중복 및 충돌 여부
3. 행정비용 및 규제비용에 대한 추정
③ 갈등조정의견서에는 다음 각 호의 사항을 포함하여야 한다.
1. 이해관계자의 목록 및 입장 요약
2. 사전 협의 또는 공청회 결과
3. 갈등 예방 또는 조정 방안

제4조 (입법 품질 향상을 위한 심사 절차 강화)
① 상임위원회는 제출된 의원발의 법률안에 대해 규제영향평가서 및 갈등조정의견서를 중심으로 실질적 심사를 실시하여야 한다.
② 필요시 상임위 산하에 '입법 갈등조정소위원회'를 설치하고, 전문가 또는 시민참여단으로 구성된 '입법 갈등조정협의체'를 구성할 수 있다.

제5조 (국회의원 입법활동의 질적 평가체계 도입)
① 국회 사무처는 연 1회 국회의원 입법활동의 질에 대한 평가보고서를 작성하여 공개하여야 한다.
② 제1항의 평가에는 다음 각 호의 항목이 포함되어야 한다.
1. 발의 법안 중 통과율
2. 법률안의 정책 효과 및 실효성
3. 사회적 합의 및 갈등 조정 기여도
4. 기존 법령과의 중복·혼선 여부
③ 시민단체, 학계, 행정부 등으로 구성된 '입법평가자문위원회'를 설치하여 평가의 객관성과 공정성을 확보할 수 있다.

제6조 (입법 남용 방지를 위한 제한 규정)
① 다음 각 호에 해당하는 법률안은 사전심사 없이 상임위 회부를 제한할 수 있다.
1. 동일한 회기 내 동일 내용의 반복 제출

2. 정부 또는 타 의원 발의안과의 단순 유사·표절이 명백한 경우
3. 규제영향평가서와 갈등조정의견서가 누락되었거나 부실 작성된 경우
② 위의 기준은 국회운영위원회가 마련한 구체적 지침에 따른다.

부칙

이 법은 공포 후 6개월이 경과한 날부터 시행한다.

5 20大 분야 2,000개 과제 예시

"2,000개의 씨앗이 모여 대한민국 규제혁신이라는 숲을 이룬다."

대한민국 규제혁신은 선언이 아니라 실천이어야 한다. 이제 책 전체의 총결론으로서 분야별 세부 과제의 실행 구조를 누구나 알기 쉽게 트리 체계로 제시하고, 이를 국민과 기업, 정부가 어떻게 사용할 수 있는지 활용 방안을 구체화하고자 한다.

우선, 책 전체를 통해 발굴된 규제개혁 과제를 20개 정책 분야(예: 정치·입법, 산업·기업, 노동·복지, 농업·환경, 교육·과학 등)로 분류하고, 분야별로 100개씩 총 2,000개 핵심 실천 과제를 제시한다. 이 과제들은 현행「행정규제기본법」상 제한된 규제의 범위를 훨씬 뛰어넘는 혁신적 시도로서 대한민국이 사느냐 죽느냐 하는 절체절명의 위기에 대처하기 위한 중요 핵심과제이다. 단순한 주장이나 원론이 아니라, 항목마다 개선 대상 규제, 개정 초안 방향, 기대효과 요약 등이 함께 포함된 정책 단위로 구성된다.

이 2,000개 과제는 단지 나열이 아니라 트리(Tree) 구조로 정리된다. 상위 정책 목표(4대 그룹)-중간 실행 목표(20대 분야)-세부 규제 항목(100개 과제)

-기대효과로 이어지는 구조적 분해를 통해 누구든지 규제의 흐름과 방향을 직관적으로 이해할 수 있게 하였다.

(1) 20대 핵심 분야별 규제혁신의 원칙: 완화와 강화의 전략적 균형

『대한규제혁신민국』은 규제혁신을 단순한 규제철폐가 아닌, 국가의 지속 가능한 성장과 국민 삶의 질 향상을 위한 전략적 수단으로 인식한다. 이를 위해 20대 핵심 규제혁신 분야에 대한 규제 완화와 강화 원칙을 명확히 제시하여, 혁신과 안전, 자유와 책임이 조화되는 선진 규제 환경을 조성하고자 한다.

『대한규제혁신민국』의 규제혁신 총칙은 '새로운 성장'과 '국민 안전'을 위한 '선택과 집중'이다. 이에 따른 규제혁신의 기본 원칙은 다음과 같다.

원칙 1 : 신산업·신기술 분야는 '선(先) 허용-후(後) 규제' 원칙을 철저히 적용하여 불확실성이 큰 미래 산업의 성장을 저해하는 사전적·경직적 규제를 최소화하고, 기술 발전과 시장 상황에 맞춰 사후적으로 필요한 규제를 도입한다.

원칙 2 : 국민 생명·안전 및 환경 관련 규제는 '강화 또는 재설계' 원칙을 적용하여 사회적 책임과 국민 안전을 담보하는 규제는 과학적 근거와 데이터 기반으로 강화하거나, 예측할 수 있고 효과적인 방식으로 재설계하여 실효성을 확보한다.

원칙 3 : 진입장벽 및 불공정 경쟁 유발 규제는 '철폐 또는 완화' 원칙을 적용하여 특정 이해관계자에게 특혜를 주거나 시장 진입을 막는 규제는 과감히 철폐하거나 혁신을 저해하지 않는 수준으로 완화하여 공정 경쟁을 촉진한다.

원칙 4 : 데이터 기반의 '성과 중심 규제'로 전환하여 규제의 효과성을 정량적으로 측정하고 주기적으로 평가하여, 불필요하거나 비효율적인 규제는 폐지하고, 목표 달성에 이바지하는 규제는 유지·개선한다.

이에 따라 <u>20대 핵심 분야별 규제혁신 원칙은 완화와 강화의 전략적 균형을 유지</u>하였다.

(2) 20대 핵심 분야 선정 기준

□ **대한민국이 직면한 5대 국가 위기**

『**대한규제혁신민국**』은 현재 대한민국이 직면한 총체적 위기를 '사회적 만성 고혈압'으로 진단하였으며, 이는 단순한 현상이 아닌 국가 존립을 위협하는 구조적 위기라고 힘주어 강조했다. 이러한 '사회적 만성 고혈압'을 유발하는 5대 핵심 국가 위기는 다음과 같이 정의할 수 있다.

1. **인구구조 붕괴 및 소멸 위기**: 출산율 0.7명 대 붕괴, 지방소멸, 인구 고령화는 대한민국 사회의 근간을 뒤흔드는 가장 시급하고 심각한 위기이다. 이는 생산성 저하, 사회 활력 감소, 복지 시스템 부담 증대 등 다방면에서 국가적 비상사태를 초래하고 있다.

2. **국가경쟁력 약화 및 경제 침체 위기**: 골드만삭스와 KDI 보고서에서 경고했듯이, 대한민국의 국가경쟁력은 하락하고 잠재성장률은 0%대를 지나 역성장으로 추락할 위험에 직면했다. 이는 초저출산, 급속한 고령화와 함께 구조개혁의 지체가 복합적으로 작용한 결과로, 과거의 고성장 정책 기조로는 더 이상 지속 가능한 발전을 기대하기 어렵다.

3. **사회적 불신 및 양극화 심화 위기**: 국민 과반이 '장기적인 울화통'을 호소하고 응답자의 70%가 사회를 '불공정하다'라고 평가하는 것은, 사회적 신뢰의 기반이 심각하게 흔들리고 있음을 보여준다. 정치·경제·사회·문화 전반에서 양극화와 갈등이 누적되어 사회적 연대가 약화하고 지속 가능한 발전을 저해하고 있다.

대한규제혁신민국_국민이 설계하는 새로운 민주국가

> 4. **규제 남발로 인한 국가 시스템 경직성 위기**: 서문에서 "정치의 무책임한 규제 남발"을 '망국병의 핵심 원인 중 하나'로 지목했듯이, 불필요하고 경직된 규제는 우리 사회의 혁신과 활력을 저해하는 가장 근본적인 문제이다. 이는 앞에서 언급된 모든 위기를 더욱 심화시키는 구조적 문제이자, 규제 혁명을 통해 반드시 해결해야 할 핵심과제이다.
>
> 5. **국가 안보 및 국제 질서 불안정 위기**: 서문에서는 직접적으로 언급되지 않았지만, 대한민국은 지리적 특성상 항시적인 국가 안보 위협에 직면해 있다. 또한, 글로벌 패권 경쟁 심화, 공급망 불안정, 기술 유출 위험 등 예측 불가능한 국제 질서 속에서 능동적인 대응이 요구되는 상황이다. 이는 국가의 생존과 번영에 직결되는 위기이다.
>
> 이러한 5대 국가 위기는 서로 유기적으로 연결되어 '사회적 만성 고혈압'이라는 총체적인 증상으로 나타나고 있다. 『대한규제혁신민국』은 이러한 복합적인 위기 상황을 극복하기 위해, 규제 혁명을 통한 우리나라와 사회의 체질 개선이라는 근본적인 해결책을 제시하였다.

『대한규제혁신민국』은 규제혁신이 단순히 개별 규제의 개선을 넘어, 국가의 지속 가능한 성장과 국민 삶의 질 향상에 이바지해야 한다고 판단했다. 이에 따라 『대한규제혁신민국』에서 다룰 20대 핵심 분야를 선정하는 데 있어 그동안 본서에서 다룬 논점을 바탕으로 다음과 같은 네 가지 주요 기준을 적용했다.

첫째, 국가적 긴급성을 최우선으로 고려했다.

국가의 생존과 존립을 위협하는 위기 상황에서는 정책의 우선순위가 명확해야 한다. 규제혁신 또한 마찬가지다. 단순히 행정 효율을 높이는 수준을 넘어, 대한민국의 체제 지속가능성을 가로막는 직접적 위기에 대해 대응 역량을 집중하는 것이 정책 개혁의 출발점이다. 이에 『대한규제혁신민국』은 모든 규제혁신 과제의 선별에 있어 가장 먼저 **"국가적 긴급성"**을 핵심 기준으로 설정하였다. 『대한규제혁신민국』이 분석한 바에 따르면, 현재 대한민국은 **다섯**

가지 총체적 위기에 직면해 있다. ① **인구절벽과 지역 소멸 위기**이다. 초저출산, 수도권 집중, 지방의 청년 유출로 인해 지역 단위의 사회경제적 기반이 붕괴되고 있으며, 이로 인한 세대 불균형과 국가재정 기반 약화가 현실화하고 있다. ② **초고령화로 인한 생산성 정체와 복지지출 폭증**은 경제 활력을 약화하고, 지속 가능한 성장 기반을 위협하고 있다. ③ **사회적 양극화와 불평등 심화**는 공동체 신뢰를 약화하고 있으며, 국민의 삶을 피로하게 만들고 있다. ④ **포퓰리즘적 의원입법과 규제 남발**은 규제 품질을 훼손하고, 행정체계의 자율성과 전문성을 침식시키는 구조적 병리를 낳고 있다. ⑤ **안보·기술·공급망 측면에서의 지정학적 위기와 국제 질서의 불안정성**이 복합적으로 작용하면서, 전략적 산업과 기술 주권의 위기가 심화하고 있다. 이러한 다섯 가지 위기는 서로 별개의 현상이 아니라, 대한민국이라는 국가 시스템 전반을 병들게 하는 복합적 증후군이다. 이에 따라 본서는 규제 분야별로 이 위기들과의 직결성, 파급 경로, 대응 가능성을 면밀히 평가하였고, 위기 극복에 실질적으로 이바지할 수 있는 규제 영역을 '국가적 긴급성'이 가장 높은 분야로 설정하였다. 본 분석은 통계청과 KDI 등 국책 연구기관의 자료, 국제기구의 평가 지표, 정부 정책 보고서, 국내외 학회의 연구논문, 그리고 주요 언론 보도를 사실 확인(Fact Check) 기반으로 종합 분석하여 활용하였다.

이러한 기준은 규제혁신이 단순한 불편 해소나 민원 해결이 아닌, 국가의 명운을 좌우할 구조 개혁의 수단임을 분명히 하며, 대한민국이 체질을 근본적으로 바꿀 마지막 골든타임을 놓치지 않기 위한 방향 제시이기도 하다. 언급된 위기들은 국가의 미래를 좌우할 중대한 과제이므로, 이와 직결된 규제 분야에 대한 혁신은 시급성을 요한다. 따라서 우리는 이 위기들과 직결된 규제 분야, 특히 인구·고용·산업·에너지·보건·정치체계 등 국가의 핵심 축에 해당하는 규제부터 개혁의 도마 위에 올려야 한다.

둘째, 경제적 파급력이다. 규제는 경제 주체의 생산, 소비, 투자, 고용 결정에 직접적인 영향을 미치며, 산업 간 연쇄효과를 통해 국가 전체의 총체적 생산성과 경쟁력에도 중대한 영향을 끼친다. 이에 따라 『대한규제혁신민국』은 규제혁신이 국내총생산(GDP), 고용, 생산성, 투자 활성화 등 거시지표에 미치는 구조적 파급력을 중심으로 규제혁신 대상 분야를 선별하였다.

특히 성장 잠재력의 회복이 시급한 한국 경제의 현실을 감안, 신산업 창출 가능성, 산업 생태계 파급 계수, 민간 투자 유인 효과 등을 종합적으로 고려하였다. 또한 고용유발계수가 높은 분야와 청년, 고령층 등 주요 인력군의 경제 활동 참여 확대에 기여할 수 있는 분야를 선별의 주요 기준으로 삼았다.

규제혁신은 단기적 규제 비용 절감 차원을 넘어, 기업 혁신을 촉진하고 자원의 효율적 배분을 가능하게 함으로써 생산성과 부가가치 창출 구조를 근본적으로 전환하는 계기가 될 수 있다. 따라서 우리는 경제적 파급력의 범위와 심도를 철저히 분석하고, 해당 규제 분야가 경제 전반에 확산될 수 있는 실질적 효과를 창출할 수 있는지를 핵심 판단 기준으로 적용하였다.

셋째, 국민 체감도를 중요하게 보았다.

규제정책은 국민의 생활 현장에 가장 직접적으로 영향을 미치는 공공 행위이며, 특히 규제의 복잡성과 불투명성은 일상생활 속 불편함과 행정 불신을 유발하는 핵심 원인이다. 이에 『대한규제혁신민국』은 국민 체감도를 구체적으로 계량화하고, 규제개혁이 실질적으로 국민 삶의 질 향상에 어떤 기여를 할 수 있는지를 중심으로 우선순위를 설정하였다.

우선 규제 민원 빈도, 전자민원 창구의 반복 청구 건수, 국민권익위 고충민원 등 다양한 행정자료와 데이터 기반 정량 지표를 활용하여 '국민 불편 지수'를 산출하였고, 국민의 일상생활과 직결되는 분야—예컨대 주거, 보건, 교육, 소비, 이동 등—에서 체감도 높은 규제를 우선하여 선별하였다.

또한 피규제자의 계층별 체감도도 반영하여, 영세사업자, 창업가, 청년, 고령자, 여성, 장애인 등 사회적 약자의 입장에서 규제가 삶에 어떤 제약을 가하는지를 정성 조사와 사례분석을 통해 다층적으로 검토하였다. 이는 단순한 여론 반영이 아니라, 국민이 실질적으로 느낄 수 있는 변화를 끌어내기 위한 실증적 정책 설계 기준으로 체감도를 활용한 것이다.

우리는 규제혁신의 최종 목표가 국민 개개인의 자유와 기회를 확대하고, 일상의 불합리한 제약을 해소함으로써 삶의 질을 높이는 데 있다는 점을 분명히 한다. 이 목표에 부합하도록 국민 체감도를 핵심 평가 지표로 삼았다.

넷째, 글로벌 비교를 통해 우리의 현주소를 파악했다.
21세기의 규제정책은 더 이상 국내적 관점에만 머물 수 없다. 디지털 기술, 무역 질서, 기후 변화, 인적 이동 등 모든 정책 환경이 국제적으로 연결된 시대에, 규제 수준과 제도의 질 또한 글로벌 스탠더드에 부합하지 않으면 국제 경쟁력은 물론, 투자 유치와 외교 협상에서도 불이익을 받을 수밖에 없다.

이에 『대한규제혁신민국』은 세계은행(WB)의 기업환경평가, OECD의 규제정책평가, 세계경제포럼(WEF)의 국가경쟁력지수 등 다양한 국제 지표를 바탕으로 대한민국의 규제 수준을 다각도로 분석하였다. 특히 규제심사 기준, 규제영향평가 체계, 데이터 거버넌스, 플랫폼 규율 등 주요 분야에서 한국이 선진국 대비 어떤 제도적 후진성을 갖고 있는지 구체적으로 파악하고, 이를 구조적으로 개선할 필요성을 강조하였다.

단순한 지표 비교를 넘어, 미국, 독일, 프랑스, 영국, 북유럽, 일본 등 주요국의 규제혁신 방식과 행정개혁 사례를 체계적으로 비교·분석하고, 각국이 채택한 규제샌드박스, 행정절차 간소화, 디지털정부 플랫폼 도입 등의 제도적 요소들을 국내 규제 환경과 비교해 '격차'의 구체적 실체를 진단하였다.

이를 통해 『대한규제혁신민국』은 대한민국의 규제개혁이 단순한 국내 행정 개선을 넘어, 글로벌 시장에 참여할 수 있는 제도 인프라를 갖추기 위한 국가 차원의 생존전략임을 제시한다. 글로벌 비교는 단지 참고 자료가 아니라, 향후 우리가 도달해야 할 규제 품질의 기준선이며, 이를 바탕으로 규제 환경을 국제 신뢰에 부합하게 혁신하는 것은 선택이 아닌 필수임을 강조한다.

이와 같은 **네 가지 합리적 기준**을 종합하여 최종 선정된 20대 핵심 분야는, 지금 당장 펼쳐야 할 실천형 개혁 전략서이자 국가 위기 대응 생존 매뉴얼이다. 동시에, 『대한규제혁신민국』이 제시하는 규제혁신의 구체적 로드맵이며, 대한민국의 미래를 바꾸는 실질적 전환의 출발점임을 자부한다.

(2) 20대 핵심 규제 혁신 분야 제안

『대한규제혁신민국』은 대한민국의 지속 가능한 발전과 국민 삶의 질 향상을 **목표**로, 앞서 제시된 4가지 선정 기준(①국가적 긴급성, ②경제적 파급력, ③국민 체감도, ④글로벌 비교)에 따라 20대 핵심 규제혁신 분야를 다음과 같이 제안한다. 각 분야는 현재 대한민국이 직면한 주요 위기와 밀접하게 연관되어 있으며, 총 2,000개 이상의 규제 혁신 과제를 도출하는 데 초점을 맞추고 있다.

20대 핵심 규제 혁신 분야 리스트

『대한규제혁신민국』은 대한민국이 직면한 5가지 국가 위기를 극복하고 지속 가능한 미래를 구현하기 위한 규제혁신을 최우선 과제로 삼는다. 앞서 논의된 **4가지 원칙과 4가지 선정 기준**을 총체적으로 종합하여, 국가적 5대 위기(인구 구조 붕괴 및 소멸, 국가경쟁력 약화 및 경제 침체, 사회적 불신 및 양극화 심화, 규제 남발로 인한 국가 시스템 경직성, 국가 안보 및 국제 질서 불안정)를 극복하고자 대한민국이 가장 시급하게 규제개혁에 나서야 할 20대 핵심 분야를 다음과 같이 정밀 진단하고 우선순위에 따라 선별 분류한다.

20대 분야는 배열의 논리성과 연계성을 함께 고려하여 전체적으로 다음 네 가지 단계별 클러스터로 구조적 연쇄를 형성하고 있다.

□ **1그룹 – 국가 존립 위기 극복을 위한 제도 개편 (1~6번)**
정치·사회 구조와 국민 생활 기반의 신뢰 회복에 집중하여 대한민국의 존립과 사회적 지속가능성을 위협하는 인구 절벽, 사회 양극화, 제도 경직성, 주거 불안정, 고령사회 위기 등을 우선 배치하여 가장 시급한 국가 과제를 먼저 해결하겠다는 강력한 메시지를 담고 있다.

1. 인구 감소 및 지방소멸 대응
2. 사회 통합과 지속 가능한 거버넌스 체계 혁신
3. 행정·입법 절차 및 규제시스템 개혁
4. 노동시장 및 고용 유연성 규제혁신
5. 주거 및 부동산 시장 안정화
6. 국민 안전 및 초고령사회의 사회적 자본 확충

□ **2그룹 – 지속 가능 사회를 위한 인재·기술·기후 역량 구축 (7~9번)**
중장기적으로 국가 역량을 좌우할 인재 양성, 기초 연구, 기후 변화 대응을 묶어서 교육-과학기술-기후 연계는 향후 지속 가능한 성장 동력으로 중요하다.
7. 교육 및 인재 양성 시스템 혁신
8. 과학기술 혁신 및 기초 연구 규제
9. 기후 변화 및 환경 규제 혁신

□ **3그룹 – 산업·기술 대전환을 통한 미래 성장 주도 (10~17번)**
국가적 긴급성과 경제적 파급력 측면을 고려하여 에너지, 반도체, AI, 바이오, 교통, 로봇까지 산업-기술-시장 구조 전반의 혁신과 미래화를 이끄는 체계적 배치다. 특히 국제 질서, 기술 패권, 공급망 위기를 고려한 연계성과 반도체-AI-바이오-모빌리티-로봇의 순서는 기술 생태계의 진화 흐름에 부합한다.

> 10. 경제 활력 회복 및 산업 규제 정비
> 11. 에너지 전환 및 신산업·안보 전략 규제 혁신
> 12. 글로벌 통상 전략 및 공급망 안정화
> 13. 반도체 산업 초격차 및 생태계 강화
> 14. AI 및 데이터 활용 촉진
> 15. 바이오헬스, 보건의료서비스 혁신
> 16. 미래 모빌리티 및 교통 규제 혁신
> 17. 지능형 로봇 및 스마트 제조 혁신
>
> □ **4그룹 - 안보·문화 복원력을 갖춘 지속 가능 국가 완성 (18~20번)**
> 식량 안보, 국방·사이버 안보, 문화 콘텐츠로 마무리하는 구성은 물리적·심리적 안보와 문화적 영향력 강화라는 정책의 확장성을 강조하는 데 효과적이다.
>
> 18. 농수축산업 및 식량 안보 규제
> 19. 방위산업육성과 국방·사이버 안보 규제 정비
> 20. 문화 관광 콘텐츠 산업 및 한류 확산 생태계 조성
>
> 상기와 같은 20대 분야의 4가지 클러스터 구성은 다음과 같은 네 가지 관점을 고려하였다. 1) 정책실행의 우선순위를 선도 과제로 두었다. 2) 국민 체감도 및 공공 신뢰 회복에 대한 문제의식을 뚜렷이 하였다. 3) 기술, 산업, 생태계 간 연계성을 논리적으로 연결하고자 하였다. 4) 국가 존립, 생존, 확장의 위계가 서사 구조로 누구나 알기 쉽게 설계하였다.

1. **인구 감소 및 지방소멸 대응:** 출산율 붕괴, 고령화, 지역 소멸은 대한민국의 국가 존립 자체를 위협하는 가장 근본적이고 시급한 핵심 위기다. 이 문제 해결 없이는 어떤 혁신도 지속 가능하지 않다. 인구구조의 왜곡과 지역 소멸 현상이 지속된다면, 어떤 경제·사회적 혁신도 장기적으로 지속 가능하지 않다. 이에 본 분야는 인구 위기의 전면적 대응과 균형 잡힌 국토 구조 복원을 통해 지속 가능한 발전의 초석을 마련하는 데 중점을 둔다.

정책적 초점 : 인구절벽과 고령화로 인한 사회·경제적 충격을 최소화하고, 수도권 집중 구조를 완화하며, 지역별 인구 기반 회복과 생활 기반 조성의 선순환 구조를 구축하는 것이 핵심과제다.

규제 완화 : 인구 유입과 정착을 유도하는 주거, 교육, 의료, 교통 등 생활 기반 인프라 구축을 저해하는 과도한 규제를 전면 재정비한다. 특히, 개발제한구역 해제, 건축 허용 확대, 교육 및 복지시설 설치 관련 절차 간소화 등을 통해 지역 활력을 회복한다.

규제 강화 : 무분별한 개발로 인한 환경 훼손과 도시계획의 무질서를 방지하기 위해 토지 이용, 생태계 보전, 장기적 도시 관리에 필요한 규제는 합리적으로 재설계 및 체계화하여 지속가능성과 균형을 확보한다.

대표 과제 예시

- 초저출산 대응을 위한 영유아 돌봄 체계 강화: 보육시설 설치 요건 완화 및 행정절차 간소화.
- 지방 정착 촉진을 위한 주택 공급 특례 및 기반 시설 확충: 생활 인프라 구축을 위한 인허가 요건 완화.
- 고령 인구의 재취업 및 사회 참여 확대: 연령 차별적 규정 철폐, 유연근무제 도입 및 고령자 고용 지원 규제개선.
- 지방소멸 위기 지역 생활 인프라 구축 규제 완화: 디지털 기반 공공서비스 인프라 구축에 대한 규제 간소화 및 실증 특례 허용.

2. **사회 통합과 지속 가능한 거버넌스 체계 혁신:** 대한민국은 저성장 고착, 자산 격차 확대, 세대 간 갈등, 지역 간 불균형, 그리고 규제로 인한 이해 충돌 등 복합적인 위기가 동시에 작동하는 다층적 난제에 직면해 있다. 이에 따라 사회적 비용은 지속적으로 누적되고 있으며, 정치의 중재 기능이 무력화되고 제도의 조정 능력도 크게 훼손되고 있다. 규제는 이러한 갈등을 심화시키는 기제가 될 수도 있지만, 설계와 운용 방식에 따라 사회를 통합하는 전략적 수단으로 기능할 수도 있다. 지금 시급하게 필요한 것은, 갈등을 사전에 완화하고 제도적으로 흡수할 수 있는 지속 가능하고 회복력 있는 거버넌스 체계로의 전환이다.

정책적 초점 : 정부와 공공부문에 성과 기반의 책임 시스템을 구축하고, 규제를 공정성과 통합의 기반 위에서 운용함으로써 국민 통합과 정치의 조정 기능을 회복하는 데 있다. 규제는 통치 수단이 아니라 공공성을 실현하는 도구이며, 정치가 이 철학을 회복해야 '규제 공화국'에서 '합의 공화국'으로 나아갈 수 있다.

규제 완화 : 정보 비공개, 불투명한 절차, 관료적 장벽 등 국민의 참여와 소통을 저해하는 규제를 정비하여 공공 결정 과정의 개방성과 신뢰성을 높이는 데 있다.

규제 강화 : 공공성, 공정성, 책임성을 실질화하기 위한 제도설계에 있으며, 특히 갈등 조정과 규제평가 과정의 법제화를 통해 제도적 통합을 강화해야 한다.

대표 과제 예시:

- 행정부 규제입법 추진 시 발생하는 갈등의 경우, 대통령 직속, 「규제갈등조정중재원」을 설치하여 시민사회, 전문가, 이해당사자가 참여하는 다자적 조정 구조를 운영: 기존의 국무총리 운영 국가갈등조정위원회의 유명무실 단점 보완
- 국회 규제입법 과정에서 발생하는 갈등은 '국회 규제갈등조정위원회'가 공청회, 숙의 절차, 중재안을 포함한 조정 기능을 담당.
- 조정절차는 사안 접수 → 이해관계자 통지 및 참여 보장 → 숙의형 공론조사 → 전문가 심사 및 조정안 도출 → 정부 또는 국회에 권고 및 회신 의무화 등으로 구성.
- 규제 비용의 재정화: 규제 시행에 드는 사회적 비용을 투명하게 공개하고 관리.
- 규제총량제를 도입하여 신규 규제 도입 시 기존 규제 폐지 의무화.
- 정책 결정 과정에 국민과 전문가의 참여를 확대하고 공청회 등 절차를 의무화.
- 정부 기관의 업무평가에 사회통합 기여도와 규제혁신 성과를 포함하고 인센티브 부여.

이러한 조정시스템은 단순한 갈등 해소 수단을 넘어, 민주적 통치를 실현하고 국민의 규제 수용성을 제도적으로 뒷받침하는 핵심 기반이다.

3. **행정·입법 절차 및 규제시스템 개혁:** 무분별하고도 무책임한 규제 신설과 정치적 이해관계에 따른 입법 남발은 규제 품질을 저하하고, 행정의 효율성과 정책 신뢰도 추락으로 이어지며 결국 국가 시스템의 경직성을 초래하며 모든 위기를 심화시킨다. 규제가 아닌 '정치'가 규제의 진입로가 되면서, 국가 시스템은 경직성을 넘어 경색 단계에 접어들고 있다. 이러한 상황을 타개하기 위해서는 규제의 입법·행정 절차 전반을 구조적으로 혁신하고, 규제의 목적성과 정당성을 사전에 검증할 수 있는 시스템을 확립해야 한다. 투명하고 효율적인 정부 시스템 구축은 근본적인 체질 개선을 위한 출발점이다.

<u>정책적 초점</u> : 정치적·관료적 이해에 따라 누적된 규제의 구조적 적폐를 해소하고, 규제의 정당성과 타당성을 객관적으로 평가하는 시스템을 제도화한다. 특히 '조세 정의'와 '규제 정의'의 통합적 관점에서 접근하여, 국민이 납득할 수 있는 공정한 규제·행정 체계를 확립하고 신뢰를 회복한다. 이에 따라 국민이 규제의 전 과정에 실질적으로 참여하고, 정권 변화와 무관하게 공공성을 지속해서 담보하는 헌정 수준의 규제 거버넌스 전환이 필요하다. 『국민규제참여기본법』 제정, 국회의 규제영향평가 공표의무화, 행정부에 규제혁신부의 설치와 같은 제도적 장치는 규제개혁의 지속가능성과 헌정적 정당성을 동시에 확보하는 핵심 수단이다.

<u>규제 완화</u> : 현재의 규제 체계는 과도한 인허가 절차, 중복된 행정 규정, 복잡하고 비효율적인 입법 경로로 인해 정부의 정책 대응력을 저하해 왔다. 이러한 구조적 병목을 제거하기 위해 행정절차를 단순화하고, 불필요한 규정을 일괄 정비하여 행정 효율성과 정책집행의 속도를 동시에 높임을 통해 국민의 부담을 대폭 덜어주도록 규제를 즉시 완화해야 한다. 특히, 규제샌드박스를 전 산업 분야로 확대하고, 국민 참여형 규제 플랫폼을 통해 민간의 창의적 대안을 제도적으로 수용함으로써, 기존의 관료 중심 규제 체계를 유연하고 개방적인 시스템으로 전환하는 것이 필수적이다.

<u>규제 강화</u> : 규제 입법과정의 전주기—설계, 심사, 집행, 사후평가—모든 단계에서 투명성과 책임성을 제도화해야 한다. 이를 위해 규제영향평가(RIA)의 공표를 법제화하여 국민이 규제 입안 초기부터 내용을 검토하고 의견을 개진할 수 있는 권리를 보장하고, 국민이 규제 입법에 대한 실질적인 통제권을 행사

하여 규제의 남발을 억제함을 통해 '선량한 규제'만이 만들어질 수 있도록 제도적 권한을 부여해야 한다. 나아가, 정권 교체와 무관하게 규제의 공공성과 지속성을 확보하기 위해 '규제혁신부'를 설치하고, 독립적 규제 심사기구에 헌법적 위상을 부여하는 제도적 장치를 마련해야 한다. 아울러, 직업공무원제도의 개혁을 통해 기존 연공서열 중심 인사 관행을 탈피하고, 임기제·성과제 기반의 인사시스템으로 대폭 전환함으로써 국민에 대한 행정 책임성과 혁신 동력을 획기적으로 강화해야 한다. 국민 혈세로 엄청난 연봉을 받는 공공기관이나 공기업부터 전원 10년 장기 임기제 계약직 전환이 필요하다. 아울러 조세·세무 행정의 공정성과 형평성을 위한 규제집행의 투명성도 강화한다.

대표 과제 예시

- 『국민규제참여기본법』 제정: 국민 규제제안권, 시민 규제배심제, 현장 규제 실험실을 법제화하여 규제 전 과정에 국민 참여를 제도화.
- 국회 산하 규제감시위원회 및 갈등조정위원회 설치: 규제의 공공성 및 형평성 검증 체계 마련.
- 국회의 규제영향평가(RIA) 공표 및 제출 의무화: 입법 사전심사 및 이해관계자 피드백을 기반으로 한 규제 입법 국민통제제도 확립.
- 규제혁신부 신설 및 독립 규제심사기구 설립: 규제의 정치적 독립성과 정책 일관성을 보장.
- 포지티브 규제 방식의 네거티브 완전 전환을 위한 법률 전면 재검토 및 정비.
- 규제 입법 영향평가 및 조세 영향평가 통합을 통한 규제 및 세제 정책의 통합적 관리 강화.
- 조세 감면의 규제화 및 세무조사 남용 방지를 위한 명확한 기준 설정 및 절차 투명화.
- 일반직 직업공무원제 폐지와 10년 장기 계약형 임기제 전환: 규제 설계·집행 공무원의 성과평가 및 책임제 강화를 통한 관료제의 대대적 인사 혁파.

4. 노동시장 및 고용 유연성 규제혁신: 인구절벽과 고령화는 생산 가능 인구의 급감과 산업별 노동력 불균형을 야기하고 있다. 동시에, 경직된 노동 규제는 세대 간·계층 간 갈등을 심화시키고 있으며, 이는 국가경쟁력과 사회통합의 기반을 동시에 위협하고 있다. 이에 따라 노동시장의 유연성 확보는 인구 위기

와 경제 위기를 동시에 타개할 핵심 열쇠로서 위기 극복의 구조적 해법으로 부상하고 있다.

<u>정책적 초점</u> : 생산 가능 인구의 감소와 산업 구조 변화에 적응할 수 있도록 노동시장 제도를 유연화하고, 다양한 고용 형태를 제도권 내로 포섭함으로써 노동시장의 역동성과 포용성을 동시에 확보한다. 특히 고령층, 청년, 외국인 인재 등 다양한 집단의 노동시장 접근성을 높이고, 기술 변화에 적응할 수 있는 이행 경로를 제도적으로 마련한다.

<u>규제 완화</u> : 기존 산업 구조와 경직된 근로 시간·형태 규제가 혁신 산업과 유연한 노동 활용을 저해하는 경우, 이를 합리적으로 완화한다. 특히 산업별·직무별로 차별화된 근로 제도, 원격·플랫폼 노동 등 새로운 고용 형태에 적합한 규제 유연화가 필요하다.

<u>규제 강화</u> : 노동자의 생명과 안전, 최저 생계 보장, 임금체불, 차별 금지와 같은 기본권 보장은 강화되어야 한다. 특히 고용 불안정성이 심화되는 사회 구조 속에서 저임금·단기 계약 노동자의 권익 보호를 위한 규제는 실효성 있는 방식으로 강화된다. 또한, 플랫폼 노동자 등 신유형 노동자의 제도권 보호를 위한 새로운 규제틀도 마련해야 한다.

<u>대표 과제 예시</u> :

- 근로 시간 유연화: 주 52시간제의 경직성을 해소하기 위해 산업별·직무별 특성을 반영한 탄력적 운영 기준을 법제화.
- 고용 형평성 개선: 공정에 기반한 형평성을 고려하여 비정규직과 정규직 전환 규제를 정비하고 기업 부담을 완화하는 고용 및 세제 인센티브 제공
- 직무 전환 대응 체계 강화: 산업 구조 전환에 따른 직무 이동을 지원하기 위한 재교육·직업 훈련 제도 관련 규제개선 및 예산 확대.
- 외국인 고급 인재 유치 촉진: 첨단 산업 및 필수 서비스 분야 인력 확보를 위해 비자 요건 완화 및 장기 체류·영주권 획득 절차 간소화.
- 근로시간·연장근로수당·임금체불 등 임금 관련 3대 위반 행위에 대한 통합 감독체계 구축 및 사전 예방형 규제 강화 : 임금 관련 위반 재발률 60% 감소, 사전 예방 중심의 감독체계 전환을 통한 근로자 권익 보호 및 행정 집행 효율성 제고.

5. 주거 및 부동산 시장 안정화 : 주거 문제는 단순한 생활의 조건을 넘어 사회적 신뢰와 형평성의 척도가 된다. 부동산 시장의 불안정은 국민의 삶을 불안정하게 만들고, 자산 불평등과 계층 고착을 초래하는 주요 요인이다. 반복되는 규제실패, 가격 급등, 공급 부족, 투기 과열은 '내 집 마련'에 대한 국민의 기대를 좌절시키고, 정부 정책에 대한 불신을 심화시켜 왔다.

<u>정책적 초점</u> : 실수요자의 주거 안정성과 접근성을 보장하면서, 시장의 투명성과 공정성을 제고하는 데 있다. 불필요한 진입장벽을 해소해 주택 공급의 선순환 구조를 복원하고, 동시에 투기적 수요와 시장 교란 행위에 대한 규제를 강화함으로써 신뢰할 수 있는 시장 질서를 확립하는 것이 핵심이다.

<u>규제 완화</u> : 주택 공급 확대를 저해하는 과도한 도시계획 규제(예: 용적률, 건폐율 제한), 재건축·재개발 인허가의 복잡성, 실수요자의 금융 접근 제한 등을 합리적으로 조정하는 데 중점을 둔다.

<u>규제 강화</u> : 투기성 자본의 유입 차단, 불법 전매, 허위 거래, 담합 등 시장 질서를 훼손하는 행위에 대한 규제는 유지 또는 강화하여 부동산 시장의 공공성을 확보한다.

<u>대표 과제 예시</u> :

- 재건축·재개발 사업의 규제 합리화: 인허가 절차 간소화, 용적률·건폐율 상향 조정, 민간 참여 활성화를 통한 주택 공급 확대.
- 실수요자 중심의 금융 규제 개편: 생애 최초 주택 구매자 및 무주택 실수요자를 대상으로 한 대출 요건 완화 및 지원 강화.
- 주민등록제도의 유연화: 희망자에 한해 2곳까지 복수 등록을 허용함으로써 생활권 기반의 이중 거주 현실을 제도적으로 반영하고, 추가적인 지방세 수입 확보 및 지역 소멸 예방과 균형 발전에 기여.
- 공공임대주택 공급 확대: 유휴 국공유지 활용 및 부지확보 절차 간소화, 공공건설 인허가 패스트트랙 적용.
- 통합영향평가 제도 도입: 환경영향평가, 교통영향평가 등 중복 절차를 통합해 부동산 개발의 행정 효율성 제고.
- 주거 안정은 '규제 완화'나 '규제 강화'라는 단선적 접근이 아닌, 시장의 기능과

사회의 공공성을 조화시키는 정밀한 조정의 결과다. 『대한규제혁신민국』은 국민이 체감하는 주거 안정이라는 가치를 실현하기 위해 규제 구조 전반을 정밀하게 재설계할 것을 제안한다.

6. **국민 안전 및 사회적 자본 확충** : 국민의 생명과 재산을 위협하는 재난·사고·위해 요소에 대한 선제적 대비는 국가의 존립 기반이며, 신뢰할 수 있는 안전 인프라 구축은 국민 삶의 기본 조건이다. 동시에, 빠르게 변화하는 인구 구조와 사회경제적 불균형 속에서 공동체를 지탱할 수 있는 '사회적 자본'의 회복과 확충은 지속 가능한 사회 유지의 전제다.

대한민국은 현재 복잡다단한 위험 사회로 진입하고 있으며, 물리적 안전과 제도적 신뢰를 동시에 확보해야 하는 이중의 과제에 직면하고 있다.

따라서 '국민 안전'을 위한 실효적 규제 정비와 함께, 연금·건강보험·사회복지 등 사회보장 제도의 불균형과 비효율을 구조적으로 개편함으로써, 제도에 대한 국민 신뢰를 회복하고 공동체 통합력을 높이는 사회적 자본의 시스템적 재구축이 절실하다. 이는 개별 제도의 조정보다는, 국가적 차원의 통합적 안전·복지 규제 프레임워크 재편이라는 전략적 접근이 요구되는 영역이다.

<u>정책적 초점</u> : 재난과 안전 위협에 대한 선제적 대비 체계를 구축하고, 국민 생명과 재산을 보호하는 기본 기능을 국가가 확고히 수행하는 동시에, 단절되고 불균형한 사회보장제도의 구조를 재설계하여 제도 간 형평성과 지속가능성을 확보하는 것이 핵심과제다. 아울러 사회적 신뢰와 공동체 기반을 회복하기 위해 시민사회, 민간 부문, 공공영역 간의 협력을 제도화하고, 사회적 자본을 확장하는 규제혁신 전략이 요구된다. **1) 국민 안전 확보, 2) 사회보장 제도 재편, 3) 사회적 자본 확충**의 세 축은 국가 시스템의 복원력과 공공 신뢰 기반 재건이라는 목표를 위해 동시에 추진되어야 할 규제 혁신 과제이며, 각각이 연계된 정책 도구로 작동할 수 있도록 설계되어야 한다.

1) 국민 안전 확보

<u>규제 완화</u> : 스마트 기술 및 민간 자원을 활용한 재난 예측, 대응 체계의 효율화를 위해 규제를 유연화하고, 민간 참여 기반을 확장한다(예: 민간 경보시스템 연계 허용, 드론 및 AI 기반 재난 모니터링 인프라 규제 완화).

규제 강화 : 건축물 안전, 교통·식품·화학물질 등 국민 생명과 직결된 분야에 대한 기준은 과학적 근거에 기반하여 엄격히 유지하거나 강화한다.(예: 노후 건축물 안전 기준 강화, 식품 유해성 검사 주기 단축 및 벌칙 강화)

대표 과제 예시 :

- 다중이용시설 및 노후 건축물에 대한 정기 안전 점검 의무화
- 재난대응 스마트 기술 실증특례 도입 및 민간 활용 허용
- 재난·안전 분야 교육 및 대응 매뉴얼 전 국민 확대 보급
- 식품·화학물질 유해성 사전심사 제도 강화 및 사후 책임 명확화

2) 사회보장 제도 재편 (제도적 신뢰 회복)

규제 완화 : 연금·건강보험·장기요양보험 등 제도 간 연계를 저해하는 분절적 운영 규정을 정비하고, 복지 접근성을 높이기 위해 자산 조사 및 수급 기준을 합리화한다(예: 중복 수급자 판정 절차개선, 정보 통합 조회 시스템 구축).

규제 강화 : 공적 재원의 지속가능성을 위해 직역연금 개혁, 수급 자격심사, 부정수급 방지를 위한 규제를 정비·강화한다(예: 고소득자에 대한 연금 감액 조정, 보험 재정 평가 연계한 자동 조정 메커니즘 도입).

대표 과제 예시:

- 국민연금과 직역연금의 구조 개혁 및 통합 로드맵 수립을 위한 법·제도 정비
- 사회보장정보시스템(Data Hub) 구축 및 실시간 연계 시스템 마련
- 복수 급여체계(기초연금·장애인연금·긴급복지 등)의 중복 수급 기준 정비
- 보험 재정 평가 기반의 보험료율 자동 조정 제도 도입
- 장기요양보험, 노인의료비 등 복지 대상자 선정 기준의 합리화 및 부정수급 방지 규제 강화

3) 사회적 자본 확충 (공공 신뢰 기반 재건)

규제 완화 : 사회적 기업·비영리단체·시민사회가 공동체 안전망에 참여할 수 있도록 진입규제 및 행정절차를 간소화하고, 공공 조달 시장 접근성 확대를 통해 사회적 가치를 제도화한다(예: 사회적기업 인증 기준 완화, NPO 사업 범위 확대).

규제 강화 : 공공 재정의 남용 방지, 사회적 신뢰 훼손 행위(부정부패, 정보 오남용)에 대한 처벌 및 투명성 확보 규제를 강화한다(예: 공공서비스 제공 기관의 회계 투명성 강화, 사업평가 의무화).

대표 과제 예시 :

- 사회적 기업의 공공 조달 참여를 위한 우대 규정 도입
- 시민사회단체의 복지·안전 관련 사업 진입규제 완화
- 복지 부정수급에 대한 제재 강화 및 내부 고발 시스템 정비
- 공공 재정 집행기관의 정보공개 및 성과지표 공개 의무화

7. 교육 및 인재 양성 시스템 혁신: 미래 사회에 필요한 인재를 적시에 양성하고, 급변하는 시대에 맞춰 교육 시스템을 유연하게 혁신하여 국가경쟁력과 사회 활력을 높여야 한다.

정책적 초점 : 디지털 전환과 산업 구조의 급격한 변화는 인재 양성 체계의 전면적인 재설계를 요구한다. 기존의 획일적이고 폐쇄적인 교육 제도는 미래 사회에 필요한 역량을 적기에 공급하는 데 한계를 드러내고 있다. 따라서 산업 수요에 기반한 유연한 교육 시스템 구축, 대학과 직업교육기관의 자율성 확대, 온라인·비대면 교육 환경 강화는 더 이상 선택이 아니라 필수다. 동시에 교육의 공정성과 신뢰성을 훼손하지 않도록 기본 규범에 대한 규제는 더욱 정교하고 엄정하게 설계되어야 한다.

규제 완화 : 대학 설립, 학과 개편, 정원 배정, 외국인 유학생 유치 등과 관련한 규제를 획기적으로 유연화하여 산업 수요에 맞춘 교육을 실현하고, 창의적 교육 실험을 가능케 해야 한다. 특히 비대면 교육, 직업전환 교육 등 평생학습 체계 전반에 걸친 제도적 장벽을 제거함으로써, 전 국민이 생애 전주기 교육에 접근할 수 있도록 해야 한다.

예: 학과 신설 규제 완화, 국제학교·외국대학 국내 캠퍼스 설립 요건 완화, 대학·대학원 중퇴자 다른 대학 재입학 시 학점인정 범위 확대, 국립방송통신대 박사과정 전면 도입, 원격 수업 비율 규제 개편 등.

규제 강화 : 입시 부정, 학력 위조, 교육 불평등, 특정 계층의 기회 독점 등 교육의

공정성과 신뢰를 훼손하는 행위에 대한 규제는 더욱 정밀하게 보강해야 한다. 이는 교육 기회의 평등, 사회통합, 인재의 공정한 성장 기반을 위한 필수적 장치다. 예: 학력·학위 위조에 대한 처벌 강화, 교육 사교육 정보 공개 의무화, 사립대 재정 투명성 확보 등.

<u>대표 과제 예시</u> :

- 산업 연계형 교육 과정 확대: 대학의 학과 신설 및 정원 조정 자율성을 보장하고, 공공·산업계와 연계된 트랙형 교육 모델(예: 규제정책, 반도체, AI, 바이오 등)을 적극 도입.
- 비대면·온라인 교육 규제 정비: 원격 수업 허용 비율, 온라인 자격 과정 기준 등 디지털 교육 활성화를 가로막는 규제를 폐지하거나 재설계.
- 해외 인재 유치 기반 조성: 외국인 유학생 비자 제도, 학위 인정 제도, 취업 연계 시스템을 개선하여 인재 순환을 촉진.
- 공교육의 유연성 강화: 초·중·고 교육 과정 편성의 자율성을 높이고, 지역 기반 교육 실험을 허용하는 제도적 기반(예: 교육자치 실험구, 미래형 학교 특례구역, 국립방송통신대학 박사 학위과정 전면 확대 등)을 마련

8. **과학기술 혁신 및 기초 연구 규제:** 과학기술은 국가 미래 경쟁력의 원천이며, 기초 연구는 지속 가능한 혁신 생태계의 토대를 이룬다. 그러나 현재의 연구 규제구조는 연구자의 자율성을 억제하고, 기술의 상용화와 사업화를 가로막는 경직된 제도에 머물러 있다. 동시에 연구 윤리와 국가 안보 차원의 기술 보호에 관한 법과 제도는 아직 체계적으로 정비되지 못한 상황이다. 따라서 연구 자율성과 성과 확산을 촉진하는 동시에, 공공성·윤리성·안보성을 보장할 수 있는 이중적이고 정교한 규제 체계가 필요하다. 우선, R&D 기획과 집행 과정에서 과도한 사전규제와 형식주의적 행정 개입을 줄이고, 연구 몰입 환경을 조성할 수 있도록 규제 체계를 합리화해야 한다. 연구 성과의 기술 이전, 산학연 협력 촉진, 지식재산권 유연화, 외국 인재의 유입 촉진 등은 산업화와 국제화의 핵심 전제이며, 이에 대한 제도 개선이 요구된다.

동시에, 생명과학·유전체·AI 기술 등 고위험 분야에서는 연구 윤리와 안전성 검증, 개인정보 보호 기준을 명확히 하고, 국가 전략 기술의 해외 유출을 막기

위한 보안 규제를 강화해야 한다. 특히, 최근 사회적 이슈로 떠오른 연구비 부정수급과 표절·중복 연구 문제는 과학기술계 전반에 대한 국민 신뢰를 약화시키는 핵심 사안으로서, 규제 체계의 재정비가 시급하다.

<U>정책적 초점</U> : 과학기술과 기초 연구는 국가의 장기적인 경쟁력을 결정짓는 전략적 자산이며, 미래 산업의 기반을 구성하는 원천 기술의 토대다. 지나치게 경직된 절차와 관리 중심의 규제는 연구 자율성을 억제하고 기술 사업화의 속도를 늦춘다. 따라서 연구 생태계의 자율성과 창의성을 확보하는 동시에, 연구 성과의 사회적 환류와 국가적 전략 기술의 보존을 위한 균형 잡힌 규제 체계 전환이 요구된다.

<U>규제 완화</U> : 연구자의 자율성과 창의성을 저해하는 과도한 행정절차 및 형식주의적 평가 시스템을 간소화한다. 연구 성과의 기술 이전 및 산업화를 저해하는 제도(기술료 회수, 산학 협력 제약 등)를 완화하고, 민간 투자와 글로벌 협력을 촉진한다. 해외 석학 및 우수 연구자의 유치를 위한 과학기술 비자 제도 개선과 체류 요건의 유연화가 필요하다.

<U>규제 강화</U> : 신약, 유전체, 생명공학 등 고위험 분야에서의 연구 윤리와 안전성 검증 기준을 엄격하게 정비한다. 국가 전략 기술의 무단 반출 방지 및 기술보안 체계 강화를 통해 기술 주권을 확보한다. 연구비 부정수급, 표절, 중복 연구 등 도덕적 해이 방지를 위한 사후관리 체계와 처벌 기준을 명확히 한다.

<U>대표 과제 예시</U> :

- 국가 R&D 과제의 기획·평가 절차 간소화 및 연구자 중심 관리체계 도입
- 연구 성과의 기술 이전 및 사업화 촉진을 위한 규제 정비 및 기술료 제도개선
- 산학연 공동 연구 활성화를 위한 행정규제 개선 및 지원 체계 강화
- 기초·창의 연구의 지속적 지원을 위한 평가 기준 유연화 및 자율성 확대
- 첨단 과학기술 분야 해외 인재유치 위한 과학기술 비자 및 체류 요건 개선
- 고위험 기술 보유 연구자의 해외 유출 방지를 위한 기술 보안 기준 강화
- 생명과학·유전체 등 민감 분야 연구 윤리 및 책임 규제 체계 정비
- 전략 기술의 국가 통제 강화를 위한 수출통제 체계 고도화 및 기술 유출 방지법 제정

9. 기후변화 및 환경 규제 혁신: 기후 변화는 더 이상 미래의 문제가 아니다. 폭염, 가뭄, 홍수 등 극한 기후의 일상화는 인류 생존과 직결된 글로벌 위기로 현실화되었으며, 동시에 신(新)경제 질서를 재편하는 핵심 변수로 작용하고 있다. 탄소중립의 실현은 단순한 환경정책을 넘어 산업구조 전환과 국가경쟁력 확보의 전략 과제가 되었다. 그러나 한국의 환경 규제는 여전히 단편적·사후적 접근에 머물고 있으며, 과학적 근거와 산업 현실을 반영하지 못한 규제는 친환경 산업 성장을 저해하는 주요 요인으로 지적된다.

<u>정책적 초점</u> : 기후 위기 대응과 탄소중립 실현이라는 글로벌 의무를 이행함과 동시에, 이를 친환경 기술과 산업 성장의 동력으로 전환하는 데 있다. 규제는 생태 보전과 경제 혁신이라는 두 축을 균형 있게 연결하는 설계가 필요하다. 기후와 환경은 단기적 이익이 아닌 세대 간 책임의 문제다. 규제는 이를 실현하는 국가 전략의 실질적 수단으로 자리 잡아야 한다.

<u>규제 완화</u> : 탄소 감축 기술, 재생에너지, 순환 경제 전환 등 신(新)친환경 산업 활성화를 저해하는 불필요한 인허가·인증 절차를 정비하고, 친환경 설비와 투자의 진입장벽을 낮추는 데 중점을 둔다(예: 탄소배출권 유연화, 폐기물 자원화 절차 간소화).

<u>규제 강화</u> : 국민 건강, 생태계 보전, 미래세대의 환경 권리를 보호하기 위한 과학 기반의 기준을 강화하고, 고의적·반복적 환경오염 행위에 대해서는 처벌 강도를 높이는 쪽으로 조정해야 한다.

<u>대표 과제 예시</u>:

- 탄소 배출권 거래제 유연화: 기업의 감축 투자 유도 및 제도 투명성 확보를 위한 실시간 거래 플랫폼 구축.
- 재생에너지 전환 지원: 태양광, 풍력 등의 입지 규제 완화 및 인허가 패스트트랙 제도 도입.
- 폐기물 재활용 활성화: 순환 경제 전환을 위한 산업 폐기물 자원화 규제개선 및 친환경 인증 절차 간소화.
- 환경 인허가 체계 개편: 환경영향평가, 사전심사 등 중복 절차를 통합한 원스톱 서비스 체계로 전환.

- 과학 기반 환경 기준 재설계: 화학물질, PM2.5, 수질 등 주요 환경 지표 기준을 국제 수준으로 조정하고 지역별 차등 적용 가능성 검토.

10. **경제 활력 회복 및 산업 규제 정비:** 본 장은 『대한규제혁신민국』 20대 규제혁신 분야 중 제3그룹 "산업 경쟁력 회복 및 미래 성장 인프라 구축"에 속한다. 이 장은 산업 전반의 기초 체력을 복원하고, 기업 활동을 저해하는 규제 기반을 구조적으로 정비하여 민간 주도의 혁신과 투자 유인을 극대화하는 것을 목표로 한다. 저성장 고착화와 소득 불균형 심화는 국민의 '장기적인 울화통'을 야기하며 사회적 불신을 증폭시킨다. 기업 투자와 일자리 창출을 가로막는 규제철폐를 통해 경제 활력을 되찾고 지속 가능한 성장을 도모해야 한다.

정책적 초점 : 대한민국은 장기 저성장과 구조적 소득 불균형, 고비용-저효율의 산업 환경 속에서 이른바 '울화통 경제'라는 국민적 피로감에 직면하고 있다. 이는 단순한 성장률 정체의 문제가 아니라, 산업·고용·복지 전반에서 사회적 신뢰와 통합을 저해하는 구조적 위기다. 산업 경쟁력 회복의 출발점은 개별 산업이 아니라, 산업들이 공통으로 겪는 규제 기반의 비효율과 불합리를 해소하는 데 있다. 본 장은 규제 전반의 기반 인프라를 정비함으로써 창업 촉진, 기업 성장, 투자회수, 고용 확대의 선순환을 회복하는 데 이바지하고자 한다.

규제 완화 : 신산업 진입을 가로막는 산업별 칸막이 규제, 복합 민원으로 지체되는 인허가 체계, 투자비 회수를 제약하는 금융·세제 규제는 과감히 정비해야 한다. 기존의 포지티브 규제를 전면적으로 네거티브 규제로 전환하고, 혁신 기업이 자유롭게 움직일 수 있는 산업 지형을 복원해야 한다. 시장 진입은 자유롭되, 실패에 대한 회복 가능성을 보장하는 환경을 구축한다.

규제 강화 : 공정한 경쟁 질서를 위협하는 독과점 구조, 불공정 거래, 내부자 거래 등 시장의 근본 신뢰를 훼손하는 행위에 대해서는 규제를 오히려 강화해야 한다. 투명한 경쟁 기반 없이 이루어지는 산업 성장 전략은 장기적으로 경제 정의를 침식시킨다. 공정거래법, 자본시장법, 기술 보호 제도 등을 통해 시장 감시 기능과 신뢰 기반을 강화한다.

대표 과제 예시

① 기업활동 일반 규제개선:
- 복합 인허가 패스트 트랙 제도화: 다부처 규제가 얽힌 사업(공장 설립, 건축, 환경 등)에 대해 '일괄 심사·일괄 승인' 체계 도입 → 기업의 사업 착수 소요 기간 단축, 투자 촉진.
- 기업인의 활동을 옥죄는 형사벌 규정의 정비 → OECD, ILO 등의 국제기구가 마련한 글로벌 스탠다드와 비교.
- 네거티브 규제 전면 도입: 법에 명시된 금지 외에는 허용하는 규제 체계로 전환 → 산업 혁신의 자유도 제고.

② 창업·스타트업 진입장벽 완화:
- 스타트업 법인 설립 및 사업자 등록 절차 간소화 → 초기 진입비용 절감 및 청년 창업 촉진
- 창업 기업 대상 세제 혜택 확대 및 등록제 중심의 규제 개편 → 창업 생태계 활성화

③ 중소기업 규제 역차별 해소:
- 기술 보호, 납품단가, 인증 관련 규제에서 대기업과 동일 기준 강제 완화 → 중소기업 부담 경감 및 공정 경쟁 여건 조성
- 기술 탈취에 대한 징벌적 손해배상 강화 → 기술혁신 의욕 제고 및 중소기업 보호.
- 대기업과 중소기업, 스타트업, 소상공인이 상생 협력 동반 성장 가능한 생태계의 마련.

④ 산업입지·공간 규제 개선:
- 산업단지 내 복합업종 입주 허용 확대 → 융복합 산업 유치 용이
- 산업분류코드 유연화 및 신산업 통합코드 체계 도입: KSIC 기반의 경직된 업종 구분이 신산업 융합을 저해하는 문제를 해소하고, 융복합 산업의 제도 진입장벽을 완화 → 혁신 생태계 확장 및 규제 간소화 통한 시장 역동성 촉진.
- 수도권 공장총량 규제의 탄력 적용 및 비수도권 이전 유인 강화 → 지역 균형발전 및 투자 유치

⑤ 민간 투자 활성화·자금 조달:
- 벤처 및 스타트업 투자 유인 강화: 투자 시 세액공제 확대, IPO 절차 간소화, 회수구조 투명성 제고 → 민간 자금의 모험자본 유입 촉진
- 국부펀드 또는 민관합동 투자플랫폼 조성 → 산업 전반에 공정한 성장 사다리 제공

이 장은 산업의 공통 기반에 대한 규제 환경을 구조적으로 정비함으로써, 대한민국 산업 전반의 생산성과 창의성을 복원하고, 국민경제의 선순환 고리를 다시 작동시키기 위한 전략적 전환점으로 기능한다.

11. **에너지 전환 및 신산업·안보 전략 규제혁신:** 에너지 전환은 기후 위기 대응을 넘어, 산업구조 전환과 국가 에너지 안보 전략을 재정립하는 과제다. 기존의 화석연료 기반 시스템에서 탈피하여, 신재생에너지 중심의 분산형 구조로 이행함과 동시에, 안정적인 에너지 공급망과 전략물자의 확보, 자주적 에너지 기술 경쟁력 강화가 시급하다. 태양광, 풍력, 수소, 에너지저장장치(ESS) 등 신산업 분야의 성장을 위해서는 불합리한 인허가 규제, 과잉 안전 기준, 투자 진입장벽 등 제도적 장애물을 해소해야 하며, 동시에 국민의 생명과 재산을 보호하고 국제 신뢰를 유지할 수 있는 에너지 안전성과 책임성도 함께 담보해야 한다. 이 분야의 규제혁신은 기술 생태계와 전략산업을 관통하는 중추적 연결고리다.

<u>정책적 초점</u> : 기후 위기 대응, 산업 고도화, 에너지 안보라는 세 가지 목표를 통합적으로 달성하기 위해, 신재생에너지 확산과 핵심 에너지 신산업 육성, 전략물자 확보 체계를 중심으로 한 규제체계를 재편한다. 기술 혁신과 투자 촉진, 지역 수용성 확보, 안보 위험 관리가 균형을 이루는 새로운 에너지 거버넌스를 구축함으로써, 탄소중립 실현뿐 아니라 국가 생존 기반을 강화한다.

<u>규제 완화</u> : 태양광·풍력·수소 등 신재생에너지 발전시설 설치 및 계통 연계, 에너지저장장치(ESS) 및 스마트그리드 구축을 저해하는 불합리한 인허가 및 진입 규제를 완화한다. 핵심 자원 확보 및 에너지 신산업의 민간 참여 확대를 위한 투자 인센티브 제공, 기술 실증 특례 확대, 지역 기반 재생에너지 수익 공유 제도 등의 유연한 규제 프레임워크를 도입한다.

규제 강화 : 신재생에너지 설비의 안전성, 발전 효율성, 환경영향에 대한 기준을 과학적으로 강화하고, ESS 화재, 태양광 부실시공 등의 사례에 대한 선제적 예방 규제를 도입한다. 에너지 주권 보호를 위한 전략물자 통제, 외국계 기업의 자원 독점 방지, 에너지 안보 위협에 대한 사이버 보안 규제는 엄격하게 강화한다.

대표 과제 예시 :

- 태양광·풍력 발전시설 인허가 절차 통합 및 입지 규제 개선
- 에너지저장장치(ESS) 안전 기준 고도화 및 실증 특례 확대
- 지역 기반 재생에너지 수익 공유 제도 도입 및 수용성 제고를 위한 규제 완화
- 수소 생산·저장·운송·활용 관련 인프라 구축 규제 정비
- 전략물자 지정 체계 구축 및 수출입 통제 체계 강화
- 스마트그리드 및 분산 전원 확대를 위한 전력시장 제도 개편
- 에너지 전환에 따른 노후 발전소 해체 및 전환지원 관련 규제 정비
- 에너지 사이버 보안 기준 정립 및 운영기관 보안 인증 의무화
- 외국인 투자자의 전략적 에너지 인프라 인수 제한 관련 제도 마련

12. **글로벌 통상 전략 및 공급망 안정화:** 글로벌 통상 질서는 미국과 중국을 중심으로 한 블록화, 전략 자원의 무기화, 공급망의 지정학적 분할 등으로 급변하고 있다. 보호무역주의의 확산은 대한민국처럼 수출의존도가 높은 경제에 직접적인 타격을 주고 있으며, 반도체·배터리·의약품·희귀 광물 등 핵심 품목의 공급망 불안정은 산업 전반의 리스크를 증폭시키고 있다. 이러한 상황 속에서 규제 혁신은 단순히 수출 촉진의 수단을 넘어서, 산업 안보와 경제 자율성 확보를 위한 전략적 도구로 재설계되어야 한다. 능동적인 통상 전략과 기술 안보 중심의 규제 체계를 병행하여, 글로벌 경제의 혼란 속에서도 국가경쟁력을 유지하고 확대하는 것이 핵심과제다.

정책적 초점 : 이 정책과제는 '경제 안보'라는 개념을 실질화하는 데 초점을 두고 보호무역주의 확산과 공급망 불안정이라는 이중 위기에 대응하기 위해, 국제 통상 네트워크를 다변화하고, 전략물자의 안정적 확보와 기술 주권을 강화

하는 규제 체계를 확립한다. 무역 규제는 유연성과 보안성을 동시에 갖춘 이중 구조로 재편되어야 한다. 또한 국제 협력 강화를 통해 국가 안보와 경제 영토 확장을 위한 필수 불가결한 요소를 강화한다.

규제 완화 : 해외 진출과 무역 협력을 저해하는 불필요한 승인 절차, 물류·통관 규제를 정비하고, 핵심 원자재와 부품의 수입 다변화를 가능하게 하는 법적 장애 요소를 철폐한다(예: 전략 자원 확보를 위한 해외 투자 인허가 간소화, FTA 원산지 증명 기준 완화 등).

규제 강화 : 핵심 기술의 해외 유출 방지, 전략산업의 보안성 확보, 외국자본에 의한 국내 핵심 자산의 무분별한 인수를 막기 위한 규제를 강화한다. 수출통제, 기술 보호, 안보 연계 심사제도 등을 통해 산업 기반의 자율성과 안전성을 보장한다(예: 외국인투자 심의 제도 강화, 첨단기술 수출통제 리스트 확대 등).

대표 과제 예시 :

- 핵심 광물 및 원자재 확보를 위한 해외 투자 규제 완화 및 금융 지원 확대
- 자유무역협정(FTA) 활용을 저해하는 통관 및 원산지 증명 규제 개선
- 국가 전략 물자 비축·방출 관련 규제 체계의 유연화 및 실시간 대응 시스템 마련
- 수출입 기업의 비관세 장벽 해소를 위한 국제 기술 인증 상호인정 협정 확대
- 외국인투자 심사 체계 강화 및 핵심 기술 보유 기업에 대한 인수합병(M&A) 통제 장치 정비
- 「핵심 전략품목 지정 체계」의 법제화 및 정기 평가 시스템 도입
- 「기술·산업 안보 평가 기준」 수립 및 수출입 심사·투자 심의에의 적용 의무화
- 「공급망 조기 경보 시스템」 구축을 통한 글로벌 위기 대응 선제 체계 마련

13. **반도체 산업 초격차 및 생태계 강화:** 글로벌 기술 패권 경쟁의 최전선이자 대한민국 경제의 명운을 좌우하는 핵심 동력이다. 규제혁신을 통한 선제적 투자 유치와 기술 선도 없이는 국가경쟁력 추락은 피할 수 없다.

정책적 초점 : 반도체는 글로벌 기술 패권 경쟁의 최전선이며, 대한민국 산업 경쟁력의 최후 보루이다. 세계 시장을 선도해 온 반도체 산업의 초격차를 유

지·강화하고, 소재·부품·장비(소부장)까지 포괄하는 건강한 산업 생태계를 조성하는 것은 국가 생존전략이자 경제 안보의 핵심 축이다. 특히, 기술·인력·자본 유입을 가로막는 구조적 병목을 제거하고, 기술 유출을 방지할 체계적 보호 장치를 병행하는 양면 전략이 요구된다.

규제 완화 : 반도체 산업의 기술 진화 속도와 세계적 경쟁 강도를 고려할 때, 신속한 투자와 확장 대응이 가능한 규제 체계를 갖추는 것이 절대적 과제다. 이를 위해 공장 신증설, R&D 인력 확보, 해외 인재 영입, 세제 인센티브, 환경영향평가 등과 관련된 각종 규제를 전면적으로 재설계하고, 인허가 패스트트랙과 실증 특례제도를 상시 가동하여 산업의 성장 탄력성을 높여야 한다.

규제 강화 : 국가 핵심 기술의 해외 유출과 전략 자원의 해외 종속을 차단하기 위해, 기술보호와 수출통제 관련 규제는 과학적 기준에 따라 체계적으로 강화해야 한다. 특히, 대외경제 안보와 관련된 기술은 전략물자 통제 범위에 포함하고, 법적 보호 체계를 정비하여 안보와 산업을 이중으로 수호해야 한다.

대표 과제 예시 :

- 반도체 공장 신·증설 및 첨단 설비 투자와 관련한 인허가 절차의 대폭 간소화 및 '신속처리 특례구역' 제도 도입
- 반도체 전문 인력 양성을 위한 특화 교육기관 설립 규제 완화 및 해외 인재 유치 관련 비자·체류 요건 완화
- 소부장 기업의 R&D 활동과 양산 전환을 위한 세제 감면 확대 및 전용 금융 지원 프로그램 마련
- 반도체 설계·제조·패키징·테스트 등 전공정 생태계 구축을 위한 규제 장벽 해소 및 유기적 클러스터 지정
- 전력 및 용수 등 필수 인프라 공급의 안정성 확보를 위한 관련 규제 재검토

14. AI 및 데이터 활용 촉진: 디지털 전환 지연을 막고 미래 경제의 핵심 동력을 확보하며, 생산성 향상을 통한 경제 활력 제고에 필수적인 분야다.

주요 초점: 디지털 전환 지연을 막고 미래 경제의 핵심 동력을 확보하며, AI 및 데이터 기반의 새로운 산업을 육성하여 생산성 향상을 통한 경제 활력 제고에 이바지한다.

정책적 초점 : 인공지능(AI)과 데이터는 디지털 전환 시대의 핵심 자산이며, 미래 경제의 지속 가능한 성장 동력이다. 데이터 기반의 의사결정, 자동화, 맞춤형 서비스 구현은 산업 전반의 생산성을 획기적으로 향상시킬 수 있는 전략적 수단이다. 대한민국은 디지털 주권을 강화하고, AI 생태계를 선도적으로 육성하기 위해 규제의 재설계가 필요하다. 특히 데이터 유통과 활용의 제도적 기반을 정비하고, AI의 윤리적 통제 장치를 확립하여 기술 혁신과 사회 신뢰가 공존하는 체계를 만들어야 한다.

규제 완화 : AI 개발과 데이터 활용의 확산을 가로막는 불합리한 사전규제는 전면 재조정되어야 한다. 가명 정보의 활용 확대, 데이터 마켓플레이스의 활성화, 클라우드·빅데이터 인프라의 민간 주도 구축을 촉진하기 위한 규제 정비가 핵심과제다. 데이터가 자유롭게 흘러 다닐 수 있는 '데이터 경제'를 실현하기 위해선 실증 중심, 자율 규제형, 사후 책임 기반의 유연한 규제 체계로 전환되어야 한다.

규제 강화 : AI 오남용, 알고리즘 편향, 개인정보 침해, 플랫폼 독점 등 디지털 기술의 부작용에 대한 최소한의 사회적 안전장치는 불가피하다. AI 윤리기준 마련, 데이터 주권 보장, 개인정보 보호의 실효성 강화를 위한 정교한 규제 설계가 요구되며, 규제는 기술의 발전 속도를 저해하지 않으면서도 공익과 기본권 보호를 확실히 해야 한다.

대표 과제 예시

- 가명정보 활용 확대: 개인정보 보호법 개정을 통해 가명정보 활용 요건을 명확히 하고, 민간의 데이터 융합 실증 특례를 확대.
- 데이터 유통 활성화: 국가공공데이터포털, 산업별 데이터 댐, 데이터 마켓플레이스 구축을 위한 법·제도 정비와 데이터 중개 사업자 인증제 도입.
- AI 자율규제 체계 마련: 산업계 주도의 윤리 가이드라인 설정, AI 위험등급에 따른 차등 규제 도입, AI 기술의 자율적 검증·투명성 확보 시스템 도입.
- 인프라 관련 규제 정비: 클라우드 센터 설치 규제, 전력 소비 및 공간 관련 기준, 보안 인증 요건 등 민간 빅데이터 인프라 구축을 저해하는 규제 완화.

15. 바이오헬스, 보건의료서비스 혁신: 바이오헬스 산업은 산업 경쟁력의 최전선 이며, 보건의료서비스는 국민의 생명과 직결된 공공 기반이다. 지금 필요한 것은 규제에 묶인 산업의 숨통을 틔우되, 국민 건강과 안전을 해치지 않는 정교한 균형 전략이다. 신약 및 의료기기 인허가 합리화, 원격의료 제도화, 디지털 헬스케어의 상용화, 실손보험 구조 개편은 핵심과제이며, 산업 육성 과 공공성 보장 간의 균형 있는 규제 체계 재설계가 절실하다.

바이오헬스 산업은 인구 고령화와 건강 수요 증가, 기술 융합 확산에 따라 폭발적인 성장이 예상되는 차세대 전략산업이자 국민 삶의 질을 좌우하는 핵심 복지 서비스 영역이다. 그러나 신약 개발, 의료기술 상용화, 디지털 헬스케어 확대를 가로막는 복잡한 규제 구조는 산업의 발전을 지연시키고 있으며, 동시에 국민이 체감하는 의료 서비스의 질적 혁신에도 장애가 되고 있다. 특히, 디지털 전환의 핵심 축인 원격의료·정밀의료·AI 진단 시스템은 규제에 가로막혀 상용화되지 못하고, 세계 시장에서 뒤처지는 치명적 구조를 고착화하고 있다. 또한, 의료접근성과 산업 경쟁력을 동시에 강화하기 위해서는 의료보험 체계의 유연한 혁신, 실손보험의 구조 개선, 데이터 기반 디지털 헬스케어 제도 정비, 민간의 의료 혁신 참여 유도 등을 포함한 전방위적 규제 재정비가 시급하다. 이와 동시에, 국민의 건강과 생명 보호를 위한 의약품 안전성, 의료 서비스 질, 의료정보 보호 기준에 대한 규제는 정교하게 검토하여 개선되어야 한다.

__정책적 초점__ : 새로운 성장동력을 제공하는 미래 핵심 산업인 바이오헬스 산업은 기술 혁신의 최전선이자 국민 건강과 직결된 분야로, 산업 경쟁력 제고와 의료 서비스 개선이라는 이중 과제를 동시에 안고 있다. 신약·의료기기 개발, 디지털 헬스케어, 원격의료 등 신기술 기반 서비스의 상용화를 가로막는 과도한 사전규제를 혁신함으로써, 글로벌 시장에서의 경쟁력을 확보하고 의료 접근성도 높여야 한다. 아울러 의료보험과 실손보험의 제도 개선, 의료정보 보호, 서비스 표준화 등 국민 신뢰 회복을 위한 공공적 규제는 정교하게 유지·강화함으로써, 산업 성장과 의료의 공공성을 균형 있게 조화시켜야 한다. 규제 혁신을 통해 신약 개발과 의료 서비스 혁신을 가속화하여 국민 건강 증진과 경제적 파급 효과를 극대화한다.

<u>규제 완화</u>: 바이오헬스 신약·의료기기·디지털 헬스케어 등 첨단 기술의 시장 진입을 가로막는 사전규제를 합리화하고, 원격의료 제도화 및 환자 접근성 제고를 위한 규제를 완화한다. 민간 보험·투자 활성화를 위한 세제·행정 절차의 유연화도 병행한다. (예: 인허가 패스트트랙, 실증 특례 확대, 의료법 개정, 비대면 진료 제도화, 실손보험 시장 활성화 기반 정비)

<u>규제 강화</u> : 국민 건강과 생명을 보호하기 위한 안전성·유해성 검증, 의료 AI 및 유전체 정보 활용에 대한 윤리 규제를 강화한다. 아울러, 의료정보보호와 의료보험의 재정건전성을 통한 지속가능성 확보를 위한 공공성·정보 보안·표준 진료체계 규제를 강화한다. (예: 유해성 검증 등 의약품 품질 기준 강화, 개인정보 보안 기준 강화, 가명정보 보호 규제, 비급여 진료 관리 및 보험 청구 투명화)

이러한 '완화는 과감하게, 강화는 정밀하게' 원칙은 기술 생태계와 건강권을 동시에 지키기 위한 양손 전략적 규제 디자인의 핵심이며, **「대한규제혁신민국」** 이 제시하는 바이오헬스 규제개혁의 철학적·실천적 방향이기도 하다.

<u>대표 과제 예시</u> :

- 바이오헬스 산업 및 원격의료 서비스 활성화를 위한 법적 기반 마련 및 규제 완화.
- 원격의료 제도화: 비대면 진료를 법제화하여 의료접근성과 서비스 유연성을 확대 ➡ 한국만 있는 갈라파고스 규제 신속 혁파.
- 신약 패스트트랙 도입: 혁신 치료제에 대해 신속한 인허가 절차를 도입해 시장 진입을 촉진.
- 디지털 치료기기 실증 특례 확대: AI 기반 진단기기 및 디지털 헬스 기술의 실증 및 상용화 지원 강화.
- 실손의료보험과 공적 건강보험 간의 기능 분담 및 민간 보험시장의 투명성 제고(실손보험 비급여 정보공개: 비급여 진료비의 투명한 공개와 표준화로 보험시장 왜곡 해소).
- 디지털 헬스 실증특례 확대: 신기술 기반의 디지털 치료기기와 원격 의료 서비스를 대상으로 실증특례 적용 범위를 확대하여 시장 진입을 촉진.

16. 미래 모빌리티 및 교통 규제 혁신: 이 분야는 기술 주도형 교통 대전환 시대에 대응하기 위한 제도적 기반 재편을 핵심과제로 삼는다. 자율주행차와 UAM은 단순한 교통수단이 아니라, 도시 구조, 산업 생태계, 시민 생활을 전면적으로 재구성할 변혁의 매개다. 자율주행, UAM 등 미래 모빌리티 기술은 새로운 산업 생태계를 창출하고 국민 생활 편의를 획기적으로 개선할 잠재력을 가진다. 그러나 현행 법·제도는 기존 교통질서에 갇혀 있어 신기술의 실증과 상용화를 제약하고 있다. 『대한규제혁신민국』은 미래형 교통체계의 유연한 실현을 위해 인허가, 공간 활용, 보험·책임 구조 등에서 획기적 규제 정비를 촉구한다. 동시에, 기술 남용과 안전사고에 대비한 책임 규제와 정보 보호장치를 강화하여 사회적 수용성을 높여야 한다. 이 분야의 규제혁신은 기술 진보의 수용 역량이 곧 국가경쟁력이라는 사실을 전제로 삼는다.

정책적 초점 : 자율주행차, 도심항공교통(UAM), 개인형 이동장치(PM) 등 미래형 교통 기술은 교통 효율성과 시민 편익을 동시에 제고할 수 있는 전략 분야다. 이들 신기술이 창출할 산업적·사회적 파급 효과에 대응하기 위해서는 기술 발전 속도에 맞춘 유연한 규제체계 정비가 핵심이며, 기존 교통제도와의 충돌을 해소하고 새로운 인프라 및 서비스 모델을 제도권에 빠르게 포섭할 필요가 있다.

규제 완화 : 미래 모빌리티 기술의 실증, 상용화, 인프라 구축에 걸림돌이 되는 운행 허가, 공간 규제, 서비스 운영 요건 등을 완화한다. 신산업에 대한 진입장벽을 낮추고, 관련 기술과 기업이 빠르게 성장할 수 있는 실증 특례 및 법제 정비를 병행한다(예: 자율주행차 시범구역 확대, UAM 이착륙장 설치 규제 유연화 등).

규제 강화 : 미래형 교통수단의 대중화에 따른 안전사고, 개인정보 수집·이용 문제, 기술 오남용 우려 등에 대해 책임 주체를 명확히 하고 공공질서를 확보하기 위한 규제는 강화한다(예: 자율주행 사고 책임 기준 마련, UAM 항로 충돌방지 기준 강화 등).

대표 과제 예시 :

- 자율주행차 운행 허가 및 보험 관련 규제 정비와 시범 운행 구역 확대
- UAM 상용화를 위한 도심 내 이착륙 시설 설치 및 항로 관련 규제 완화

- 개인형 이동장치(PM) 이용 활성화 및 안전 확보를 위한 관련 법규 정비
- 교통 서비스 플랫폼 진입장벽 완화 및 기존 산업과의 상생 규제모델 설계
- 미래 모빌리티 기술 실증특례 적용 확대 및 공공 인프라 연계 기준 마련

17. **지능형 로봇 및 스마트 제조 혁신:** 지능형 로봇과 스마트 제조는 대한민국 제조업의 체질을 바꾸고, 새로운 성장 동력을 창출할 수 있는 핵심 산업이다. 생산성 향상과 새로운 고부가가치 산업 창출을 위한 핵심 분야이므로, 규제 혁신을 통해 4차 산업혁명 시대의 경쟁력을 확보해야 한다. 특히 고령화, 인력난, 글로벌 공급망 재편 등 구조적 변화에 직면한 산업현장에 자동화·지능화를 접목하는 일은 더 이상 선택이 아닌 필수가 되었다. 그러나 현재의 규제 체계는 빠른 기술 진보 속도를 따라가지 못하고 있으며, 실증·적용 단계에서 불필요한 제약을 양산하고 있다.

스마트 제조 기술의 상용화를 가속화하고, 제조업의 고부가가치화를 실현하기 위해서는 로봇 기술의 현장 적용을 가로막는 인증·인허가 절차의 합리화가 필요하다. 산업용 로봇, 협동 로봇, 자율 이동 로봇 등은 각각 안전성과 효율성을 모두 요구받기 때문에, 실증 기반 접근과 민간 자율성을 보장하면서도, 국민의 생명과 일터의 안전을 지킬 수 있는 정교한 규제 설계가 중요하다.

스마트 팩토리 구축에 따른 공간 활용, 건축 기준, 설비 설치 규제는 시대착오적 관행을 벗어나야 하며, 로봇 서비스업의 경우에는 서비스 지역, 운행 조건 등에 대한 일률적 제한이 산업 발전을 저해하고 있다. 이에 따라 실증특례 확대, 규제샌드박스 적용 강화 등을 통해 산업의 창의적 실험을 뒷받침할 제도 기반이 시급히 필요하다.

반면, 로봇과 인공지능이 인간의 삶에 밀접하게 관여하는 만큼, 사용자 안전, 개인정보 보호, 알고리즘 투명성 등은 기술 확산과 함께 반드시 동반되어야 할 사회적 의무다. 특히, 로봇 AI의 판단에 대한 법적 책임 소재, 산업현장에서의 사고 발생 시 처리 절차, 윤리적 설계 기준 등의 제도화는 산업 신뢰를 높이는 핵심 조건이다.

정책적 초점 : 지능형 로봇과 스마트 제조는 생산성과 효율성을 획기적으로 높이고, 미래 고부가가치 산업을 창출할 수 있는 4차 산업혁명의 핵심 동력이다. 디지털 전환과 제조 혁신이 동시에 요구되는 시대에 대응하여, 규제 혁신을 통해 기술 상용화를 가속하고 산업 생태계를 선도할 경쟁력을 확보해야 한다. 특히, 제조업 현장의 자동화, 지능화 수준을 끌어올리는 동시에, 안전성과 공공 신뢰를 확보하는 균형 잡힌 규제 체계 구축이 요구된다.

규제 완화 : 산업용, 협동, 자율이동 로봇 등 다양한 로봇 기술의 도입을 가로막는 과도한 안전 기준과 인증 절차를 개선하여 기술 상용화와 생산성 향상을 촉진한다. 스마트 팩토리 구축을 위한 시설 인허가, 설비 투자 절차 등 산업 전환을 저해하는 규제를 유연화하고 실증 기반 도입을 확산한다. 로봇 서비스 산업의 진입장벽을 낮추고 실증특례 제도 확대를 통해 현장 적용을 지원한다.

규제 강화 : 로봇 활용 과정에서의 안전사고 발생 시 책임소재를 명확히 하고, 사용자 보호를 위한 윤리기준과 안전 가이드라인을 마련한다. 로봇 운영에 수반되는 센서, 영상, 이동 경로 등 민감 데이터의 보안성과 개인정보 보호를 위한 규제를 정비한다. 인공지능 탑재형 로봇의 판단·행동에 대한 책임소재와 관리체계를 제도화하여 사회적 신뢰를 확보한다.

대표 과제 예시 :

- 산업용 및 협동 로봇 설치·운용 관련 안전 기준 합리화 및 인력 양성 체계 구축
- 스마트 팩토리 확산을 위한 공장 설비 투자 인허가 및 공간 활용 규제개선
- 로봇 서비스 분야 실증특례구역 확대 및 규제샌드박스 적용 범위 확대
- 자율 이동 로봇의 산업현장 활용을 위한 도로·시설 진입규제 정비 및 안전 기준 마련
- 로봇 AI의 윤리 가이드라인 및 책임 규정 도입을 통한 사회적 수용성 제고

18. 농수축산업 및 식량 안보 규제: 인구 감소 및 고령화에 따른 농어촌 문제 해결과 함께, 스마트 기술 도입을 통해 식량 생산의 안정성과 효율성을 높여야 하는 중요 분야다. 농수축산업과 식량 안보 규제를 단지 생산성 논리를 넘어,

생태적 지속가능성과 국민 생존권 보장, 그리고 국가 전략 체계의 재설계 차원에서 규정하고, 선도적 규제 혁신 과제를 제시한다.

정책적 초점 : 농수축산업은 단순한 1차 산업을 넘어, 인구 감소 및 고령화라는 구조적 문제에 대응하고, 기후 위기와 국제 정세에 따른 식량 위기에 선제적으로 대비해야 할 국가 안보의 최후 방어선이다. 특히 고령화된 농어촌의 생산 기반을 회복하고, 스마트 기술을 도입한 미래형 농어업 체제로의 전환을 통해 지속 가능한 식량 주권 확보와 농촌 재생을 함께 이루는 것이 핵심과제다.

규제 완화 : 스마트팜·스마트 양식장 등 첨단 기술 기반의 농수축산 시스템을 도입하기 위한 각종 인허가 및 부지 활용 규제를 획기적으로 완화한다. 유휴 농지 및 어촌 공간의 효율적 활용, 직거래 유통망 확대 등 민간 참여와 시장 자율성을 촉진하는 규제 개편이 필요하다.

예: 농지 전용 절차 간소화, 친환경 설비 설치 인허가 통합, 농산물 직거래 허용 범위 확대 등.

규제 강화 : 국가 식량 안보와 지속 가능한 생산 체계를 위해 종자, 병충해 방역, 축산 위생, 수산물 안전성 등 국민 건강과 환경에 직결되는 핵심 안전 규제는 과학적 근거에 기반하여 정비·강화한다. 예: 유전자 변형 생물체(GMO)에 대한 사전 검증 체계 강화, 항생제 사용 통제, 인증제도 실효성 확보 등.

<U>대표 과제 예시</U> :

- 스마트 기술 기반 농어업 촉진: 스마트팜·스마트 양식장 설치 규제개선 및 실증 특례 도입, 초기 설비 투자에 대한 재정 지원 확대.
- 농어촌 유휴 자원 활용 촉진: 폐가·폐교·유휴농지 등 비활용 자산의 전환 활용을 위한 건축 및 용도 변경 규제 완화.
- 유통구조 혁신: 직거래장터, 온라인 유통망 등 농수축산물의 유통 다양화를 위한 규제 정비 및 품질 인증 체계 구축.
- 수산물 가격 안정을 위한 유통구조 개선(중간 유통단계 50% 축소 목표)
- 친환경 식량 체계 구축: 유기농, 무항생제, 저탄소 농업 인증제 간소화 및 실질적 인센티브 확대.

19. **방위산업육성과 국방·사이버 안보 규제 정비**: 지정학적 리스크와 기술 패권 경쟁이 심화되는 가운데, 대한민국의 안보 환경은 복합적 위협에 노출되어 있다. 북한의 지속적인 군사 도발, 인도·태평양 지역의 안보 불안, 그리고 국가기반시설을 겨냥한 사이버 위협은 기존의 국방 대응 체계만으로는 대응이 어렵다. 이에 따라 군사 전략의 패러다임 전환과 함께, 방위산업의 첨단화·글로벌화가 동시에 요구된다. 방위산업은 더 이상 단순한 무기 조달 산업이 아닌, 첨단기술을 바탕으로 한 전략산업이자 수출 주력 산업으로 전환되고 있다. 인공지능, 무인 체계, 위성 통신, 양자기술 등 민간의 혁신 기술이 국방 기술과 융합되며, 연구개발, 시험평가, 기술 이전, 수출 관리에 이르는 규제 전반이 산업 진화 속도에 맞게 재정비되어야 한다.

<u>정책적 초점</u> : 불안정한 국제 정세와 사이버 위협이 고도화되는 현실 속에서, 방위산업은 국가 안보를 뒷받침하는 전략산업이자 첨단기술의 집약체로 기능해야 한다. 따라서 국방 기술의 민간 이전과 민간 기술의 국방 적용을 상호 촉진할 수 있는 규제 정비가 필요하며, 동시에 사이버 안보 역량과 국가 핵심기술 보호 체계를 강화해야 한다. 방산 산업의 글로벌 경쟁력 확보와 군사 기술의 자립화를 뒷받침하기 위한 전략적 규제혁신이 절실하다. 규제혁신의 방향은 명확하다. 첨단 무기체계와 신기술의 개발을 가로막는 불합리한 절차와 제도는 과감히 유연화해야 하며, 동시에 사이버 보안, 핵심기술 유출, 전략자산 보호와 같은 국가 안보 직결 사안에 대해서는 단호하고 정교한 규제 강화가 필요하다.

<u>규제 완화</u> : 첨단 무기체계 개발과 방산 기술 수출을 촉진하기 위해 국방 R&D와 수출 관련 절차를 간소화하고 민군 기술 협력을 활성화한다. 민간의 국방 기술 진입장벽을 낮춰 방산 산업의 혁신 역량을 제고한다.

<u>규제 강화</u> : 국가 안보에 직결되는 핵심 기술 유출과 사이버 테러 위험에 대비하여 기술보안 및 정보보호 규제를 강화한다. 방위산업 전반에 대한 보안 감시체계를 고도화하고 윤리·책임 규범을 정립한다.

<u>대표 과제 예시</u> :
- 첨단 무기 체계 개발을 위한 국방 R&D 규제 완화 및 시험평가 절차의 신속화

- 방위 산업 기술 수출을 저해하는 절차·기준의 정비 및 해외시장 진출 지원 확대
- 국방전력발전업무절차(무기체계) 모든 단계 규제개선 추진 : 기획(P), 계획(P), 예산(B), 집행(E), 분석(E) System
- 부품 국산화 개발 지원 사업 지속적 제도 개혁 제도화
- 사이버 보안 전문 인력 양성 및 관련 교육 훈련 인증 규제의 정비
- 민간기업의 이중용도 기술(Dual-use Tech)을 국방에 접목하기 위한 정보 공유 및 협력 절차 간소화
- 전략 기술 유출 방지를 위한 국가 차원의 보안관리 강화 및 관련 법 제정
 - 우리 현실에 적합한 새로운 국방획득제도 마련 : 「국방전력정책기본법」(가칭)의 제정을 통해 국방부 중심의 효율적인 조직 구축으로 신속한 변화 대응 및 협력적 문화 조성

20. 문화 관광 콘텐츠 산업 및 한류 확산 생태계 조성: 경제적 파급력과 함께 국민의 삶의 질을 높이고 사회적 소통을 증진하는 중요한 분야다. 규제 혁신을 통해 창의적인 활동을 지원하고 새로운 가치 창출을 도모한다.

<u>정책적 초점</u> : 문화와 콘텐츠 산업은 단순한 여가 산업을 넘어, 국민의 삶의 질을 향상시키고 사회적 소통을 촉진하는 공공성과, 글로벌 시장에서 대한민국의 정체성과 브랜드를 확대하는 전략적 산업으로 기능한다. 특히 K-콘텐츠와 한류는 국가의 소프트파워를 견인하는 대표 자산으로, 창의와 기술이 융합된 미래 성장 동력으로 육성되어야 한다. 이에 따라 규제 혁신을 통해 창작 환경을 유연하게 만들고, 신기술 기반 문화산업 생태계를 조성함으로써 새로운 가치 창출을 도모해야 한다.

<u>규제 완화</u> : VR/AR 등 실감형 콘텐츠, 메타버스 플랫폼, 인공지능 기반 창작 등 새로운 문화기술의 실험과 시장 진입을 가로막는 낡은 규제를 전면 재정비한다. 관광 인프라 개발과 한류 콘텐츠의 글로벌 유통을 촉진하기 위한 각종 인허가 절차, 투자유치 규제를 과감히 간소화한다. 예: 문화창작 공간 설립 규제 완화, 메타버스 서비스 운영 인허가 간소화, 관광특구 조성 기준 완화 등.

<u>규제 강화</u> : 저작권 침해, 불법 복제, 불건전 콘텐츠 유통 등 문화산업의 신뢰성과 건전성을 훼손하는 행위에 대해서는 규제의 실효성과 집행력을 강화한다.

> 디지털 플랫폼 상의 콘텐츠 유통 질서를 확립하고, 이용자 보호와 창작자의 권리를 동시에 확보한다. 예: 온라인 콘텐츠 필터링 의무화, 청소년 보호 콘텐츠 등급제 정비, 사행성 콘텐츠 차단 기준 강화 등.
>
> <u>대표 과제 예시</u> :
>
> - VR/AR 및 메타버스 콘텐츠 개발 촉진: 실감형 콘텐츠 제작에 대한 규제 유예 특례 도입 및 실증 테스트베드 확대.
> - 문화·관광 융복합 인프라 구축: 지역 관광 자원 개발을 위한 토지 이용 및 환경규제 개선.
> - 한류 콘텐츠 글로벌 확산 지원: 해외 유통 시 저작권 분쟁 방지 장치 마련, 국제 공동 규제 협력 체계 구축.
> - 문화예술 행정절차 개선: 공연·전시·축제 등 문화행사의 기획 및 집행 절차 간소화, 민간 주도의 공공 공간 활용 허가제 도입.

각 분야에서 100개씩, 총 2,000개의 규제혁신 과제를 도출하는 것은 현실적으로 가능한 목표이다. 이유는 다음과 같다.

1) 규제의 광범위성 및 복잡성: 대한민국 사회 전반에는 수많은 법규, 시행령, 시행규칙, 고시, 조례 등 다양한 형태의 규제가 존재한다. 이 규제들은 때로는 서로 중복되거나 상충하며, 시대의 변화를 따라가지 못해 불합리하거나 비효율적인 경우가 많다. 하나의 특정 분야만 보더라도 수십, 수백 개의 관련 규제와 세부 지침이 존재한다.

2) 세분화된 접근 가능성: 「대한규제혁신민국」이 제시한 20개 핵심 분야는 비교적 큰 틀의 분류이다. 각 분야 내에서 다시 소분류(예: '인구구조 및 사회 활력 제고' 분야 내에서 '영유아 돌봄', '청년 주거', '고령층 재취업' 등으로 세분화)를 하고, 소분류별로 구체적인 규제 목록을 파악하면 100개 이상의 과제를 도출하는 것은 어렵지 않다.

3) 다양한 유형의 규제: 규제는 단순히 '금지'하는 것만을 의미하지 않는다. 불필요한 인허가 절차, 복잡한 서류 제출 요구, 비합리적인 안전 기준, 새로운 기술 도입을 막는 경직된 규정, 시대에 뒤떨어진 분류 체계 등 다양한 유형의 규제가 존재한다. 이들을 하나하나 찾아내 개선하는 것이 규제혁신 과제가 된다.

4) 기존 사례 및 아이디어 활용:

① **정부의 규제혁신 노력:** 이미 국무총리실과 여러 부처에서 매년 수많은 규제혁신 과제를 발굴하고 추진하고 있다. '규제정보포털(better.go.kr)' 등에서 공개된 기존 규제혁신 사례들을 참고하여 유사하거나 파생될 수 있는 과제를 도출할 수 있다.

② **규제샌드박스 사례:** 규제샌드박스를 통해 임시 허가를 받은 수많은 신기술 및 서비스 사례들은 기존 규제가 어떤 형태로 혁신을 가로막았는지를 보여주는 좋은 예시이다. 이들 사례를 역으로 분석하여 유사 분야의 규제 과제를 도출할 수 있다.

③ **산업계 및 시민의 목소리:** 기업들은 새로운 사업을 추진하거나 기존 사업을 확장하는 과정에서 규제에 부딪히는 경우가 많다. 시민들 또한 일상생활에서 불합리하다고 느끼는 규제들이 많다. 이러한 현장의 목소리를 수렴하는 것만으로도 수많은 규제개선 아이디어를 얻을 수 있다.

④ **글로벌 벤치마킹:** OECD 등 규제 선진국의 사례를 분석하여 우리가 아직 개선하지 못한 규제 분야를 발굴할 수 있다.

이처럼 하나의 넓은 분야 안에서도 여러 세부 영역으로 나누고, 영역별로 '인허가', '안전 기준', '책임 소재', '세금/보조금', '기술 표준', '사업모델', '소비자 보호' 등 다양한 측면에서 규제혁신 과제를 발굴하면 100개를 넘어 200개 이상도 충분히 도출할 수 있다.

따라서 20개 분야별로 100개씩, 총 2,000개의 규제혁신 과제를 도출하는 것은 매우 도전적이지만 충분히 달성할 수 있는 목표이다. 이는 대한민국 사회의 복잡한 규제 환경과 혁신에 대한 강한 요구를 반영하고 있다.

[안내] 부록 5 : 20대 분야 2,000개 세부 과제 다운로드 안내

「대한규제혁신민국」의 서비스 부록 5에 해당하는
〈20대 분야별 2,000개 규제혁신 세부 과제〉는
저자의 인터넷 블로그 방문을 통하여 받으실 수 있습니다.

[□독자 혜택 안내] 독자의 비용 부담과 휴대 편의를 고려, 저자의 블로그에서 PDF 파일을 직접 내려받으실 수 있도록 하였습니다
https://blog.naver.com/jiahn68/223930458810

※ 이 과제들은 「대한규제혁신민국」이 제안하는 하나의 정책 예시이며,
일부는 출간 시점에 따라 이미 변경·시행 중일 수도 있습니다.
최신성을 반영하기 위해 지속해서 수정·보완 예정이며,
여러분의 건설적인 제안과 정책적 참여를 기다립니다.

"규제개혁은 한 명의 저자가 쓰는 글이 아니라,
모두가 함께 설계해 가는 공동의 과제입니다."

감사의 글

이 책, 『대한규제혁신민국』은 수많은 사람의 손길과 기억을 품고 있다.

대한민국 기획재정부의 사무관부터 부총리에 이르기까지, 함께 일해 온 동료들은 저자의 문제의식과 시야에 깊고 지속적인 영향을 주었다. 홍남기, 이호승, 구윤철, 김용범, 안도걸, 방기선, 이형일, 한 훈, 윤태식, 임기근, 우해영, 박창규, 손웅기, 이주섭, 이호섭, 천재호, 남병훈, 성기웅, 박정열, 박종석, 박대열, 박홍희, 정지운, 심지혜, 이상원, 배준혜, 류정금, 남궁 향, 김상민, 심정민 님께 깊은 감사를 드린다.

경력직 공무원으로 첫발을 디딘 광양만권경제자유구역청에서 경험, 그리고 22년간 몸담았던 다국적기업들 — 미국의 S.C. Johnson Family, 독일의 Beiersdorf Group과 Henkel Group, 중국의 APP Group — 은 저자의 통합역량과 국제적 정책 감각을 형성하는 데 결정적인 밑거름이 되었다. 과정에서 탁월한 리더십과 통찰을 나눠주신 권오봉, 김진수, 양승국, 강승휘, 박병기, 조규원, 서 훈, 강태욱 님께 존경과 감사를 전하며, 첫 직장에서 동료로 만나 지금껏 한결같은 의리와 응원을 보내준 나의 벗 양해춘 대표에게도 각별한 인사를 전한다.

원고 집필 도중에서 자문과 검토를 아끼지 않은 학계, 국책 연구기관, 기업인, 시민단체의 전문가들께도 깊이 감사드린다. 안종화(노동운동가), 김덕배, 김필종, 박수철, 민세현, 이형록(이상 시민운동가), 배용국, 이수진, 전병호(이상 KAIST), 이천주, 김영훈, 박승근, 이병두, 임성재, 정영금(이상 국방대학교), 김시영(경북보건대학교), 문경연(서울대학교),

조훈현(국가공무원인재개발원), 구자현(KDI), 김경호(한국원자력연구원), 김만수(국방과학연구소), 송준엽(한국기계연구원), 최대우(한국표준과학연구원), 양명희(기업인), 엄태준, 최용석(이상 변호사), 김문경, 신인호, 이철재, 이현호 (이상 언론인) 님의 조언과 참여는 이 책의 깊이를 더하는 데 큰 힘이 되었다.

『**대한규제혁신민국**』이 세상의 빛을 보기까지, 독자의 시선에서 언어의 감각을 짚어주신 안종빈 목사님, 책의 철학을 표지 디자인에 정교하게 담아내 주신 김현복 디자이너님, 그리고 내지 구성과 제작 전반을 전문적으로 총괄해 주신 김 선 팀장님, 조영수 차장님, 김현정 대리님, 홍연희 대표님을 비롯한 삼일기획 출판제작팀 여러분께 진심으로 경의를 표한다.

무엇보다, 모든 여정의 바탕에는 가족이 있었다. 삶의 길을 열어주시고 아낌없는 헌신과 지지를 베풀어 주신 부모님들, 그 길을 함께 묵묵히 걸어준 아내 박현정 님, 그리고 앞으로 새로운 길을 걸어갈 세 아이에게 이 책을 통해 깊은 존경과 사랑, 감사를 바친다.

돌이켜보니, 『**대한규제혁신민국**』은 결코 혼자만의 작업이 아니었다. 수많은 손길과 목소리가 함께 엮은 시대의 기록이자 약속이 되었다. 이 책이 각자의 자리에서 '대한민국의 내일'을 바꾸는 작은 실마리가 되기를 바란다.

저자 안종일 올림

국민이 설계하는 새로운 **민주국가**
대한**규제혁신**민국

발행	2025년 8월 15일 (초판 1쇄)
지은이	안종일
펴낸이	홍연희
펴낸곳	도서출판 삼일
출판등록	제2007-00023호
주소	세종특별자치시 보듬8로 45 삼일기획빌딩
전화	044) 866-3011~4
팩스	044) 867-3133
이메일	samil3011@naver.com
홈페이지	www.samilplanning.com
ISBN	979-11-89942-32-8 (03000)
값	28,000원

ⓒ 2025 Printed in Korea

잘못된 책은 구입하신 곳에서 바꾸어 드립니다.
이 책의 전부 또는 일부 내용을 재사용하려면 사전에 저작권자와 펴낸곳의 동의를 받아야 합니다.